建所未见

一座数字化工厂的崛起

西门子（中国）有限公司　机工智库　著

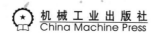
机械工业出版社
China Machine Press

当今世界正在经历"百年未有之大变局",数字化转型成为无数企业于变局中寻得先机的关键。江河汇聚,百舸争流。如果站在数字化变革的浪潮之巅,我们会发现,优秀的企业一定是那些可以看得见未来的企业,西门子成都数字化工厂正是其中之一。

本书再现了西门子成都数字化工厂过去十余年间的崛起历程,以关键人物视角,复盘了在面临重重挑战时,这座数字化工厂凭借以一敌百的变革毅力,实现了从"0"到"1"乃至从"1"到"100"的领先发展。

本书不仅将现代数字化工厂的规划建设、管理运营、数字化技术应用、文化构建和组织变革等方面展现给读者,而且深入方法论层面,从战略、创新、文化、人才等角度剖析了成都数字化工厂实现数字化灯塔引航的内生动力和底层逻辑,希望为相关领域读者提供一些参考。

图书在版编目(CIP)数据

建所未见:一座数字化工厂的崛起/西门子(中国)有限公司,机工智库著. —北京:机械工业出版社,2022.10(2024.8 重印)
ISBN 978-7-111-71596-2

Ⅰ. ①建… Ⅱ. ①西… ②机… Ⅲ. ①电子工业 – 自动化生产 – 工业企业管理 – 研究 – 成都 Ⅳ. ①F426.63

中国版本图书馆 CIP 数据核字(2022)第 167359 号

机械工业出版社(北京市西城区百万庄大街 22 号　邮政编码 100037)
策划编辑:韩　军　责任编辑:韩　军
责任校对:李　伟　责任印制:常天培
北京机工印刷厂有限公司印刷
2024 年 8 月第 1 版·第 7 次印刷
170mm×230mm·24.75 印张·2 插页·362 千字
标准书号:ISBN 978-7-111-71596-2
定价:79.00 元

电话服务　　　　　　　　网络服务
客服电话:010-88361066　　机　工　官　网:www.cmpbook.com
　　　　　010-88379833　　机　工　官　博:weibo.com/cmp1952
　　　　　010-68326294　　金　　书　　网:www.golden-book.com
封底无防伪标均为盗版　　　机工教育服务网:www.cmpedu.com

致

身处"百年未有之大变局"时代变革浪潮下的同行人

愿数字化转型之力量与你们同在

序 一

当前,"世界处于百年未有之大变局",中国已经成为世界第二大经济体,制造业体量持续位居全球第一,中国科技与世界先进水平的距离从来没有像今天这样近。在这一关键时期,形势和环境造就了产业界的一场集体变革,数字化技术的洪流在各个产业链的主干和枝节涌现,江河汇聚,百舸争流,无数企业在新技术的海洋中破浪前行。但在欢腾之下,我们仍然需要了解数字化转型的根本动力,清楚智能制造的发展方向。或许,我们可以登上一艘大船,站在高处,眺望远方。

市场需求、政府引导和技术驱动是发展智能制造的内生动力!

身处近十年来持续掀起的智能制造热浪之中,广大中国企业已普遍认识到,用数字化、网络化、智能化对企业进行改造是提高企业竞争力的主要手段和迫切需要。企业既是数字化技术需求的主体,也是创新投入和实施的主体。

从市场需求来看,十年前在产业界内就已可见数字化技术暗流涌动。当时,浙江、广东等制造业发达地区普遍出现了招工难、用工贵的现象,一些政府和企业相继提出了"机器换人"的对策,并逐渐演变为数字化升级、智能化改造。大量领先企业开始推进全面且系统化的智能制造,希望通过利用数字化技术来优化设计、改善生产,最终向全球市场提供高质量产品。因此,企业需求成为催生智能制造的主要动因。

从政府引导来看,国家近年来陆续提出支持智能制造发展的若干政策和专项计划。"十三五"期间,工业和信息化部提出 2025 年前推进智能制造发展实施"两步走"战略,持续开展智能制造试点示范。2021 年,《"十四五"智能制造发展规划》发布,提出"站在新一轮科技革命和产业变革与我国加快高质量发展的历史性交汇点，要坚定不移地以智能制造为主攻方向，推动产业技术变革和优化升级，推动制造业产业模式和企业形态根本性转变，以'鼎新'带动'革故'，提高质量、效率效益，减少资源能源消耗，畅通产业链供应链，助力碳达峰碳中和，促进我国制造业迈向全球价值链中高端"。

从技术驱动来看，21世纪以来，随着移动互联、超级计算、大数据、云计算、物联网、人工智能等新一代信息技术的迅猛发展，新产业蓬勃兴起，传统产业加快升级，先进制造技术加速革新，持续和信息技术融合。在供需双方的作用下，数字化技术成熟度不断提高，在产业链的各个环节得以大规模、高质量地应用，成为引领智能制造迅速发展的重要驱动。

中国发展智能制造需要具有全球视野和"会当凌绝顶"的决心！

当前，智能制造成为全球制造业发展的主流趋势。但由于每个国家的优势产业不同、产业基础存在差异，相应地，各个国家智能制造的发展路径和行为特征也有所不同。例如，德国智能制造侧重于工厂和制造过程，美国强调工业软件和数据驱动，日本则看重数字精益和工业自动化。但这只是表面上的差别，在本质层面，各个国家都在创造新的生产力工具，开发领先的智能制造系统。各国智能制造的发展目标都是在突出本国技术优势的基础上，力争占领世界制造业的制高点。大国之间的竞争让智能制造发展得更快，这在一定程度上也助推了技术进步。

经过十多年的发展，中国智能制造已经由培育期走向成长期，中国产业界紧抓数字化浪潮的机遇期，大量企业走上智能转型的赛道。智能制造在解决用工难用工贵、提高生产效率、缩短交货期、降低能源和资源消耗、降低成本等方面发挥了重要作用，特别是在提高产品质量和质量一致性方面作用凸显。许多建成了数字化生产线、车间、工厂的企业，在市场竞争中处于十分有利的地位，这种转变也会激活它们的同行或者上下游企业，智能转型的理念逐渐在产业链上传导和扩散。

虽然有关中国智能制造的故事发生在中国，但如果我们放宽眼界，中国本身已经成为世界工厂，这个成就的背后是中国融入了全球价值链，各个产业链在中国大地上相互交织成为一个个生产网络，网络联通网络，相互汲取营养，高水平的分工造就了世界级的生产效率和制造能力。如今智能制造或许可以给我们带来世界工厂 2.0，但新的网络更多的是围绕技术的创新网络，工厂将会从协同制造走向协同创新，把各种技术，特别是新一代信息技术和制造技术交织融合在一起。

中国制造业规模庞大，门类众多。近年来，虽然全国制造业企业在推行智能制造方面取得了重大成效，但应该看到，推广应用的只是少数企业，相应技术水平和效果还有待迭代升级。有一些大型企业对于智能制造认识不足，仓促决策，反而带来沉重负担；而大量中小微企业受资金、技术、人才、经验的制约，绝大多数处于观望状态，仍然在徘徊、试探。因此，推行数字化、智能制造任重道远。

理解智能制造需要在深入观察领先数字化工厂中汲取智慧！

智能制造已经成为中国"制造强国"战略的主攻方向，定位明确，但具体路径规划仍需迭代明晰。历经一次次的调研和交流后，我开始思考：对于中国制造而言，智能制造的本质是什么？价值在哪里？企业应该如何开展智能制造？理解这些问题，往往需要认真观察并剖析一些领先企业。因此，通过观察调研西门子成都工厂这一数字化、智能化领先者，我们或许可以找到答案。

智能制造的本质是一项复杂而系统的创新工程。创新需要一群有智慧的人攻坚克难，需要高水平协同。我看到，在成都工厂中几乎所有的部门都参与了智能制造，因此，这种创新活动的实质是一个多部门、全链条的集成创新，创新的内容既涉及制造端的自动化改造，也涉及研发设计端的数字化升级，还涉及生产管理端的数字化管理，所有的环节汇聚到一起，构成了工厂的智能化升级，而各个环节本身也是跨学科、跨领域的融合创新，需要其他环节的联动响应。

创新还需要来源于人的创新精神，这一点则和传统生产有所区别。数字化工厂不仅要帮助人更好地生产，还需要帮助人更好地创新，因此需要有一些激励创新的载体和手段。成都工厂其实是开创了一种全员智能制造的模式。所谓全员，就是每一个人都参与到智能制造创新活动中。我在参观过程中发现，这个工厂没有一个部门名字带有智能制造，但从 IT 部门到质量部门、从生产部门到供应链部门，每个部门都参与智能制造。成都工厂内部数字化技术创新项目的推进，均由一线人员负责，厂长仅需给予信任并充分赋权，甚至一些车间内的创新项目是由蓝领工人来牵头实施的。

生产现场激发创新，创新带来新的知识。每次调研工厂，我都会思考，智能制造究竟带来了哪些成果？除了一些可观察、可测度的成果外，许多工厂在开展智能制造以后，似乎还有一些内容产出。这些内容大多是一些新的知识，比如西门子成都工厂，我发现它已经开始持续产生新的知识，这让我看到智能制造真正的力量。在成都工厂，工作人员基于先进生产设施可以轻松开展创新，他们利用数字化工具发现问题，又使用数字化工具解决问题，这个过程中就产生了新的知识。传统工厂中，这种知识更多的是以经验的形式储存在人的身上，但是在智能工厂中，我看到很多知识又可以和工业软件、智能装备结合在一起，让数字化生产系统变得更强、更新，新的知识可以快捷地转化为生产力。

此外，在西门子成都工厂，我可以看到德国技术在这里焕发新生，也可以看到本土技术在这里被集成应用。在车间里，我看到大量的智能装备来自中国本土，技术人员也告诉我，工厂所使用的很多软件和算法是由中国团队来主导开发的。技术的交流、知识的来往，最终激发了智能制造的活力。

总之，《建所未见：一座数字化工厂的崛起》是一本值得品味的制造业"故事书"，推荐每一位关心制造业的朋友阅读，当你翻阅本书的时候，建议大家多做一点思考，我们需要从可见的事物中去挖掘那些不可见的智慧，我们更需要从对历史的回顾中去看到一些未来的趋势。

国家制造强国建设战略咨询委员会委员
国家智能制造专家委员会名誉主任

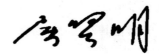

2022 年 4 月 18 日

序 二

回首 11 年前，当数字化概念尚在"襁褓"中时，西门子成都工厂就以超前的理念和定位在鲜花和掌声中落地成都。我有幸参与了工厂盛大的奠基仪式和投产仪式。时至今日，我依然清楚地记得这座数字化工厂拔地而起前后所面临的种种挑战和发生的件件趣事，同事们对这座数字化工厂溢于言表的兴奋、期待和自豪，以及外界对这座工厂数字化理念的关注和内在数字化基因的好奇。

在改革开放以来的 40 多年中，中国工业以超过 230 倍[一]的增长成为中国经济腾飞的重要引擎。中国工业不仅打造了完整的产业体系，也在细分领域中孕育了一批独角兽和领航者。随着中国经济从高速增长转向高质量发展，这批独角兽和领航者更是发现了挑战中所蕴藏的机遇，希望以更快的市场响应速度、更高的效率、更高的质量以及更加灵活柔性的制造模式来进一步提升竞争力。正因如此，数字化被赋予了极高的期待和热情。

我很钦佩这些独角兽和领航者的胆识与魄力，它们敏锐地察觉到了数字化所蕴含的潜力，并坚定地投身于数字化浪潮。在与他们交流的过程中，我能深切感受到中国企业对于数字化转型的认知已经从理解概念转为更加切实的思考：如何结合自身业务制定数字化战略与路线图并有效推进？如何以数字化解决方案打通关键价值链以实现降本增效？如何提升工厂运营透明度并挖掘数据的价值？这样的思维转变，既是中国工业发展取得的巨大进步，也提出了当下中国工业亟须解决的问题。

路漫漫其修远兮，吾将上下而求索。从"复刻"西门子德国安贝格工厂到

[一] 根据国家统计局所公布的 1978 年和 2021 年中国工业增加值计算所得。其中，1978 年中国工业增加值为 0.16 万亿元人民币，2021 年中国工业增加值为 37.26 万亿元人民币。

本地化独立运营，从"引进消化吸收"安贝格工厂理念到自主进行数字化创新，从面向本地研发到面向全球研发，成都工厂在过去11年中所踏出的每一步，都是西门子数字化道路上"知行合一"的最佳例证，也成为全球新一轮技术革命和产业变革下的数字化领航灯塔。

那么，中国工业企业如何从零开始打造一座数字化工厂？如何通过持续的变革（战略、创新、企业文化、人才）实现数字化的持续领先？西门子成都工厂的拔地而起，以及其在数字化道路上一次又一次的亲身探索和突破，或许可以为上述问题给出一些清晰而令人信服的答案。

《建所未见：一座数字化工厂的崛起》通过回溯西门子成都工厂的建设故事，为我们提供了客观看待数字化工厂建设，并认真审视企业数字化转型中企业组织、企业文化、技术、人才变革的机会。首先，本书用专门的篇章梳理了成都工厂在不同建设阶段所面临的挑战，以关键人物视角，介绍了相应挑战下工厂的应对故事，为我们展现了一个有血有肉、栩栩如生的数字化工厂，如数字化知识的学习和固化、产品质量水平的提升、数字化人才的培养和激励、数字化创新项目的实施以及新一代数字化技术的导入等。其次，本书深入方法论层面，从战略、创新、企业文化、人才等角度剖析了成都工厂实现数字化灯塔引航的底层逻辑，如以数字化路线图为战略指引、承载知识传承与赋能的信任文化、使业务和员工双赢的创新驱动、精益与转型并重的数字化技术落地、以数字化人才为核心的组织机制变革以及运营模式和决策模式的转型等。

在数字化理念尚未推出时，建设一座数字化工厂是一项开创性的事业，背后的艰辛可想而知。读完这本书，我非常敬佩同事们的勇气和坚韧。即使是面对种种未知的挑战，他们仍然坚定地边学边干，让一个个创新想法落地生根，支撑着西门子成都工厂这座"大型机器"的制造以及更好、更高效地运行。我相信，支撑着他们前行的一定是彼此之间的依托和信任，以及对于工业数字化的热情和信念。正如西门子公司创始人维尔纳·冯·西门子所言："前行路上难免荆棘丛生、岔路横生，必须坚定信念，一刻都不能迷失方向。"

合抱之木，生于毫末。对于任何企业而言，数字化转型从来都不会一蹴而就，而是涉及战略、运营、组织、人才和企业文化的系统性工程，需要放眼长远、静修内功，积跬步、至千里，实现均衡可持续发展。

根据《"十四五"智能制造发展规划》，到2025年，中国70%的规模以上制造业企业基本实现数字化网络化，建成500个以上引领行业发展的智能制造示范工厂。加之全球碳达峰碳中和目标的逐一明确，企业数字化转型要做好系统性规划，企业之间要突破原有简单商业互动关系建立更深度的连接。正所谓"相通则共生"，如果中国企业的数字化转型能够从一家企业单点突破走向生态间的融合共生，构建起"数字化的创新共同体"，那么将形成中国工业数字化进程全面深化的澎湃动能。

本书是站在新一轮技术发展的汹涌浪潮上的思索，文风简朴，适合大众读者阅读。希望本书能够在当前复杂形势下，为中国数字化转型的破冰之道提供参考，也希望更多的同仁能够积极投身到以新一代数字技术为核心的变革浪潮中来。

西门子（中国）有限公司
执行副总裁兼大中华区数字化工业集团总经理
王海滨
2022年4月12日

前　言

2020年初夏，四川青城山大观镇内一片绿意盎然，其间的一栋古朴民宿里，本书的创作团队正在如火如荼地讨论着西门子成都工厂的"前世今生"。就在几天前，创作团队再次到访这座工厂，进行了为期一周的参观学习和深度访谈，而这已经是创作团队的第三次来访。

五年间三次到访西门子成都工厂！

2015年，团队成员首次以参观者的身份来到西门子成都工厂。这座工厂位于成都市郫都区，是西门子德国安贝格工厂的姊妹工厂。初次了解后，团队对于工厂最深刻的印象并不是高自动化率，而是工厂利用"质量看板"追溯质量数据、钻取质量问题、实现质量提升的模式。这种模式下，工厂实现了极低的百万件产品缺陷率，这让团队深刻感受到了精益化、自动化和数字化带给工厂的力量。

团队当时便陷入思考，如果这套"质量看板"系统能够推广至更多国内企业就好了。但考虑到国内企业在精益化、自动化和数字化方面的积累较为薄弱，不难料想应用过程中很可能会遇到数据采集实时性和数据一致性等问题，影响相应"质量看板"模式落地。如果成都工厂可以输出全流程、端到端的质量管理方法和知识，对于国内企业提升产品质量必将大有裨益。

2017年，利用项目调研机会，团队成员再次来到成都工厂。让团队成员欣喜的是，这里已经成为国内工业界的热门观摩学习对象和企业数字化转型知识的汇集地。当时，一位来自汽车零部件企业的访客发出感慨："不来一次西门子成都工厂就不好意思说自己在从事数字化转型和智能制造。"工厂员工也告知团队成员："工厂通过对外开放已经与多家企业达成了多项数字化转型赋能合作。"

念念不忘，必有回响！这意味着西门子成都工厂已经基于自身的实践经验开始了面向国内企业的对外赋能。

2018年，世界经济论坛在全球范围内遴选了9家先进灯塔工厂，西门子成都工厂位列其中，成为当时电子制造业领域唯一"立足中国、面向全球"的灯塔工厂。此后，参观工厂的访客更加络绎不绝，不仅期望一览这座"数字化样板间"风貌，更是希望通过参观交流，深入学习工厂在流程精益、信息系统和数字化转型方面的先进经验和方法论。

2019年，当团队成员第三次来到成都工厂时，萌生了将工厂近十年来精益化、自动化、数字化和智能化发展历程落笔成书的想法。当时，关于智能制造、数字化转型的出版物颇多，但多为理论性、技术性的，少有来自工厂一线实践性、故事性的书籍。那么，我们何不编写这样一本书，深入浅出地剖析成都工厂，从中挖掘制造企业"智升数转"的经验、方法和内在规律，为开展智能制造升级、数字化转型的制造企业提供参考。

用文字再现这座数字化工厂的崛起历程！

2020年年初，时任西门子（中国）有限公司数字化工业集团数字化业务拓展部智能制造高级顾问黄昌夏先生与机工智库借一次交流契机碰面。在得知机工智库团队想要基于成都工厂实践探究数字化转型的力量后，黄昌夏先生建议双方可以共同对西门子成都工厂开展深入研究，并在第一时间制定出了调研和成书的初步框架，随后在黄昌夏先生的引荐下，机工智库团队成员拜访了西门子（中国）有限公司执行副总裁兼大中华区数字化工业集团总经理王海滨先生，提出编写本书的想法。不谋而合的是，王海滨先生一直有"将内嵌于西门子成都工厂数字化制造体系的经验知识进行总结和共享"的想法。撰写本书成为将西门子成都工厂的数字化转型理念和最佳实践做一次完整表达的良机。

同年7月，创作团队带着任务和问题，第四次来到了西门子成都工厂。从2015年到2020年，团队成员每次走进成都工厂都能看到变化。通过此次来访，团队要挖掘这些变化背后不为外人所知却又能洞悉数字化工厂发展规律的知识和底层逻辑。回想起来，这次拜访所获得的信息刷新了团队对数字化工厂建设运营的旧有认知，于是才有了青城山下、大观镇内连续几天的闭关讨论。

通过讨论，我们明晰了：

1) 这座工厂，规划始于2010年，源于多年来西门子高层对全球电子制造业和技术变革的前瞻性洞察，建立标杆型数字化工厂绝非短期决策。

2) 这座工厂，早在2013年建成前，便由西门子高层和工厂建设团队花了近两年时间进行市场调研、选址、规划、组队、培训等，工厂能够植根中国、开花结果并非偶然。

3) 这座工厂，虽复刻自西门子德国安贝格工厂，但规划初期就确定了"由中国团队负责管理、运营"的顶层方针，并最终成为全球西门子工厂中的数字化转型典范。

4) 这座工厂，对基层员工的管理迥异于其他制造型企业，在绩效考核、学习型团队建设、创新激励等方面实现了高度平衡。

5) 这座工厂，其建设目标并非无人工厂、"黑灯工厂"，而是打造由自动化设备、信息化系统和数字化人才相互协作的新型数字化工厂。

6) 这座工厂，不仅是西门子自动化产品的重要制造基地，更是西门子全球先进制造创新网络的重要节点。

此次到访后的两年间，创作团队与工厂管理层以及工厂精益、质量、生产、采购、IT等业务团队进行了广泛且深入的沟通，并对包括西门子集团高层在内的工厂规划建设项目的负责人、亲历者进行了多轮次的访谈。历经超过200小时的对话访谈后，创作团队结合上百份工厂相关文件，对所涉及的海量信息资源进行梳理，最终汇集成了本书。

在故事回顾中洞察数字化的底层逻辑！

本书所讲述的"故事"发生在2010—2022年，在这十余年间，全球制造业开启了新一轮的产业分工，工业技术和新一代信息技术加速融合，工业4.0概念和框架逐步成型。中国亦在技术变革浪潮下开始推进"制造强国"战略和智能制造工程，中国制造不断深度融入全球制造产业链并在价值链上不断攀升。

细数十年事，西门子成都工厂的建成和持续数字化转型，既顺应了全球工业发展的潮流，又反过来成为加速工业和信息化融合的重要力量。在本书中，我们试图梳理这座数字化工厂建设和运营过程中所面临的重重挑战和以一敌百的变革毅力，捋顺工厂精益化、自动化、数字化、智能化建设和持续优化的工作脉络，挖掘分析其不断发展、不断创新的内生动力，以洞察数字化转型的底层逻辑。

第一篇"谋划篇"重点记述了2010—2011年成都工厂规划、选址、建设期间的政策和产业背景，记录了西门子这座面向未来的数字化工厂落户成都的全过程，西门子高层对产业发展、市场布局、技术变革的洞察力、决策力和执行力显露无遗。

第二篇"建业篇"重点记述了2011—2013年成都工厂"搭架子、组班子、知识学习"的过程，中方团队正式组建并整体赴德培训，中德双方分工协作，在工厂物理基础建设和数字化基础构建两个层面应对各种挑战，奠定了成都工厂未来发展的基础。

第三篇"稳固篇"重点记述了2013—2016年成都工厂投产后，成功应对流程精益、数字化系统集成、质量体系优化、产品和生产线导入、自动化水平提升、新产品研发、供应商本地化等各种挑战，使工厂生产运营逐步走上正轨，中国运营团队也日臻成熟。

第四篇"进化篇"重点记述了2016—2022年成都工厂在组织管理、质量体系、数字化系统等方面持续优化的过程。其间，工厂引入人工智能、增材制造、区块链等数字化新技术，在顺应数字化浪潮的同时应对不断出现的新挑战，工厂团队的数字化技术应用意识和能力也得以显著提升。

第五篇"成就篇"重点总结了成都工厂作为"灯塔工厂"的经典项目和对外赋能工作，包括"建设纪念章示范线""赋能外部企业"等重点项目，也讲述了"数字化协同创新网络""工业界的旅游胜地"和"2020年新冠肺炎疫情下借助数字化优势实现有序生产"等工厂故事。

第六篇"明道篇"重点总结了成都工厂规划建设、稳定运营、持续优化、不断创新的全过程，从组织体系、团队管理、知识和技术迭代等维度洞察驱动工厂成长的深层驱动力，归纳出"充分授权的信任企业文化""业务与员工双赢的创新驱动"和"精益先行的数字化卓越战略"等底层逻辑。

第七篇"用例篇"重点梳理了成都工厂在数据自动化、机器视觉、工业大数据、人工智能、机器人等新技术领域的探索案例，为关注数字化技术导入用例的读者提供便捷"通道"。

本书并不是一本关于智能制造的理论性著作，也不是数字化转型相关的技术性参考书，而是一本记载了现代数字化工厂建设发展历程的"故事书"。我们希望这本书读起来不那么深奥、晦涩，能够通过剖析西门子成都工厂这一"灯塔标杆"，把现代数字化工厂的规划建设、管理运营、团队建设、流程精益、质量管控、产品研发、自动化设备升级、重点项目管理、数字化技术应用、企业文化和组织变革等全面展现给读者。我们由衷地希望，本书能给产业政策的制定者、工业制造的从业者、企业数字化转型的推动者提供一些参考，也能给对工业制造、数字化转型感兴趣的读者提供一个了解的窗口。

感谢各位领导和朋友在写作过程中对本书的支持！

在本书的写作过程中，我们得到了很多领导的鼓励和大力支持，也结识了许多新朋友。在此我们要感谢西门子（中国）有限公司执行副总裁兼大中华区数字化工业集团总经理王海滨先生的鼎力支持，感谢国家制造强国建设战略咨询委员会委员、国家智能制造专家委员会名誉主任屈贤明先生百忙之中为本书作序，感谢机械工业信息研究院院长/党委副书记李奇先生、党委书记/副院长郭锐先生和副院长石勇先生在本书写作、出版过程中的大力支持，感谢西门子（中国）有限公司数字化工业集团成都工厂厂长李永利先生在写作过程几易其稿时给予我们的坚定鼓励和支持，感谢西门子（中国）有限公司数字化工业集团数字化企业业务总监顾欣先生和西门子中国研究院研发与合作管理科技部创新合作高级总监黄昌夏先生对本书总体架构和关键内容的贡献，感谢西门子（中国）有限公司数字化工业集团数字化企业部的数字业务与生态合作总监蒋旭先生、数字化顾问舒悦先生、业务拓展经理陈思瀚先生对本书的内容贡献，感谢戴霁明、任江勇先生在成都工厂数字化建设的知识深水区为我们领航，感谢曾奇志、段炼、杨超、杨健、冯建军、黄荻绯、梁景波、张春阳、沈军、赵恺轩、郑少渠、张时飙、朗海默、杨应华、修卫林、吕瑞清、李绿洲等西门子同仁耐心地总结经验、分享真知灼见和提供大量资料，感谢西门子（中国）有限公司传播部的朋友们在出版前帮忙审阅书稿，感谢机工智库原研究员吴双对本书内容的贡献。

虽然其中有些人现在已经从西门子成都工厂离开，但他们依旧致力于为更多制造企业的数字化转型发展赋能。在此一并感谢以上领导、朋友们从始至终的支持，感谢你们的自驱力、情怀、使命感为这本书赋予了温度。

除以上人员外，本书的创作团队成员主要包括机工智库先进制造研究团队陈琛、赵娟、朱辉杰、黄伟东、孟圆、赵文岳、刘成忠、袁雪峥。在本书近两年的策划和写作过程中，创作团队采纳了多方意见，也集成了各专业领域的内容，但下笔万千、林林总总，难免挂一漏万。如有疏漏，请诸位读者海涵。

西门子（中国）数字化团队
机工智库先进制造研究团队
2022 年 4 月 10 日

目 录

序一
序二
前言

绪论　数字化时代的数字化工厂 ·· 1

第一篇 ｜ 谋划篇

第一章　天时：科技革命来临 ·· 14
 第一节　灯塔在望 ··· 14
 第二节　百舸争流 ··· 18
 第三节　动念风起 ··· 21

第二章　地利：制造大国崛起 ·· 27
 第一节　与中国结缘 ·· 27
 第二节　青睐成都 ··· 30
 第三节　拍板成都高新区 ·· 37

第三章　人和：决策者的智慧 ·· 38
 第一节　灵魂人物 Anton S. Huber ··· 38
 第二节　荣誉市民 Karl-Heinz Büttner ···································· 42

第二篇 ｜ 建业篇

第四章　前瞻：数字化工厂规划 ·· 46
 第一节　数字化工厂启蒙 ·· 46
 第二节　各路英才齐上阵 ·· 51
 第三节　以规划确定基调 ·· 56

第五章　求是：数字化知识加成 ·················· 68

第一节　复制核心是知识 ·················· 68

第二节　生产线复制方法论 ·················· 70

第三节　流程知识的学习 ·················· 75

第四节　二十年和三个月 ·················· 81

第六章　落地：数字化工厂建设 ·················· 83

第一节　知识粘贴 ·················· 83

第二节　物理基建 ·················· 85

第三节　数字基建 ·················· 89

第三篇 ｜ 稳固篇

第七章　投产：中国制造被市场接受 ·················· 100

第一节　投产后产品质量获得认可 ·················· 100

第二节　全数字化业务流程 ·················· 103

第八章　爬坡：高密度转产和生产线设计 ·················· 108

第一节　短时间内实现规模生产：S7-1200 转产首试 ·················· 108

第二节　本土设计的第一条半自动化生产线：LOGO！生产线 ·················· 110

第三节　第一次全自动化生产线在成都的转产：ET200S ·················· 111

第四节　从 100% 抽检到 0 抽检的质量挑战 ·················· 113

第九章　整合：本地化布局和全流程系统集成 ·················· 115

第一节　供应链和设备的本地化 ·················· 115

第二节　面向本地的产品研发 ·················· 125

第三节　全流程的数字化系统集成 ·················· 134

第四篇 ｜ 进化篇

第十章　使命：站在巨人肩膀上实现引领式创新发展 ·················· 140

第一节　新的使命：从跟随驱动到创新驱动的引领式发展 ·················· 140

第二节　新的认知：人是数字化工厂保持领先的核心要素 ………… 141

第三节　长期坚守：质量是衡量工厂保持领先的核心标准 ………… 146

第十一章　升级：数字化技术助力工厂向先行者蜕变 ………… 168

第一节　挖掘数据技术和IT的价值 ………… 168

第二节　从仿真分析走向数字孪生 ………… 178

第三节　以机器人优化生产线和智造单元 ………… 186

第四节　增材制造技术的生产线实用化 ………… 195

第五节　高级计划排产系统的部署和应用 ………… 199

第十二章　保障：前行之路上的组织机制变革 ………… 203

第一节　以技术创新推动工厂持续数字化升级 ………… 203

第二节　以研发组织的敏捷转型保障创新竞争力 ………… 212

第五篇 | 成就篇

第十三章　赋能：数字化知识传承 ………… 222

第一节　传承载体：打造数字化的示范线 ………… 222

第二节　传承延伸：赋能企业数字化转型 ………… 237

第十四章　灯塔：数字化网络领航 ………… 259

第一节　用灯塔照亮灯塔 ………… 259

第二节　数字化协同创新网络 ………… 267

第十五章　见闻：数字化窗口交互 ………… 283

第一节　工业界的旅游胜地 ………… 283

第二节　疫情中的成都工厂 ………… 291

第六篇 | 明道篇

第十六章　基础：承载传承与赋能的信任底色 ………… 304

第一节　把信任文化带到成都工厂 ………… 304

第二节　信任决定了企业创新网络 ………… 306

第三节　转型中一把手的信任之力 ···················· 307
第十七章　利器：业务与员工双赢的创新动力 ···················· 310
   第一节　创造知识的领先工厂 ···················· 310
   第二节　员工与业务的双赢 ···················· 316
   第三节　网络型的创新旗舰 ···················· 320
第十八章　探索：精益与转型并重的卓越战略 ···················· 326
   第一节　数字化迈向新阶段 ···················· 326
   第二节　绘制数字化的未来蓝图 ···················· 331
   第三节　"四步走"的数字化项目 ···················· 335

第七篇 ｜ 用例篇

用例 1　基于 RDA 的数据自动化 ···················· 342
用例 2　基于机器视觉的辅助装配 ···················· 345
用例 3　基于大数据的质量管理平台 ···················· 348
用例 4　基于数字孪生的自动化升级 ···················· 351
用例 5　基于 APS 的供应链快速响应 ···················· 355
用例 6　基于 AI 等的分拣机器人导入 ···················· 358
用例 7　基于大数据的成品库智能决策 ···················· 361
用例 8　基于协作机器人的生产线效率提升 ···················· 363
用例 9　基于增材制造的产品样件快速试制 ···················· 366
用例 10　基于数据透明化的生产线设备综合效率快速提升 ···················· 369
用例 11　基于区块链及边缘计算技术的工业产品碳足迹可信精算与追溯 ··· 373

绪论　数字化时代的数字化工厂

> "数字化时代，数字化正以其看得见、摸得着的切实价值和巨大成就成为助推中国数字经济持续快速增长的重要引擎。一方面，数字化与前沿技术的融合创新，将为企业节能减排，实现'双碳'目标提供根本动能；另一方面，从传统制造业，到更广阔的行业领域，数字化的价值正形成商业裂变，赋能千行百业加速迈向灵活、高效、高质量、可持续发展的道路，释放经济发展新活力。"
>
> ——西门子（中国）有限公司
> 执行副总裁兼大中华区数字化工业集团总经理　王海滨

数字化时代，转型为先

数字化时代已然到来。20年前，数字世界与现实世界泾渭分明，而现在，在新一轮科技革命与产业变革加速发展下，以大数据、云计算、人工智能、区块链等新一代信息技术为引领，先进制造、新材料、新能源等前沿领域呈现群体突破发展的态势，科技与产业向"智能、泛在、互联、绿色、健康、永续"方向融合发展，催生出大量互联互通、智能交互的新产品、新服务、新模式和新业态。根据IDC（互联网数据中心）预测，到2024年，全球企业投入数字化转型的支出将达到2.4万亿美元；在中国，到2025年，在新基建、新循环、新开放等因素驱动下，数字化推动的经济占比将超过70%[○]。

1. 不一样的工业革命

以数字化技术驱动的第四次工业革命，将在前三次工业革命所带来的繁荣基础上，进一步提高人类发展水平。世界经济论坛创始人兼执行主席克劳斯·

○ 数据来源：引自IDC发布的《未来算力推动企业迈向数字化2.0：未来算力十大趋势》。

施瓦布在其所著《第四次工业革命行动路线图：打造创新型社会》一书中，通过对1750年以来占主导地位的技术、行业和制度对人类发展的贡献进行粗略估计后指出：即便是处于技术前沿的国家，对人类发展最主要的贡献也都来自第二次工业革命期间的技术和制度，如电力、公共卫生、现代医疗，以及人工肥料带来的农业生产率大幅上升；在理想情况下，第四次工业革命能够提供机会，使享有前三次工业革命红利的国家和企业继续提高发展水平（见图0-1）。其中，数字化技术的广泛应用将带来生产方式的根本性变革，制造业的数字化、网络化和智能化将成为主流模式。

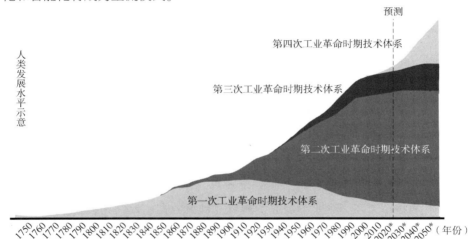

图0-1　到2050年，工业革命对人类发展的贡献示意图（实现的积极影响）

（资料来源：世界经济论坛）

（1）生产方式进一步走向智能化

从2010年开始，我们明显看到数字化的思想和技术加速向制造业渗透，并融入生产系统的设计、供应链、制造和服务的各个环节，使大规模定制化生产（Mass Customization Production）⊖成为可能。关键技术的突破使生产者可以准确判断市场需求，并灵活调用生产资源，精准满足客户需求。生产方式逐渐从有

⊖　大规模定制化生产（Mass Customization Production），是一种旨在快速响应客户需求，同时兼顾大规模生产效益的运作战略，它将客户个性化定制生产的柔性与大规模生产的低成本、高效率相结合，寻找两者的有效平衡点。

限品种大批量标准化生产的制造模式，走向多品种小批量定制化的柔性制造模式。

智能制造[1]是一种新的生产方式，是制造业未来转型的主攻方向。数字化工厂会取代传统工厂成为新的生产载体，并推进形成新的生产方式，它通过应用大数据、物联网等先进技术，以贯穿全价值链的端到端数据流为基础，以互联互通为支撑，构建高度灵活的个性化和智能制造模式，实现各种资源相互联通与融合，人、机器、知识、能源和材料有机组合并且对各类需求快速响应，在个性化、柔性化制造中成本控制和质量控制（Quality Control）[2]都能精细到同规模化生产一样。

（2）生产组织进一步走向网络化

在前三次工业革命推进过程中，生产组织就不断向网络化、协同化的方向前进。100多年前，福特汽车在美国密歇根州胭脂河边的超级工厂做到了接近100%的垂直一体化，福特公司生产T型车时使用自己的发电厂和铁路，还拥有自己的消防部门和医院，价值创造基本由福特汽车独自完成，这家工厂完成了从矿石开采到汽车组装的垂直一体化，并在这个基础上实现了超级规模经济。

1929年，共有10多万名员工在这家工厂工作，每过一分钟，就会有一辆汽车从工厂的装配线上开下来。但在随后几十年间，制造业持续走向国际化，分工也不断细化，逐步从一体化走向网络化，由分工和合作带来的效率提升，使企业和工厂的边界逐渐消失。此时的工厂已经不是一个区域，而是全球网络，产品也不再是由一个工厂生产，而是全球生产。

例如，Local Motors是一家"存在于网络上"的汽车公司，其平台将全球共

---

[1] 工业和信息化部在《2015年智能制造试点示范专项行动方案》和《智能制造发展规划（2016—2020年）》中，将"智能制造"定义为基于新一代信息技术，贯穿设计、生产、管理、服务等制造活动各个环节，具有信息深度自感知、智慧优化自决策、精准控制自执行等功能的先进制造过程、系统与模式的总称。智能制造以智能工厂为载体，以关键制造环节智能化为核心，以端到端数据流为基础，以网络互联为支撑等特征，可以缩短产品研制周期、降低资源能源消耗、降低运营成本、提高生产效率、提升产品质量。

[2] 质量控制（Quality Control），是为使产品满足质量要求所采取的检验活动，主要包括检验、纠正不良操作方法或流程，以及不良问题的反馈。

创与本地微制造相结合，通过应用西门子的主流计算机辅助设计（Computer Aided Design，CAD）㊀软件 SolidEdge®，将来自全球各地的设计人员协同起来，实现无缝集成与共创，人数最多时有超过 300 名开发者同时参与设计。在共创模式下，Local Motors 以空前的速度将硬件创新投放市场，在 2014 年美国芝加哥举行的国际制造技术展览会上，Local Motors 就展出了世界第一辆采用增材制造（Additive Manufacturing）㊁技术打造的电动汽车"Strati"。

未来这样的企业将会越来越多，大量的企业将会和合作伙伴共同创造价值，而非闭门造车，新型的世界工厂存在于网络之上，而非某一个特定的区域，因此制造业会出现组织型的群体数字化转型，即产业集群（Industrial Cluster）㊂。中小企业更需要上网，且在联网之前需要数字化改造，正如熊彼特在一个世纪之前提出的："就算你把再多数量的邮政马车连在一起，也不可能得到一条铁路。"

（3）生产系统进一步走向数字化

在本次革命中，制造业的数字化转型不是依赖某一种或几种先进技术的融合，而是依靠数十种先进制造技术的集成和融合。无论数字化的设计，还是柔性制造（Flexible Manufacturing）㊃，或是智能化物流，都需要一系列先进技术在

㊀ 在学术和技术层面，计算机辅助设计（Computer Aided Design，CAD）是研究计算机辅助产品设计、模拟理论、方法和应用系统的一门学科，是计算机应用领域的分支，其研究方向包括曲线曲面造型、产品建模、协同设计、图形绘制、计算机动画、可视化与可视分析、虚拟现实、图形硬件等。在技术应用层面，CAD 指运用计算机软件建立和模拟实物设计，展现产品的外形、结构、色彩、质感等特性的技术和过程。

㊁ 增材制造（Additive Manufacturing），是指依据数字化三维层叠模型，在自动化系统控制下，利用材料层叠堆积原理制造产品的技术。

㊂ 产业集群（Industrial Cluster）理论是 20 世纪 20 年代出现的西方经济学理论，由美国哈佛商学院的学者迈克尔·波特创立，基本定义为一群各自独立又互相关联的企业按照专业化分工和合作关系，在某一特定领域内以及在实际地理位置上构成的相对集中的公司和机构集合，通过这种区域集聚可以形成有效的市场竞争，构建专业化生产要素优化聚集洼地，使企业共享区域公共设施、市场环境和外部经济条件，降低信息交流和物流成本，形成区域集群效应、规模效应、外部效应和区域竞争力。北京大学王缉慈教授总结了泛化的产业集群概念：通过利用资源的投入产出关系联系的企业的集聚，并最终由于外在经济、规模经济、范围经济和循环经济而形成的集群。

㊃ 柔性制造（Flexible Manufacturing）是由数控加工设备、物料运储装置和计算机控制系统组成的自动化制造系统，包括多个柔性制造单元，能根据制造任务或生产环境的变化迅速进行调整，适用于多品种、中小批量生产。

系统层面集成，并通过反复迭代降低技术使用成本、扩大使用范围，最终成功实现产业化，才能真正发挥其价值。

在全球工业土壤上，一批智能工厂正在悄然崛起，它们在某种意义上正在成为一座座技术熔炉，各种新的数字化技术投入其中，与工艺、产品、服务、人力资源融合到一起，无数的物理反应和化学反应充斥其中。

工厂设备不仅要实现对物体本身的加工和组装，还要实现对物质数据流的跟踪、检测和优化。在众多先进工厂中，我们可以看到物联网技术的广泛应用，工厂在生产设备的自动化技术上进一步向数字化发展，制造过程各个环节的数据互联互通，数据的流动和分析走向自动化和可视化，数据转化成信息，信息又和知识相互结合转变成洞见，管理人员和一线工人在数字化工具的加持下，可以更好、更快、更低成本地完成企业的生产目标。

时至今日，我们看到，学术界和产业界对于产业变革方向的判断基本一致。制造业正在加速走向数字化、网络化和智能化，无论跨国集团还是位于国内某个产业集群的中小企业，都在尽其所能地谋划数字化转型的道路，以通过掌握数字化的手段和工具来提升运营效率，转变发展方式。

2. 数字化转型成为共识

如果聚焦到工业领域，数字化进程的不断推进以及日益提升的生产流程灵活性，为全球工业企业带来了新的机遇和更多选择，使它们能够满足客户越来越多的差异化需求，并缩短产品上市时间。其中，数字化转型为推动创新、打造新型服务乃至建立全新的数据驱动型业务模式铺平了道路。

当前，数字化时代下的数字化转型已经成为商界、政界、学界等各利益相关方的共识，关于数字化转型的投资增速正在加快。2021 年 10 月 28 日，IDC 发布的《IDC Future Scape：2022 年全球数字化转型预测》[一]对全球数字化转型提出了十大预测。

预测 1：两位数投资的增长。直接的数字化转型相关投资在 2022—2024 年

[一] https://www.idc.com/getdoc.jsp?containerId=prCHC48339721

的 CAGR（年均复合增长率）将增长至 16.5%，高于 2019—2024 年的 CAGR（15.4%）。到 2024 年年底，将占整体 ICT（信息通信技术）投资的 55%。

预测 2：数字化 GDP 规则。为应对全球新冠肺炎疫情，各组织加快了对数字化的投资。这意味着，在 2022 年，超过一半的全球经济是基于数字化或受数字化影响的。

预测 3：面向数字的物理架构。到 2023 年，全球 90% 的组织将优先投资于数字化工具，以数字化体验扩充物理空间和资产。

预测 4：自动化企业和生态系统。到 2025 年，60% 的组织将利用企业及其生态系统实现自动化，并利用基于模型的企业概念、卓越中心和低代码、无代码平台进行颠覆式创新。

预测 5：数字化韧性领导力。到 2026 年，54% 的首席信息官将推动业务转型，通过战略性技术路线图和平台重构为数字化韧性组织赋能，以实现敏捷、数据驱动、员工协作。

预测 6：数字化企业文化和赋能。利用低代码/无代码工具和数据利用的能力，到 2024 年，60% 的企业员工将引领转型，并在其角色中体现数字化韧性。

预测 7：数字化韧性。到 2022 年，55% 的组织将扩展韧性计划，以适应未来的业务，与同行相比，将盈利能力、创新率和成本效率提高 20% 以上。

预测 8：数字化投资回报和结果。到 2023 年，1/2 的公司将从数字化产品和服务中获得超过 40% 的收入，而 2020 年这一比例是 1/3。

预测 9：数字化梦之队。到 2025 年，拥有跨职能领导、数字化梦之队的公司将比同时代的公司拥有更快的创新速度、更高的市场份额增长和更高的运营效率。

预测 10：碳中和与数字化。碳中和计划是数字化转型的一个关键目标。

数字化工厂，与时偕行

西门子成都数字化工厂是西门子全球第二个数字化工厂，是西门子德国安贝格电子制造工厂（Electronic Works Amberg，简称安贝格工厂）的姊妹工厂，其正式名称是"西门子工业自动化产品（成都）有限公司"（简称成都工厂）①。成都工厂突出的精益化、自动化、数字化、智能化等特征代表了数字化工厂工业生产的可持续发展，是数字化时代下与时偕行、卓越发展的典范。

1. 成都工厂发展概况

自2013年2月建成以来，成都工厂作为西门子在中国的第一家数字化工厂，向中国和全球市场供应可编程逻辑控制器（Programmable Logic Controller，PLC）②、人机界面（Human Machine Interface，HMI）③、工业计算机（Industrial PC，IPC）④等工业自动化产品（见图0-2）。成都工厂也是一个重要的研发中心，截至2022年3月拥有近300名经验丰富的研发工程师。

凭借高度集成和智能的技术平台，成都工厂能够在接受客户订单后立即在自动化平台上分配资源并安排生产时间，实现质量合规性和可追溯性，同时确保安全性和敏捷性。2013—2021年，在几乎没有增加白领员工数量的情况下，成都工厂一直保持高速增长。

作为中国的"工业4.0"（Industry 4.0）⑤示范工厂，成都工厂展示了如何通

---

① 西门子工业自动化产品（成都）有限公司，原为"西门子工业自动化产品成都生产研发基地"，2017年获得独立法人营业执照，正式更名为"西门子工业自动化产品（成都）有限公司"，本书中指"西门子成都数字化工厂"，简称成都工厂。
② 可编程逻辑控制器（Programmable Logic Controller，PLC），是一种具有微处理器的数字电子设备，主要用于工业自动化控制的数字逻辑控制器，可以存储、加载、执行控制指令。PLC由CPU、存储器、输入输出单元、电源模块、数字模拟等单元模块组成。
③ 人机界面（Human Machine Interface，HMI），是系统和用户之间进行交互和信息交换的媒介，实现信息的内部形式与人类可接受形式之间的转换。工业领域的HMI连接PLC、变频器、直流调速器、仪表等工业控制设备，利用显示屏显示，通过触摸屏、键盘、鼠标等输入设备，写入工作参数或输入操作命令，实现人与机器的信息交互。HMI由硬件和软件两部分组成。
④ 工业计算机（Industrial PC，IPC），主要指专供工业界使用的计算机设备，可作为工业控制器使用。
⑤ "工业4.0"（Industry 4.0），是德国政府最先提出的高科技计划，2013年，德国联邦教育及研究部与原德国联邦经济及科技部（现德国联邦经济事务和气候行动部）将其纳入《高技术战略2020行动计划》的十大未来项目。"工业4.0"的目标着重于融合现有的工业技术与传感器、人工智能、物联网、大数据等新技术，创建自适应性、高资源效率、符合人因工程的智能工厂，最终建构具备自感知、自学习、自决策、自执行、自适应等能力的新型工业生产方式。

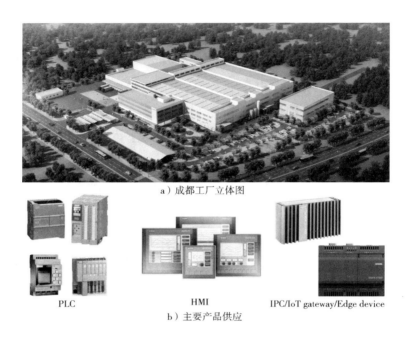

图 0-2　成都工厂立体图和主要产品供应

(资料来源：成都工厂)

过数字化推动创新，每年与 10000 多个行业合作伙伴分享经验和优秀实践。正是认识到成都工厂在将"工业 4.0"技术嵌入现代生产方面取得的成就，世界经济论坛在 2018 年将成都工厂评为首批"九个灯塔工厂"之一。

2. 成都工厂卓越绩效

成都工厂一直致力于生产自动化（Production Automation）、物料流自动化（Material Flow Automation）和信息流自动化（Information Flow Automation），其数字化企业平台使无缝集成产品开发、制造及供应链的信息流成为可能，并成长为未来制造业在速度、灵活性、质量、效率和安全性方面的榜样，从而在产品全生命周期管理中获得最大利益。这从成都工厂 2016—2021 财年关键绩效指标变化中可见一斑（见图 0-3）。

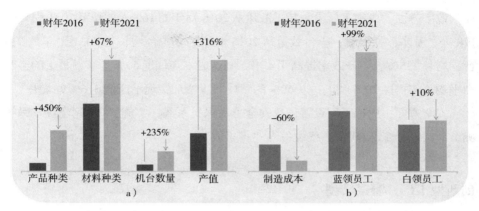

图 0-3 2016—2021 财年成都工厂高质量成长关键指标变化

(资料来源：成都工厂)

速度方面，凭借数字孪生（Digital Twin）⊖技术，成都工厂每年将 50 多种新产品投入批量生产；每 2 秒就有 1 件产品下线；7×24 小时交货；产品种类从 2016 财年的 337 种增长至 2021 财年的 1853 种，增幅高达 450%。

灵活性方面，成都工厂实施灵活的生产模式，23 条柔性生产线每天可以实现 160 多次转换，以满足 1800 多种不同产品的订单要求；每条生产线能够容纳 70 多个不同的产品（平均）；材料种类从 2016 财年的 3000 种增长至 2021 财年的 5000 种，增长 67%。

质量方面，成都工厂从产品到组件数据透明、可追溯；每天采集 1000 万条数据；2021 年整体质量水平即每百万产品缺陷率⊜为 5.7，同行业内全球领先。

⊖ 数字孪生（Digital Twin），也称为数字双胞胎、数字映射，是以数字化的形式对某一物理实体过去和目前的行为或流程进行动态呈现，其真正的功能在于能够在物理世界和数字世界之间全面建立准实时联系。根据西门子的定义，数字孪生是实际产品或流程的虚拟表示，用于理解和预测对应物的性能特点。在投资实体原型和资产之前，可使用数字孪生技术在产品全生命周期中仿真、预测和优化产品与生产系统，通过结合多物理场仿真、数据分析和机器学习功能，数字孪生不再需要搭建实体原型，即可展示设计变更、使用场景、环境条件和其他无限变量所带来的影响，同时缩短开发时间，并提高成品或流程的质量。一般而言，数字孪生分为产品的数字孪生、生产的数字孪生和性能的数字孪生。

⊜ 每百万产品缺陷率，是质量管理中常见的产品不良率衡量指标，指一段时间内（根据 QSM 系统核算要求定义期限）产品缺陷、质量问题、客户抱怨等的总和，与同期交付数量的比值进行换算。相应计算公式为：（缺陷问题总和/交付总量）×10^6。

效率方面，成都工厂白领员工数量从 2016 财年的 162 人增长至 2021 财年的 178 人，基本保持不变；机台数量从 2016 财年的 273 台增长至 2021 财年的 915 台，增长 235%；生产效率提高了 4 倍，制造成本降低近 60%；蓝领员工的生产力平均每年提高 20% 以上；以 60% 的工厂员工增加实现了产值 316% 的增长。

安全方面，成都工厂设置信息安全主动保护系统；实施整体安全监控/保护测量；实现了超 1200 台在线设备的"零事故"。

创新型工厂，洞察转型

经济学家里卡多·豪斯曼（Ricardo Hausmann）从驱动经济增长和人类进步的角度提出"高效利用新技术的集体能力"是不同经济体存在重大差异的关键。毋庸置疑，对于以数字化技术导入和创新来推动数字化转型的企业而言，豪斯曼教授的观点同样适用。要想实现数字化转型，企业不仅需要拥有技术，还需要拥有使用和开发这些技术的知识和能力，但更需要的是推动知识从少数人向多数人流动的组织和企业文化。

从筹备之初至今，通过多年成长，成都工厂已经在技术、知识、组织、企业文化方面形成了系统性的数字化转型架构和方法论体系，可以为数字化转型、打造创新型工厂提供成熟的经验和解决方案。

如何通过数字化转型，将涉及生产自动化、设备互联互通以及数据质量的先进技术在成都工厂落地和迭代，如数字孪生、人工智能（Artificial Intelligence，AI）㊀、边缘计算（Edge Computing）㊁、云计算（Cloud Computing）㊂、5G、

㊀ 人工智能（Artificial Intelligence，AI），是计算机科学的一个分支，通常人工智能是指通过计算机程序来呈现人类智能的技术。1956 年，图灵奖获得者、麻省理工学院的 John McCarthy 教授曾给出人工智能的总体定义：制造智能机器的科学与工程。后期随着技术的发展，人工智能的定义不断丰富，Andreas Kaplan 和 Michael Haenlein 将人工智能定义为：系统正确解释外部数据，从数据中学习，并灵活利用知识系统实现特定目标和任务的能力。

㊁ 边缘计算（Edge Computing），是指在网络边缘执行计算的一种新型计算模型。边缘计算操作的对象包括来自云服务的下行数据和来自万物互联服务的上行数据，而边缘计算的边缘是指从数据源到云计算中心路径之间的任意计算和网络资源。

㊂ 云计算（Cloud Computing），是分布式计算的一种形式，指通过网络"云"将巨大的数据计算处理程序分解成无数个小程序，然后，通过多部服务器组成的系统进行处理和分析，得到结果后返回给用户。通过云计算方式，共享的软硬件资源和信息可以按需求提供给计算机各种终端和其他设备，用户则灵活使用服务商提供的计算能力、存储和数据库等资源。

虚拟现实（Virtual Reality，VR）㊀、增强现实（Augmented Reality，AR）㊁，本书将在后续篇章中给予解答。此外，本书在讲述成都工厂的发展历程时，试图剖析并给出以下数字化转型过程中企业所面临的核心问题的答案：

1）数字化企业由谁来运营和决策？是经验，还是数据？

2）数字化的工具/APP由谁来使用？是管理者，还是一线员工？

3）数字化转型是"一把手工程"，但谁是践行者与驱动者？

4）业务透明的关键，是让KPI透明，还是让问题透明？

5）数字化项目由谁来驱动？是信息技术（Information Technology，IT）㊂部门，还是运营技术（Operational Technology，OT）㊃部门？

㊀ 虚拟现实（Virtual Reality，VR），是利用计算机模拟产生三维虚拟世界，向用户提供视觉、听觉、触觉等感官的模拟功能，让用户仿佛身临其境。

㊁ 增强现实（Augmented Reality，AR），指通过摄影机影像的位置及角度精算，配合计算机图像分析和合成技术，将虚拟信息应用到真实世界，真实的环境和虚拟的物体实时地叠加到同一个画面或空间，从而让屏幕上的虚拟世界能够与现实世界进行场景结合与交互。

㊂ 信息技术（Information Technology，IT），是主要用于管理和处理信息所采用的各种技术的总称。它主要是应用计算机科学和通信技术来设计、开发、安装和实施信息系统及应用软件。它也常被称为信息和通信技术（Information and Communications Technology，ICT），主要包括传感技术、计算机与智能技术、通信技术和控制技术。

㊃ 运营技术（Operational Technology，OT），是对企业的各类终端、流程和事件进行监控或控制的软硬件技术，主要包括数据采集和自动控制技术。运营技术既包括硬件设施，如机器人、电机、阀门、数控机床等，也包括对这些设施进行控制的各种软件技术。

第一篇

谋 划 篇

第一章　天时：科技革命来临
第二章　地利：制造大国崛起
第三章　人和：决策者的智慧

第四次工业革命的兴起以及随之而来的数字、物理系统的深度融合，毫无疑问引发了继前三次工业革命后的又一次产业变革。以人工智能、大数据、物联网、云计算等为代表的数字化技术，正在引领全球创新浪潮，迅猛改变着工业乃至世界经济的发展和结构。我们看到，这次革命相比于以往来得更加彻底，影响也更加深远，正在带来经济、社会、产业等各个领域的深刻变革。

成都工厂正是在产业转型过程中孕育而生的，它也是西门子在洞悉全球产业发展趋势和前瞻性战略调整下的重大决策。在本篇，我们将通过背景叙事和核心人物视角，尝试解答以下西门子在决策建厂过程中所考量的因素以及面临的挑战：

1) 西门子为什么要在2010年决策建立一座世界级数字化工厂？这个决策对于西门子而言意味着什么？

2) 西门子为什么决定将这座世界级数字化工厂建在中国？尤其是建在当时要素资源和供应链水平相对落后的中国西部地区？

3) 西门子为什么决定由中国人来运营管理工厂，而不是德国人？

第一章　天时：科技革命来临

2011年10月18日，中国日报网一篇名为《西门子把中国最大规模数字化工厂建在成都》的文章，引发了工业界的广泛关注。尽管在现在看来，数字化工厂已经成为工业界耳熟能详的存在，但当时，数字化尚处于起步阶段，社会各界对于"数字化工厂"的落地和实操更是知之甚少。那么，对于西门子决策者而言，为什么在那个时候下定决心建设一个"世界级"的数字化工厂，而非低成本的传统工厂？本章将带您领略一家经验丰富的制造业巨头对全球先进制造方向的把握与洞见，以及它在数字化时代实施软硬兼备战略的前瞻性。

第一节　灯塔在望

一批人已看见产业革命

管理大师德鲁克曾经提出："我从不预测未来，我只是看见未来。"我们会发现，优秀的企业通常是那些可以看见未来的企业。2010年前后，有一批企业家和学者正在预判未来，对于"新技术给人类社会带来的是一场变革还是一场革命"的讨论越来越深入，得到越来越多人的关注。

变革往往是持续的、循序渐进的变化，革命更多强调剧烈的、颠覆性的变化。从产业演变的规律来看，技术革命有可能会导致产业变革，当变革达到一定阶段，由量变产生质变，力量汇集最终产生产业革命。在21世纪的第一个10年，一些具有卓识远见的学者看到了未来，他们指出：全球产业界正处于一个由量变走向质变的关键转型期，产业界的技术大变革很有可能会引发一场新工业革命。

2009年，《贝尔实验室技术期刊》（*Bell Labs Technical Journal*）刊登了擅长计算技术和物理技术的 Steven Fortune 先生和 Martin Zirngibl 先生的研究成果，该文章明确了信息技术的重要性和关键性，并指出在计算技术、通信技术等通用性使能技术的推动下，新的技术革命正在徐徐来临。

2011年，美国经济学家杰里米·里夫金的著作《第三次工业革命》出版。"第三次工业革命"是一次翻天覆地的能源革命，也是一场组织革命。里夫金教授认为新一代信息技术和能源技术融合将会推动"第三次工业革命"的演进，第三次工业革命正在到来，人类的生产活动和社会经济将会出现重大变革。

2012年4月，英国《经济学人》杂志刊登了其杂志编辑保罗·麦基里主笔的、有关"第三次工业革命"的一系列文章，学者们称一种建立在互联网和新材料、新能源相结合基础上的第三次工业革命即将到来。文章使用了大量笔墨来描述全球工业领域正在经历革命性的变化，制造业是变革的重点，生产方式将发生根本性转变，工业材料、生产工具、制造工艺和全球供应链所构成的整个制造系统将发生系统性的颠覆式变化。

2013年4月，德国联邦教育及研究部与联邦经济及科技部在汉诺威工业博览会上提出"工业4.0"概念，即"第四次工业革命"。"工业4.0"描绘了制造业的未来场景，提出继蒸汽机、电力以及电子信息技术为驱动的三次工业革命后，人类将迎来以信息物理系统（Cyber Physical System，CPS）⊖为基础，以生产高度数字化、网络化、机器自组织为标志的第四次工业革命。

事实证明，2012年的产业界所面对的不是一次简单的变化，而是全面深刻的一场变革，大量的技术创新正在向产业界传导，并引起一系列连锁反应。纵观世界历史上主要的工业革命，往往都是在科学技术层面发生了重大进步，然后向社会、经济和产业层面扩散，最终带来了产业系统中生产力和生产关系由

⊖ 信息物理系统（Cyber Physical System，CPS），也被称为赛博物理系统，是通过计算（Computation）、通信（Communication）与控制（Control）技术的有机与深度融合，实现计算资源与物理资源的紧密结合与协调的下一代智能系统。

渐进式的变化走向颠覆式的变革。

"工业4.0"夯实企业愿景

"全世界进入颠覆式变革新阶段"这一变化，已经成为主要制造业国家热议和关注的趋势话题，德国政府和产业界将对技术革命的重视提升到了前所未有的高度。新一轮的技术变革为国家发展带来了巨大机遇，但同时，突飞猛进的技术变革也带来了格外严峻的挑战。因此，德国开始加快相关政策的顶层设计和产业布局，推出强有力的科技战略和产业政策，以实现在新一轮工业革命中的领先。

从2011年开始，"工业4.0"战略成为德国工业界的共同愿景，并逐渐上升到德国国家战略，其目的是提升德国制造业在未来的竞争力，保持德国的全球制造业中心地位。该战略的制定更多是"自下而上"，在德国企业、协会、智库和大学等机构的反复讨论和研究下提出并完善。

德国政府和产业界对"工业4.0"的认识经历了一个不断深化的过程。2010年7月，《高技术战略2020行动计划》发布，该战略重点推出了11个未来项目，汇集了德国政府各部门的研究和创新举措，重点关注气候/能源、保健/营养、交通、安全和通信5个领域，前瞻性地提及了物联网技术的应用。

在德国经济-科学研究联盟（Die Forschungsunion Wirtschaft-Wissenschaft）的倡导下，2011年德国开始系统性地研究"工业4.0"。2013年，在德国工程院、弗劳恩霍夫协会、西门子公司等德国学术界和产业界的建议和推动下，"工业4.0"项目在2013年4月的汉诺威工业博览会上被正式推出。

此后，德国联邦教育及研究部与联邦经济及科技部将"工业4.0"项目纳入了《高技术战略2020行动计划》的十大未来项目中，正式成为国家战略，并计划投入2亿欧元资金，支持工业领域新一代革命性技术的研发与创新。随后，德国机械及制造商协会（VDMA）等设立了"'工业4.0'平台"，德国电气电子和信息技术协会发表了德国首个"工业4.0"标准化路线图。

2013年4月,德国机械及制造商协会等机构向德国政府提交了"工业4.0"平台工作组的最终报告《保障德国制造业的未来——关于实施"工业4.0"战略的建议》,被德国政府采纳。"工业4.0"被认为是德国旨在支持工业领域新一代革命性技术的研发与创新,落实德国政府2010年7月公布的《高技术战略2020行动计划》目标、打造基于CPS的制造智能化新模式,巩固全球制造业龙头地位和抢占第四次工业革命国际竞争先机的战略抓手。

德国"工业4.0"战略的要点可以概括为:建设一个系统、研究两大主题、实现三项集成、实施八项计划。其目的在于打造一个生态系统,但战略核心则是创建智能工厂,尤其重视CPS、物联网和云计算的融合,在"工业4.0"时代,制造系统能够监测制造中的物理过程,创造一个所谓物理世界的"数字孪生",并通过即时通信以及与人类、机器、传感器等之间的合作做出科学的决策。"工业4.0"将嵌入式生产系统技术与智能生产过程结合起来,为新的技术时代的到来铺平道路。这一发展战略将从根本上改变产业价值链、生产价值链和商业模式。

其中,"工业4.0"的核心是智能工厂。"智能工厂"是未来智能基础设施的关键组成部分,重点研究智能化生产系统及过程,以及网络化分布生产设施的实现;"智能生产"的侧重点在于将人机互动、智能物流管理、增材制造等先进技术应用于整个工业生产过程,从而形成高度灵活、个性化、网络化的产业链,生产流程智能化是实现"工业4.0"的关键。

德国的数字化路线更多是以工厂为核心,有学者将德国的制造业总结为"众厂之厂",人们在工厂里看到的机器人、机床、电气设备、控制设备以及各种专用装备,很多都来自德国。

众所周知,工业设备是数字化时代重要的数据枢纽,而德国一直是全球领先的工业设备和软件解决方案供应商,可以说,在"工业4.0"时代,德国具备强大的领先优势。根据2013年德国机械及制造商协会的报告,德国机械工业出货值约占整个欧洲的40%,产值约占全球规模的11%,出口额约占全球的16%。根据咨询机构埃森哲的研究,全球范围内由德国企业生产、出售和自用的设备总数，在 2018 年即突破了 10 万亿大关，相当于一个拥有超过 10 万亿"终端"的物联网，其中产生的庞大数据正等待着人们挖掘。⊖

德国的工业巨头们也一直在探索，如何以工厂为起点，更好地实现价值创造、降低生产成本、优化产品质量，它们向客户传递的经验也是围绕着工厂改造、工艺优化和产品升级等方向开展。当然，这里所说的工厂是一个更宽广的概念，不仅是指生产产品的建筑和机器，还涵盖了产品全生命周期的主要环节，包含产品的设计、供应、生产制造和销售等各个价值链领域。

回顾过去，似乎看到 2012 年左右正是一个关键时期，诸多因素汇集到一起，相互激荡，当初的一些预判已经成为现实，一些行动则加快了产业的变革，一时间，在数字化的航道中，涌入了无数大大小小的舰船，既有大企业这样的巨型轮船，也有"隐形冠军"这样的中型舰艇，还有无数中小企业这样的小帆船，一时间千帆竞发，百舸争流。我们看到，航道在不断地扩宽、延长，基础设施也逐渐完备，而在远处的海洋上，似乎出现了点点光芒，一些灯塔型的项目拔地而起，给人希望。

第二节　百舸争流

一些观察家指出，将新兴的数字化技术顺利导入生产系统和消费系统，远非政策、资金和政府意志可以简单决定的，其中的复杂性和曲折性大大超出我们的想象。在此期间，大型企业具有规模优势，它们掌握更多的资源，拥有更多的场景，并且在价值链上覆盖的区间更大，这给它们开展变革提供了基础和空间。

通过时间线梳理，可以发现西门子其实是上述工业巨头的典型代表。西门子看到得更早，也看得更远。它善于洞察趋势，以变化应对变化，在产品结构、

⊖ 资料来源：《德国制造的物联网思维》，埃森哲行业观察。

商业模式、组织架构甚至生产模式上,进行了更为积极的探索。

早就在 1996 年西门子就提出了全集成自动化(Totally Integrated Automation,TIA)㊀的概念,希望向市场提供系统化的自动化技术,随着技术的迭代,全集成自动化的概念变得更为深入人心。2005 年,西门子看到数字化技术应用于工业自动化领域的趋势,以及网络电话(Voice over Internet Protocol,VoIP)㊁带来通信行业的范式革命,决定剥离传统电子通信业务,这一业务曾占到西门子整体业务比重的 15% 之高,这一剥离决定表明西门子将全面数字化转型。

2007 年 5 月 11 日,一则新闻轰动了软件行业:西门子收购了当时全球产品全生命周期管理(Product Lifecycle Management,PLM)㊂领域软件与服务的市场领导者 UGS㊃,迈出了数字化转型的重要一步,并将其更名为 Siemens PLM Software。通过收购 UGS,西门子获得了数字化世界的三项重要产品:NX㊄、Teamcenter㊅和 Tecnomatix㊆。

㊀ 全集成自动化(Totally Integrated Automation,TIA),是西门子在 1996 年为响应市场对工业自动化过程控制系统的可靠性、复杂性、功能完善性、人机界面友好性、数据分析与管理的快速性,以及系统安装、调试、运行与维护的方便性等需求,提出的软硬一体的新概念和技术体系。TIA 采用统一的组态和编程、统一的数据库管理和统一的通信,是集统一性和开放性于一体的自动化技术。为此,西门子推出了 TIA 博途解决方案,将全部自动化组态任务集中在单一的开发环境中,在工业领域率先全集成自动化组件的工程组态软件。

㊁ 网络电话(Voice over Internet Protocol,VoIP),通过 IP 数据包发送语音业务,是传输语音的一种方式。它把语音分解成数据字节,通过互联网传输到目的地。通俗而言,VoIP 就是互联网电话(Internet Telephony)或 IP 电话(IP Telephony),使用 VoIP 协议,不管是互联网还是企业内部网络,都可以实现语音通信。

㊂ 产品全生命周期管理(Product Lifecycle Management,PLM),是指产品的整个演化过程,分为概念产生、设计、采购、生产、销售和服务几个阶段。每个阶段都有其特定的活动、相应的产生信息、涉及的相关人员和部门。产品全生命周期管理是为满足制造业对产品全生命周期信息管理的需求而产生的一种新的管理模式。它描述和规定了产品全生命周期过程中产品信息的创建、管理、分发和使用的过程与方法,给出了一个信息基础框架,来集成和管理相关的技术与应用系统,使用户可以在产品全生命周期过程中协同开发、制造和管理产品。

㊃ UGS,是产品全生命周期管理(PLM)领域的全球性软件和服务提供商,2007 年被西门子收购,成为西门子数字化工业集团的一部分。

㊄ NX,即 Siemens NX,是西门子提供的计算机辅助设计、计算机辅助制造软件系统,为产品设计和加工过程提供数字化建模、仿真优化、数控编程等功能模块。

㊅ Teamcenter,是西门子研发和销售的产品全生命周期管理(PLM)系统。

㊆ Tecnomatix,是西门子研发和销售的数字化制造系统。

彼时"工业4.0"尚未提出，这次跨界并购不仅引发产业界的激烈讨论，也饱受西门子内部质疑，直到2008年西门子再次收购了德国工业自动化控制软件厂商Innotec，人们才逐渐意识到西门子收购UGS并不是简单的投资，而是基于建立数字化连接展开的一场艰难但又具有开创性的业务调整。通过结合西门子和UGS双方在实体领域的自动化以及虚拟领域的PLM方面的专业知识，这一跨界并购成为真正影响西门子业务格局的重大举措。

恰逢全球工业企业处于日益激烈的市场竞争当中，与对手拉开距离的持续业务转型势在必行。西门子很快通过一系列收购，彻底改变了西门子的业务版图，使其成为全球唯一一家能够为工业企业业务提供集成化软件和硬件解决方案的公司。其中，得益于对制造执行系统（Manufacturing Execution System，MES）[一]、PLM、CAD、制造和工程以及工厂管理系统的掌握，西门子早年关于TIA的蓝图正一步步迈向现实。

西门子的做法让整个工业行业开始看到了一些方向：通过收购和整合逐步实现"虚拟和现实的连接"，将彻底解决工业企业在应用IT技术过程当中的最大问题——业务与系统"两层皮"，从而带领工业企业真正实现数字化转型的终极目标，即用软件、信息和数据等来构建虚拟世界并能够用更低成本验证、衡量的数字化模型，驱动包括生产过程、加工流程等现实世界的真实生产，同时用现实世界的真实反馈优化虚拟世界。

数字化转型目标无疑让整个工业的设计、生产、加工、销售和服务等各个业务环节更加连贯，更加具有柔性和可调节，而且调整和优化的成本几乎可以忽略不计。到2009年，已然完成全集成自动化的西门子，开放了面向自动化任

[一] 美国先进制造研究院（Advanced Manufacturing Research）对MES的定义为"位于上层计划管理系统与底层工业控制之间的、面向车间层的管理信息系统"，为操作人员、管理人员提供计划的执行、跟踪以及所有资源（人、设备、物料、客户需求等方面）的当前状态。制造执行系统协会（Manufacturing Execution System Association，MESA）对MES的功能定义为"MES能通过信息传递，对从订单下达到产品完成的整个生产过程进行优化管理"。国际自动化协会（ISA）编制的ISA-95《企业控制系统集成标准》，进一步明确了MES系统的基本模型框架，被行业称为ISA 95标准。

务的平台 TIA Portal，同时也萌生了进一步对外交付数字化工厂整体解决方案的想法。

除了大步向数字世界迈进，包括西门子在内的大型企业仍然在物理世界寻找新的机会，它们正在为新技术寻找最好的应用场景。把新技术导入产业中是一个异常复杂和艰巨的工作。从学术文献上寥寥数行文字开始，可能需要工业领域成百上千人多年的艰苦工作才能实现，一些新技术的开发、应用和商业化，其实也需要无比繁杂的工业工程来实现，尤其在"工业4.0"时代，需要大量的 IT 与 OT 工作团队的互动和合作。

通过观察全球先进工厂，我们可以发现领先者已经把数字化工厂变成了新技术的应用试验基地，大量的案例在数字化工厂中涌现，比如机器人在物流环节的应用、机器视觉（Machine Vision）⊖在检测环节的应用、数字机器人在工作自动化环节的应用。这些应用基于全球研发团队的反复尝试才能实现。

数字化转型的战略愿景的勾画需要先于大刀阔斧的行动。尽管数字化的理念早已深入西门子的企业文化，但直到若干年后西门子才真正成立数字化工业集团，很长一段时期内，相关业务均由 IA（工业自动化）和 DT（传动技术）两大事业部分别主导。对于当时的主导事业部来说，如何有效发挥西门子"软硬两栖"的绝对优势并实现新技术的应用成为其工作的重心。出于上述战略考量，自建一个"世界级"的数字化工厂的念想逐渐在西门子决策层的脑海中成型。

第三节 动念风起

2010年左右，一些领先企业已经开始将数字化技术系统应用于研发、生产、销售、服务全过程，在自动化、数字化、智能化领域坚定不移地往前跑。随着自动化技术和产品需求抬头，西门子的第一反应是建设一个新的工厂来满足日

⊖ 机器视觉（Machine Vision），是指通过光学装置和非接触传感器自动接收并处理真实物体的图像，分析后获取所需信息或用于控制机器运动的装置。

益增长的市场需求。同时，它也希望在技术上做一次突破，计划用完整的数字化技术方案来武装这个工厂，让其成为"最先进的数字化工厂"，把多年的积累用于实践，在数字化赛道上打造标杆。在这样的动念之下，一群顶尖的技术专家走到一起，共同画出数字化工厂十年的发展蓝图。

定位一：安贝格的姊妹工厂

1. 全球产能分担

2007 年金融危机后，发达国家开始部署实施再工业化战略，发展中国家和新兴市场也进一步成为全球产业投资的热土。同时，大数据、云计算、人工智能等新兴技术走向快速应用期，推动全球制造业加速向数字化转型。智能制造成为全球产业转型升级的重要方向，一座座高度自动化的工厂在全球各地不断崛起，带动了对自动化产品和技术的需求。

当时，很多咨询机构和制造企业都对中短期发展表示乐观，西门子在 2010 年左右做出判断："自动化业务将以年均 20% 的增长率持续 5～10 年"。但从供给侧看，西门子在自动化产品尤其是工业控制系统产品的产能水平已经不能满足急剧扩大的市场容量，例如伴随着 SIMATIC S7-1500[①] 和 SIMATIC S7-1200[②] 等战略产品进入更新换代周期，安贝格工厂的产能本身已经见顶，加大投资、扩张产能成了西门子管理层关注的重要议题。

新建工厂也是西门子对经济型工业自动化市场的战略性布局，经济型工业自动化市场是一块大蛋糕，占据工业自动化市场整体份额的 50% 以上，不仅在新兴市场具有广阔的市场空间，而且在欧美成熟市场同样具有稳定的需求。西门子尽管在高端工业自动化市场取得了巨大的成功，但在经济型工业自动化市场却需要提高产品竞争力，投资新工厂也有这方面的考量。

这里还有市场防御的战略目的，西门子深谙"一旦放弃经济型工业自动化

[①] SIMATIC S7-1500，是西门子研发和销售的 PLC 产品。
[②] SIMATIC S7-1200，是西门子研发和销售的 PLC 产品。

市场，假以时日，自下沉处蓄力的竞争对手也可以对高端市场造成冲击"的道理。于是，西门子做出了加码经济型自动化市场的战略决定，并寄希望于通过在毗邻市场处建设工厂，提升供应链和市场响应能力，进而获取新的竞争优势。

2. 全球战略备份

在决定新建工厂之际，2011年3月11日，日本爆发9级特大地震，造成了高达2100亿美元的经济损失，占据日本国内生产总值的4%。地震严重冲击了产业链安全，日本汽车、电子产业濒临崩溃，遵循精益思想、高度整合的全球供应链亦将零部件短缺的风险迅速传导至全世界。根据IHS报告，受冲击影响，全球汽车日产量削减10万辆，零部件短缺造成的供应链问题拖累了30%的汽车产能，丰田、本田、日产、索尼等跨国企业先后关闭其工厂，美国三大汽车公司、欧洲大众、PSA、沃尔沃等厂商的生产经营也均受到影响，某些生产线甚至被迫停产。

全球电子行业同样深受其累，苹果作为东芝、精工、村田等日本电子元器件企业的重要用户，市值在地震发生后的两天内缩水近220亿美元，创下自2010年6月开始的9个月内的最大跌幅，阿尔卡特则直接表示"如有所需或将更换新的供货商"。对此，美林证券的分析师做出了如下断言："未来全球的相关产业充满了不可知的因素，关键取决于日本的恢复速度以及寻找新供货商的速度，不过这个过程远比想象中复杂。"

这些突发性事件暴露出过度精简和集中的供应链所存在的弊病，全球化背景下，汽车、电子设备、工业设备等主要产品，已经是全球生产和全球销售模式，越来越多的产品进入模块化分工，一些细微环节受到冲击都将"牵一发而动全身"。很多企业开始考虑，不要把生产过于集中在一个地区，于是转而加快制造能力的分散化布局，在供应链层面也寻求多元化供应。西门子同样意识到了保障供应链安全、建设全球冗余热备○的重要性。

○ 冗余热备中，冗余是指重复配置系统的一些部件，当系统发生故障时，冗余配置的部件介入并承担故障部件的工作，自动备援，即当某一设备发生损坏时，它可以自动作为后备式设备替代该设备。热备就是对于重要的服务，使用两台服务器，互相备份，共同执行同一服务。当一台服务器出现故障时，可以由另一台服务器承担服务任务，从而在不需要人工干预的情况下，自动保证系统能持续提供服务。

安贝格工厂作为西门子的核心制造基地，2000 年以来 PLC 等自动化产品的生产一直集中于这里。西门子迫切需要在欧洲以外区域建立姊妹工厂以便在出现灾难性情况时互为支撑，保证业务连续性。也就是说，两个工厂要互为冗余热备。

因此，西门子对于新工厂的期望不仅是满足单点市场的需求，还要实现两个工厂的互联互通，相互提供有力的战略备份和支撑，当一个工厂出现突发情况时，另一个工厂可以迅速跟进，在生产制造方面无缝切换、相互替代以保证业务的连续性。这一方面对新工厂建设要求极高，要求产品体系与德国保持同一系列、同一标准和同一档次；另一方面意味着需要在不同的地理位置进行布局，从而在客观上增加企业供应链的弹性。

定位二：世界级数字化工厂

随着产业变革的深入，以信息技术与制造技术加速融合为主要特征的数字化制造成为发展趋势。数字化一方面是巨大机遇，另一方面又对停滞不前的企业带来了巨大挑战。自 2000 年以来，世界 500 强企业中有许多因为没有及时拥抱数字化而丧失竞争力，甚至从市场上消失。领先者同样具有紧迫感和危机感，作为全球自动化领域的领军企业，西门子从未停止向数字化转型的步伐。西门子认为，更短的上市时间、更大的灵活性、更好的质量和更高的效率是当前全球制造业发展的四大基本目标，数字化手段则是达成相应目标的一剂良方。

1. 安贝格工厂是数字化集大成者

安贝格工厂是西门子数字化改革的先行者，在 2010 年左右，已经有大量先进的数字化技术在工厂内得到应用，技术的集成应用给生产带来了效率，安贝格工厂每天能够完成 250 次的生产切换，超过 1000 种不同产品在这里生产，每天生成并使用 3500 多万条过程和产品数据，每年能够生产 1200 多万个 SIMATIC PLC 组件，平均 2 秒钟就产出一件产品。安贝格工厂的生产流程由 2500 多个 SIMATIC PLC 组件控制，很大程度上已经实现了自动化，价值链中 75% 的工作由机器和机器人自主处理，每天生产的产品会发往全球各地近 6 万个客户手中。自动化和数字化带来了生产效率的持续提升，相比 1989 年投产之时，安贝格工厂在工厂生产面积始终保持约 10000 平方米、员工数量保持约 1200 名不变的情况下，产能已经提升了 5 倍之多，更为重要的是产品质量也大幅提升，每百万产品缺陷率（Defect Per Million）①由 1989 年的 500 下降到了 12~13 的水平，减少了 95% 以上的不良产品。

安贝格工厂产品工程师 Christoph Raum 认为，安贝格工厂已经实现了"自己生产自己"，SIMATIC PLC 不仅在安贝格工厂被大量生产，而且遍布其自身生产线，每条生产线运行着约 1000 台 SIMATIC PLC，并通过产品代码控制着 SIMATIC 产品的生产过程，从而实现自身生产的高度自动化。

安贝格工厂在原料仓储配送、生产、装配等环节也已经实现高度自动化。它的地下自动化仓库运输带长达 5 千米，实现车间物料的精准配送。在加工过程中，产品的所有相关数据，都储存在自己的"数字化产品记忆库"中，以便精确追踪生产的每个步骤。加工完成后，通过光学设备或其他测量设备对工件自动进行检测，在现场发现并剔除不合格的产品。此外，安贝格工厂还实现了从企业管理、产品研发到制造控制层面的高度互联，通过在整个价值链中集成 IT 系统应用，实现包括设计、生产、物流、市场和销售等所有环节在内的全生命周期的全自动化控制和管理，真正做到了智能化、柔性化、定制化生产。因此，安贝格工厂成为欧洲乃至全球最先进的工厂之一，也成为全球顶尖数字化技术的集大成者。

2. 巨人肩膀之上再造巨人

借助数字化的东风，安贝格工厂不断追求高效、高质和柔性的生产方式，创造出了一批世界级的数字化工具，培养了一批顶尖的数字化人才，也逐渐成长为全球工业领域数字化技术的诞生地，为未来数字化时代制造业的发展指明了方向。

---

① DPM（Defect Per Million），每百万件产品的缺陷率或不良率，是质量管理中常见的产品不良率衡量指标。

安贝格工厂的工程师们深知，尽管安贝格工厂已经成为数字化技术的集大成者，但受到旧厂的软硬件限制，进一步通过技术升级扩大产能的天花板已经逐步逼近。因此，安贝格工厂的工程师团队更希望在全球选择一张"白纸"作为西门子数字化解决方案的试验田，新建一座更高标准的"顶级工厂"，输出安贝格工厂过去几十年的经验，以超越传统、巩固地位。

2011年，安贝格工厂决定，将这座工厂的成功经验输出。新建工厂将运用西门子的先进技术，实现在生产效率领域引领全球化标准，建成西门子数字化工厂的全球典范。决策者希冀在新的数字化工厂的基础上，进一步推动西门子未来数字化业务的发展，更好发挥其传统业务优势，以数字化业务加固自身核心竞争力。

第二章　地利：制造大国崛起

新建世界级数字化工厂的决策形成以后，西门子开始在全球寻找合适的地点，在选址初期，评估了包括德国、中国、印度等在内的多个欧洲、亚洲国家。考虑到新工厂需要迎合拓展经济型市场、强化自动化产品领导力的目标，西门子决定在靠近市场和供应链的区域进行生产和研发的全价值链布局，以快速实现从研发到生产的闭环，响应市场的快速变化和多样化需求，因此中国成为重点的考察对象，但把工厂安置在中国哪里？是工业条件以及资源禀赋良好的珠三角、长三角地区，还是响应"西部大开发"的政策号召，将工厂建在当时发展相对落后但未来前景良好的西部城市或是中部地区？回顾选址决策的整个过程可以发现，对于一家全球性制造企业来说，综合外部局势和内部禀赋做好决策，其实异常复杂，每往前走一步，都会带来新的问题，可以说，西门子的选址过程是一个持续解决问题的过程。

第一节　与中国结缘

西门子与中国的结缘最早可以追溯到1872年，当时，中国的第一台指针式电报机就来自西门子。1899年，西门子在北京投资建立了一座发电厂，同年又在北京投资运营了有轨电车线路。

西门子和中国的合作历程中最富有开创性的事件是，在1985年10月29日西门子与中国签署了《西门子公司与中华人民共和国在机械工业、电气工程和电子工业等领域开展合作的备忘录》。当时我国正处于改革开放初期，备忘录的签署让双方之间技术和知识交流上升到新的高度，其意义远远超出产品销售的层面。从此之后，西门子开始在中国大力发展并建立合资企业。1995年，西门子在中国已拥有 30 家合资企业，中国市场成为西门子全球网络中至关重要的增长市场。

西门子一直重视用本土化的生产来满足区域市场的需求，尤其在中国的庞大市场中。1989 年，西门子的高压直流输电（HVDC）技术开始在中国应用。西门子为世界规模最大的 HVDC 项目提供的全球第一台 1100 千伏变压器产自中国。这个 HVDC 项目的线路跨越 3000 多千米的距离，将电力从远在中国西北的新疆输送到华东地区的安徽。

此外，西门子还非常注重携手打造立足中国市场的研发生态系统。西门子集聚的一批中国高级研发人才，成为全球重要的研发力量。2006 年成立的西门子中国研究院，目前已成为西门子中央研究院德国总部以外最大的研究机构。西门子中国研究院的研发人员不断在电气化、自动化和数字化领域进行快速创新，有力支撑西门子各项业务的发展。到 2019 年，西门子在北京、上海、苏州、南京等地已经建立了 21 个研发中心，有 5000 多名研发和工程人员，有效专利超过 13200 项。

深化在中国市场的布局

规模巨大且有活力的市场是吸引跨国公司前往布局的最大动力。西门子首先将视线投向了亚太地区，2010 年，亚太市场在西门子的业务构成中已经占据了很大比重，而西门子大部分电子产品的供应链，例如许多电子元器件都聚集在韩国、日本和中国等国家。在综合评估之后，西门子基本上决定将新工厂落地于亚太地区，而亚太地区最大的增长极在中国。

进入 2000 年，中国工业加速前进。2006 年年底，西门子宣布了一个战略规划——"2010 加速度"，期望通过在研发、采购、生产、并购以及地区化、一体化等关键增长要素层面的全力加码，实现中国市场销售额到 2010 年翻番的目标。这个战略正契合当时中国制造业处于快速发展和转型升级的关键阶段。

战略实施期间，中国工控市场规模从 2005 年的 744 亿元人民币快速增长至

2008年的1130亿元人民币，到2010年，中国制造业工业增加值占全球制造业工业增加值的19.8%，成为全球制造业第一大国。2011年，在全球经济增速放缓与需求萎缩的背景下，中国成了西门子的第二大海外市场。"客户在哪里，我们就要到哪里"，这是西门子一直坚守的服务信念。西门子对中国市场的前景更加看好，投资中国的信心也日益增强。

一方面，经济危机后，中国的工业经济结构调整明显，由之前的"粗放式"发展转向"集约型"发展，中国随之成为全球最大的自动化技术和驱动产品市场，也是安贝格工厂至关重要的销售地，其销量当时已占到安贝格工厂的20%。除此之外，中国工业体系渐趋完整，220种工业产品产量居世界第一。麦肯锡发布的一份报告显示，相对完整的产业链为中国装备制造业提供了系统性的竞争力，中国有超过14万家机械供应商、7.5万家通信和设备制造商、10.4万家交通运输设备制造商，供应商网络规模超过日本的5倍。

另一方面，在中国不断提速的城镇化进程中，西门子看到了中国市场未来的潜力，即工厂开始重视生产环境，引入现代化生产方式，人民消费水平不断提高，这意味着终端市场对于中高端产品的需求不断提升，也需要更好的生产设备来提高生产效率，整体工业自动化水平也会随之上涨。中国自2010年开始逐渐成为全球最大的工业机器人市场、最大的数控机床市场、最大的智能制造市场。很多与自动化、数字化相关的产品在中国的销售进入爆发期，2020年中国市场的机器人销量就达到了17万台，规模超过千亿元人民币，连续9年稳居全球第一大市场。中国也继续成为全球最大的工业控制产品市场之一，PLC等产品的销售占据亚太地区60%以上。

中国逐渐成为西门子在全球范围内的最大市场，但是西门子也清楚，尽管中国市场非常庞大，但是蛋糕越大，市场竞争也会越激烈。加快发展中国本地的产业链供应链，将是西门子降本增效以提高市场竞争力的有效手段。经此考量，西门子开始了在中国范围内的选址工作。

第二节　青睐成都

西门子高层踩点成都

2010 年 10 月，尚未知晓新建工厂计划的戴霁明，在成都迎来了一位重要客人——西门子工业自动化集团的首席财务官 Miguel Ángel López。戴霁明的职责是"组织参观并调研成都工业开发区在物流、教育、基础条件等方面的情况"。这是一次为期三天的考察，但戴霁明认为和往常一样，这只是一次普通的工作调研。直到数月之后他才得知，此行的真正目的在于考察西门子新工厂的选址。

考察的三天时间里，诸多外资企业的亮眼表现为西门子打了一针"强心剂"，此前一些大型企业在成都投产的工厂，它们的运营状况、盈利状况以及技术承载能力都达到甚至远超预期，尤其是电子制造企业，在金融危机后全球经济低迷徘徊的背景下，仍然保持了两位数的增长，德州仪器、联想、仁宝、纬创等在成都扎堆布局的电子制造企业也都给出了积极反馈。

Miguel Ángel López 更是在考察时发现，许多在成都的制造工厂都表现得非常卓越，英特尔全球 60% 的芯片组和 55% 的微处理器都是"成都制造"，成都捷达工厂更是大众利润和效益全球领先的标杆，这些发现让 Miguel Ángel López 的信心倍增，对西门子在成都的未来有了良好的预期。

此外，西门子与成都渊源颇深。早在 1995 年，西门子就在成都建立了办事处，并设置成西南大区的总部，参与了诸多重大项目。1996 年，西门子在成都建立了光纤工厂；2003 年 1 月，西门子为成都钢铁厂 60 吨回转炉项目提供了 SIMATIC 自动化系统。随后，西门子向成都地铁一号线提供车站照明解决方案，向成都双流国际机场提供消防水灾警报系统，向成都地铁二号线及一汽大众在中国西部最重要的成都生产基地等工程项目提供了自动化系统和相关硬件，更与四川省签署谅解备忘录，在工业基础设施领域开展全面合作，覆盖自动化控制、交通、物流、医疗、照明、绿色楼宇、低碳项目、能源以及金融服务等多个领域。这些项目的顺利推进，使西门子对成都的投资环境形成了具象且积极的认识，在一定程度上巩固了投建成都工厂的信心。Miguel Ángel López 返回德国后，工业自动化集团很快就做出了"重点考虑在成都设厂"的决定。

值得一提的是，成都"三宝"亦成为 Miguel Ángel López 考察过程中的亮点。从唐宋时期的"扬益二州，号天下繁侈"到现在举世闻名的火锅、大熊猫、美景"三宝"，良好的产业生态之外，成都更为人称道的是其良好的生活环境。随着联合国教科文组织授予成都亚洲首个"美食之都"的称号，"三宝"就被频繁应用于成都市招商引资的广告词之中。

前来考察的 Miguel Ángel López 对于成都的安逸生活同样感受颇深。恰逢周末，戴霁明陪伴 Miguel Ángel López 体验了成都悠闲但又丰富的慢生活，无论去宽窄巷子吃火锅、人民公园采耳，还是在大熊猫繁育研究基地里看大熊猫，Miguel Ángel López 都被成都人民闲适的生活态度深深感染。

综合评比中脱颖而出

接到西门子集团的选址通知之后，新建工厂的正式选址工作随即开展。2010 年 12 月，西门子（中国）工业自动化集团工业业务领域投资并购负责人张时飚正在美国出差，他突然接到了西门子（中国）工业自动化集团总经理王海滨的电话，被告知总部准备在中国新建工厂，需要他在最短时间内拿出选址方案。

当时安贝格工厂已经做了非常详细的建厂计划，包括用地面积、生产的产品型号、用人需求及规模等都做了精准测算，在选址方面提出了促进外资投资政策、劳动力资源水平、物流交通水平、基础设施水平等几项评选准则。此外，安贝格工厂对于成都项目的定位也已经有了大致的轮廓，这将是一座用先进技术武装的现代工厂，建厂计划名称即为"数字化工厂"。

接到任务后，张时飙联合西门子房地产管理集团（SRE）派来的同事王煜，组成了选址项目组。西门子当时在南京已经设有数控工厂（SNC），而北上广等一线城市成本太高，难以平衡投资收益。考虑到中国幅员辽阔，开发区和高新区密集分布，缩小筛选范围和缩短选址时间成为项目组首要工作原则。

项目组聘请了国内一家地产顾问公司进行咨询。地产顾问很快从人力资源、市场容量、外商投资环境等多个维度的综合评估中给出了包含中国东、中、西部 8 个备选城市名单。确定名单之后，SRE 根据 IA 的战略意图和其他考量因素，将选择范围进一步缩小，并迅速开展了与地方政府的对接和协商。

在对接之前，选址项目组又进一步和总部明确了新建工厂所需的土地面积、产品类别、就业规模、组织架构等关键信息，并把成都作为考察的首站。2011 年 3 月，项目组对成都进行了细致的调研。考察结果发现，成都在土地、人力等要素资源上相对丰富，而且成都高新区招商团队专业水平相对较高，各方面条件都让项目组成员满意，加之此前秘密考察的印象也非常不错，因此，成都高新区被直接确定为西门子新工厂的建设地，项目组成员取消了其他城市的考察。同月，西门子集团管理层再次考察成都，新工厂选址工作尘埃落定。回顾整个选址过程，张时飙认为带来"一锤定音"的关键是决策者对"西部大开发"前景的看好，以及在整个西部地区，成都相对优良的产业生态、人力资源、电子物流和营商环境。

1. 西部大开发

2000 年伊始，恰逢中国加入 WTO 前夕，中共中央、国务院做出了"实施西部大开发战略"的重大决策，希望通过加快全国经济结构调整和产业优化升级，开启中国适应世界范围结构调整以提高中国国际竞争力的发展通道。"西部大开发"的出台乘势将成都推上了全球化舞台。一方面，成都经济辐射范围不断增强，已经成为整个西部地区的重要枢纽；另一方面，政策红利叠加之下，长期以来制约成都发展和生产要素流动的基建、交通问题得到缓解，营商环境不断优化，开始承接来自东部地区乃至国际上的产能转移，一些大规模的工业项目破土而出，"引进来"和"走出去"在新世纪的序曲中交织响起，成都进入

"速度和质量双提升阶段"，迎来了经济飞跃的黄金十年。

在第一轮西部大开发（2001—2010 年）末期，成都实现了 5551.33 亿元的地区生产总值，对比西部大开发初始时的 1312.99 亿元，年复合增长率超过 16%，规模以上工业增加值也实现了年均 22.3% 的增长，成为西部地区生产总值和综合竞争力稳居前三的省会城市。随着新一轮西部大开发的持续推进、成渝经济区和天府新区规划的启动实施，成都作为区域经济引擎的地位得到不断加强。

在此背景下，成都成为产业"西进"浪潮的桥头堡，世界 500 强企业纷纷认为成都经济会持续向好，外资企业布局不断加快。2007 年国际金融危机后，东部沿海地区人力成本和土地成本等要素进一步形成了规模扩大的制约，成都作为成本洼地的优势得到进一步加强，制造成本的此起彼伏使得国内电子信息产业资源从东部向西部转移的趋势更加明显。

2. 产业生态

四川是中国西部的资源大省和经济大省，也是西门子在中国的重要市场，近年来也一直成为 PLC、HMI、IPC 等工控产品的重要消费地，成都及其周边城市在汽车、冶金等领域均有深厚积累。从孵化于三线建设时期的成都冶金厂（512 厂），到年产量突破 2 万台、产值高达数百亿的四川丰田，成都都市圈工业发展水平在不断升级，对工业产品和技术需求量持续扩张，如龙泉大众汽车厂等企业也是西门子的多年客户。2010 年，成都提出"数字成都"和"智慧城市"建设目标，进一步突出了以信息化带动工业化的发展路线，更进一步带来了对自动化产品的增量需求。

本地的产业生态、上下游发展水平也是新工厂建设运营的重要影响因素。拥有 100 多年全球化经验的西门子意识到，只有充分撬动当地的供应链资源来支撑业务，才能够使运营成本和生产灵活性整体提升，因此，西门子非常重视本地化发展。从这个角度考虑，成都的产业链环境的确带来了优势，能够较为便捷地实现模具、结构件、包装材料和加工设备等部分供应链资源的本地配套，且新工厂与成都另一家重要的外资企业——德州仪器，有着千丝万缕的联系。20 世纪 80 年代末，西门子为进入美国市场，正是从德州仪器收购了 PLC 业务，

20 年后，西门子已经将这块业务做到了世界顶尖，和德州仪器发展为上下游的合作伙伴，PLC 等产品的部分核心芯片需要向德州仪器采购。

当然，更打动西门子的是成都颇具规模的电子信息产业生态"大系统"，当时成都已经成为全球电子工业新的制造中心，承载着全球 70% 的 iPad 制造，计算机制造产能则迈向亿台级，产业规模居中西部之首，也是全国四大电子名城之一。2010 年，英特尔、德州仪器、戴尔、联想、纬创、仁宝、长虹等一大批电子信息企业已经在成都落脚集聚，这些名企的落地也壮大了产业生态，促进了产业配套和供应链资源的不断完善。

正如英特尔成都公司的总经理卞成刚在对话《华西都市报》记者时所言："英特尔成都对区域经济的影响，产生了 1∶10∶100 放大的蝴蝶效应。"人流、物流、资金流、技术流、信息流等要素流得以在产业系统中自由流动，更带动产业链各个环节像齿轮一样同步转动，在这样的环境中，西门子将得以和英特尔等一批世界级的制造企业进行生产资源共享、人力资源互换以及知识资源、信息资源的频繁交流。

值得一提的是，在制造业中，未来往往是从历史中孕育而出的，"成都制造"所取得的成绩，离不开"一五"以来的长期沉淀和积累。1953 年，国家推进第一个五年计划，确立了集中力量进行工业化建设的基本任务，引进了 156 项重点工矿业基本建设项目，成都热电站、锦江电机厂、新兴仪器厂、红光电子管厂、国光电子管厂、成都电机厂、成都量具刃具厂、西南无线电器材厂首批 8 个项目落户成都，而在全部 9 项电子产业重点工程中，成都更直接占据了国营成都无线电厂、锦江电机厂、西南无线电器材厂、成都电机厂 4 项。正因如此，中央通过了 1953 年编制的成都市城市总体发展规划，批准了以精密仪器、电子、机械及轻工业为主的工业城市发展地位。

20 世纪 60 年代，中央启动了"大三线转移"，将大量工矿企业从沿海及东部地区内迁至四川等西部省份。这一时期，成都在承接了成都电视设备厂、四川齿轮厂等大量机电工业的基础上，在中央的支持下新建了成都飞机公司、成都发动机公司等大型企业，逐渐形成了电子信息、汽车、机械、航空装备等多个产业齐头并进的发展格局，为成都制造业迈向全球中高端奠定了基础。

20世纪末，部分独具战略眼光的国内外企业家瞄准了成都的发展和消费潜力，阿尔卡特、住友电气、联合技术、拜耳、拉法基、丰田、宝钢等知名企业纷纷进入成都，这些企业在成都创造了大量的就业岗位和工业增加值，培养了一批具有产业和技术背景的专业人才。

在此背景下，成都开始将工业发展重心转移到提高生产质量上，在降低能耗的同时积极调整产品结构，加快培育壮大电子信息、机械、汽车、医药、食品等支柱产业。1998年，成都开始举办首届"国际电脑节"，掀起了成都市民"万人千机学电脑"的高涨热情，电子信息作为一项新兴产业在成都隐隐出现聚集态势。2001年，四川省进一步将电子信息产业确立为支柱产业和重点发展的"一号工程"，并列入《成都市工业发展重点支持目录》《成都市产业投资导向目录》予以重点支持，此后在"成都国际电脑节""数字城市"等IP性活动和前瞻性战略的推动下，"一号工程"圆满完成，成为成都市经济发展的新极点。

因此，成都厚实的工业基础和潜在的大量的产业用户，是西门子把新工厂放在成都的重要原因。

3. 人力资源

人才资源丰富是成都的另一关键优势。西门子早就认识到，数字化工厂并不等同于无人和减人，相反，应更重视人力资源的素质提升和结构优化，尤其应重视高素质、具有复合知识人才的引进，Miguel Ángel López 在考察中表示："精密电子制造业与大规模的制造业相比具备一定的差异化，其中最重要的是人，虽然未来所规划的数字化工厂具有较高的自动化水平，操作员不再那么重要，但工程师和研发人员仍然非常重要。"

成都恰恰是中西部地区高等院校、科研院所最集中的城市之一。四川大学、电子科技大学、西南交通大学等高校在机电产业具有较好的积累，保证了人才能够源源不断地补充进来。受益于产业集聚的外溢，中电科等科研院所，英特尔、阿尔卡特、朗讯、爱立信、诺基亚等电子企业以及汽车、机械制造产业则培养了大量的优质工程师，从而充分保障了西门子在成都的人才需求。

4. 交通物流

成都物流交通的便捷性是西门子选择成都的原因之一。李白曾说"蜀道难，难于上青天"，但经过上千年的发展变迁，位于广袤平坦的川西平原之上的成都，早已成为西部地区的商贸物流中心和综合交通枢纽，航空、铁路、水运、高速路网四通八达，市域内也形成了"五环二十四射"的高快速路网。2009 年，四川省提出建设成都西部物流中心的定位，为保障物流效率进一步护航加码。

当时，成都不仅是中国第四大航空枢纽和西南最大的铁路枢纽，还拥有亚洲最大的铁路集装箱中心。电子行业具有"空运物流、全球发货"的典型特征，对于空运能力的要求高于其他行业，因此，双流机场全国吞吐量居前的优势就非常突出，使得成都具备了与东部沿海地区相比毫不逊色的物流优势。此外，成都开通了直通德国的货运航班和直通荷兰的客运航班，同期建设的蓉欧快铁更是直达西门子在欧洲的物流枢纽纽伦堡，便利的物流条件提高了西门子对于成都的中意度。

5. 营商环境

随着基础设施的不断完善、产业结构的不断优化和升级，以及市场辐射能力的增强，成都的投资环境优势、影响力和竞争力越发突出。2008 年成都获评中国制造业五大最佳投资城市；2009 年，成都被世界银行评为中国内陆投资环境标杆城市；2010 年被福布斯评为未来 10 年发展最快的城市。

到 2010 年，在成都落户的世界 500 强企业接近 300 家，超过了作为一线城市的广州和深圳，这是巨大的进步，因为在 21 世纪初，投资成都的 500 强企业数量还仅仅是广州和深圳的零头。如此巨变，得益于政府层面的行政效率改革。为了改善招商环境，成都市政府专门成立了"建设规范化服务型政府领导小组"，对行政审批体系进行攻坚和优化，一些行政审批项目被削减。对于 500 强企业，成都市政府建立了"一对一""点到点"的联系机制以及重点企业"多拉快跑"等行动措施。在西门子选址和磋商过程中，成都市政府派出专人协助解决各类问题，良好的服务意识给选址项目组留下了深刻印象。

不同于很多城市的"特惠招商"，成都市政府有意识地去避免单纯用优惠政策来吸引企业投资，并且在培育大企业、大集团总部经济的工作思路下，通过"一企一策、分类指导、动态管理"等措施在人才培养和引进、财政补助、市场拓展、能源供应、项目用地、运输需求、通关能力等方面有针对性地提供支持，进而引导优质资源向重点企业聚集。政府在跟踪促进工作中的松弛有度，给予西门子对成都营商环境更加坚定的信心。

第三节 拍板成都高新区

2011年10月17日，西门子与成都高新区在中国西部国际博览会上正式签署投资协议，决定在成都高新区建立总建筑面积超过30000平方米的世界领先的工业自动化产品生产研发基地，一时间"西门子首家海外数字化工厂在蓉设立"成为各大工业媒体的头版头条。

但这里还有插曲，成都高新区与西门子新工厂差点就"相互错过"。新数字化工厂最早的备选范围涉及由南及北的大半个成都，其中：大邑县离西岭雪山很近，餐饮休闲娱乐配套也很好，对于西门子有很强的吸引力；双流区虽然位置相对偏僻、周边荒凉，但备选厂址毗邻伟创力，并且还有货物吞吐量位居全国前列的双流机场；温江区则更具备临近主城区的区位优势。

最终，新工厂还是落户在高新区，这在很大程度上要归功于高新区招商团队的专业性。在整个谈判过程中，高新区招商团队展示出了极高的专业性，例如沙盘展示、全英文沟通、双语招商材料，以及对西门子新工厂水电气需求量、污水排放量、网络带宽、物流需求的准确估算等，特别是在项目经理一对一的高效配合与帮助下，选址流程的时间得以大大缩短。

还有一个原因是为避免各大园区招商的无序竞争，成都市开始推动各区县产业的专业化布局，高新区定位于电子信息和生物医药产业，是西门子对口的产业方向。当时已有一批世界500强企业落户在高新区，包括英特尔、飞利浦等。这些大型企业的落户也引入了大量优质的产业资源，这对于新工厂来说是肥沃的土壤，一些研究和制造资源也可以被高效使用，例如与英特尔共享测试机构。

第三章 人和：决策者的智慧

维尔纳·冯·西门子在1847年创立了西门子公司，在此后超过170年的发展历程中，这家公司进行过多次重大转型，这些转型往往需要企业进行战略性的决策，事实证明，往往是少数决策者的智慧，让西门子在发展之路的关键节点上做出正确的预判和抉择。或许有人会有疑问，是谁推动了成都工厂的谋划？又是谁决定了成都工厂的运营模式？成都工厂接近10年的发展历程中，是德方总部派遣人员主导还是成都工厂本地人员主导？答案背后，自然少不了一批决策者的集体智慧，而其中较为重要的两位是西门子工业自动化集团原首席执行官 Anton S. Huber 和西门子德国安贝格工厂原总经理 Karl-Heinz Büttner。

第一节 灵魂人物 Anton S. Huber

西门子内部谈起其自身的数字化转型，往往会提到一个叫作 Anton S. Huber 的"灵魂人物"。Anton S. Huber 于1979年加入西门子，此后一直表现卓越，他在战略层面预见性地为西门子抓住了一个又一个机遇，其中很多决策在当时看来充满风险与挑战。进入2000年以后，他再一次认定数字化对产业带来的变革，坚定不移地推动西门子业务的全面数字化转型，"我愿意为西门子的数字化持续投入十年"这句话成为西门子内部人员对 Anton S. Huber 的最佳阐述。

说服收购工业软件 UGS

2000年之前，西门子的主营业务还是电话、家电、半导体等硬件产品，虽然也有一些软件，但基本上都是西门子硬件的配套软件，存在界面不友好、不开放等诸多缺点。21世纪伊始，西门子决定踏上数字化之路并相继收购多家工业软件厂商，开始了"软硬两栖"的早期布局。

2001年，西门子收购了意大利 ORSI 公司，推出了 MES 软件 Simatic IT[⊖]。这是一套面向制造企业车间执行层的生产信息化管理系统，可以为企业提供涉及制造数据、计划排程、生产调度、库存、质量和人力资源等方面的管理模块。但在当时，只有为数不多的人看到了工业软件作为先进生产工具的重要性，因为那个时候工业软件市场并不大，类似 MES 等工业软件产品利润并不高，甚至还有一些公司出现了亏损。

Anton S. Huber 正是其中一个看到这种重要性的人。Anton S. Huber 在1951年出生于德国巴伐利亚州的因河畔米尔多夫，1979年在西门子开始了他的职业生涯。Huber 在收购 Bendix Electronics 以及随后于1989年将其整合到美国西门子汽车公司（Siemens Automotive LP）中发挥了主导作用。1991年，Huber 成为西门子汽车公司的总裁兼首席执行官。1996年，他接任西门子自动化与驱动（A&D）集团过程自动化与仪表事业部的负责人，并于1999年10月晋升为自动化与驱动（A&D）集团副总裁，负责产品开发和生产，以及亚太地区的业务发展。

Anton S. Huber 当时敏锐地意识到工业软件在未来的重要性。他希望能够让决策者认识到工业软件的战略地位，这也导致在位于德国慕尼黑的西门子总部，每隔两三天便会见到 Anton S. Huber 穿梭于各个部门，呼吁总部支持对工业软件的投资。

工业软件领域的投资需要大量的资金，使得说服总部达成共识异常艰难。在那段时间里，倡导和游说逐渐成为 Anton S. Huber 的日常工作重心。最终董事会采纳了他的建议，对工业软件进行了投资。2007年，西门子斥资35亿美元收购了美国工业软件公司 UGS，这一收购是西门子历史上重要里程碑事件，最终让一家工业硬件巨头变成了"软硬两栖"的系统解决方案提供商。收购 UGS 后，西门子具有了提供数字化工厂解决方案的能力。

⊖ Simatic IT 是由西门子基于 ANSI/ISA 95 标准开发的制造执行系统（MES），其功能组件覆盖了 ISA 95 规定的生产业务操作模型，也满足了 MESA 对 MES 系统提出的11项功能要求。

后来的事实证明了西门子投资工业软件的正确性，数字化业务也成为西门子当下最重要的一张名片。

拍板中国生产经济型 PLC

西门子长期耕耘高端市场，在全球布局了大量高端产品研发和生产基地，但此前对经济型产品市场却不够重视。21 世纪伊始，Anton S. Huber 发现了中国等发展中国家对于经济型产品存在大量需求。他认为，目前大部分经济型产品市场都是由小公司占领，但这些小公司未来会成长壮大，难以避免会冲击西门子高端产品市场，于是 Anton S. Huber 果断做出决定，进军经济型 PLC 产品市场。

第一步便是产品筛选，经过严格分析后，Anton S. Huber 选中了一款经济型 PLC，这款产品当时还在美国生产，主要用于控制各种类型的机械设备或生产过程。他希望能够把生产线移植到南京工厂，用来满足中国市场。

为了将相应的生产线移植到中国，德国总部做了大量的可行性研究和准备方案，并且做了反复的论证和修改。在此过程中，总部虽然看到了中国市场蕴含的巨大潜力，但仍然对这款产品在中国生产充满担忧。一方面担忧该产品在中国生产并不会降低成本，另一方面也担忧产品质量很难保证。

此时的 Anton S. Huber 做出了超前的判断，他知道再拖下去，如果不能及时在中国投产，市场有可能被别的企业抢占，西门子会丧失业务机会。为加快生产线移植方案的落地，他开始抛开分析结果，直接在内部会议上拍板："不用过多考虑，你们不用再分析了，我们就在中国生产！"

产品投产初期，大家仍然抱着怀疑的态度，有部分同事认为一年卖不了多少，项目可能会赔本，但事实证明，Anton S. Huber 又一次判断正确。随着中国市场的发展，这款产品销量逐年飞涨，现在每年的销量已经是当初预期的数十倍。在后期的一项统计中，该产品成了西门子产销量最大的拳头产品。

决定在中国成都建厂

21世纪以来，随着全球化的进程，西门子工厂在拥抱机遇的同时，也迎来大量风险和挑战。自然灾害、政局波动等都可能会导致供应链中断甚至工厂停产，影响产品的稳定供应。出于对风险的管控，Anton S. Huber 建议西门子仿照德国的安贝格工厂，在全球建设一个姊妹工厂作为战略备份。当德国的工厂不得已被迫停产的时候，生产订单可以无缝切换到备份工厂，从而保证稳定供货。在 2020 年新冠肺炎疫情的全球肆虐下，这一模式的前瞻性及优越性更是得到凸显。由于疫情，成都工厂和安贝格工厂均受到一定程度的冲击，但由于互为备份、相互补充，西门子面向全球市场的产品供应并未受到明显影响。

经过对全球多个国家和城市的考察，Anton S. Huber 再次非常有洞察力地预见了中国的成长，同时预见了全球需求的增长。2010 年，他推动决策层将备份工厂建在中国。但关于建厂城市的选择，却在决策层中出现了分歧。Anton S. Huber 力排众议，毅然决然地选择将成都作为制造基地。虽然 Anton S. Huber 做出这一决定的原因没有被披露，但从之后的效果看，这一决定是明智的，他为西门子节省了大量的财力，缩短了决策时间。

以星星之火点燃众人

在后面章节将会看到，在成都工厂建设阶段，即使是定位高度自动化和智能化的数字化工厂，高素质的人才仍然是一项重要资源。为了给成都工厂加强人才储备，第一批的工厂员工全部被派到德国安贝格工厂进行系统培训，这种培训机制在后来也成为成都工厂的常规动作。当时已经身居高位，需要负责全球业务的 Anton S. Huber 在百忙之中，仍抽空参加了中国员工的欢迎仪式，他亲自和员工进行深入交流，讲述成都工厂的重要性，阐述未来中国员工的重要责任。

在他的关照下，每位员工都被送到了安贝格工厂的对口部门培训。培训期间，Anton S. Huber 还多次到安贝格工厂关心中国员工的工作和生活。这种亦领导亦朋友的关系不仅帮助中国员工了解德国工厂的数字化技术，也有助于深刻理解德国高端制造的企业文化和思维。

Anton S. Huber 正如火炬，用专业技术、人格魅力和热情点燃了在安贝格工厂培训的中国员工热情，形成了一小片星星之火，而中国员工回国后将所知所学所感再传播到成都工厂的各个角落，发展成一片燎原之势的"数字化之火"。

第二节　荣誉市民 Karl-Heinz Büttner

作为时任安贝格工厂的总经理，人们总是尊敬地称 Karl-Heinz Büttner 为 Büttner 博士。Büttner 博士早年在天津工作了很长时间，在他的带领下，位于天津的西门子电气传动工厂（SEDL）取得了长足发展，根据时任 SEDL 生产测试工程师李平回忆，2005 年 SEDL 遵循西门子总部奥地利工厂的产品测试方式，即采用手动测试台进行产品测试。当时合资工厂的做法是与总部保持一致，但人工手动测试的方式让工厂面临诸多不确定因素，例如测试过程追溯数据的缺失。于是，李平萌生了自主开发自动测试台的念头，并抱着试试看的想法与 Büttner 博士进行了交流。让李平备受鼓舞的是，"他对我们的想法非常支持，鼓励我们去超越奥地利工厂，给予我们测试团队极大的信任"，最终在李平的带领下，团队自主开发的 DCMASTER 生产线自动测试系统在 SEDL 成功运行。

在 Büttner 博士任职 SEDL 工厂期间，中德同事之间产生了非常深厚的情谊和连接，他本人也被授予了"荣誉市民"称号和中国绿卡。正是这段在中国的经历，让 Büttner 博士得以深度了解中国的制造业发展和深厚的文化底蕴，看到了中国员工的创新能力和高度的责任心，也因此帮助他在后来做出了"建设成都工厂，并让中方人员独立运营"这一富有远见的决策。

按照原计划，Büttner 博士应该在天津一直工作至退休，然而由于原安贝格工厂厂长突发心脏病去世，西门子总部将 Büttner 博士调回德国担任安贝格工厂的总经理。回到德国后不久，了解到集团层面扩大生产的意愿，出于对中国的了解，Büttner 博士认为将这个世界级工厂建设在中国是最合适的，并开始着手描绘蓝图，这在很大程度上代表了成都工厂的萌芽。

实际上，在中国建设新工厂的想法并不是单纯地出于情怀，而是 Büttner 博士亲身经历了中国的快速发展后做出的前瞻性判断。这种判断力也和他的个人成长经历息息相关，Büttner 博士出生于风雨飘摇的战争年代，对于局势具有敏锐的洞察力。少年时期，他热爱音乐，一度想学习艺术专业，但在意识到"科技才是第一生产力"后，最终决定转而学习电气；中年时期，他果断放弃令人羡慕的职位和待遇，加入了西门子；晚年时期，时年 70 岁的 Büttner 博士思想更为开放，不仅大力推进了西门子在中国建厂的进程，更意识到，高水平工厂不是简单的堆砌机器，而是需要在工作连接的基础上建立情感连接，于是他以润滑剂的角色消除了安贝格工厂的同事对于在中国建厂的疑虑，使得知识、信息和经验毫无阻力地流淌于姊妹工厂之间。

此外，在"建设一座世界级数字化工厂"这一想法的萌芽阶段，Büttner 博士就在思考，由中方人员负责运营可能效果更好，并最终说服管理层确定了这一运营模式。背后的根本原因还是 Büttner 博士看到了中国的制造能力以及未来的发展潜力，对中国足够的了解让他有信心和决心来引导抉择——让中国人在建设和运营这座高标准的"世界级"数字化工厂中发挥决定性的作用。

第二篇

建 业 篇

第四章　前瞻：数字化工厂规划

第五章　求是：数字化知识加成

第六章　落地：数字化工厂建设

21世纪的第一个10年，中国制造业发展迅速，中国成为全球制造业第一大国。但规模攀升进一步暴露出中国制造业存在的深层次结构性问题，也进一步凸显系统性变革的紧迫性。相比制造业发达国家，中国制造效率过低，对资源能源利用率不高，一些地方和企业单纯依靠大规模要素投入获取经济速度和竞争优势，造成能源资源利用率偏低和环境污染严重。

面对诸多挑战，西门子需要在两年内，将一座"世界级"的数字化工厂安置在中国成都，毫无疑问，这是一个巨大的工程。摆在工厂筹建团队面前的，是一个个不可忽视的挑战。在本篇，我们将回顾建厂过程中的核心节点故事，展示西门子对于重大挑战的应对之道，您也将深刻体会到，中德之间的文化差异和思路分歧如何在信任之下得以消融和升华。

1) 如何基于安贝格工厂20多年的数字化发展，进行成都工厂的数字化规划？

2) 如何将安贝格工厂多年积累的制造经验和数字化知识传递至成都工厂？

3) 中德双方如何携手将成都工厂建成和德国安贝格工厂一样甚至更高水准的数字化工厂？

第四章 前瞻：数字化工厂规划

"相比于成都工厂从一张白纸起建，安贝格工厂实际上是通过一步步的数字化改造，从传统工厂蜕变而来。"

——西门子（中国）有限公司

数字化工业集团数字化企业业务总监 顾欣

21世纪初，新一轮科技革命正在缓缓掀开幕布，变革的力量正在部分地区和主要产业悄然积蓄。德国早已洞察这次变革，并积累了很多优势，在其东南部的安贝格工厂，已经获得"欧洲最佳工厂"盛誉，正在为全球产业界展现未来制造业的美好图景。2011年，西门子开启了宏大的规划，希望通过复刻安贝格工厂建设一座全新的数字化工厂，但一些重大挑战也纷至沓来。参与工厂建设的人员需要深入思考：如何组成一个跨学科、跨地区、跨专业领域的复合型工程技术团队，并让他们协同作战？如何深入剖析并合理借鉴安贝格的数字化技术体系，并在此基础上进行高标准的规划？

第一节 数字化工厂启蒙

数字化工厂的曙光

从历史来看，在以机械、电力和信息化为标志的前三次工业革命中，西门子已经占据了领先位置，其170余年的发展史几乎可以被视为近现代工业进程的一个缩影。经过前三次工业革命的积淀，西门子在第四次工业革命中继续发力，聚焦人工智能、物联网、云计算等先进技术，通过在工业软件、智能装备、数字孪生、工业互联网平台等新型技术系统的全面布局,正在成为新一轮技术革命和产业变革中的全球引领者。

安贝格工厂就是在这样的背景下不断进化,成为各种新技术和新思想的应用载体,逐步发展成为全球工业界数字化工厂的典范。2015年,德国总理默克尔到访安贝格工厂,并表示:"我在这里看到了未来工业生产的样子!"这一发声也让安贝格工厂名声大振,业界开始将其看作"工业4.0"工厂的雏形。

安贝格是位于德国巴伐利亚州东部的一座小镇,在纽伦堡以东约60千米的威尔斯河畔,是欧洲现存最完好的中世纪城市之一。安贝格工厂1989年创建于此,在西门子生产低压配电柜的GWA工厂旁边开辟而成,集中生产PLC、HMI等电子产品,用于控制机械设备以实现生产过程的自动化。

截至2021年,安贝格工厂已经在德国威尔斯河畔如画般的美景中,静静矗立了32年。从外观上看,其主体建筑是老式的红砖厂房,仍然保持着20世纪八九十年代的德式工业建筑风格,但厂房内部却别有洞天,数字化技术在其中蓬勃生长、欣欣向荣。进入厂房内部,映入眼帘的便是明亮整洁、蓝白相间的内景(见图4-1),厂房内部没有任何烟尘与异味,灰蓝色的工站组成一条条整齐划一的生产线,生产线工站旁为数不多的技术工人身着蓝色制服,正在按照屏幕指示,有条不紊地操作着工站设备,设备运转发出细微而有节奏的声响。

图4-1 安贝格工厂内景
(资料来源:西门子安贝格工厂)

这种整洁、有序且舒适的工作场景，是安贝格工厂历经 30 余年持续现场改善和效率提升的缩影。工厂一边稳定壮大生产规模，一边持续推进自动化、数字化和智能化的改革。相比于建厂初期，安贝格工厂在占地面积、员工人数不曾明显增加的情况下，产能足足提高了 13 倍，与此同时，生产效率和灵活性也在同步提升，生产质量也始终保持在极高的水准，每百万产品缺陷率在 12 左右。这个数字对于工业电子行业来说可谓难以企及，在工业生产中可以算得上极致卓越。

深究其内，可以看到这家工厂为技术进步铺设了两条轨道。轨道之一是"生产自动化"，这一点像是展现了一种技术生命的螺旋——工厂的产品是工业自动化产品，而产品的生产方式也是高度自动化的。工厂似乎要告诉它的客户，我已经用自动化方式生产了自动化产品，你可以放心使用。工厂的设备和计算机可以处理 75% 以上的工作流程，人工仅仅负责小部分工艺环节。轨道之二是"数字化"，整个工厂已经实现了数据贯通，产品、部件及生产活动可以和设备进行"对话"，工厂已经具有一定的自感知、自决策、自执行、自适应等特征，计算机基于数据开展信息处理、分析判断和操作控制。在两条轨道的并行支撑下，安贝格工厂变得越来越智能。

系统化变革的求索

安贝格工厂数字化演进的历程不是局部和单元的升级，而更像是一场系统变革。这种变革不仅关乎技术，也关乎企业架构、流程，甚至底层价值观和管理模式。最终呈现的巨变其实是企业持续革新的结果。在某些阶段，数字化加速了这一进程，并导致企业所处的整个价值链被重塑。

在西门子（中国）有限公司数字化工业集团数字化企业业务总监顾欣看来，安贝格工厂和成都工厂有所不同，安贝格工厂成立之初处于新旧技术的更替期，尚未进入"工业 4.0"时代，新技术也未进入爆发期，因此安贝格工厂并非原生型的数字化工厂，而是经过 30 多年逐步演进而形成的，如今看到的数字化成果是在长期内一步步地创新改造获得的（见图4-2），过程中甚至有曲折和反复。

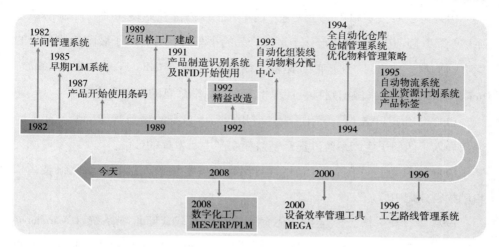

图4-2　安贝格工厂数字化演进历程

（资料来源：西门子安贝格工厂）

1982年，在安贝格工厂建成之前，相同厂区内西门子还有一家生产低压配电柜的GWA工厂，这个工厂在车间内部率先引入了"车间管理系统"，对订单、物料、产出质量等进行系统化的管理，但当时尚无MES系统的概念，工厂内部仅仅是使用了当下MES的部分元素，相应管理系统可以说是此后MES的一个雏形。

1985年，为解决早期研发数据存储的问题，GWA工厂引入类似于PLM的数据管理系统，初步满足研发端数据管理和存储的需求。

1987年，为将产品在生产制造完成前所经历的工艺和生产足迹记录下来，GWA工厂开始在产品制造过程中使用条码进行追踪，比如最终产品中的印制电路板，在表面贴装技术（Surface Mounted Technology，SMT）⊖的制造工序中，依靠印制电路板上所贴条码来追踪并检测制造工艺的运行情况。

⊖　表面贴装技术（Surface Mounted Technology，SMT），是电子产品制造业的一种技术和工艺，其过程简述为：将焊料膏涂覆在电路板的固定点上，然后通过专用设备将电阻、电容或其他组件安装在电路板表面，在高温下烘烤使焊膏固化，以便将组件焊接到电路板上。

1989年，在GWA工厂旁边，安贝格工厂这座新工厂建成。

1991年，在安贝格工厂建成之后两年，工厂内部开始使用"产品制造识别系统"，以工厂内部自动化产线上运输产品的小车为载体，对于装配完成产品的"何去何从"，通过在小车底部安装无线射频识别（Radio Frequency Identification，RFID）㊀模块来做出判断，实现相应产品后端信息的读取和追踪。

1992年，安贝格工厂开始形成并应用西门子自身的精益管理理念，在工厂内部导入了西门子生产系统以提升精益在生产中所发挥的效能。

1993年，为进一步提升工厂的生产效率，安贝格工厂建成自动化组装线和自动物料分配中心。

1994年，安贝格工厂全自动化仓库建成，搭载仓储管理系统（Warehouse Management System，WMS）㊁，并以先进先出的策略优化物料管理。随着产能的提升，工厂全自动化仓库分别在1996年、1998年、2005年和2007年开展四次不同程度的扩建。

1995年，安贝格工厂成功部署"自动物流系统"和"企业资源计划（Enterprise Resource Planning，ERP）系统"㊂，并通过新增产品标签，叠加小车条码，实现自动化生产线上产品在以测试工序为代表的后端位置的准确信息，规避或降低产品质量风险。

1996年，安贝格工厂工艺路线管理系统Aplaus的引进，成为其在数字化探索中的重要节点。工艺路线管理系统通过对工程物料清单（Engineering Bill of

---

㊀ 无线射频识别（Radio Frequency Identification，RFID），是指通过电磁波以无线或非接触方式，在RFID标签和读写器之间传输数字ID和其他数据，RFID标签可赋予每个实物单独的数字ID，便于识别、验证、跟踪、检测每个物品，并与之进行信息传递。完整的射频识别系统主要由RFID标签、读写器和收发天线组成。

㊁ 仓储管理系统（Warehouse Management System，WMS），是针对入库、出库、仓库调拨、库存调拨和虚仓管理等业务需求，综合提供批次管理、物料对应、库存盘点、质检管理、虚仓管理和即时库存管理等功能的管理系统。

㊂ 企业资源计划（Enterprise Resource Planning，ERP），是1990年由Gartner Group Inc提出的一种供应链管理思想，也是建立在信息技术基础上，按照系统化管理思想，主要面向制造行业进行物质资源、财务资源、人力资源、信息资源集成一体化管理的企业信息管理系统。

Material，EBOM)⊖和制造物料清单（Manufacturing Bill of Material，MBOM)⊖的集成和转换，在很大程度上解决了其生产效率、资源配置及产品质量的问题。

2000年，为进一步提升工厂内部的设备效率管理，安贝格工厂引入一套设备效率管理工具MEGA。

2008年，安贝格工厂实现了前述MES、ERP及PLM等系统的集成和贯通。值得一提的是，当时数字化制造的概念尚未走向火热，中国国内智能制造的风潮也刚刚开始。对比之下，安贝格工厂做到了厚积薄发，实现了在数字化工厂领域的提前布局和集成创新。

第二节　各路英才齐上阵

核心人员的架构

新建一座数字化工厂的决策做出之后，从2011年年中开始，来自全球各地怀揣着数字化激情的有志之士开始汇聚成都，所有人对能够接触世界级的数字化技术充满希冀。招聘初期，考虑到中国当时的人才结构，负责招聘的管理层担心是否能够在成都吸引到合适的人才，但随着核心团队的快速组建，工厂迅速迎来了一批激情昂扬的工业人，这给管理层注入了一剂"强心剂"。

对于人才的考虑其实在2010年就已经开始，当时德国安贝格工厂已经在做相关的"顶层设计"。负责西门子中国区投资并购事宜的张时飙，此时从安贝格工厂获取了一份以"数字化工厂"命名的重要文档，其中涵盖了涉及主要产品、

⊖ 工程物料清单（Engineering Bill of Material，EBOM），也称设计物料清单，是由产品设计部门在产品研发过程中生成的产品结构数据表单，包含了产品的设计特性信息，如零部件明细、装配关系等内容。

⊖ 制造物料清单（Manufacturing Bill of Material，MBOM），是由生产部门在EBOM（工程BOM）基础上转换生成的包含产品制造信息的数据表单，包含工艺流程、工装资源、原材料和半成品等信息，可以反映产品的详细制造过程。

分期建设目标、土地需求、人力资源、工厂定位、建设时间计划等详细信息的文件，指向非常清晰。

这份文档包含了详尽的工作计划，其中自然包括对于上到工厂管理、下到设备管理与生产线操作蓝领员工的需求计划，以及详细的招聘、培训计划（见图4-3）。就算在现在看来，这份文档所传达的信息密度都令人震撼，它似乎蕴含着工厂建设初期的完整DNA。从2011年开始招聘到2013年成都工厂建成，所有和人员相关的工作都在按照这份文档的计划进行。

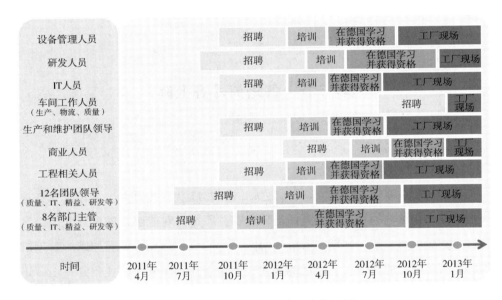

图4-3　成都工厂员工招聘和培养计划

（资料来源：成都工厂）

按照计划，成都工厂计划在一期建设和运营阶段组建一支470人的队伍，其中管理人员10人、研发工程师30人、物流工程师10人、业务流程工程师20人、产品工程及质量工程师30人、IT工程师10人，拥有熟练技能的工人50人、技术人员30人、需接受内部培训的受训员工270人以及设备管理等辅助支持人员10人。

人员招聘的工作量巨大，2011年7月，在德国安贝格工厂担任副厂长的李永利,被临时召回国内,他接到了一个任务,与王海滨一起,负责工厂初始团队的招聘和组建。

李永利在 1998 年加入西门子时,正值我国制造业走上电气化和自动化道路,而德国已经走过这个阶段,并且经验丰富,尤其是在汽车、化工及机械制造领域,西门子是主要的技术供给者,而且正在将战略调整延伸定位于"电气化、自动化和数字化",在诸多跨国公司里,西门子也是数字化转型的先行者。

2010 年,李永利已经升任西门子中国服务部总经理,他也看到了这种转变,认为数字化将会在制造业中大放光芒,于是主动向领导提出更换职业发展轨迹,从服务转向制造。这一主动请缨与总部培养成都工厂未来厂长的想法不谋而合,总部答应了李永利的请求,并安排他去安贝格工厂轮岗。

2010 年夏天,Anton S. Huber 来到中国,此行的重要安排之一就是和李永利面谈。此时,德国总部在中国开设工厂的想法已经非常成熟,但涉及一系列决策事宜,Anton S. Huber 并未透露太多。没过多久,李永利就被管理层告知西门子要在中国建设一座新的工厂,而且是面向未来的数字化工厂。他明晰了管理层的战略部署,并深谙自己的职业生涯将与这座即将建成的工厂紧密相连。

2011 年,李永利返回国内,他同王海滨一起开始了招聘工作,最先开始的任务是招聘和遴选 8 个主要部门的部门领导以及 12 个团队的团队领导,戴霁明就是在这个时期成了成都工厂的 001 号员工。

001 号员工诞生

戴霁明本科就读于上海交通大学电机工程系,1997 年毕业后加入了西门子发电(能源)集团,主要负责发电设计总承包工作。当时,国家正在通过世界银行贷款大力引进西门子、通用电气及三菱等大型工业集团,以工程总承包的方式来推进中国大型发电厂的建设。

在 2000 年左右，数字化电厂和数字化工厂的相关技术规范和标准纷纷出台，西门子发电业务开始出现转变，从 20 世纪 90 年代以信息化为特征的模拟仪表以及硬接线的电气控制转变为全数字化的分散控制系统（Distributed Control System，DCS）①以及监控和数据采集（Supervisory Control and Data Acquisition，SCADA）系统②，生产系统向数字化信息控制方向转变。在此背景下，西门子正式提出"数字化发电厂"的概念，推动工厂中的仪表及控制点位进行数据可视化升级。

戴霁明正好参与到电力工业的数字化转型过程中，短短几年内，他深刻感受到数字化技术给传统工业带来的冲击，在他所负责的项目中，传统发电厂的控制模式和管理方式发生了重大的变化，对数字化的向往也在他脑中悄然萌芽。离开发电集团后，戴霁明加入西门子自动化驱动集团，直至 2011 年参加成都工厂内部竞聘。回顾来看，此前 10 余年的工作给戴霁明进入成都工厂提供了很好的铺垫，不仅在于专业知识的集成、工程实践及项目管理的规范，而且在于对制造业数字化内生使命感的产生。

2011 年，戴霁明竞聘成为成都工厂 001 号员工，负责整个工厂的前期规划以及产品全生命周期的运营。这份工作很难对制造业以外的人描述清楚，但对于工作，戴霁明是这样向家人解释的："这是一家很先进的工厂，其生产和管理方式区别于传统，其所代表的技术和所生产的产品一直都是我所向往的。"

戴霁明对未来充满了希冀，对他来说，从此之后不仅可以近距离接触先进自动化产品的研发和制造过程，而且可以学习如何建设并运营一个世界级数字化工厂，还可以和世界范围内优秀的同事、供应商以及用户"过招"，他这种情

---

① 分散控制系统（Distributed Control System，DCS），是一个由过程控制级和过程监控级组成的以通信网络为纽带的多级计算机系统，综合了计算机（Computer）、通信（Communication）、显示（CRT）和控制（Control）4C 技术，其基本思想是分散控制、集中操作、分级管理、配置灵活、组态方便。

② 监控和数据采集（Supervisory Control and Data Acquisition，SCADA）系统，是综合利用计算机、网络通信、图形界面等技术，进行过程和设备的数据实时采集，并实现本地或远程监控管理的系统。

怀也影响了后来的同事。从今天来看，一家伟大的公司不仅可以点燃个体，还可以让个体激活个体，从而开启未来技术的大门。

中德项目组成型

成都工厂建设之初就定位为安贝格工厂的姊妹工厂，它的建设模式很自然地秉承了"安贝格工厂主导、成都工厂配合"的原则。随着建设的推进，按照计划，工厂运营的主导权会逐渐让渡至中方人员，这也是顶层设计一开始就确定的"由中国员工来运营成都工厂"模式。在这样的战略定位下，成都工厂开始以德（A角）中（B角）协同的形式组建项目团队，总负责人也就是建设工作的项目经理，一开始由德方总部派驻人员 Ulrich Brück 担任。

Ulrich Brück 大半生都在安贝格工厂工作，在同事眼中他是一位非常和蔼的长者，他先后担任过安贝格工厂信息技术部经理、质量部经理、物流经理及 TOP + 卓越运营部经理，因为具有多部门工作经历，Ulrich Brück 对于安贝格工厂的长期发展有着异于他人的深入理解，而做出这个任命安排的，是前文所提及的时任安贝格工厂总监理的 Büttner 博士。2011 年，Büttner 博士将担任 TOP + 卓越运营部经理的 Ulrich Brück 抽调出来，担任成都工厂的第一任项目经理，同时将其德国团队中 30 多位年轻骨干抽调出来进入成都工厂项目组。

项目团队的组建是建设初期的第一次大会战，团队成员从工业"江湖"中来，都为实现同一个梦想——建设一个世界级的数字化工厂而努力。组建之初，项目团队主要分为七个模块，土建模块主要负责工厂的规划、设计和建设，生产和质量管理模块主要负责生产技术的导入，还有供应和物流模块、信息和技术模块、人事模块、法务模块及卓越运营模块，每个模块均由一位德国同事担任 A 角，一位中国同事担任 B 角。这时已经进入 2011 年的夏天，对于工厂首批员工来说具有极为非凡的意义，这是他们参与建造这家世界级工厂的开始，也意味着他们数字化征程的起点、延续与开拓。

第三节　以规划确定基调

基于复刻安贝格工厂的整体规划

成都工厂是西门子在德国以外建设的第一个数字化工厂，在建设之前，就需要在规划中清晰地定义工厂架构和主要模块。需要说明的是，成都工厂初始建设的首要定位是"安贝格工厂的姊妹工厂"，然后才是建成"世界级的数字化工厂"。因此，2011年成都工厂规划的最初思路就是将已经建厂20多年的安贝格工厂作为母板进行复刻。当时西门子总部对成都工厂的首要要求是"As same as it"，"it"就是指德国的安贝格工厂。

1. 以"移植"为核心的规划目标

基于复刻这一前提，工厂项目团队的主要目标就是按照2011年安贝格工厂的状态，把它现有的业务流程移植过来。这个目标其实具有两重含义。

第一重含义是移植静态的安贝格工厂，可以理解为复制安贝格工厂内现有的生产设备、软件系统及管理模式。这些目标在一定程度上是可以通过购买设备和技术转移的方式快速获取的，比如成都工厂可以找到安贝格工厂的设备供应商，按照原来的图纸生产出一套同样的生产线。

第二重含义是移植动态的安贝格工厂，也就是复制安贝格工厂内部的生产组织方式、产品制造工艺流程及数据流动方式等。虽然在完成静态目标以后，成都工厂已经初步具备了完成第二重目标的基础，但是要想使资源流动起来，还需要从安贝格工厂学习大量的隐性知识，这就要求项目团队成员在消化吸收的基础上做到融会贯通，充分汲取那些看不见的知识经验，最终按照自己的理解使资源转动起来。

2. 以"路线图"为基础的整体规划

2011年正式入职成都工厂后，戴霁明接到的第一个任务是完成以"复制安贝格工厂"为目标的工厂规划。戴霁明首先需要做的是"解剖"安贝格工厂，厘清遍布安贝格工厂有如神经网络般的数字化架构，找出驱动工厂高效运转的流程系统及核心动能。在明确安贝格工厂运行机理的基础上，再启动成都工厂建设的整体规划。

于是，戴霁明作为成都工厂规划的主要参与人，同安贝格工厂德国项目经理等同事一起，系统梳理了安贝格工厂自1989年建成后的数字化发展历程。通过对安贝格工厂上百个信息系统、成千上万个子系统和子子系统进行研究，并将它们按照时间和类别进行标注，梳理的结果让大家出乎意料，戴霁明发现，安贝格工厂的数字化发展其实是一种无意识的安排。这种无意识是指安贝格工厂并未做过系统性的规划，更多是在恰当的时间节点，顺应了技术的变革方向，自然而然地导入了适用的数字化技术。换言之，安贝格工厂20多年来的数字化发展过程是一种渐进式、累积性的布局，过程中并没有专门制定长期规划。至于相应数字化系统该如何搭建，也并没有形成专门的方法论和操作手册，而是主要依靠安贝格工厂良好的硬件基础以及技术人员扎实的工程能力，最终做到了对信息化、数字化技术应用的随机应变，乃至以无招胜有招。

正因如此，戴霁明一众人面临极大的挑战，不仅没有成型而系统的安贝格工厂规划可以借鉴，而且要避免团队陷入经验主义，因为数字化是要结合产品和工艺的，他担心一些员工过度依靠以前的数字化经验，这会造成在具体事项上的规划路径出现分歧，从而导致工作难以高效推进。因此，戴霁明一众人选择了以"制定路线图"的方式制定规划，他们要在路线图中清晰地定义出成都工厂的架构以及主要功能模块。

现在看来，整个规划过程其实是一个精妙系统的设计，设计的根本原则是保证成都工厂高质量和高效率的生产需求。

项目团队先在系统层面进行整体性的架构分析，将先进的数字化理念作为设计原则，然后开始设计业务架构，其中业务架构又分成能力、流程、布局、策略、选项等，完成业务架构设计后再做技术架构。在搭建好整个框架以后，每个板块该使用的数字化系统类型也就变得一目了然，整体的规划方案最终跃然纸上。为了保证规划的可落地性，项目团队重点考量了规划对于实施的引导性，对整体架构下的不同板块都制定了分步、分段实施的路线图。

值得一提的是，在规划过程中，戴霁明通过梳理回溯安贝格工厂过往20多年的发展历程深刻地意识到对于数字化工厂的规划，要警惕陷入数字化工具导向的路径泥潭。规划团队应该清楚工厂希望获得的能力以及发展目标，再进行软硬件架构的设计和搭建。例如，工厂是否需要具备快速变更、柔性制造的能力？一旦市场需求发生改变，工艺和产品能否做到快速调整和切换，以最短的时间、最低的成本来满足客户的紧迫需求？又如，工厂是否具备业务流程自我优化和改善的能力？这种能力多大程度上是依靠外部的系统集成商或智能制造设备服务商的？随着问题的提出，戴霁明越来越清楚，工厂规划工作的本质核心是要满足生产实际的需要。

核心数字化系统的规划设计

整体规划完成后，规划团队开始推进方案细化，他们在整体规划基础上制订了子模块规划方案，再进一步把规划变成计划，将计划转为行动。规划团队认识到规划设计和实施的复杂性，其中包含多部门合作，涉及多学科交叉汇聚，因此决定采取"兵分多路、齐头并进"的策略。中德筹建项目团队根据规划要求做了细致分工，各个模块都安排专人负责，制订了清晰的规划目标和重点任务。其中，IT模块也就是数字化系统模块的规划设计成为项目组工作的重中之重，也成为决策层重点关注的焦点。

1. 成立数字化系统规划委员会

规划团队需要将安贝格工厂此前的数字化经验梳理总结，凝练成一套行动规范，再结合中国发展特点，最终规划一套适用于成都工厂的数字化系统架构。

这项工作是一项全新工作，此前并没有成熟的经验。

对于复杂的事情，德国工业向来是通过系统化方式来谋划应对，因此，2011年西门子在德国专门成立了"数字化系统规划委员会"（简称数字化委员会）。该委员会的核心成员有安贝格工厂IT高层主管Bagher Feiz，两位核心项目经理Carl Kossack和Florian Schaefer，以及包括ERP、MES、PLM和Controlling在内的各个功能模块团队的专家。

数字化委员会成员的挑选还是花了很多心思，例如项目经理Florian Schaefer是一位"中国通"，有在中国工作的经历，非常了解中国市场及文化风俗，而且他的项目管理经验非常丰富，其工作能力和经历都有利于推动中德双方开展深度的知识技术交流，他对中国的认识和理解也有助于避免双方因理念差异而带来管理工作的僵化及不畅。

2. 确定规划框架和功能模块

数字化委员会的首要任务是完成顶层数字化规划。这个规划专注于数字化系统（以下简称IT系统），但这个系统的技术架构、应用模块和数据架构都是面向业务的，需要为业务驱动提供支撑，不同的工厂业务类型不同，它们的IT系统也有不同的结构和运转模式。例如，当时委员会也参考了西门子大连工厂，他们发现，大连工厂和成都工厂虽然同属西门子，但业务模式不同。大连工厂的主要产品是仪表，可配置性强，安贝格工厂和成都工厂的主要产品是PLC，多生产线、多序列，但产品的标准化程度高达90%以上，必须根据业务的实际需要，选择适合的IT系统架构，很难直接套用国内其他工厂的系统。出于面向工厂业务进行规划的考量，委员会采用了开放组体系结构框架（The Open Group Architecture Framework，TOGAF）[⊖]，在TOGAF中，数字化委员会首先要进行顶层的业务构架优化和定义，其次是应用系统和服务构架，再次是捋顺数据构架，最后才会进行底层的技术构架和软硬件平台搭建（见图4-4）。

⊖ 开放组体系结构框架（The Open Group Architecture Framework，TOGAF），是由The Open Group制订的用于开发企业架构（Enterprise Architecture）的一套方法和工具。

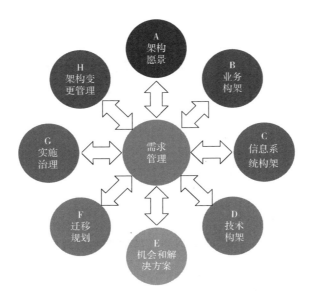

图 4-4 TOGAF[⊖]

（资料来源：成都工厂）

因此，在明晰成都工厂顶层业务架构后，数字化委员会开始了成都工厂 IT 系统功能模块的定义。这项工作由数字化委员会来主导，也需要了解中国实际情况的成都工厂 IT 成员来深度参与。

但这种要求也带来了一定困难，2011 年，中国制造业仍然处于转型升级的过程中，数字化、智能制造等概念云雾迷蒙，很少有人真正知道这样一座"世界级"的数字化工厂会是什么样子。在 IT 经理曾奇志看来，这是一座将科幻片搬进现实的神奇工厂，它将具有各种可能性。

曾奇志也明白，IT 系统对于数字化工厂至关重要，犹如人体的神经系统，它可以精准地传递信息，并提供智能化的决策助力工厂高效、高质量生产。因此，在 2012 年 1 月 2 日正式到成都就职之前，曾奇志就先于工厂运营、生产等部门，协同数字化委员会开始了成都工厂信息化功能模块的规划定义。

⊖ The TOGAF Standard, Version 9.2, 引自 www.opengroup.org。

从规划角度看，数字化工厂的 IT 系统的功能模块包括两类，一类与工厂直接相关，另一类发挥支撑作用（见图 4-5）。其中，与工厂直接相关的功能模块主要包括工程设计和仿真[⊖]、产品全生命周期数据管理、数字化制造、制造运营管理、工控系统、传感器和驱动执行器、设备维修和维护、工业通信和安全等；发挥支撑功能的模块主要包括通信基础设施、客户关系管理、企业资源规划、供应链管理、资源管理、工厂基础设施、生产设备、工装夹具、物料、企业 IT 架构、公共 IT 设施（互联网）以及人力资源等功能模块。

图 4-5　数字化工厂的数字化系统规划模块组成

（资料来源：成都工厂）

如前所述，对于成都工厂而言，全然复制安贝格工厂的数字化系统并不现实，中德之间在硬件选择、接口标准及服务等条件方面存在巨大差别。因此，数字化委员会需要破除现实阻碍，在参考德国数字化系统的基础上，规划并定义一套更加适用于成都工厂需求的功能模块架构。

在多次集中探讨后，曾奇志和数字化委员会的德方人员最终按照应用方向

⊖ 仿真（Simulation），泛指基于实验或训练目的，将系统、事务或流程建立成数字模型以表征其关键特性或行为、功能，进行系统化、公式化，以便模拟分析关键特征，进而完成优化和改进。

将成都工厂的 IT 系统的功能模块定义为四个方面，分别为 PLM、ERP、MES 及 Infrastructure（基础）。这个功能划分基本与数字化委员会内专家组的专业方向一致，值得一提的是，完成相应功能模块的定义以及功能映射的描述，不仅为曾奇志组建成都工厂 IT 团队指明了路径，而且为后续设计、导入适用于成都工厂的 IT 系统提供了有力支撑。

3. 组建数字化工厂 IT 团队

在确定成都工厂 IT 系统功能模块后，数字化委员会的核心任务是通过研究安贝格工厂复杂的数字化生态系统，制订一套适用性强、操作性好、可落地于成都工厂的数字化定制方案。这个任务交给了曾奇志，她是作为第 003 号员工竞聘为成都工厂 IT 经理的，在协同德方人员确定功能模块过程中，IT 团队尚未组建，因此，为了能够高效地完成任务，曾奇志开始了成都工厂数字化团队的组建。

曾奇志需要建立一个可持续发展的 IT 团队，成都工厂尚在起步阶段，而安贝格工厂规模已经非常庞大，拥有十几条生产线，完全复制安贝格工厂 IT 部门人员数量并不现实。为平衡成都工厂 IT 架构所需要的知识，保证各个应用的正常搭建和运行，曾奇志基于 PLM、ERP、MES 及 Infrastructure（基础）四个模块，对不同应用模块需要的人员数量及结构进行了规划设计。

规划之初，为了促进团队学习，同时保障相应模块稳定运行，团队建设以 ERP 和 MES 为重点，曾奇志对其人员构成进行了细致的部署。其中，ERP 应用模块主要分为 SD（分销）、MM（物料管理）、FI/CO（财务控制）及 Production（生产）四个子模块，在分销及物料管理模块的人员招聘方面，曾奇志按照"交叉平衡"原则安排两人负责，相应招聘要求是在分销以及物料管理方面，两位员工要有共同的 Know How，而财务控制模块和生产模块各由一人负责；MES 按照生产线非常细致地分为不同的子模块，在物流仓储模块按照规划建设的两条生产线由两人负责，也要求两人之间拥有对生产线共同的 Know How，能够互相支撑和平衡。

进入招聘环节后，ERP、MES 及 Infrastructure 人员的招聘相对来说比较容易，但 PLM 的人员招聘则不是那么容易，PLM 内涵相对丰富，包括提供一整套协同产品定义管理系统（collaborative Product Definition management，cPDm）[一]，涵盖CAD、计算机辅助工程（Computer Aided Engineering，CAE）[二]、计算机辅助制造（Computer-Aided Manufacturing，CAM）[三]等工具，以支持企业实现数字孪生的NX模块等，需要应聘人员掌握一定程度的跨学科知识，这使招聘过程异常艰难。

在曾奇志对于PLM人员的招聘一筹莫展的时候，一个想法浮现于脑海：招不到人，何不自己培养人才呢？方向有了，曾奇志立马付诸实践，她找到已进入IT部门的年轻同事，说出了自己的想法，并从职业发展潜力上给予鼓励。不到半天的时间，曾奇志就收到了同事的短信"我愿意尝试"，短短5个字让曾奇志悬而未定的心落了下来。至此，支撑投产前成都工厂数字化系统建设的IT团队组建终于告一段落。

4. 逐渐成型的IT架构

（1）**自顶向下、逐渐清晰的IT架构**　在定义PLM、ERP、MES及Infrastructure（基础）四大功能模块后，委员会德方IT主管结合安贝格工厂的实践经验，给曾奇志负责并组建的中方IT团队制作了成都工厂IT系统构架示意图，示意图包含五个层级。

1）规划层（Planning）：规划层是企业的顶层业务规划，包含了产品研发、业务目标、企业管理等顶层信息，由PLM、ERP两种应用主导。

2）管理层（Management）：管理层负责生产任务的派发、生产线的排产、质量管理等工作，主要由高级计划与排产（Advance Planning and Scheduling，APS）、MES、质量管理系统（Quality Management System，QMS）[四]等系统主导。

[一] 协同产品定义管理系统（collaborative Product Definition management，cPDm）的本质是支持跨企业的协同工作环境，支持异构应用系统和异构数据的透明互操作，并具有开放式可扩展体系结构，提供多企业协作发展的完善的产品全生命周期管理。

[二] 计算机辅助工程（Computer Aided Engineering，CAE），是利用计算机软件对产品结构、性能等指标进行仿真，从而改善产品设计或协助解决工程问题的技术。它涵盖了产品、流程和制造工具的仿真、验证和优化。

[三] 计算机辅助制造（Computer Aided Manufacturing，CAM），是利用计算机软件，通过数控机床等设备，辅助完成产品的加工、装配、检测和包装等制造过程的技术。

[四] 质量管理系统（Quality Management System，QMS），也常被称为"质量管理体系"，它可以指在质量方面管控企业组织的管理体系、战略决策，也可以指企业内部为实现质量目标而建立的质量管理模式、工作流程和信息化系统。

3）操作层（Operation）：操作层是整体系统构架的中间层，负责数据上传和指令下达，主要应用系统包括 DCS 和 SCADA。

4）控制层（Control）：控制层负责监控生产过程，包括 PLC、HMI 等设备。

5）现场层（Field）：现场层是车间的各种自动化设备、工装夹具、仪器仪表、传感器、运动控制系统等，可以实时采集生产数据，这些数据向上传递到控制层。

实际上，德方 IT 主管绘制的架构图，是 ISA 95 标准在安贝格工厂具体落地应用的结果。早在 20 世纪 80 年代中期，就已经出现了工厂信息系统和自动化控制系统相互集成的趋势，在实际集成工作中，信息系统提供商、系统集成商、工厂都面临各种问题，例如，系统集成缺乏统一框架，不同厂商的系统相互集成难度高，工厂实际生产、设备条件和信息系统之间差异化较大等，安贝格工厂在发展过程中也遇到了同样的问题。

1995 年，针对企业信息系统与控制系统的集成问题，国际自动化学会（International Society of Automation，ISA）投票通过了 ISA 95 系列标准。ISA 95 标准从信息系统架构的角度来描述工厂的构成，形成了著名的 ISA 95 五层架构（见图 4-6），自顶向下依次是：

第 4 层——企业整体运营和计划层；第 3 层——生产运营层，包含 MES、制造运营管理（Manufacturing Operations Management，MOM）等系统；第 2 层——生产过程控制层；第 1 层——生产过程感知层；第 0 层——实际生产和设备层。

ISA 95 标准初步定义了工厂第 3、4 层之间的信息交互模型、主要对象、交互方式、基础数据格式，并确立了第 3 层（生产运营层）的基本生产活动，如资源管理、生产计划、生产执行、生产追溯、数据采集和分析等。可以说，ISA 95 标准是后续工厂信息系统规划和自动化系统集成的基础，也基本确立了 MES 和 MOM 的标准。

安贝格工厂基本沿着 ISA 95 标准进行了信息系统和自动化系统的规划及集成，因此，德方 IT 经理绘制的架构图和 ISA 95 标准的五层架构图基本是一致的。

根据曾奇志的回忆，随着成都工厂从数字化规划到剪裁、导入再到不断优

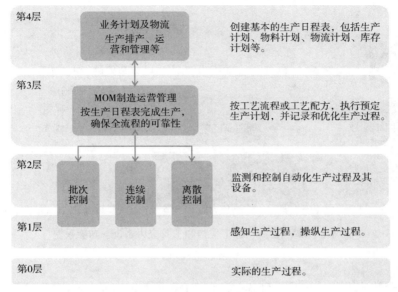

图 4-6　ISA 95 标准的五层基础架构图

（资料来源：国际自动化学会，ISA）

化，团队不仅对工厂 IT 系统的五层架构有了更深入、完整的认识，实际的应用系统建设和数据贯通也围绕这五层架构展开。PLM、ERP、MES 等 IT 应用又细分出多个功能模块（见图 4-7），并且在安贝格工厂的基础上有了取舍和创新。这也是成都工厂常常提到的"剪裁"二字的含义。实际上，后续 IT 系统部署和搭建工作能够有序展开，乃至后期成都工厂的对外赋能，都得益于这种清晰的顶层规划。

（2）逐渐完善的数字化裁剪方案　随着成都工厂 IT 架构的逐渐清晰，摆在数字化委员会及中方 IT 团队面前的是安贝格工厂历经 20 多年积淀形成的复杂数字化生态系统，在这套系统所表现出的惊人数字化效率背后，是无数个多层叠加、冗余且庞杂的子系统、子子系统。如何基于安贝格工厂数字化系统，从规划层面制订可适用、可操作、可落地于成都工厂的数字化剪裁方案，成为数字化委员会成员与中方 IT 团队面临的核心挑战。

因此，数字化委员会内部专家在制订方案时开展了多次头脑风暴，最终讨

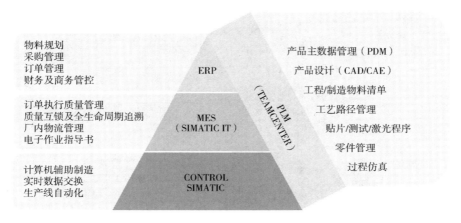

图 4-7 数字化工厂的 IT 架构和主要应用系统、功能模块

(资料来源：成都工厂)

论出了一套适用于成都工厂 PLM、ERP、MES 及 Infrastructure（基础）功能模块的剪裁方案，并将相应方案手绘在讨论白板上（见图 4-8）。例如，对于 PLM 功能模块，即 Teamcenter 中工艺流程的管理，初始方案是利用 Excel 数据表的模式

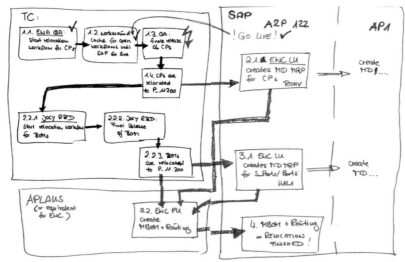

图 4-8 数字化剪裁方案手绘图

(资料来源：成都工厂)

进行管理，但考虑到功能实现的效率问题，最终决定采用 Aplaus 系统中的工艺路径定义、规划和管理功能方案，对安贝格工厂现有系统进行剪裁，以实现成都工厂工艺流程的管理。

随着 IT 架构的确定及数字化剪裁方案的成型，成都工厂数字化系统规划进入尾声，接下来是系统性学习和粘贴安贝格工厂的知识经验积淀，并完成成都工厂的物理基建和数字基建。

第五章　求是：数字化知识加成

"西门子对培训下了血本，非常重视人才发展。"

——西门子（中国）有限公司

成都工厂原卓越运营部经理　戴霁明

为更好地完善规划并完成工厂建设，中方人员前往安贝格工厂进行深入培训与学习，目标只有一个，就是通过学习将工厂中可见或不可见的事物转化成可以利用的知识，从而壮大建设和运营团队的知识体系，以更好地支撑数字化工厂的发展。2011年10月，成都工厂第一批经理级员工到岗，经过短暂的准备，中方人员于2012年2月起奔赴德国安贝格工厂，一批又一批的学习小组开始了系统性的培训学习，这其中包括以戴霁明为代表的经理级别人员、以任江勇为代表的技术专家等。在此期间，中德双方面临着巨大的文化差异以及语言沟通上的挑战，这使得初始阶段双方心生疑虑。对于德方人员而言，疑虑在于需要将安贝格工厂积淀多年的数字化工厂方法论传授给中方人员，但中方人员是否有足够的能力学习并吸纳呢？对于中方人员而言，疑虑在于德方人员是否真的愿意将相应知识倾囊相授，以及如何在短短数月的时间内，将相应知识和经验系统性地重构并固化在中方自身的知识体系中？现在看来，建立双方之间的信任成为打消上述疑虑的关键。

第一节　复制核心是知识

自1989年建厂以来，西门子安贝格工厂经历了从大规模制造的"工业2.0"

时代、自动化和精益生产（Lean Production）①的"工业3.0"时代到数字化全集成的"工业4.0"时代的转变。安贝格工厂在数字化制造技术上的领先并非天生而来，它是通过多年的持续改善，厚积薄发，最终脱颖而出的一座先进工厂，背后是德国老一辈工程师的工匠精神与长期坚守，更是包含生产线、系统和人的知识集成和融合。

不管是任江勇"复制"生产线，还是戴霁明统筹整体规划和建设事宜，他们在德国学习的第一步就是让安贝格工厂"可以被复制"，这种复制不是简单的工厂平面复制、设备搬迁和软件复制，更不是德国工程师的PPT、口述或是在生产现场操作计算机那么简单，其核心在于掌握工厂里的"知识"。有一些知识是显性的，比如设备的操作手册、控制器里的程序、员工的管理条例，这些知识即使没有现成的，也是比较方便进行梳理、总结和传输的。但更多的知识其实是隐性知识。

由于安贝格工厂拥有超过20年的历史，一直在独自运营，从来没有对外进行过大规模知识输出，成都工厂是第一个，加之德国家族式企业文化的影响，很多关乎生产线、系统等关键核心部分的知识均以隐性知识为主，并且大多积淀在老工程师的经验之中，未形成体系性的显性文本。例如，如何保证生产质量、工艺如何优化、如何激发员工的工作激情等，这些知识大多隐藏在一个个安贝格工厂员工的大脑内。

安贝格工厂的多数员工都是"内功"深厚的，他们在同一个地方工作了二三十年，参与了工厂内部所使用大量设备的设计和软件的编写。他们同产品和生产线朝夕相处，对于许多工人来说，每天和生产工具相处的时间甚至会超过和家人相处的时间，他们熟悉工厂的每个方面、了解生产线的每一个环节、清楚设备操作的每一个要点，他们身上沉淀了大量的 Know How、Know What 和 Know Why。

这一点与德国的"工匠精神"密切相关，工厂内工程师会将钻研问题、解

---

① 精益生产（Lean Production），是通过系统结构、人员组织、运行方式和市场供求等方面的变革，使生产系统能很快适应用户需求的不断变化，并能使生产过程中一切无用、多余的东西被精简，最终达到包括市场供销在内的生产的各方面最优结果的一种生产管理方式。

决难题作为自己的日常爱好,他们甚至会在休息的时间以学习编程为乐。工程师解决了一个又一个难题,安贝格工厂也在不断成长,最终工厂同工程师一起成为数字化知识的创造者和承载者。

学到这些隐性知识是成都工厂由规划到落地乃至长远发展的关键所在和必由之路,否则两者很难做到同根同脉,更谈不上成为"姊妹工厂"。其中的难度甚至超过了许多美国工厂的建设,因为很多美国企业偏好在一个地方建设母工厂,并在世界范围内按照相同标准输出,但安贝格工厂尚未形成标准化、总结性和系统性的知识范本。因此,对于中方培训人员来说,"提取和复制知识"成为最大挑战,即在德国的培训过程并非是坐在办公室内的授课模式,更多的是在生产现场发现知识、组织知识和转化知识,实现隐藏在工厂个人之中关于生产线、系统、企业文化乃至价值观等的隐性知识的显性化和文本化。

第二节　生产线复制方法论

任江勇赴德培训的首要任务是第一条生产线的导入,摆在他面前有一个具体的任务,那就是想办法把生产线从安贝格工厂"复制"出来。这些生产线大部分的核心设备及零部件都是在德国本土制造,主设备供应商在巴伐利亚州一个叫作斯特劳宾(Straubing)的小城市,这一次培训期为6个月,任江勇需要在安贝格工厂学习相关的知识,并就设备制造情况与对方进行专门沟通。

初识德国制造力

这一次的学习让任江勇记忆深刻,其中有两个主要的记忆点。

第一个记忆点来自设备供应商的接待方式。抵达工厂前,安贝格工厂的德国同事告诉任江勇,供应商将会向他们提供午餐。到达以后,任江勇发现为他们准备的只是一个普通的三明治和一瓶果汁,甚至比麦当劳的基础午餐还要简单。直到后来,任江勇在德国生活了一段时间以后,才发现德国的甲乙方关系和国内有着明显不同。以制造业为例，作为乙方的德国供应商认为和采购商之间的关系是平等的合作关系，很多时候会简化对于生产效率无益的社交流程，而尽可能把大部分精力集中在工作内容上。

第二个记忆点来自午餐后第一次进入车间。在路上，德国同事就向任江勇透露，这家企业是一家当地的中小企业（Mittelstand），任江勇就在脑海中构想出了一个小规模设备制造厂的模样，但是进入车间后他发现，生产规模远远大于预期，精密加工区域就有100多台五轴加工中心，一组组设备布局紧凑，穿过整个生产加工区域就需要10分钟的时间，任江勇为此受到极大震撼，赶紧询问同事："你确定这是一家中小企业？"同事告诉任江勇，这里还有数十家这样的中小企业，他这才开始意识到，自己似乎正在初窥德国制造业强大的秘密，德国很多核心制造能力正是隐藏在这样的"中小企业"中，这与他之前的认知大相径庭。

到了后来，这样的参观多了起来，任江勇越来越发现德国的中小企业其实有很多厉害之处。他了解到，像自己第一次在斯特劳宾看到的设备供应商企业，在德国随处可见。可能从产值或员工人数来看，这些企业规模不是很大，但是它们却拥有世界级的制造能力，而且在精密制造水平上，毫不弱于一些大型企业。正是这些"隐形冠军"决定了德国大型企业的精密制造水平。中小企业在电气化、自动化和数字化上技术上同大企业紧密配合，不断满足客户需要，提供各种各样的智能装备，不仅功能强大，而且具备世界级的产品质量。

绘制知识全景图

一个智能工厂的重要作用是承载智能制造生产系统，其中智能制造装备是工厂数字化技术的物质载体，也是开展智能制造的核心关键。成都工厂的第一条生产线是从德国"搬"来的，是一条生产工业自动化产品的智能制造生产线，当时成都工厂的工作不仅是要把这条生产线的生产单元、控制系统等从地理位置上搬运到成都，还需要把生产线所蕴含的工艺知识、操作知识和维护体系全盘吸收。简而言之，就是要把看得见的和看不见的统统复制。

任江勇所负责的生产线复制工作需要弄清楚两部分知识，首先是工艺知识，也就是弄清楚生产线是由哪些零部件组成的，产品是怎么生产出来的，这与生产线的机械系统、电气系统、控制系统紧密相关。他需要搞清楚生产线的结构、每个部分之间的逻辑关系，包括产品的生产流程工艺等，这些都是和产品生产直接相关，看得到、摸得着。对于工科背景且有 5 年工厂实战经验的任江勇来说，虽然存在挑战，但其中大多数属于操作技术（Operation Technology，OT）层面，OT 的核心基础在于工业知识的积累和传递，也就是将内含于人的隐性知识转化为机器语言，成为一套可执行、可操作的知识体系。以工艺知识为代表的 OT 的吸收，依靠任江勇此前的工作经验，以及此行在德国学习半年练成的"内功"，是可以被解决的。

更艰巨的任务在于和 OT 紧密相关的信息技术（Information Technology，IT）层面，任江勇需要从有形的、可见的物理世界中，一头钻进无形的数字化世界，搞清楚如何使用数据更好地生产，并创造更多的价值。对此，他不仅要掌握和生产线相连接的数字化系统是如何工作的，搞清楚软件系统的功能和作用，还要弄明白系统上流淌的数据所代表的含义。这就要求把 IT 和 OT 深度融合起来，搞清楚生产线的各个部分产生了什么数据，以及这些数据是如何流转到 MES 和 ERP 等软件系统中的，还需要弄明白生产过程中的每一步又是如何与不同系统进行"对话"的。

这些知识是看不见摸不着的，而且生产系统和 IT 系统紧密相连，环环相扣，任江勇一边要站在全局和系统角度看问题，一边又要扎根细节，拿着放大镜和透视镜去看每一个环节中数据是如何流动和汇集的。这让他感觉好像一个略有医疗知识的人在看化验单，各项指标大概都能够识别，但是组合在一起的时候就难以做出判断。

任江勇逐渐认识到，研究安贝格工厂的过程就相当于武侠小说中的主人公开始练习内功，摆在他面前的有顶级的"武功秘籍"，但是能不能练成（理解），更多需要自己的摸索，甚至对于那么多知识模块来说，理解的先后顺序也很重要，为此他需要构建自己的知识体系，再去理解那些隐藏在数字世界中的隐性知识。

而现实之中这本"武功秘籍"甚至并不存在,安贝格工厂并未对这些内容做系统总结,这导致并没有人能把全部的东西教给任江勇。当时设备中大量的关键知识点,尤其是 IT 系统的相关知识是分布在供应商工厂和安贝格工厂的各个部门中的,供应商工厂只能提供"形"的部分,但是"神"的部分其实更多分布在安贝格工厂的各个部门中,诸如工艺部门、质量部门、生产部门、信息化部门等,没有一个部门掌握数字化的全景图,每个部门都只是掌握了部分。

关于数字化的隐性知识,其实需要靠任江勇在现场不断地挖掘、组合和重构。他需要做深度的思考,一点一点地去"悟",和各个部门的技术人员去交流、核对,然后才能把碎片化的知识放到自己的知识架构上,并结合德国设备制造商以及安贝格工厂所提供的材料,最终形成系统化的知识全景图。

如此一来,一个厚厚的笔记本马上就被写满,上面记录的都是中文、英文和德文组成的语句(见图 5-1)。任江勇并不熟悉德语,大部分的德文单词单独拿出来他都难以解释,但是这些中文、英文和德文编织在一起的内容,恰恰是任江勇从安贝格工厂挖掘出来的核心知识点,当这些德文单词放到语句和段落

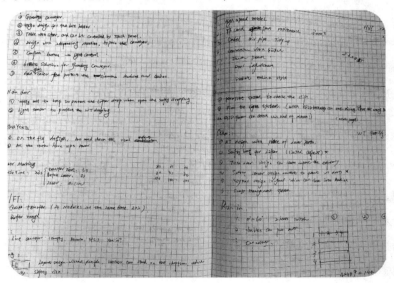

图 5-1 赴德国学习培训笔记

(资料来源:成都工厂)

里时，很快就可以帮助他回想起当时在德国工作的场景以及当时在特定场景下所接触的 OT 和 IT 知识。这些知识的融会贯通直接促成了成都工厂的第一条生产线，在德国同事的手把手指导下，从搭建生产线时的纸上素描，到在数字"编码"时的水中作画，任江勇已渐渐可以定义出每一个产品的工艺路径和参数。

生产线学习"三步法"

为了让任江勇弄清楚这条生产线的一切，安贝格工厂为任江勇制订了非常详细的分步培训计划。

第一步是"丢"，就是把任江勇"丢"在生产线上，让任江勇和设备车间里的工人一起去实际操作和调试生产线，从而能实实在在感受到生产线上每一台设备的构成，以及相应设备的生产方式和操作方法，并系统地提炼出设备和生产线的工艺知识和操作经验。后来任江勇发现，这不仅是知识的启蒙，更是一个构成知识闭环的重要过程。他知道，以安贝格工厂为代表的用户企业如果想要深入了解其使用的生产线，仅仅依靠设备供应商提供的信息是不够的，因为设备制造工厂更多是从供给方的思路去聚合信息，来自用户需求方面的信息可能会被忽视或遮蔽，真正的工艺知识还是在用户企业手中，生产线操作和维护方面存在大量的 Know How，大量的隐性知识附着在工厂的老师傅身上，很难显性化，所以装备供应商需要同一线的操作员和维护工程师去沟通，重视提取凝炼来自用户企业的隐性知识，并把这些知识进一步融合在自己的设计和制造过程中，以提供适用性更强的装备。

针对这个问题，任江勇特意在德国工厂里做了一个调查，他发现，生产线工人的视角的确和管理层或设计人员不一样，工人每天都会站在工站里进行操作，清楚工站每一处的细节，即使他不了解某些地方的设计原理，却能发现这个细节存在的具体问题以及改进的方向，这是一个自然而然的过程，因为操作工人会本能地感受到具体操作时各个环节的顺畅性和舒适度，并会在具体操作时向设计人员提出相应的需求和要求。

第二步是"讲"，在任江勇基本上摸清楚生产线的构成和操作方法后，装备供应商的工程师开始向任江勇讲解生产线的工作原理，其中包括讲解整条线关键工艺环节的设计原理，并通过一些实例来阐释每一个生产步骤背后的工作机理。这个环节占据了大量的时间，因为每一个要点背后的 Know How 都包含了大量的隐性知识，因此工程师会尽可能讲解得深入和具体，很多时候讲着讲着，就从"机"讲到了"电"，然后又到了软件部分，有时甚至会涉及一些关键部位的传感器的功能和作用。

第三步是"试"，仅仅通过看和听，很难掌握全面，因此在任江勇的学习过程中，讲解人员会尽量演绎生产线的实际运作情况，甚至会模拟一些常见故障。其中一个例子是讲解"输送线上传感器的故障问题"，在一条智能生产线上，关键物料和成品的传送，皆由输送线上贴有 RFID 电子标签的标准化小车负责，为了演示相应故障，讲解人员随机拿走了一辆小车，人为触发一次故障。然后任江勇发现输送线后面的小车都暂停了动作，原因在于输送线上被拿走小车所在位置的传感器没有被触发，故而系统自动判断相应生产线发生了"堵塞"或"损坏"。其实这是一个很简单的教学过程，但是对方认为非常重要，因为他们觉得一次故障体验胜过千言万语。

这种情景剧的培训方式给任江勇留下了非常深刻的印象，很多关于生产线的隐性知识以"图像"或"视频"的方式一个一个存储在他的脑海里，后来任江勇回到成都，他在给同事和客户做培训的时候也注重场景和案例的开发，而不只是文字或 PPT 式的交流。

第三节　流程知识的学习

关于安贝格工厂的学习以及隐性知识的复制，需要成都工厂员工最大限度地发挥其主观能动性和操作实践性，才能在德国同事和设备供应商的协助下，实现关于数字化工厂的"武功秘籍"的绘制。

发挥主观能动性

戴霁明在安贝格工厂学习"生产力改善系统业务流程优化"的过程中，深感安贝格工厂大部分知识都隐形在个人手中并没有显性化。这里的隐性知识主要包括两个层面：一个是"技术"层面，即老工程师所掌握的非正式和难以明确的关于生产线与系统的技能，虽然工程师们经验老到，但常常难以将日积月累的技能背后的技术或科学道理通过文字形式表达出来；另一个是"认知"层面，关于安贝格工厂柔性精益生产线以及数字化的信念、领悟、理想、价值观以及情感等在工程师们看来是天经地义、理所当然的事情，并且很多知识是在30年间慢慢孕育而成的，具有特定的形成时间和形成场景，即使他们是这些知识的创造者，但系统性地向中国同事输送这些知识的难度也很大。

比如，戴霁明在安贝格工厂的时候经常会去德国同事家做客，许多同事会向他展示自己的车库，大都放着巨大的工具柜。打开柜子和抽屉，可以看到数十种乃至数百种的手工工具，各种剪刀、钳子、扳手。每次拜访德国同事，他都会有两个发现，一是每家工具箱内的工具都是不同的；二是每个工具箱虽然很整齐，但其实并未经刻意规划，而是依主人日常使用习惯进行摆放的。安贝格工厂的知识创造恰如这些千变万化的工具箱，随着时间的流动，所有的工具都合理地摆放在其应该在的位置上，但想要系统性说明其依习惯摆放的深层原因和动机，则尤为困难。

戴霁明明白，要想完全理解并且翻译为在中国可操作的流程，必须发挥自己的主观能动性，而自己需要做的第一步就是基于逻辑化思维来理解整个业务流程概念。戴霁明深入现场，在德方同事的介绍下了解并剖析各个生产环节业务流程优化的落实细节以及实现方法，最终形成自己的业务逻辑，并在自己的业务场景下进行验证。这需要大量的理论理解和操作实践，更需要一次又一次操作、验证以及纠偏，最终形成能够在中国操作的业务流程说明书，这个说明书是消化、吸收、再创新的结果，也就是说，整个学习和培训过程是一个理论到实践、实践再到理论以及反复迭代的闭环。

日本知识学大师野中郁次郎和竹内弘高在他们的著作《创造知识的企业：领先企业持续创新的动力》中提出"知识螺旋"这一概念，并将知识创造和利用过程分解为4种模式，即通过直接体验分享和创造隐性知识的社会化模式、通过规划和反思将隐性知识表述出来的外显化模式、对显性知识及信息进行系统化并且加以利用的组合化模式、在实践中学习和获取新的隐性知识的内隐化模式（见图5-2）。而戴霁明对安贝格工厂知识学习和复刻的过程即为上述"知识螺旋"中的"外显化"模式，并且在隐性知识显性化的过程中，高水平地完成了组合化、内隐化以及社会化的知识转换。

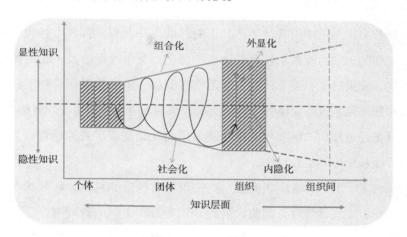

图 5-2　知识螺旋

（资料来源：野中郁次郎、竹内弘高，《创造知识的企业：领先企业持续创新的动力》）

更深层次来说，戴霁明对于生产力系统业务流程改善的"表出化"过程，也可以理解为在个人主观能动性下组织知识创造与再创造的过程。总结为阶段方法论，即为共享隐性知识，基于隐性知识创造概念，在概念的基础上验证概念，在概念被中德双方均认可的情况下形成业务流程知识原型，在知识原型形成的基础上进行知识的跨层转移（工厂自身、供应商、客户等）。

事实证明，完成知识的有效学习和复刻很大程度上依赖于学习者的"主观能动性"以及"操作实践性"。在前去德国培训的中方人员眼里，相较于操作实践性，主观能动性的发挥是最难也是最重要的。难点主要在于，学习者不仅要在自己的脑中结构化相关显性和隐性知识体系，而且要在反复实践中通过辩证、批判的思维来形成一个自洽的知识体系，并通过书面文字的形式解构出来，绘制关于数字化工厂的"武功秘籍"。这一点至关重要，它不仅使中方人员有效地学习和复刻了安贝格工厂积淀了 20 多年的隐性知识，而且增加了中方人员个人激励自己创造新知识的可能性。

"武功秘籍"的能量

复制数字化工厂本质就是生产知识的标准化和流程化，其中就包括戴霁明所负责梳理的生产力改善系统业务流程的优化，这个过程涉及大量的知识重构和显性化，安贝格工厂需要将其日常工作转变成一本操作手册、加工标准以及机器人和数字化系统能读懂的语言。所以，德国人所做的规划（或者称为蓝图）的本质就是通过知识的标准化，将德国工厂的经验变成了人的操作行为、机器的控制程序和相应的工业软件。

安贝格工厂要把此前庞大而复杂的知识进行梳理和总结，就要求调动每一个部门的积极性和参与度，此前大量的知识附着在工厂的管理者、工程师和工人的大脑和身体上，有一些则成为他们日常的操作准则。每一位安贝格工厂建设的参与者都有一个共识，那就是他们所贡献出来的知识，最终将会组合成一本超高水平的"武功秘籍"，此前这本"秘籍"是不完整的，是只可意会不可言传的，散乱的知识无法被其他工厂所学习。但是经过了这次梳理，大量的身怀绝技的高手站了出来，他们把自己的心得系统地展现出来，使分散的知识凝练成为一个整体，变成了一个可学习、可复制的知识系统，形成了一本绝世"武功秘籍"。

这本"武功秘籍"所蕴含的能量甚至超过了安贝格工厂本身，对于安贝格工厂来说，这既是一个总结的过程，也是一个创作的经历。他们从此以后可以更加系统地看待整个工厂的数字化工具，可以更加有条不紊地安排各个系统的持续改进。对于成都工厂而言，则掌握了进阶为世界级数字化工厂的条件，要比安贝格工厂更为成熟、更加系统，他们可以让自己的"外功"和"内功"协同发展，可以围绕着这本"秘籍"形成未来3～5年的"练功"方案，在合理规划的基础上，各种资源可以源源不断地被安排在成都工厂的各个系统内，知识的组合也会更加科学。而在3～5年之后，这两家姊妹工厂可以一起"练功"，基于复制安贝格工厂而形成的共同环境，两家工厂可以实现对话以及高频的知识传输，成都工厂的数字化创新可以第一时间反向输出到安贝格工厂，这本"秘籍"也将进一步被强化。

绘制"秘籍"的关键

在德国的这段经验，也让戴霁明对于数字化工厂建设有了更深的感受。在他看来，复制安贝格工厂听起来或许并不复杂，但其中经历了无数的艰辛，德国工厂需要将其多年的知识系统化，然后在一个跨语言、跨文化、跨背景的环境下扩散出去。

1. 防止知识变形

新建工厂的途径是知识的复制。成都工厂的建设，在某种程度上可以理解为德国工厂知识的"复刻"。很多大型制造企业都会拥有多个工厂，但第二个工厂能否充分利用第一个工厂的经验，能否保证生产力的延续和提高，其实关键在于复制的时候不发生"变形"。数字化的基础在于工厂内业务流程的标准化，这就倒逼企业要把工作文档化，要把隐性知识显性化，如果新工厂在复制的时候，不能把旧工厂内的隐性知识复制过来，那么就会出现信息的"失真"。

整个工厂业务流程的标准化是数字化的基础。他们需要把自己的工作文档化、英文化，整个环节如果做得不好，就会导致需要大量的德国技术人员前来中国，并在中国长期入驻，因为此前安贝格工厂的大量知识都存在于工厂内技术工人的脑海之中。

这一点对于新工厂的建设特别重要，2013年之后的2~3年，德国工程师陆续离开成都工厂，自此成都工厂全部的管理和生产运营都由中国人来承担，实现这一点的关键就是在复制过程中实现了"高保真"，在数字化系统中蕴含了原先德国安贝格工厂的大量隐性知识。相比之下，日韩的工厂扩张仍然是以人为主，在日韩的生产车间内，企业会派驻大量的本国人员在工厂驻场。

这对国内企业的发展很有参考价值，很多国内的制造型企业，在国际化扩张的时候往往会变形，这是因为如果这个企业的知识是承载于个人身上，是一种隐性的知识，他们去国外设厂的时候，也只能依靠人的输出才能实现，因为只有人才能是隐性知识的载体。

2. 和特定文化相关的知识很难被复制

企业文化的差异使得知识复制过程中各种难题层出不穷。德国人在梳理自己的经验的时候，发现很多问题如果离开了德国制造的场景，就很难被外人所理解和认知。德国工业界有其特殊的发展历史，很多德国工程师和工人都会长期一起在企业内工作，他们具有钻研精神，会把平时的理解和感悟的点点滴滴融入自己的工作环境中，有一些变成了生产工具，有一些则转变成了软件的代码。但是这些内容的转化又是和整个环境，尤其是德国企业的企业文化相互关联的，好比川菜中的自贡盐帮菜，凝聚了自贡地区两千多年的井盐生产历史以及积淀形成的与盐相关的饮食文化。这些基于特定工业场景形成的企业文化，其实是安贝格工厂中工人作业中的特殊习惯，这种特殊性既是知识形成的原因，又是知识产生的结果。即使是安贝格工厂的老员工，也很难去把这些和企业文化相关的知识抽离出来，重新去进行编码化，这就导致了这些知识很难被显性化，进而难以被复制。

涉及企业文化的障碍往往比较晦涩，在规划进行的初期，戴霁明发现德国安贝格工厂的一些运作方式实际上是很难理解的，尤其是很多领域的知识，在德方看来是非常自然的，他们可以清楚地说出其中的 Know What 和 Know How，但是却也难以说明其中的 Know Why。例如，在规划过程中涉及的大量与人相关的制度和规则建设，安贝格工厂的经验在成都工厂很难被重构、复制和落地，因为这涉及两个国家工会系统和文化体系的差异，即中德两国企业对于员工的管理体系和思路其实有明显的差别，对于员工投入产出的考量标准也大不相同。

3. 工厂以外的知识很难被复制

在复制安贝格工厂过程中，还有一部分知识是很难被梳理清楚的，那就是贮藏在安贝格工厂设备供应商体系中的知识。德国是欧洲装备制造业最发达的国家，安贝格工厂中很多设备的制造和改进都是同其设备供应商共同完成的，比如前面任江勇考察的设备供应商工厂。对于安贝格工厂来说，要实现这一部分知识的可复制，必须要跨出工厂的技术边界去做知识总结。

即使存在困难，这一部分的工作仍是势在必行的，这部分知识也不能放任不管，因为它涉及成都工厂生产系统的复制和升级。成都工厂希望在新建工厂的时候，应用到更多的新技术，采用更加智能的装备来进行生产，这也给知识复制带来了难度，这部分知识在很多时候自成一体，设备供应商会掌握大量的 Know How 和 Know Why，安贝格工厂很难在短时间内做到这部分知识的融会贯通。

第四节 二十年和三个月

2012 年 12 月，德国培训生活已经接近尾声，同时成都工厂建设也进入了最后的关键时期。对于中方培训人员来说，在德国的培训经历弥足珍贵，当然也付出了很多心血，每个人需要用平均不到 3 个月的时间来完成安贝格工厂 20 多年历程的学习和总结，并结合中国实际情况将其有选择地复制到成都工厂。任何成功背后都有其本质缘由，而这项在一开始看来很难实现的任务却在很短的时间内完成了，背后最重要的是中德双方人员之间的信任。信任形成了一种磁场，促使这家历经 20 多年的先进工厂在短短 3 个月的时间里就将自己的"毕生修炼"体系化地传授至成都工厂。时至今日，这种传授仍在继续并且走向了双向交流。

"我们永远不要空谈友谊，友谊的建立是在彼此安全的基础上，而且基于工作关系在基层员工之间建立的信任和友谊是全方位的。"对于这种信任，戴霁明说出了自己的心声。从行为经济学来说，信任既是一种心理活动，也是一种实践行为，是中德双方在有限知识信息以及经验基础之上，通过工作交流以及经验传授对对方履行承诺的积极预期以及能力的认可。正如戴霁明所言，这种认可是建立在彼此安全的基础之上，而彼此安全的共识得益于双方共同的努力。

为保障知识学习与复刻的顺利进行，以 Anton S. Huber 为首的中德管理层做了完善的统筹安排。一开始，安贝格工厂基层员工尤其是不会讲英语的员工对自己的职业生涯充满了担忧："我们安贝格工厂部分产能转移至中国成都会不会对我们的工作岗位造成影响？我们是不是面临着失业？"工厂里开始有一种担心的情绪在发酵，但在真正实施过程中，"安贝格工厂不增加人但也不会减少岗位"的原则贯穿始终，成了建设安贝格工厂姊妹工厂的基本坚守，也为双方之间的合作营造了互信互利的基础氛围。

管理层给德国同事的引导也成了这种信任的有效助推剂。Anton S. Huber 的亲自接待并参与培训、Büttner 博士的友善和尊重，都让德国同事意识到这是一种荣耀和使命。安贝格工厂此前的 20 多年无疑是成功的，而帮助成都工厂再创辉煌，仿佛让安贝格人看到了生命的延续。在解除误会和深入交流后，双方之间的信任感随之陡增，在知识学习和复刻的过程中，德国同事非常开放，当然这也离不开非工作关系的作用，中方人员人人都到自己的德国搭档家做过客，而这种非工作关系也成了建立信任感的一个重要基石。

二十年和三个月，是大时代下的一个时间缩影，对于安贝格工厂和成都工厂来说，意味着的不只是传承，更多的是趋势和未来。

第六章 落地：数字化工厂建设

"当成都工厂还是一片空地的时候，这座工厂已经被数字化地建立起来了，而这些仅仅是数字化的一个开始。"

——西门子（中国）有限公司
数字化工业集团成都工厂原信息技术部团队主管　杨健

成都工厂初始阶段的数字化规划其实是由德国同事主导的顶层设计，通过培训学习方式所实现的数字化知识加成，则是基于顶层设计的知识凝炼和基础夯实。在这个过程中，德国团队负责主导复制整个环节，把安贝格工厂的知识提取出来，中方人员负责将相应知识变成可以呈现于纸面的显性知识（文字、程序和软件）。伴随规划的逐步细化完善以及核心人员的培训学习，"安贝格工厂指导、成都工厂推进"模式下的"粘贴"建设工作也循序渐进地同步展开。但成都工厂是否真的能建成与安贝格工厂同样标准的数字化工厂？是否真的能够搭建出一套具备与安贝格工厂同样标准的 IT 系统？这些都是在成都工厂最终建成运营前，背负在项目团队身上的核心压力。

第一节　知识粘贴

前文我们将安贝格工厂分散化的知识经验转变成可复制、系统性的知识系统的过程比喻为创造一本"武功秘籍"，那么，拿到这本关于数字化知识的"武功秘籍"后，成都工厂要做的是根据这本"秘籍"制定自己的"练功"方案（发展路径），先练哪些"功夫"，再练哪些"功夫"，哪些"口诀"可以稍做调整，哪些"心决"必须严格遵守，"师傅"在一旁指导，但具体的方案还需要成都工厂主导形成。

这一步就相当于是"复制-粘贴"中的粘贴工作，即工厂落地建设的开始。最简单的方式就是一切照搬，完全复制。但当时的成都工厂面临着自身约束，刚刚起步的成都工厂不可能一蹴而就，它需要根据自己的基础条件，制定一套科学的升级方案。这套升级方案和"武功秘籍"放在一起，才最终构成了成都工厂系统性、多层次的规划和实施蓝图。

成都工厂面临着严格的时间要求，建设工作仅有大概一年半的时间，并且所有软件系统到位和设备就绪后，工厂才可以正常运转起来。西门子总部还设置了较高的投资回报率约束，成都这边的建设方案不能没有边界，在必要的地方，可以放宽预算，但是能够节约的地方，还是尽可能加以管控，以满足预算的要求。同时，规划需要满足未来成都工厂持续升级的要求，在规划方案中，成都工厂更像是有生命力的活体，它需要不断计划，持续成长。如此复杂的约束条件，无疑对成都工厂的决策者提出了更高的要求——要像"神笔马良"一般，在绘制蓝图的同时，设法将鲜活的生命力注入工厂。

从知识注入的角度来看，成都工厂拿到了充满知识的"武功秘籍"，这本"秘籍"的知识主要来源于安贝格工厂，其间花费了大量的精力和资源，成都工厂要把这些知识复制在未来的工厂里，需要购入大量的设备、软件，频繁地开展培训和交流，这个过程本身要耗费大量的精力和资源，由于存在上述约束，他们必须考虑如何把知识融汇于更适合的地方。

管理层一直在思考一个问题：谁来传承安贝格工厂的知识？有些人认为可以把软件和装备当作容器，但最终的结论是：把知识放在人的身上，因为只有人才能持续地开展创新，利用知识创造知识。来自安贝格工厂的知识已经是系统化、结构化的知识，但是仍然不能构建成具有生命力的生产力，唯一的办法就是将知识"注入"到成都工厂的工程师和工人身上，然后再对这些知识进行激活。他们可以理解各种约束和条件，并做出相应的调整和改进。

这种行动持续在成都工厂整个"粘贴"过程中，戴霁明、任江勇等一批具有经验且熟悉安贝格工厂的人员，不断地研读来自安贝格工厂的数字化"武功秘籍"，并且根据成都工厂的局限性做出适应性的改进，使得"秘籍"转变成为一个具有操作性的落地方案。

然而，一个更加深刻的灵魂质问引发了西门子的思考：还有没有更加系统、科学、高效的途径，辅助我们进行知识的传承？而这也为西门子未来的技术战略埋下伏笔。

第二节　物理基建

厂房的拔地而起

2012年3月15日，成都工厂举办了奠基仪式，时任西门子东北亚工业业务领域总裁的吴和乐博士（Dr. Marc Wucherer）挥铲为厂房奠基，并做发言："西门子的投资有望为成都乃至四川地区的电子产业升级带来重要提升，同时，我也相信，成都市将为西门子的发展提供有力支持和高效服务。"

奠基仪式结束后，成都工厂有条不紊地开始了厂房建设工作。西门子上上下下对于这家工厂高度期待，希望工厂能够尽快建成，给土建留下的时间也非常紧张，在规划中只有不到一年半的时间。对于工厂负责人来说，厂房需要尽快建好，水电气也需要尽快入驻，因为大量的生产设备和检测仪器已经进入采购阶段，在一年以后将会陆陆续续运到工厂中进行安装。

规划团队为成都工厂的建设制定了严密的方案。厂房的面积、高度和布局是同制造工艺和产能设计密切相关的。当时的方案仍然具有比较明显的德国风格，工厂项目负责人认为，厂房并非占地面积越大越好，而是按照生产需要进行设计的。当时成都工厂拿出了一个建设规划，工厂面积需要52亩（1亩≈666.67平方米），按照投资额换算后的投资强度达到了亩均900万元人民币左右，远高于当时电子行业亩均200万元人民币左右的投资强度，这不由得令人思考，如此高的投资强度，成都工厂建成后会是什么样子呢？

但事后证明，在这片"小小"地块上产生的价值非常显著。其实，空间布局的合理化是有助于生产组织的精益化的，数字化工厂规划方案应保障仓储、物流、生产环节的有序衔接，强弱电、地基和空间还要考虑生产线布局、供需匹配等，此外还要考虑未来生产扩张和工艺优化的空间要求，成都工厂虽然面积不大，但还是对后期的变动因素进行了考虑。

带来这种结果的主要原因是成都工厂在建厂之前就做了科学的规划，对于土地和厂房的需求是严格按照生产导向的。在戴霁明看来，成都工厂在建设时对于土地和厂房的需求已经非常明确。他认为，土建是为生产服务的，信息系统的导入也是为生产服务的，而在很多企业的传统思维中，并没有对土建环节给予足够的重视，一些企业认为，土建就是修建标准厂房，先有房子，然后再考虑设备如何安置。

但实际上则不然，成都工厂的经验表明，将生产视为核心，然后做出合理的物流规划并科学有效地使用土地和空间，工厂会变得更加精致而整洁，后期的生产效率也会有很高的保障。事实证明果真如此，后期成都工厂成为数字化灯塔工厂，许多企业慕名而来，它们对成都工厂这种占地少、无污染、效率高、技术先进的生产模式非常感兴趣，这种"紧凑的高效"不仅能带来感官上的"赏心悦目"，还能有助于提升空间使用效率和生产效率。

布满孔洞的地板

如今的成都工厂，紧凑高效，很多地方都体现出来前期规划中"以生产为导向"原则下的巧妙思考。工厂的整体厂房结构是三层建筑，一楼用于物流和仓储，二楼用于生产车间（见图6-1），参观通道则设置在三楼。参观者来到一楼，抬头看向天花板，会发现天花板上有很多孔洞，大约每隔90厘米就会有一个直径为15厘米的孔，这些孔恰恰是成都工厂充分利用立体空间的重要秘诀，它们其实是设备的连接孔，生产设备全部放到了二楼的车间里，但是这些设备配套的电气系统则被安置在一楼，两者通过这些连接孔相连。

图 6-1　成都工厂生产车间

（资料来源：成都工厂）

　　这个细微的安排给设备布置带来了很大的好处，生产车间看起来整洁有序，不会存在传统车间里那样"蛛网密布"的糟糕状况，所有的生产辅助设施都在楼下，线缆也不会在现场"攀爬缠绕"。更重要的是，这种布置满足了工厂生产系统可重构的需要，成都工厂的产品迭代速度非常快，不同的产品可能需要不同的工艺，有的产品还需要添加新的设备，设备布局摆放也需要改变，同时一些环节开展自动化升级也需要调整设备位置，如果是传统布局，做一次调整可能是大费周章的，但在成都工厂内却非常便捷：只要在二楼拔掉设备的接头，将设备转移到新的位置，下面的电气系统也挪到对应的地方，再找一个连接孔进行连接，设备马上就可以投入使用。

土建过程中的意外

　　正所谓"智者千虑，必有一失"，成都工厂的建设也出现过一些意外事件。

项目组没有想到,成都的天气居然成为当时工厂建设最大的"拦路虎"。按照进度安排,厂房施工工作主要集中在2012年夏天,但在那段时间,成都的雨水异常多,大段时间无法正常开展建设,当时工厂负责人面临巨大的压力,他们既需要追赶进度,又需要保证工程质量,而且工厂建设有一个硬性目标:2013年2月28日之前必须竣工且进入投产阶段。在此之前的一段时间是工厂采购设备的交付期,成都工厂需要有足够的空间放置从美国、德国和日本等地订购的生产设备,随着设备进厂的还有供应商的设备安装和调试人员(见图6-2)。此外,德国以及中国其他地区的同事届时会抵达工厂,如果土建没有完成,大量设备就可能无处安放,所有的计划都要拖后。

图6-2　成都工厂首条生产线设备吊装

(资料来源:成都工厂)

这种情况下,截止日期不能更改,下雨使得施工方只能在少数的晴天赶工,但经常赶工还是使得一些工程细节没能在施工阶段做到尽善尽美。这也给工厂建设带来了小小的遗憾,工厂的管理层也一度因此耿耿于怀,因为很多细节其实是工厂建好以后才陆续改善的。但这个小小插曲也给成都工厂的管理人员带来了一个警醒,未来他们面对的可能是一个高度不确定的环境,除了提前规划,还要做到灵活机动和因势利导。

第三节　数字基建

团队基础保障

　　2012年建厂伊始，各个团队呈现出一片繁忙的景象。IT团队任务非常繁重，他们的工作涉及ERP、PLM、MES、IT基础、项目实施和管理五大方面，面对多个专业模块，还要为生产规划、质量管理和厂房建设等各个业务部门提供运维支撑服务，事繁且杂。虽然任务如此之重，但相比基建、生产、设备、质量等业务部门，曾奇志领导的IT团队相当"迷你"，初始成员只有7个人。而在德国安贝格工厂中，为服务于整个数字化工业集团，工厂驻扎着超过200人的IT团队。在曾奇志领导的这支迷你团队中，有西门子内部挖潜的人才，也有来自英特尔、德州仪器等外部企业的技术力量。

　　如何在人力有限的情况下，部署和运维全新工厂的数字化系统？这是曾奇志面临的首要问题。曾奇志马上确定了工作思路和原则：第一，必须持续提高IT团队的复合化能力，内部进行纵横交叉的精细化分工；第二，要和各业务部门通力协作、紧密沟通，厘清IT和业务工作的权责交叉点；第三，要积极争取德国总部IT团队和安贝格工厂IT团队的支持。

　　曾奇志对团队的定位很清楚，作为数字化工厂的IT团队，其工作职能不只是搭建IT基础和应用系统，更重要的是要围绕业务持续运维，满足设计、生产、供应链等部门对信息化工具的需求。为此，要不断应对各种新增、延展性需求，例如，要进行系统的本地化二次开发，要支撑生产数据的采集、分析和挖掘，要梳理围绕业务的工作流，要搭建面向业务的IT管理系统，要确立内部的合理化IT服务机制等，要完成这些工作，IT工程师应主动去熟悉生产业务，掌握更多复合化的新技能。

曾奇志进一步将成都工厂 IT 人员的能力总结为 4 个方面：第一，具备大局观，能跳出技术工作和操作层面的限制，具备跨系统的业务和技术能力；第二，以 IT 技术驱动业务的能力，IT 人员必须熟悉业务，能把业务场景描述清楚、理解透彻；第三，具备项目管理能力，能围绕业务推动，成为新技术、新项目导入的项目主导者和操盘手；第四，具备强大的交流协调能力，业务驱动型的 IT 部门需要和业务部门频繁打交道，最繁忙时，IT 部门要和中德两地 100 多个业务线的对接人保持长期联系，必须说业务部门能理解的话，保持流畅的沟通和交流。

为此，曾奇志进行了大量的团队培训工作，有的人成了物流师，有的人成了注册会计师，有的人成了 ORACLE 数据库架构师，有的人掌握了数字化仿真分析技术，有的人掌握了数据自动化技术。整个团队都接受了 ITIL[一] 信息系统运营规范培训并通过了认证，以项目管理和工程化方法为业务部门提供专业化的 IT 服务。为了和德国同事顺畅沟通，IT 团队的成员中还有一位兼职的德语老师，帮助整个团队学习德语。

另外，曾奇志拉着 IT 人员走向业务一线，从 PCB 制造、涂敷锡膏、SMT 贴片、穿孔焊接、光学检验、电路测试、线边处理到柔性装配、功能测试、包装入库/出库，一个单元、一个工位地看、听、学，并和研发、生产、采购、销售等各业务部门梳理业务流程，在充分熟悉业务的基础上，提高 IT 系统对各个业务环节的支撑作用。通过一系列的培训、学习和交流工作，整个 IT 团队逐渐形成了一专多能、业务聚焦、矩阵式分工的工作格局。

最有趣的是，为了让 IT 团队一众内向的理工科专业出身的男性员工具备更好的项目咨询服务和交流能力，轻松面对日常的开放性工作氛围，曾奇志实施了 "IT 宅男改造计划"。曾奇志给小伙子们统一采购西装、领带，请来项目管

[一] ITIL，即信息技术基础架构库（Information Technology Infrastructure Library），由英国政府部门 CCTA 在 20 世纪 80 年代末制定，现由英国商务部 OGC 负责管理，主要适用于 IT 服务管理（ITSM）。ITIL 为企业的 IT 服务管理实践提供了一个客观、严谨、可量化的标准和规范。在其最新版中，ITIL 主要包括 6 个模块，即业务管理、服务管理、ICT 基础架构管理、IT 服务管理规划与实施、应用管理和安全管理。

理、系统运维、商业演讲等各种专业老师,鼓励支持他们把内部的业务部门当作客户,积极进行项目沟通,最终的结果是,团队的每个人都具备了独当一面的能力,这些围绕 IT 运维工作展开的系列化学习、培训和团队建设工作,明显提升了 IT 团队的技术能力和业务支撑能力。

这套 IT 团队的培训成长方法,是成都工厂的重要创新之一,德国工厂甚至反过来向成都工厂学习,为此专门编制了小册子学习中文。2014 年项目上线运营一年后,西门子的德国 IT 经理专程飞来中国交流经验,特意召集了所有中方的 IT 人员,赠送了一幅长卷。这幅长卷是所有德国 IT 人员按照时间线整理的 IT 规划和项目重要节点,并把重要的经验和教训贴在长卷上,中国同事也把自己的工作经验补充在上面,形成了完整的经验汇总(见图 6-3)。

图 6-3　中德 IT 人员复盘

(资料来源:成都工厂)

曾奇志说:"德国人的这个工作给我的印象非常深刻,项目成功不是结束,过程中有哪些困难和不足,他们是如何克服和弥补的,这些都值得总结。"

数字化系统搭建

在曾奇志团队协同数字化系统规划委员会中的德方同事完成成都工厂相应 IT 规划后,便进入数字基建落实阶段,如何基于定义的 IT 架构将安贝格工厂经剪裁的数字化系统高质量、高效率地落地于成都工厂，成为数字化委员会面临的又一个难题。

不同于有 20 年以上历史的欧洲老牌工厂，作为立足亚洲供应链、面向电子制造业未来的全新数字化工厂，产品、设备、工艺、管理模式都可以照搬，甚至厂房布置都可以原样复制，但亚太区的供应链系统、财务管理规则和德国不一样，安贝格工厂各种新旧混合、商业化和自主开发交叠的应用系统很难直接复制，甚至一些"古董级"的硬件设备在市场上难以购得，把经剪裁的整套数字化系统从软件到硬件原样复制过来，并不是那么简单。比如，路由器、交换机等网络硬件设备需要在中国找到合适的网络设备供应商，来满足成都工厂数字化系统的负载要求。

由于"前无古人"，唯一可以选择的路径是"摸着石头过河"，不断探索。为此，成都工厂初期 IT 团队中的多数人员被派往德国安贝格工厂，联合数字化委员会以及安贝格工厂内相关领域专家，进行实验方案的探讨，历经 3 个多月，才最终落地了成都工厂数字化系统搭建的启动方案。

值得一提的是，在成都工厂核心系统的搭建方案中，一共经历了两个版本的更迭。在第一版的搭建方案中，团队面临安贝格工厂系统架构烦琐、不易复制的挑战，其中核心在于安贝格工厂 MES 系统和 PLM 系统之间的数据贯通，是通过 Aplaus 系统中负责"系统间数据转换和翻译"功能模块来实现的，也就是 SRRT 模块。具体的数据贯通实现流程为：从 PLM 系统获取 EBOM 数据，通过 SRRT 模块转化为 MES 系统可接受的数据表，再生成 MBOM，且这些数据还要和上游的 ERP 系统进行对接，导致整个系统的数据接口异常复杂且内含大量德文信息，这为成都工厂在复制安贝格工厂原有 IT 架构情况下实现系统贯通带来了极大的难度。可以看到，安贝格工厂经年累月、叠床架屋式的 IT 建设，虽然满足了不断衍生的业务需求，但实际也留下了一些 Aplaus 系统这样的"老应用"，全新的工厂如果完全继承下来，会对未来的发展有所阻碍。

因此，在前期方案实验中，数字化委员会选择了"精简"掉相应 Aplaus 系统的剪裁方案，取而代之的是采用 Excel 模板的方式实现系统间的数据贯通并进行工艺路线的规划。在 Excel 的方式下，设计团队人工定义了几百张 Excel 表，从 PLM 系统导出数据到 Excel 表，再把 Excel 表对应导入 MES 系统。但几经试验，Excel 模式下仍存在很多问题，最关键的在于 MES 系统的数据表结构非常复杂，在手工 Excel 表的方式下存在显著的工作量激增、效率低且容易出错的弊端。

经过大量且反复的实验，在第二版也就是最终版方案的实验中，成都工厂 IT 团队和数字化委员会中的德方团队决定在保留 Aplaus 系统的基础上对其中负责数据转换的 SRRT 模块进行剪裁，即"Aplaus 系统剪裁方案"。该方案通过简化接口，形成成都工厂定制版的轻量级 Aplaus 系统，替换掉了 Excel 表单，实现了 PLM 和 MES 系统之间的打通，这个过程就花了两个多月。

实际上，后来成都工厂作为"第一个吃螃蟹的人"，采用了西门子全新的 MES 系统，这个系统本身可以实现与 PLM 的系统集成、数据贯通，不需要任何数据中转应用，解决了很多"疑难杂症"，并且在后期将该系统的应用经验反向输出到了安贝格工厂。这相当于成都工厂用新系统、新技术实现了更高效率的数字化，反过来把技术反哺给安贝格工厂，帮助安贝格工厂低风险甚至无风险升级到更高的平台。

高效率 IT 构建

相比安贝格工厂，成都工厂 IT 构架的"虚拟化系统"是非常独特的（见图 6-4），从 2012 年就负责构建虚拟化基础的杨健对此津津乐道。成都工厂在一张白纸上建设工厂，其 IT 系统构架有后发优势，规划建设之初就考虑了服务虚拟化和前端应用的虚拟化，这项技术应用放到 2020 年，仍有大部分工厂做不到。但对于数字化工厂而言，这两个虚拟化非常重要。

成都工厂建设之初虽然只有两套集群服务器，但提供给应用程序的服务器都是从物理服务器上虚拟出来的。利用虚拟化技术，各种工厂的应用系统都运行在服务器虚拟的"容器"里。如果机房出现故障，容器会自动把虚拟服务器漂移到其他容器上，实现无缝切换，不影响业务运行。很多工厂的架构和应用

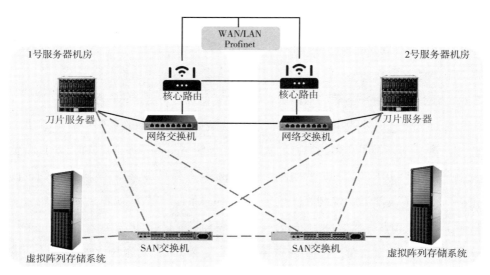

图 6-4 成都工厂 2012 年的 IT 构架

(资料来源：成都工厂)

比较老旧，运行物理服务器时，一旦这台物理机被人为破坏，或意外断电，工厂的应用就垮掉了，可能需要几天时间抢修，对业务的影响极大。目前，整个成都工厂只有实时性要求较高的物流线和生产端的设备运行在西门子的工业以太网（Profinet[⊖]）上，以保证数据的实时响应，其他大部分应用都在虚拟服务器上运行。由于采用了虚拟化技术，成都工厂 IT 系统每年的宕机时间只有几小时。

客户端虚拟化则是将成都工厂上千台计算机、机台等客户端进行"瘦客户机（Thin Client）[⊜]"化，客户端本地运行的应用很少，主要通过网络加载操作系统、应用程序和数据。一旦客户端出了问题，例如高电压将笔记本计算机打坏了，机台的计算机宕机了，直接换一台，1 分钟就能恢复使用，这就做到了前端基本业务无中断。此外，需要进行客户端软件升级、系统更新时，只要服务端完成升级，上千的客户端全部完成升级，系统维护的效率大幅提高。

⊖ Profinet，是由 PROFIBUS 国际组织（PROFIBUS International，PI）推出的基于工业以太网技术的自动化总线标准。

⊜ 瘦客户机（Thin Client），是使用专业嵌入式处理器、小型本地 DOM 电子盘、精简版操作系统的基于 PC 工业标准设计的小型行业专用商用 PC。

成都工厂的工业以太网和虚拟化建设，在西门子众多工厂中是处于领先地位的，也成功反哺给了安贝格工厂。

先进的数字基建

纵观安贝格工厂的经验和成都工厂数字化基建的过程，数字化工厂基建的先进性，首先要综合考量工厂的数字化构架、IT应用在产品全生命周期价值链、资产运营价值链、业务履约价值链三大链条上的表现（见图6-5）。工厂进行数字化运营的首要目标在于帮助企业创造并传递价值，对于制造型企业而言，就是通过数字化手段更好地研发并生产有价值的产品，并通过业务履约的商业过程将价值传递给客户。

图6-5 成都工厂主要数字化应用的基础构架

（资料来源：成都工厂）

成都工厂的第一种先进性就体现在"面向业务价值"的数字化建设上。在产品全生命周期价值链上，成都工厂能高效准确地将客户需求转化为具体的产品，保障并不断提升产品的可用性，持续地为客户创造新的价值；在资产运营价值链上，成都工厂能充分发挥设备等资产的效能，确保高效、经济、灵活、持续、稳定、高质量生产；在业务履约价值链上，成都工厂能不断满足客户多样化的需求，及时、高效地向客户传递价值，能持续提升客户体验。综合看，数字化建设和运营最终都需要反映在成本、质量和时间这三个业务核心原则上，是否能持续改善核心业务指标，是衡量工厂数字化基础建设能否衔接、支撑业务的重要标准。

成都工厂原信息技术部团队主管杨健讲了另一种先进性——数据贯通能力。杨健去安贝格工厂学习，回成都工厂进行系统规划和部署，他说："成都工厂的 IT 系统应用未必是最先进的、最全面的，自动化程度也未必是最高的。成都工厂从基建到第一条生产线投产，当时很多机台和机台之间还需要人工推车上料，机台的参数采集还需要一台台的分散式管理。但成都工厂数字化系统的先进性表现在，从研发到生产，成都工厂不需要依靠人工贯通传输，而是通过系统集成、接口连接，实现 PLM 到 MES、ERP、OA 的数据贯通和不同系统之间的无缝衔接。"系统集成和数据贯通是数字化基础建设能持续发挥业务支撑作用的基础（见图 6-6）。

除了上述"面向业务价值"的数字化建设和良好的"数据贯通能力"之外，数字化工厂先进性的第三个表现是——鼓励全员参与数字化系统建设，成功树立了全员数字化应用意识。成都工厂原卓越运营部经理戴霁明直言数字化工厂核心竞争力在两个方面：一是鼓励 IT 人员下车间；二是培养 IT 化的业务人员。这在安贝格工厂也有充分的体现，安贝格工厂员工平均年龄超过 50 岁，但这些业务层员工自主开发了大量 IT 系统，既熟悉业务，又精通 IT 技术，这才是数字化工厂先进性的真正表现。成都工厂其实比安贝格工厂更进一步，在安贝格工厂，IT 部门和业务部门在大部分系统部署和开发过程中是相对独立的，业务部门的 IT 能力足够强，自己就能不断进行数字化的创新和优化，IT 部门只做相对专业化的 IT 支撑工作。成都工厂的 IT 部门则和业务部门是协作关系，业务部门发现问题、提出需求，IT 部门提供 IT 支撑服务，共同推进项目加速落地。

戴霁明说："由于成都工厂数字化的基础好，高阶的数字化应用更容易成功，因此西门子内部都希望在成都工厂进行新系统应用的验证。李永利厂长也比较开放，愿意大家来试验，也锻炼成都工厂的数字化队伍，这是数字化基础能力强的直接体现。"

第六章 落地：数字化工厂建设 | 097

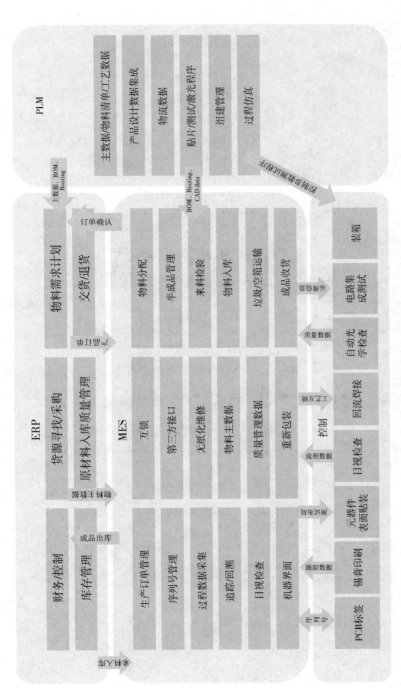

图6-6 数据在工厂业务过程中的跨业务、跨系统集成和交互
（资料来源：成都工厂）

第三篇

稳 固 篇

第七章　投产：中国制造被市场接受

第八章　爬坡：高密度转产和生产线设计

第九章　整合：本地化布局和全流程系统集成

2013年4月，德国在汉诺威工业博览会上正式提出"工业4.0"概念，并希望以此来提高德国制造业在未来的竞争力，这一举措得到德国产业界和科研机构的广泛认同。从这个时候开始，以智能制造为核心内容的"工业4.0"，在全球范围内掀起了新一轮关于工业转型变革的浪潮。而早在多年之前，西门子就已经开始将与"工业4.0"类似的系统思路引入其工业软件和自动化产品的研发中，并且依赖欧盟第七框架计划（2007—2013年）的支持，西门子主导的物联网工程被注入580万欧元预算来发展在实际情境下的即插即用方案。西门子明星工厂——安贝格工厂，成为德国"工业4.0"的最佳示范工厂和全球工业舞台聚光灯下的焦点。

2013年2月，成都工厂迎来了试运营，在姊妹工厂安贝格工厂的"光环加身"下，工业界对成都工厂寄予了更高的希望。但对于成都工厂本身而言，投产仅仅是完成数字化使命的开始，它还有更长的路要走。在本篇，我们将从试运营、转产爬坡以及本地化三个角度，来阐述成都工厂如何一步步地达到安贝格工厂运营水准。如前述高层决策时所言，您将看到这座数字化工厂开始由外来技术导入走向全面本地化运营，但在这个过程中，决策者也在担心以下几个问题：

1）成都工厂的产品质量水平，能否达到安贝格工厂的水平？

2）成都工厂能否顺利进行高密度、高强度的转产和产能的快速爬坡？

3）成都工厂是否充分利用了中国本土的资源优势，来实现自主高效且灵活的工厂运营？

第七章 投产：中国制造被市场接受

经过6个月的试运营，2013年9月，成都工厂正式投产，这也是西门子继德国生产基地、美国研发中心之后的第三个工业自动化产品研发中心。这座工厂在西门子价值链上具有独特的地位，覆盖从产品研发到制造和销售等方面，而且在正式投产之时就基本实现了管理运营、产品研发设计、生产乃至物流配送的全流程数字化，生产质量水平也达到了安贝格工厂相同水平，并通过信息技术与德国生产基地、美国研发中心进行数据协同与交互。经过数年的快速奔跑，在新一代信息技术的加持下，这座工厂已然跻身全球领先的数字化工厂行列，并被赋予了下一代先进技术最优场景落地的使命。

第一节 投产后产品质量获得认可

初步试运营和正式投产

2013年2月28日，成都市高新区内迎来了一拨拨客人，他们在成都工厂的开厂庆典仪式上共同宣布成都工厂正式建成并开始试运营。伴随着庆典的推进，第一条生产线开始缓缓启动，工厂真正意义上的第一个产品（S7-200[○]）在生产线上被一步一步加工出来，并打上标签（见图7-1），首批产品也顺利下线（见图7-2）。试运营当日，工厂内外货运车

图7-1 第一个产品标签

（资料来源：成都工厂）

○ S7-200，是西门子研发和销售的PLC产品。

辆络绎不绝，5000多件产成品从成都工厂运送至全中国乃至世界各地。

图7-2　首批下线产品

(资料来源：成都工厂)

同年9月，西门子为中国用户量身打造的、由成都工厂研发和制造的首款IPC产品实现量产。以此为序幕，成都工厂正式进入投产阶段。生产背后的一条条数据也开始浮上水面，包括戴霁明、任江勇等在内的工厂一众人，终于看到自己辛勤工作的成果，也切实感受到了数字化的工厂规划所带来的巨大成效。从数据来看，与之前相比，成都工厂基于数字化技术的使用，可以把产品上市时间减少30%，而且其在设备生产效率以及运营收益方面，均远超传统制造工厂。

产品质量获得市场认可

值得关注的是，成都工厂从一开始就达到了与其姊妹工厂安贝格工厂一样的产品质量水平，并获得了市场的高度认可。看到投产后的质量水平，段炼心中万分感慨："2011年，德国业界已经提出了数字化工厂的概念，但当我看到德国质量工程师已经依靠系统和数据分析，而不是基于传统经验进行质量管控工作，我大受震撼，隐隐约约感觉到数字化工厂和传统工厂的质量管控工作将大为不同。而今天，我亲自参与并见证了这一转变，数字化让产品制造的质量大幅提升。"

段炼是工厂的质量工程师，在 2011 年加入成都工厂质量团队，并于 2012 年赴德国培训。2011—2013 年成都工厂筹建、试产初期，质量团队需要完成大量细致的准备工作，相应质量理念基本延续了安贝格工厂精益生产的"CIP 质量持续改善①"的计划，即对标质量要求，全套移植德国原厂设备和供应链，反复调试生产制程和检测工艺，认真分析、优化试生产中发现的每一个微小问题，不断从人、机、料、法、环、测进行全方位的监控和分析影响产品质量的因素，并结合具体问题进行针对性改善。

在质量团队看来，这一阶段是成都工厂质量改善工作的初期，当时的团队只有几个人，主要的工作就是学习安贝格工厂的质量体系和经验，理解数字化工厂系统中质量管控工作的内涵，并努力将德国经验复制到中国工厂。成都工厂在 2013 年投产运营初期，每百万件产品的缺陷率就已经达到与安贝格工厂近似的 10.4，也就是说，安贝格工厂经过 20 多年所达到的质量高度，成都工厂在投产初期就已达成。

值得一提的是，成都工厂量产的第一款基础 PLC 产品良率优异，甚至一些数据超过了安贝格工厂。安贝格工厂得知这个消息后倍感兴趣，德国方面甚至派出了一个专家团来到成都进行"交流"。成都工厂取得了更高的成绩，这让德国工程师对中国制造能力有了更深刻的认识。成都工厂一举成名，其"高质量"的形象深入德国同事内心，也快速得到了市场的认可，这为后续高性能 PLC、全球通用 HMI 等西门子工控拳头产品落地中国制造奠定了基础。

---

① CIP 质量持续改善，是精益生产理念的核心，也是推进精益生产的有效管理手段。它起源于日本的 KAIZEN（改善），意为持续（Continuous）改善（Improvement）流程（Process）。CIP 的目标是在企业内搭建一个自主改善的平台，不断地提高产品质量、降低产品成本、完善售后服务。

第二节　全数字化业务流程

差异化的生产模式

投产初期，成都工厂以生产 IPC、PLC 以及 HMI 产品为主，涉及 60 余类近 3000 种产品，日消耗 1000 余种 100 万个元器件，支撑产品生产的生产线上设备数量达 100 余台，产值约为 100 万元/天。在成都工厂你可以看到多种生产模式，各类产品因其自身特征以及市场需求特点不同而呈现差异化的生产模式和商业模式。对于 PLC 这样市场欢迎度高、普适度高、产量高的产品，成都工厂采用按库存生产的模式，在这种生产模式下，当产品库存低于安全库存后，工厂会自动生成订单并进行生产。对于 IPC 这样定制化程度高、小批量、多批次的产品，成都工厂采用按订单生产的模式，以满足及时和高质量的交付。

成都工厂所生产的产品都是工业电子产品，其实与手机非常相像，即在印制电路板上安装各种元器件组成电子板，并将电子板与塑料外壳组装在一起，成为最终产品，产品结构相对固定，生产工艺相对成熟。相应流程和工艺涉及原材料入库、原材料出库、锡膏打印、表面贴装、回流炉加热、自动光学检测、电路检测、柔性装配、功能测试、包装、成品入库和物流等环节，所有这些环节都是在成都工厂高密度和整洁有序的厂房内完成的。

数字化的生产流程

一期厂房面积 3000 多平方米，在各类生产装备和系统之后，是西门子通过数字化技术赋能，以应用场景和专业知识为驱动，以业务洞察为基础，以数据为支撑，助力成都工厂高效、柔性、高质量地做出决策并执行生产计划。正式投产后，成都工厂数字化的属性在其生产运营中彰显无遗，以其典型的一天即可见一斑。

1. 原材料的入库出库

在第一款本地研发制造的 IPC 产品实现量产的那天早晨，装载着供应商原料的货车缓缓驶入成都工厂，并停靠在一楼原材料入库口。原材料卸载后被安置在入库口桌面，通过入库摄像头，对桌面上的来料信息进行扫描识别。根据所获取信息，摄像头所连接信息系统自动"吐出"黄色标签，工人会将黄色标签贴到原料卷盘上。值得一提的是，黄色标签集成了原料供应商的信息（包含料号、数量、生产日期、批次号、入库时间、订单号等），相应信息会和成都工厂标准料箱的箱号直接绑定。工厂信息和原料供应商信息的桥接，为后续原料的自动化仓储和出库使用，实现了信息的一致性。

供应商原料信息被桥接后，标准料箱经由一楼材料运输轨道，运送至工厂自动化立体仓库，堆垛机将标准料箱放置于仓库编位中。这个立体仓库高 18 米，拥有 9 万多个库位、7 台堆垛机，其大脑——WMS 系统则是由西门子和设备供应商合作研发，这个系统实现了与 MES、ERP 系统之间信息的高度集成，可以即时准确掌握标准料箱的运行信息和原材料状态。工厂管理人员则基于该系统所监测到的数据，开展预测性维护，以保障立体仓库的稳定运行。

例如，运行一段时间后，立体仓库在产品堆取过程中会出现卡住的现象，原因在于立体仓库 18 米的高度会出现晃动问题，加之长期运行后堆垛机的链条发生变形，导致链条未触达正确位置，这就需要工厂设备维护人员背着安全绳爬到仓库顶端，清理卡住的零部件或者产品。而在仓库管理系统以及各系统信息集成情况下，依托于数字化系统，工厂通过预测性维护，有效地解决了相应问题。工厂维护人员可以通过传感器监测相应链条的变形量、电动机电流值等数据，利用趋势分析设定相应指标的临界值，一旦超过临界值，系统会自动报警，确保了在出现问题之前，就对链条等相关部件进行更换。此外，对于来自供应商的常用物料，会进行分散存储，减少个别堆垛机出现故障对产品生产的影响。

针对已经入库的原料，生产线对于物料的需求会通过 MES 系统直接传达至仓库管理系统。工厂运送材料的轨道连接在生产线上,生产线操作工人通过他们面前的操作屏幕进行一键领料,ERP 系统收到信息后发出指令,WSM 系统操纵标准料箱去到一楼仓库指定位置,再经由堆垛机拿取指定物料,并通过自动升降机将装有相应物料的标准料箱传送至二楼生产线附近。

2. 端到端工艺流程

生产订单由 MES 统一下达,原料进入生产线后,依托于自动导引运输车（Automated Guided Vehicle,AGV）㊀所搭载的 RFID,以及生产线上 TIA 系统所集成的 MES、ERP 等数字化系统的信息交互,引导原料去到相应工序、经由各个加工工站生产出满足质量要求的产品。

工厂二楼生产线上,基于端到端的工艺流程（见图 7-3）,一道道工艺前后衔接。作为原料的印制电路板,第一步要进行锡膏印刷,即通过涂覆将锡膏印刷在电路板上；第二步是表面贴装,相应工站机器两侧均有数百种原料,根据产品要求,快速夹取所需元器件并将其准确贴装在涂有锡膏的印制电路板上,每 20 个元器件的夹取和贴装仅需 1~2 秒,每小时所产生的数据高达 12 万条；第三步是回流焊接,通过回流炉高温熔化锡膏,将表面贴装的元器件固定在印制电路板上。对于体积较大、不规则、不容易组装的元器件,需要通过通孔插装焊接技术（Through Hole Technology,THT）㊁,进行相应元器件的固定；第四步是自动光学检测（Automated Optical Inspection,AOI）㊂,来检验印制电路板的组装效果；第五步是电路测试,测试相应组装好的印制电路板的实际性能是否达到设计时所需要的效果；第六步将测试完成后的相应产品放置到位于车间中间的线边库,依需求而调用；第七步是柔性装配,将测试后的印制电路板同外壳等组装在一起；第八步是功能测试,包括耐高压、耐高湿；第九步是包装,

---

㊀ 自动导引运输车（Automated Guided Vehicle,AGV）,主要是指基于导航技术,不需要人工驾驶的小型自动运输设备或搬运机器人。

㊁ 通孔插装焊接技术（Through Hole Technology,THT）,是将元器件插到电路板上,再用焊锡焊牢的工艺技术过程。

㊂ 自动光学检测（Automated Optical Inspection,AOI）,是基于光学原理对焊接生产中遇到的常见缺陷进行检测的技术和设备。

包装后的产品通过带式输送机被自动送至成品立体仓库或者进入物流中心直接发货。

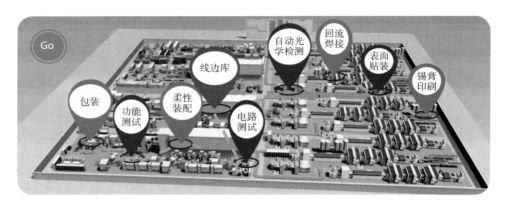

图 7-3　成都工厂端到端的工艺流程-车间

（资料来源：成都工厂）

其中，在自动光学检测环节，通常会出现"机器以为贴对了位置但实际贴飞"的问题。所谓自动光学检测，是基于光学原理对于焊接生产中出现的常见缺陷进行检测，当进行自动检测时，机器通过摄像头自动扫描印制电路板，采集图像，将测试的焊点参数与数据库中的合格参数进行对比。经过图像处理，检查出印制电路板上的缺陷，相应信息会回传至 MES，并通过显示器或者自动标识把缺陷显示或者标示出来，这在很大程度上替代了工人的视觉和大脑。出现问题后，工人无须检查哪里出了问题，仅需要扫描二维码，MES 就会告知具体问题发生位置以及问题情况，工人仅需复判并且进行人工维修即可（诸如将元器件拨正等）。

在产品柔性装配环节，工人通过基于 TIA 系统联合操纵的指示灯来辅助其完成产品装配。在装配工站的工作台上，一般放有 5 种配有指示灯的零件盒，其中放有外壳等配套部件。AGV 通过加工工站或者线边库，运送经过测试的待装产品时，相应位置的传感器会扫描产品的条码信息，并将数据传输至 MES，工站旁的计算机显示器会同步出现相应的产品信息，相邻数据的更新时间小于 1

秒，工人可以同步看到相应产品的最新版本信息。同时，MES 与其他的系统进行"对话"（信息交互），用于装配该产品的零件盒上的小灯会亮起，这种防呆设计让组装环节更加简单，即使生产线高频更换产品，工人也无须担心零件的装配错误，满足了自动化产品的"柔性"生产需求，有效提高了装配的准确性和高效性。

第八章　爬坡：高密度转产和生产线设计

投产阶段，成都工厂重点负责 PLC S7-200、HMI KT/KTP 等和 IPC3000 系列产品的生产，这些产品主要面向经济型自动化市场，相应产品的工艺流程及制造难度也相对较低。随着成都工厂经济型产品生产出货的走向稳定，西门子总部希望成都工厂担负起高端产品生产的任务，抓住中国市场中高端业务机会。除了产品生产以外，总部还希望成都工厂在全球数字化市场发展中发挥更重要的示范作用。因此，西门子总部提出了成都工厂的所有转产项目要在 1 年内完成试产、产能翻倍的要求，以实现全球市场份额的持续增加。这一时期，克服一切困难，顺利实现中高端产品的转产以及产能的快速爬坡，成为工厂的核心目标。

第一节　短时间内实现规模生产：S7-1200 转产首试

2014 年伊始，西门子全球产能布局加快调整，成都工厂开始了高密度的转产进程。期间，PLC S7-1200 扩展模块、LOGO！、ET200S 系列、HMI Basic 及 Smart line 系列、IPC IFP 等系列产品陆续转移到成都工厂生产。这些产品主要面向全球市场，并且大多是中高端产品。这些产品制造的复杂度急剧上升，例如，首发转产的 PLC S7-1200 产品与 PLC S7-200 产品相比，其功能更加强大，结构也更加精密复杂，零部件数量多了 10%，工序多了 10%，制造复杂度总体增长了 20% 以上。

除了制造复杂度增加，新产品对于测试的精度和稳定性要求更高，需要更精密的产品功能测试技术。为了完成 S7-1200 产品的高精密测试，成都工厂与为安贝格工厂提供过大量自动化设备解决方案的德国供应商合作，开发了该产品的测试解决方案。这种测试方案更加复杂，成都工厂的技术团队并不擅长，因此，成都工厂再次向安贝格工厂派出 3 位员工，和富有经验的测试专家学习探讨。经过一个多月的手把手教学，成都工厂的 3 位员工了解了先进测试设备的科学原理和运维技术，新的测试方案得以成功导入成都工厂。

除了自动化设备的助力，高端工业软件的应用对转产的质量和速度也至关重要。比如，在表面贴装环节，成都工厂通过 Teamcenter 软件实现了研发和生产的数据贯通。在产品的设计图纸定稿之后，可以一键生成贴片程序，不管产品主板上是 500 个还是 10000 个元器件，元器件放置的精准位置、种类等参数都会被生产环节"读懂"，无须人工过多干涉。这使得生产效率有了质的提高，质量也有了保障。在没有 Teamcenter 的情况下，需要工程师根据设计图纸，把元器件一个一个地定位，然后建立贴片机程序，整个过程费时费力。此前，手工方式从设计定稿到生产线程序建立，需要长达两周的时间，而现在只需要几分钟就可以完成。

同时，为了优化成本，成都工厂非常注重原材料、设备等供应链的本地化。S7-1200 需要的新塑胶件一开始全部从德国采购，每个月仅 S7-1200 产品就需要 5 万套的塑胶件，但塑胶件原材料体积大、价值相对较低，从德国进口又是航空运输，这使得相对成本很高。因此，转产一开始，成都工厂就在国内物色本土供应商。经过比选，江苏两家工厂顺利进入了成都工厂的视线，它们提供的样品通过了成都工厂的验证，成为了塑胶件的本土供应商，有效降低了 S7-1200 的总体成本。随着成都工厂的塑胶件用量逐步增大，这两家供应商后面都在成都开设了新的工厂，专门为成都工厂提供塑胶件产品。

第二节 本土设计的第一条半自动化生产线：LOGO！生产线

西门子的中国工厂，许多产品的生产工艺及生产设备都是复制德国安贝格工厂及卡尔斯鲁厄工厂的解决方案，采用手动或者半自动的生产线。2014年中期，西门子总部决定将LOGO！系列产品转产到成都工厂。此前这个产品也在西门子南京工厂生产，南京工厂生产LOGO！产品时用的是手动生产线，总共有9道人工工序，每道工序都需要质量检验，生产一个LOGO！产品需要3分钟，生产效率已经无法满足需求增长，并且手动组装质量风险高，产品数据及过程数据也无法自动收集。

生产过程的自动化、数字化、智能化是电子制造业的趋势，这在中国沿海的先进制造业里也已经成为趋势。为了提升生产效率，成都工厂决定开发一条半自动生产线。摆在他们面前的有两个选择，一个是复制德国现成的解决方案，这一方案已经经过生产验证和数据积累，稳定可靠，但成本比较高昂，一条生产线的打造就要花费近2000万元人民币，其中全自动测试机台、全自动光学质量检测设备和全自动激光打码设备三大设备是关键，三者成本就达到了1500万元人民币；另一个是同国内供应商一起合作开发，在改善创新的同时尽可能地进行成本优化。一开始，成都工厂技术团队心里并没有底，担心自己开发会有风险，甚至无法顺利完成转产任务。但基于对中国供应链的信心及优化成本的渴望，技术团队决定"赌"一把。他们进行了细致的筛选，选择了国内一家供应商，让其根据成都工厂的标准提供方案。技术团队发现，中国供应商提供的方案与德国供应商的方案具有可比性，相关指标完全能够满足成都工厂的需求。

成都工厂经过与中国供应商长达12个月的合作开发，LOGO！产品的半自动化生产线最终按照原计划下线投产（见图8-1）。经对比，新生产线在效率和稳定性上能够媲美德国的解决方案，生产线成本节省30%左右，生产效率提高了30%左右。成都技术团队也在开发过程中进一步大幅提升了自己在工艺及自动化设备方面的技术能力。

图8-1　本土设计的第一条半自动化生产线

（资料来源：成都工厂）

第三节　第一次全自动化生产线在成都的转产：ET200S

2015年，西门子总部决定将ET200S系列产品转产到成都工厂（见图8-2）。随着ET200S产品转产的还有一条安贝格工厂的全自动组装生产线，这条生产线配备了全球高速精密的磁悬浮传输轨道、快速精准的激光设备和5台高速机器人手臂，每5秒能够完成一个产品的装配、测试、激光打码、光学检验及最终包装的全过程。

成都工厂的技术团队对该生产线了解不多，为了实现成功转产，生产部门经过挑选，委派了学习能力较强的4位工艺设备技术员到德国安贝格工厂，深入车间一线，和德国同事一起负责这条生产线的生产和维护。不过，成都工厂

图 8-2　第一次全自动化生产线转产

（资料来源：成都工厂）

技术员刚来安贝格工厂的时候，富有经验的德国老专家却犯了难，因为这条生产线的知识和经验都在他们的脑海里，并没有现成和系统的技术资料提供给中方员工学习。因此，德国方面只是围绕着生产线的功能，结合主要故障点来进行讲解，这种讲解速度慢，层次相对较浅，远远达不到中方的需求。

4 位中国技术员心里非常着急，他们希望早日学成归来，尽快开展转产任务。但他们也能感觉出，自己和德国专家之间的交流少，信任也不是那么强，对方的积极性似乎也不高。为了取得对方的信任，这 4 位技术员开始主动承担车间工作。安贝格工厂生产紧张时也会人手不够，于是他们主动申请分担德国团队的一些工作。4 位技术员的努力最终得到了德方的认可，安贝格工厂的老专家变得积极起来，教授的东西逐渐进入核心关键领域。经过长达 5 个月的学习、摸索和积累，4 位技术员终于掌握了全套的生产线运行和维护知识，工厂在迎来新设备的同时也迎来了新的知识。

第四节　从 100% 抽检到 0 抽检的质量挑战

没有挫折的成功是不完整的。成都工厂的转产也并非一帆风顺,在 IPC、IFP 产品的转产过程中,就出现了"质量"问题。西门子总部在产品抽检中,发现屏幕有粉尘残留。主要原因是当时成都工厂还没有无尘车间,在产品加工过程中,环境粉尘会吸附在屏幕上,一些没有得到清理,于是客户发现产品表面有小小的污点。从某种意义来说,粉尘残留并不影响产品的正常功能,但在德国严格的质量标准中,这被定义为质量问题。

发现这一问题后,西门子公司高层非常重视,将该产品 100% 抽检,不合格的产品全部进行清洁处理后才允许出厂。成都工厂技术团队也心急如焚,立马商讨解决之策。成都工厂立即联系了安贝格工厂,此前德方的解决方案是将生产线进行"隔离",进行无尘化改造,但这种改造会带来成本激增,而且可能会中断生产。

于是,成都工厂开始做系统性思考。他们对整个生产流程进行了梳理和分析,最后发现,污染是在组装环节产生的,于是决定在总体采用安贝格工厂方案的情况下进行改进,就是只对屏幕组装环节的工作站进行"隔离",同时和本地供应商开发了负压工作站,在工作站点安装了真空负压装置,并对静电设备进行了优化。如此一来,车间环境中的粉尘也就无法沉淀在屏幕表面了。

改造以后,西门子总部仍连续两个批次对该产品进行了 100% 抽检,可喜的是,产品全部通过了检验,这也意味着,这个产品已经进入了总部的"免检"序列。与安贝格工厂的方案相比,成都工厂的无尘化更加经济,无尘化的空间更小,成本尚不到原来方案的 10%。

回顾整个转产过程,在安贝格工厂、卡尔斯鲁厄研发中心、成都工厂和中国本土供应商等多方努力下,一批批转产到成都工厂的新项目基本都在 12 个月内实现首批试产,3 个月内实现工艺及设备的调优和爬坡。到 2015 年年底,凭借柔性灵活的生产方式，成都工厂每天能够完成 60 次转换，生产 200 种不同的产品，日产量已经达到 8000 个，每天消耗 3000 种总计 350 万个元器件，日产值规模约为 300 万元，但员工人数仅增长了 100 人（见图 8-3）。此外，成都工厂实现了 24 小时的交货时间和 99.8% 的及时交货率，与西门子在中国的其他工厂比较，交货时间缩短了 50%，发往全球市场的产品份额也从不到 3% 增长到了 10%。

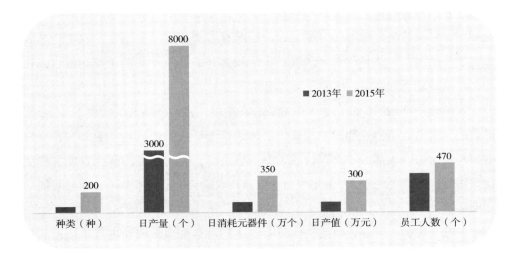

图 8-3　2013—2015 年成都工厂生产情况对比

（资料来源：成都工厂）

第九章　整合：本地化布局和全流程系统集成

2008年全球金融危机爆发后，全球政治经济面貌出现新的变化，经济不确定性开始增多，以商品、服务、资本、信息等的全球流动为代表的国际化战略开始面临阻力。成都工厂的发展成了西门子全球化和多元本地化布局的重要一环，因此，在成都工厂正式运营以及高密度转产和产能爬坡过程中，成都工厂开始了供应链和设备的本地化，并且逐步实现管理团队的本地化以及研发的本地化。这一过程中，充分利用中国本土的资源优势以实现自主灵活的数字化工厂运营，成为成都工厂在外部复杂形势下所面临的核心挑战。

第一节　供应链和设备的本地化

以本地化供应布局强化发展

供应链资源是西门子选择在中国建厂的重要原因之一。一般来说，工厂越是靠近供应链资源，其生产周期就越快，采购成本就越低，资金周转速度也随之提高。成都工厂建厂之时，中国刚刚跃升为全球制造业第一大国，产业链和供应链优势凸显，不仅工业门类齐全，而且制造体系完整。根据麦肯锡全球研究院发布的《中国创新的全球效应》[一]报告数据，中国有超过14万家机械供应商、7.5万家通信和设备制造商、10.4万家交通运输设备制造商，供应商网络规模超过日本的5倍。

[一] 麦肯锡研究院《中国创新的全球效应》，https://www.mckinsey.com.cn/wp-content/uploads/2016/03/China-innovation_CN_full-report.pdf。

成都工厂希望挖掘并整合供应链的优势，它的主要产品是工业电子产品，上游零部件主要是各类电子元器件，如电容、电阻、电感、继电器、插接器、芯片等，供应链的本地化也是成都工厂的日常工作内容。每年成都工厂都要在国内挖掘30～40家企业作为供应商。在成都本地，也已经形成了比较良好的供应链生态，英特尔、德州仪器等大型企业的入驻，使得整个地区的产业公地不断丰富，供应链资源也得到极大共享，目前成都工厂已经和周边的企业共享模具制造资源，共享园区内的测试机构等支持性资源。

建厂之初，成都工厂的设备和零部件供应链更多是依靠德国安贝格工厂，经过20多年的发展，安贝格工厂已经建立了一套稳定的供应商体系，而工业电子产品的生产对于设备的稳定性以及材料和零部件的可靠性要求极高。成都工厂在起步阶段，最稳妥的方式就是"尽量不变"和"按部就班"。因此，成都工厂主要设备都是按照安贝格工厂已有的体系来设计和选型的，大部分设备也是从德国进口，同时尽量"复制"一些成熟产品的供应链，按照一些员工的理解，建设初期，成都工厂几乎相当于安贝格工厂"挪个地方生产"。但大部分人不知道的是，成都工厂在规划建设的时候，就已经考虑选择合适的时机，逐步推进供应链的本地化。

随着中国制造业规模的快速扩张，供应链资源蓬勃发展，例如智能手机产业的发展使得东部沿海地区集聚了大量的电子零部件制造商。这也扩大了成都工厂的选择空间，因为许多消费电子产品和成都工厂生产的工业电子产品的部分零部件是通用的。随着供应链本地化速度加快，工厂的采购人员甚至需要关注手机行业和汽车行业的发展动态，一些智能手机在上市前产能会爬坡，造成许多电子元器件需求高涨，成都工厂为了避开波峰，需要提前备货，尤其是一些高端的电容、电阻等零部件，一定要做好储备，在某些年份，遇到智能手机发布高峰期，许多零部件工厂门口会挤满长长的物流车辆，某些产品会一货难求。

值得一提的是，成都工厂在利用本地化生产能力的同时也有力带动了国内产业链的集聚和发展。到2015年，成都工厂的供应商已经从100多家增长到

300 多家。以自动化组装设备为例,第 3 条生产线的本地供应商占比已经从 0 增长到了近 40%,单条生产线的成本降低了超过 30%,生产线交期由原来的 15 个月降低到 8 个月。此外,随着自动化设备的本地化率不断提高,设备采购和运维成本得到了明显降低。以自动化生产线成本为例,2013 年成都工厂刚刚投产时,德国供应商 Strama 提供的核心设备价值高达 4000 万元人民币,第 2 条本地化程度更高的生产线只花了大约 50% 的价钱,第 3、4 条生产线的成本再次大幅降低,S7-200 Smart 4 号生产线更是攻克了功能测试等难题实现了 100% 设备本地化(见图 9-1)。

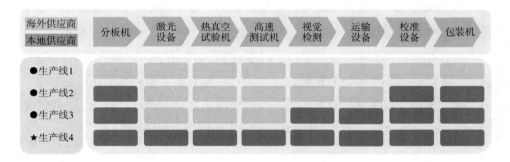

图 9-1　4 条生产线的供应商本地化情况

(资料来源:成都工厂)

1. 共同成长:从做夹具到做生产线

在成都工厂看来,数字化的进程将是一条异常崎岖复杂的道路,这个过程会持续很长时间,必须有一批同行者和助力者。在这个过程中,设备供应商将会是制造型企业重要的数字化伙伴,因为越来越多新的数字化技术将通过设备转化成工厂现实的生产力。

戴霁明反复强调,具有数字化能力的设备供应商对于成都工厂的进化至关重要。他认为,数字化工厂必须生存在网络之上,它所处的供应链的数字化和网络化水平也是要同步成长的。在任江勇眼中,数字化时代正在到来,制造业中越来越多的价值创造将会由"单人舞""双人舞"转变成"多人舞",而大家"跳舞"的节奏将会由数字化主线这条"指挥棒"所牵引。成都工厂需要寻找更多的"舞伴"!

成都工厂首先将视线投向了周边的企业,在高新区附近有一家做小型机械设备的制造商,在2013年左右,这家企业生产的产品并不复杂,主要是工业夹具,这仅仅是成都工厂生产线上的一个基础工具,用于在生产线上固定印制电路板来进行焊接。企业只需要理解成都工厂的需求,设计出图纸,然后加工制造即可。当时夹具企业接到订单,很快交付了产品。这仿佛在舞池中的一次短暂邂逅,但通过这次合作,夹具企业"迷上了"成都工厂,希望能够和这家世界级的数字化工厂"跳一支更为复杂的舞"。

作为成都工厂的设备供应商,这家企业的工程师获得了进入成都工厂的权限,他们被授权在成都工厂车间"随便溜达"。在这个过程中,他们发现成都工厂内部似乎有很多值得探索的空间,因为地理位置临近,工程师们开始"注视"成都工厂内任何一个可能的项目。成都工厂一有需求,他们就做出反应,甚至参与项目竞标。在这家供应商看来,这种竞标更像是一种交流和学习,他们要通过这种方式来了解成都工厂是如何设计生产线、如何提出要求的。

如果脱离项目去进行摸索,可能会迷失方向,而一旦他们参与了项目,就会最大限度地摸清楚成都工厂的需求。一次!两次!三次!每一次成都工厂发出需求,这家设备供应商都会争取投标,然后双方开展交流。

这种"投标式"学习竟然使得供应商摸清了门道,终于找到了机会!

在成都工厂的三楼,需要安置一个包装环节的提升机装置,包装完成后的成品会通过这个提升机装置进入到带式输送机,这是一个比较简单的自动化物流工程项目,对信息通信的要求也不高,仅仅涉及几个简单的数据接口。这家设备供应商投标获得了这个项目。对于成都工厂来说,这个项目不大,但对于设备供应商而言,项目却可以让其迈上一个新的阶梯,他们终于可以做一些和数字化相关的项目了。第一版设计很快就拿了出来,虽然有点简陋,但已经能够基本满足要求,供应商开始反复修改迭代,直至双方满意为止。在生产制造环节也是如此,供应商的工程师在成都工厂的车间内反复调试,多次更换零件,一直到设备完美运行。在成都工厂看来,自己就像是一个刚学跳舞的人,舞步略有蹒跚，但勤奋苦练之后慢慢动作顺畅起来，这种"不计成本的投入"也在向重要客户证明，自己是一个合格的"舞伴"。

任江勇负责联系对接这家夹具企业，他惊奇地发现，在 5~6 年的时间里，这家企业已经从一个做简单夹具的小型企业，慢慢发展成为一家能够做整线自动化设备的中型企业，他们是用夹具这个机会，跨入了数字化工厂的大门，然后又一步一个脚印，证明自己可以做出来更高级的产品，每一步都是迎难而上，每次在项目中的付出都要超出初始的设想，目的是向客户证明，他们不仅能做夹具，还会做复杂的自动化产品。这些更多的付出，看上去是财务上的损失，但在无形之中收获的是知识和信任。

成都工厂也获益不少，多了一个好伙伴，可以一起开展价值共创，这家供应商可以帮助自己解决自动化设备的难题。在提升机装置项目之后，这家供应商开始建立信心，他们将视角投向了更为复杂的智能装备，接着又帮助成都工厂开发了一套自动化装配设备，这个设备用 3 台 4 轴机器人配置成了一个装配站，此后又多次参与整线的自动化项目。这家供应商渐渐地由一个零部件供应商成了成都工厂重要的自动化合作伙伴。任江勇和他的同事们也越来越放心地把一些复杂项目交给他们，由他们主导开发和制造，因为他知道，工厂持续改进之路漫漫修远，想要在复杂多变的环境下不断追求卓越，与强大的合作伙伴携手同行，是不可或缺的必要条件。

2. 一同进阶：本地设备供应商的培育

真正的本地化起步于 2014 年，成都工厂希望提高设备和零部件的本地化供应，以提高灵活性并降低成本。这项任务主要由采购部和生产部来负责推动，当时主要是靠"谈"和"试"。"谈"是指和中国大陆本土的供应商去做沟通，传达成都工厂的需求，并感知供应商的技术水平。"试"则是在成都工厂技术升级的基础上更多尝试使用国产的设备，以及在现有的产品中开始小批量地试用国内制造的零部件，并加强成品测试，以此来了解供应商的潜在能力，摸清楚本土的供应链是否能实现替代。成都工厂代表性的本地化项目是第二条生产线的设计、集成和落地。

第二条生产线也是本土技术力量第一次主导的生产线研制项目，其中，中国本土供应商扮演了重要角色。成都工厂希望第二条生产线能够进一步降低成本，所以把目光从德国转向了中国东部沿海地区。成都工厂的工程师先是跑到上海、苏州、无锡等地考察了一圈，同国内几家供应商做了初步沟通。这次考察让成都工厂感到，中国的装备制造能力已经能够基本满足成都工厂的要求，而且在价格上极具优势，仅仅是国外供应商的50%，于是工厂开始考虑选择一家上海的装备制造企业作为供应商。当然，除了成本，工厂还考虑了设备后期的维护维修，本地化能够带来便利。

这家上海供应商此前专注于消费电子行业，主要为一些大厂提供专用电子装备，当时并没有与西门子合作的经验，也没有建设整条生产线的项目经验，从单机到整线是质的提升，对于供应商来说颇具挑战。但是，成都工厂的要求不止于此，他们还要求这家上海供应商能够满足整条生产线数字化的要求，要求生产线上能产生数据、汇集数据，并且和 MES 等数字化系统进行数据交互。除了硬件设计和制造，供应商需要理解成都工厂的通信协议，了解工厂对数据的要求，并且要能够做到利用数据不断优化生产线的效率和产品生产质量。

这就要求这家本土供应商不仅会"拳脚外功"，还要懂"内功"，他们需要理解数字世界的运行规则，洞察数据的内涵。在这个过程中，供应商相当于实现了质的提升，由一个传统的单机设备供应商转向了一家智能制造系统解决方案供应商。他们不仅要把设备做出来，还要学习让设备掌握"说话能力"。这里面又分为两种具体的能力，比较容易解决的是"向谁说"的问题。例如，在一个数字化工厂中，大多数设备都是通过网络连接，它们需要将数据持续地发送至 MES 等数字化系统，那么设备制造商提供的装备就需要具有同 MES 系统进行沟通交流的基础，他们要了解成都工厂的 MES 系统通信协议，然后要实现设备数据和 MES 系统按照某种协议进行交互，在这种情况下，设备可以把数据"告诉" MES 系统，MES 系统也可以向设备发出指令。因此，生产线具有了"数字生命"，数字化系统也可以从全局和全生命周期对设备进行"掌控"。然而，比"向谁说"更难的莫过于"说什么"，设备供应商需要了解自己的产品，更需要了解用户的工艺，然后确定说话的内容。例如一台拧螺钉的设备，他们需要让设备说出到底拧了几个螺钉，当时拧的扭矩是多少，深度如何。设备供应商需要把关键的工艺数据以及设备数据有效地表现出来，这是对供应商功力的真正考量！因为很多数据产生需要深度了解制造工艺和设备结构，知道哪些数据是重要且有效的，这需要在必要环节安上"嘴巴"（传感器），需要让不同的"嘴巴"发出"合理的声音"，最终汇集成一首"优美的和声"。

可以看到，这种本地化不仅在于管理层的决策和采购部门的策略调整，更需要设计部门、生产部门、质检部门，以及数字化团队在全价值链上做出调整。这种价值链的调整，其实是牵一发而动全身的，它牵动了工厂的技术链、资金链、人力链等多个链条的调整、延伸，甚至重构。大多数替换和更新都会起步于研发设计环节，紧接着供应链管理、生产制造以及质检部门都会同步跟进。

以数字化方式研制数字化装备

数字化工厂本身具有多元技术融合所带来的复杂性和多样性。从设计、制造、装备到包装和服务，每一个环节都需要大量的复杂技术融会贯通，而且时时刻刻有各种新的技术在融入，尤其是成都工厂的产品种类多，生产规模大，很难在数字化道路上"独自奔跑"。通过对设备运行数据统计和分析，不断加速生产过程中关键数据的积累，可以提高管理者对工厂的洞察力。

戴霁明的数字化团队帮助成都工厂更深入地了解自己所使用设备的健康情况以及表现的优劣情况，然后再进行倒推，可以清楚哪些设计和制造环节的优化会带来更好的功效。大量的基础数据加上现场的隐性知识，凝结成了一个又一个知识模型。原先隐藏在个人内部的 Know How 变成了整个工厂所共享的显性知识，戴霁明再去和设备供应商沟通，不但能够提出更加具体的需求，而且能够提出设备供应商原先难以洞察的见解。

在这个过程中，成都工厂和供应商的位置就发生了变化，原先是供应商根据成都工厂提出的模糊需求，一步一步地探索，不断地迭代设计方案，最终呈现出一个可行方案，在这个过程中，"方向盘"掌握在设备供应商手中，因为是它在推动知识凝聚和提升，但是当成都工厂把自己的经验显性化以后，整个过程就是成都工厂在引导双方的合作，成都工厂掌握更多的知识，它通过仿真分析技术、大数据技术，明确掌握自身的需求，清楚整个设计方案的边界，还能要求设备供应商根据自己的理解进行设计创新、工艺创新。

在关键设备的开发上，成都工厂都是采用这种模式，即在数字化基础上形成洞见，并用这种洞见去引导设备的设计和开发。对于工厂来说，其中的好处是难以估量的，在全局层面，成都工厂更了解自己的"身体"，在做生产能力规划的时候会看得更远，并知道按照目前要实行的智能化生产模式、生产技术和生产结构，需要一条什么样的生产线。在项目实施层面，成都工厂也更了解设备设计和制造环节的关键，尤其是在一些很难通过直觉判断的地方，例如设备的生产节拍、产能规模、生产精度，工厂可以提出更加具体的要求。他们通过仿真和数据分析获得的模型其实就是一个个显性化的知识模块，原先是设备供应商来注入这些知识，现在则换成了成都工厂，而且注入的还是更优质的知识模块。

传统的用户和设备供应商之间"磨合式"的设备研制方式在数字化主线的牵引下开始变得明确而清晰，整个路径似乎一下子就变成了"高清地图"。价值链的整体运转效率大大提高。设备供应商仍然是价值创造的主体，但成都工厂更加清楚，朝着哪个方向前进可以带来更高的价值，产品开发和制造时间也可以大大缩短。成都工厂在时间和成本上都获益良多，而设备供应商也学会了在数字化世界中同用户对话的"语言能力"，它们参与的项目中出现了越来越多的智能化的设备，它们感受到数据的魅力，也会更多地向数字世界投入资源。

以数字化工具锁定创新伙伴

从创新挖潜的角度来看，成都工厂这些年进步的主要动力不仅来自规模效应，更多是数字化带来的网络效应。成都工厂在本地设备和零部件供应商之间编织了一个巨大的网络,通过各种数字化的工具和手段让越来越多的内部资源和外部资源发挥更好的协同性,用更快的速度和更优化的组织方式去创造价值。成都工厂不断提高自己的敏捷性,在内部持续优化运营效率,在外部则对供应商提出要求,用自己的数字化思维和工具帮助合作伙伴"上网""用数",希望带着供应商伙伴共同提高价值创造的数字化和网络化水平。

这种"共同提高",需要有效的场景和平台支持,大家需要把力量汇集到一起,持续提高生产力水平。很多工业改进都来自生产现场,创新的火花来自跨领域知识拥有者之间的频繁碰撞。正如前文所提到的夹具供应商,他们一步一步走向生产线供应商,靠的就是在生产现场"频繁地溜达",他们在现场发现可以改进的空间,了解改进的需求,并通过新的装备来进行改进。他们和成都工厂组成了一个个协同创新网络,可以用很低的成本来试错。这一点其实和数字化关系不大,但似乎成了数字化创新重要的"发动机",数字化环境下要求工厂的生产能力快速提升,高频迭代。在成都工厂生产现场这一共同场景下,许多设备供应商和成都工厂频繁碰撞,产生了无数的火花,有的可能是瞬间熄灭,有的则会点燃一束火焰,慢慢驱散周边的黑暗。

在成都工厂正式投产之后,德国安贝格工厂经常会把一些新开发的产品转移到成都工厂生产,一些新的产品需要新的工艺和添加新的设备。任江勇还清晰地记得,第一条生产线耗资巨大,整个线体的大部分硬件和软件都是从德国买来的,为什么那么贵?任江勇有一个知识注入的理解,即大部分关键的知识都是德国那边注入的,而且是当时成都工厂并不掌握的隐性知识,它们被封装到了生产线之中,拿不出来,看不清楚,也不能理解,自然价格就会上去。

在第一条生产线中,大部分隐性知识(主要是同产品和工艺相关的"Know How")都掌握在国外设备供应商手中,设备如何选择,功率参数如何优化,控制系统如何配置,主要话语权在设备供应商,因为当时的成都工厂只能从需求端来提出要求,这种要求直接指向生产线本身,再向上探索,涉及产品、工艺层面的问题,成都工厂很难提出具体的要求。

但当工厂建成以后,成都工厂开始快速储备相关的知识,60多个员工跑去德国学习，带回来大量的隐性知识，在自己的工厂开始试运营。第一条生产线投产，又形成了大量的知识，但这些是知识的来源，真正推动知识快速流动和沉淀的因素仍然是数字化。数字化提高了成都工厂的知识创造能力，促使包括任江勇在内的整个团队采用工厂仿真分析技术，形成了对生产线的基本要求。

在第二条生产线制造的时候，任江勇就在中国寻找了替代的供应商，一方面为了缩短制造时间，另一方面是节约成本。在任江勇看来，这个成本的节约不仅是出于在中国本土制造的原因，更重要的是成都工厂通过数字化注入和掌握了生产线中的一些关键知识。

因此，在建厂 2～3 年以后，任江勇将寻找更多的数字化合作伙伴作为自己的重要工作。他逐渐发现，寻找优秀的合作伙伴会给成都工厂创造更多的"学习窗口"。数字化工厂的创新已经不是此前按照产业链线性传递的模式，而是在工业现场百花齐放的创新，数字化工厂越来越像一个创新平台，或者一个手机操作系统，每一个 APP 可能都需要和不同的供应商合作开发，但每安装一个 APP，这个手机的功能就会更强大一些。

随着数字化水平的提高，成都工厂发现，生产效率的提高需要合作伙伴一起做出改变。关键的合作伙伴朝着数字化世界多迈一步，自己的生产效率可能就会提高更多。

进入 2019 年，任江勇发现，原料供应商如果多使用一些数字化技术，成都工厂的仓储物流效率会明显提高。在成都工厂的仓储物流环节，物料发至工厂仓库以后，会有 5 名员工负责拆解外包装，再对物料进行标准化打码，然后将物料信息和本地仓储信息进行匹配，这 5 个人的劳动就是实现数据标识和联通，让成都工厂"知道"这批货具体是什么，是谁送来的，从哪里来，数量多少。任江勇觉得这个环节还可以优化，他向供应商提出，能不能用成都工厂的标准料箱来进行运输，如果可以，前述场景中 5 个人的工作就会变成一个自动化的工作，标准料箱来了以后，物流系统自动识别物料的身份，并记录信息，然后再把它存储到立体仓库中合适的位置。要想实现这一点，就需要供应商也做出改进，比如安装和成都工厂相匹配的数据系统，再使用成都工厂相匹配的标准料箱，整个过程也涉及一定投入，所以任江勇并没有着急，而是不断和供应商磨合，把这件事情变成了一个逐步迭代的过程。

数字化的河流流到哪里，成都工厂的能力就延伸到哪里。其实，换一种思路来看，数字化平台和工具仍然是手段，数据的搜集和分析帮助成都工厂更快速地理解了生产现场的本质要求和真正痛点，而对成都工厂来说，最重要的是挖掘到最具有价值的知识。

第二节　面向本地的产品研发

首款产品成功上市

研发端与制造端在地理区位上的临近，对于产生创新乃至创新产品顺利实现市场化而言至关重要，成都工厂在规划的时候就已预见性地考虑到了这一因素，研发中心的筹备几乎与成都工厂同期进行。成都研发制造中心是西门子在全球范围内诸多研发中心之一，承担着区域研发总部功能，以"本地研发、全球制造"的模式，支撑着成都工厂以及兄弟工厂关键产品的研究与开发。黄荻绯作为成都工厂第五号员工，于 2011 年 11 月在成都正式开展 IPC 的研发工作，她所负责的第一个产品 SIMATIC IPC3000 SMART 的开发，正是 2013 年 6 月在成都工厂所生产的 IPC 产品。

1. 以研发为目标的培训

工业计算机产品的研发筹备与培训是同步进行的，这里涉及多地的研发生产系统。成都工厂一开始所生产的 IPC 产品并不完全与安贝格工厂一致，西门子在安贝格工厂的研发中心更多关注的是 PLC 产品，IPC 产品的研发更多集中在位于德国卡尔斯鲁厄的研发中心。因此，整个研发团队的赴德培训之旅脱离了去安贝格工厂的大部队，对于第一款适用于中国本土的工业计算机 SIMATIC

IPC3000 SMART 产品的研发团队,是在西门子卡尔斯鲁厄工业园进行的培训(见图9-2)。

图9-2　西门子卡尔斯鲁厄工业园

(资料来源:成都工厂)

卡尔斯鲁厄是德国著名的工业城市,位于德国西南部,距离安贝格工厂直线距离240公里,是继斯图加特之后的巴登-符腾堡州的第二大城市,面积约173平方千米,拥有超过30万人口。坐落于其上的卡尔斯鲁厄理工学院享誉世界,许多显著的科学成果均出自这里,如海因里希·赫兹(Heinrich Hertz)证明了电磁波的存在,诺贝尔奖获得者弗里茨·哈伯(Fritz Haber)研制出了高压合成氨的工艺,费迪南德·雷腾巴赫尔(Ferdinand Redtenbacher)创立了德国最早的机械制造学科体系,为新一代的工程师奠定了技术发展的知识基础。

2. 突如其来的压低成本挑战

基于前期在南京工厂的知识和经验积累,以及在德国卡尔斯鲁厄的同期培训,在黄荻绯的推进下,成都研发团队很快形成了第一款工业计算机产品的研发方案,但相应方案需要做大量的成本优化工作,面临着西门子内部前所未有的挑战。

"你们提交第一个研发方案速度很快,但成本还需要再降20美元。"在提交产品研发方案数天后,黄荻绯收到了德国总部的"拒绝"回复。整个团队虽然已经做好了方案优化的准备，但万万没想到，需要改善的目标是降低成本。

这个目标可能需要技术架构做出大的调整，每个人的心情都异常沉重。SIMATIC IPC3000 SMART 的主板需要满足很多工业标准的要求，因此研发团队在设计的时候已经考虑到成本降低，花了很多心思从中国找到一批符合产品要求的供应商，以本土供应最大化降低成本，但德国总部却还要在此基础之上再压低 20 美元，黄荻绯深知总部的意图，但也明白其中的挑战和难度。

SIMATIC IPC3000 SMART 最初的研发定位主要面向中国市场，面对中国对经济型产品的大规模市场需求，自然是要开发出一款价格较低且保证品质的产品，而再度压低成本意味着产品交付要求降低，以及可能由于质量问题导致市场返修率和退货率提高。但回归第一款产品研发的初衷，成本终归需要压减，对于整个研发团队来说唯有冒险来寻求平衡和解决。

3. 国内供应商的鼎力相助

成都高新区软件园内清风徐徐，但会议室中气氛肃静。黄荻绯紧急召集产品的供应商，以及成都工厂研发部、质量部以及产品部的同事，简单说明了事由并坦言了当前形势之下，唯有共同努力才有可能达成想要的目标。"20 美元目标需要大家一起来完成。"供应商需要进一步在生产过程中降低成本，研发团队则需要在设计层面寻求简化的空间，质量部和产品经理需要在质量层面寻求新的平衡点。

经过多方合力，黄荻绯团队大胆采用了包括材料、结构件等在内的新的国内供应商，在有效平衡价格和质量的基础上，完成了方案优化，并顺利获得德国总部的认可。其中，最重要的是国内供应商在关键时刻的鼎力相助，虽然许多供应商对研发部门来说都是第一次合作，但新朋友很快就打成一片，从商业洽谈到进入合作，整个过程都非常顺利，黄荻绯团队在很短时间内就敲定了新产品的供应商名单。

2013 年 6 月，成都研发中心推出的第一款工业计算机 SIMATIC IPC3000 SMART 正式上市，从一开始的招聘、团队组建、培训到产品的正式发布，仅花了不到一年半的时间。这也是一个学习和多部门协同的过程，当时研发制造中心很多部门都尚未健全，需要其他部门来提供支持和帮助，例如：在前期设计过程中，需要专业部门输出关于生产线最终组装步骤的知识；试制样品过程中原材料的采购，需要生产部门帮助同供应商谈价格并进行价格分析等。研发部门的同事也需要自己在网上搜寻供应商，联系并评审供应商的质量，大部分工作都是多流程且跨知识领域的。

虽然德国方面从流程以及文档上给予了支持和建议，但是具体实施需要成都研发中心自己摸索和实践。黄荻绯对比自己此前在西门子南京工厂的工作经历，一边感受到流程的重要性，另一边则感慨"无招胜有招"，没有流程反而可以少了许多限制，创新也打破了一些条条框框。

新产品的成本降了下去，而且可以满足西门子质量体系的要求，最终市场反应良好，产品质量和成本找到了新的均衡点，且没有发生最初所预计的市场返修率提高的状况，反而因为工业计算机新颖的外观设计获得客户和市场的一致好评。

"你们的产品不像一个工业计算机，传统的工业计算机都显得颜色老派且外形笨拙，而你们的非常美观，甚至有一点炫酷。"黄荻绯偶然听到业内产品经理对于自己团队所设计产品的评价，甚至在不长的时间后，团队成员发现竞争对手也开始模仿其产品的外观设计，从某种意义上来说，这是获得客户和市场认同的直观体现。

产品工艺并行开发

在成都工厂进入稳定运行后，对黄荻绯等一众研发人员来说最深的感触便是"在研发设计角度相对传统要求有了更多的变化"。在传统的串行工程（Sequential Engineering）㊀产品开发模式中，产品设计和工艺设计是两个相互独立、顺序执行的过程，这种模式容易造成产品设计过程与加工制造过程脱节，使得产品的可制造性和可装配性弱，可维护性较差，容易导致设计改动难度大，产

㊀ 串行工程（Sequential Engineering），是指在产品研发和制造领域，将整个产品的开发全过程按照需求分析、产品设计、工艺设计、生产加工、装配的顺序一步一步完成。

品开发周期长以及成本高的问题,而且质量难以保证,甚至大量的设计无法投入到制造过程中去,从而造成人力和物力的巨大浪费。

随着自动化和数字化程度的提高,研发人员在设计过程中就要考虑生产线运用机器人进行抓取等操作的需求,即面向自动化的设计(Design for Automation,DFA)⊖,保证研发所设计产品的可生产制造性,也就是说,在早期设计阶段就充分考虑制造因素的要求和约束(例如产品制造所需要的机床设备、工装模具、加工工具、测量工具以及相应的时间和费用等),并及时提供给设计人员,作为设计、修改方案的基本依据,减少设计修改次数,"第一次就把事情做对",从而缩短产品开发周期,降低产品开发成本。

DFA 理念的提出,向传统的产品开发模式提出了挑战,打破了传统设计方法的顺序,将产品设计和工艺规划并行完成,充分考虑各种制造约束条件、加工条件、装夹方案、工装设计和零件标准化等,对设计的方案进行评审和决策,并将评审结果及时反馈给设计者,提出修改建议并对产品设计进行指导。这是一种更加简单有效的全新产品开发方法,为企业降低生产成本、缩短产品开发周期、提高企业效益提供了一条可行之路。

明星 PLC 产品诞生

成都研发中心在研发 LOGO! 产品之前,大部分产品的需求定义都由德方来主导,成都工厂则负责研发成果落地量产。但从第一款由本地定义和研发的 LOGO! 8.2 产品开始,成都研发中心陆陆续续开始尝试进行产品需求定义,提出相应构思,然后快速做出产品原型机。通过向产品经理展示相应构思、原型,分享所定义功能的用户关注度和满意度,然后一步一步引导产品经理调整其需求方案,这改变了原本需求经由产品经理传递到研发中心的过程。这种模式之下,有助于研发人员和产品经理对相应需求定义做出双向交互式协作,研发中

⊖ 面向自动化的设计(Design for Automation,DFA),是指在产品设计阶段使得产品具有良好的可装配性,确保装配工序简单、装配效率高、装配质量高、装配不良率低和装配成本低。

心也能更加快速地对新技术做出反应,早于市场释放强烈需求之前完成相应探索,进行产品需求定义与研发布局。

研发人员和产品经理在需求定义上的交互平衡,得益于两者高度认可和信任,而"无限的信任"正是成都工厂最重要的价值取向,信任在很大程度上提升了知识的传递效率,让隐含于研发人员以及德方产品经理认知体系中相对缄默和隐性的知识得以融通与彰显,在尽可能规避信息不对称的同时,激发符合新技术路径以及市场需求的产品创新,"信任"在这个过程中扮演着至关重要的角色。

S7-200 SMART 作为一款专门为中国市场设计的产品,其研发始于协同。为了更好地完成 S7-200 SMART 产品的研发,成都研发团队打破封闭,吸引了一些外部新鲜血液。负责产品研发的项目经理李绿洲,就是在这样的背景下于 2017 年加入西门子的。当时,S7-200 SMART 的硬件供应全在中国,生产也定在成都,而 PLC 的工程系统(Engineering System)、软件和固件则是由西门子美国研发中心负责。李绿洲的首要目标就是将软件研发中的关键知识在成都落地。

1. "取经"学习

S7-200 SMART 软件体量较为庞大,一共涉及超 300 多万行代码,而且该软件已经在美国做了 20 多年,开发到了 2.3 版本,有很多的遗留代码在其中,软件本身的复杂性非常高。加入西门子之前,李绿洲主要从事医疗设备行业,负责产品研发和测试的同事也是通信和工程等非软件背景,也就是说,新加入研发团队的成员,包括李绿洲在内的 7 名工程师以及 3 名测试人员均没有太多的软件开发背景,加之成都研发中心此前在 S7-200 SMART 软件上积累很少,李绿洲团队面临的挑战异常严峻,他们不仅要在短时间内将整个项目转接到中国,而且要开发并实现一个新的功能。中国的产品经理一直希望在产品上实现这个功能,但是由于美国研发中心研发资源的不足,新功能的开发初步预计需要两年时间,并且许多研发日程一直在后延。

为了更好地完成项目,成都工厂专门安排了研发团队去美国调研学习,临行之前还进行了一周培训,给团队阐明什么是 S7-200 SMART 产品以及如何编程。培训结束后,李绿洲一行 5 人正式启程前往美国"取经",这次"取经"之旅不仅时间紧而且任务重,他们只有 5 个星期的时间,就要把产品里里外外搞清楚,这不仅要学习各方面知识,而且要同时帮助国内推进 S7-200 SMART 下一步的研发。为此,李绿洲将任务进行了分解,制订了科学的工作计划,一行人兵分三路,分别负责系统测试、软件和固件。

美国"取经"之后,李绿洲一行 5 人返回成都,并组织力量进行软件的技术转交与开发。但美国那边出了一些偏差,由于美国最有经验的工程师年龄较大,无法到成都进行专业支撑,只能派驻软件和固件同事过来,且两位同事由于签证问题晚于计划 2 个月时间才到,因此开发的重任几乎全数压在了李绿洲团队肩上。李绿洲面临的最大问题是"时间",因为产品经理要求产品尽快上市,加之开发任务由于人员问题出现了延迟,缩短开发周期成为首要任务,他们需要完成所有的功能开发,还要同步完成新功能的开发。

2. 引入敏捷开发

李绿洲此前的项目经验也不是很多,对于团队能力把握也缺少概念,为确保产品开发按时完成,来自约翰逊城的美国同事对自身能力进行了估计,估算结果显示开发时间至少需要一年。站在今天往回看,李绿洲仍然认为当年产品的开发具有极大的风险,一边是开发团队对产品的模糊,中国唯一对产品熟悉的是产品经理而非研发人员;一边是开发团队的认知存在障碍,他们甚至不清楚自己到底是否具备能力去开发这个产品。

时间紧迫,风险巨大。挑战当前,研发团队大胆决定采用"敏捷开发(Agile Development)⊖"的方式。敏捷开发是一种以人为核心、持续迭代、循序渐进的开发方法,其重要原则之一是"激发个体,以个体为核心搭建项目"。用这个项目试水敏捷开发是一次非常成功的尝试,在降低了风险的同时增强了研发效率,规避了传统开发模式之下"等到最后一刻才去看所研发产品做出来是不是产品

⊖ 敏捷开发(Agile Development),是一种以人为核心、迭代、循序渐进的开发方法。敏捷开发的核心是迭代开发(Iterative Development),开发者将总体任务分解成多次、连续的开发小任务,每一次迭代都包含规划、设计、编码、测试、评估五个步骤,不断重复,循序渐进地完善产品形态。

经理想要的"这个弊端，对于当时整个研发团队来说，这是一次非常具有里程碑式的尝试。

产品开发后期，除了引入敏捷开发的方法之外，李绿洲将国内最熟悉 S7-200 SMART 的产品经理李娟引进开发团队并使之成为产品负责人，她是 Scrum[⊖] 敏捷开发中的关键角色之一，她的加入对团队开发人员尽早识别开发中的风险并进行早期应对提供了非常大的助力。敏捷开发颠覆了整个研发团队以往的项目运行方式，最典型的在于关键敏捷工具的使用以及敏捷工作机制的驱动，诸如"燃尽图（Burn Down Chart）[⊖]"，燃尽图常用于敏捷软件开发中，在二维坐标图形中以横轴时间、纵轴工作量的形式表现，可以帮助项目团队直观地预测全部工作完成的时间。

令整个团队感到费解的是，开发工作持续进行的前 3 个月，燃尽图始终呈现为一条几乎平行于横轴的直线，并没有出现显著下降，表明工作推进远不及预期，深究问题根源，李绿洲发现前 3 个月团队的精力基本花在熟悉代码以及了解产品上，所以一直没有输出。

突破了前 3 个月的瓶颈期，开发项目终于取得了一些基本进展，研发总监以及产品经理均对这种高度透明化的敏捷开发模式表示了认同。但开发工作往往不会一帆风顺，尤其是对于一些高复杂度的项目更是如此，在项目进行到中期时，研发遇到了障碍，由于前期对部分需求没有真正了解，燃尽图出现了一个非常高的上升波峰，即产品开发的预期时间大幅上升，始终降不下去，整个研发团队再次陷入了一种焦躁的氛围之中，而解救研发团队于"水深火热"中的是被李绿洲称为"英雄"的夏娟。

在此之前，夏娟刚刚完成了她人生角色的重大转变，那就是成了一个孩子的妈妈。夏娟和李绿洲同属一个团队，主要负责软件部分，在得知 S7-200

⊖ Scrum，是针对复杂产品进行敏捷开发的框架（Framework），包含敏捷开发的流程、计划、模式等内容。

⊖ 燃尽图（Burn Down Chart），用于表示剩余工作量的工作图表，由横轴（X）和纵轴（Y）组成，横轴表示时间，纵轴表示工作量。这种图表可以直观地预测工作完成量和时间，常用于产品敏捷开发过程。

SMART 产品开发陷入困境后，夏娟毫不犹豫地主动请缨加入。"我以前做过固件，我想我是有这个能力的。"夏娟如是说。西门子就是这样一个地方，不仅人才济济，且极富担当精神。

夏娟的加入分担了很多"啃硬骨头"的工作任务，在她的专业能力以及整个团队的协同之下，许多困难很快取得了突破，中后期的燃尽图出现了两次非常明显的下降，包括李绿洲以及产品经理在内的研发团队压力倍减，方向无疑是对的，大家都认为离产品研发成功仅有一步之遥。此时，S7-200 SMART 产品的开发已经由美国原来开发的 2.3 版本迭代到了 2.4 版本。

3. 产品成功发布

"如果 S7-200 SMART 2.4 成功发布，我就请你喝酒！"李绿洲与产品开发技术领导发出约定。

临近 2018 年春节放假，S7-200 SMART 的开发工作进入测试收尾阶段，就在大家满怀希望想在春节前完成整个项目时，产品测试进程突然中断。通过排查，团队成员找到了症结所在，即成都研发中心所有产品的测试网络均连在一起，由于同期有其他产品在做网络风暴测试，因而影响了 S7-200 SMART 的测试进程。在问题解决之前，团队担心会因此需要重新开发新的产品版本。

为了避免新版本的开发，团队需要在最短时间内解决这个新的问题。所有人都聚集在测试架旁边，不停地尝试新的方法，只要有人有新的想法，就立马付诸实践。可喜的是，研发团队最终用了不到两天时间就把问题解决了，因而也不用开发新的产品版本。李绿洲坦言春节至少可以安心地过了，与技术领导的饮酒之约也如期提上了日程。

经过整个研发团队的努力，产品按照计划时间成功完成开发。这次项目的完成，给了李绿洲非常大的感动与思考，感动在于一年的开发时间内，整个团队俨如一个作战兵团，奋战了无数个日日夜夜，始终保持着团队战斗的姿态；思考在于敏捷开发的试水成功以及数字化开发工具的连接。"短周期的迭代，不停地去计划和解决未知的风险，确实是一条可以行得通的道路，而数字化工具链的存在提升了信息以及核心知识的透明化，直接决定了短期内 S7-200 SMART 产品研发的成功。"李绿洲如是说。

数字化工具是高效研发体系的重要保障。成都研发中心具有一套非常完善的数字化工具链条，诸如测试用例的保存、执行、结果回传以及自动化测试等。在李绿洲和黄荻绯看来，与开发过程相关的数字化工具链对于产品研发而言起到了从"0 到 1"的作用，没有数字化工具，很有可能就没有 S7-200 SMART 2.4、2.5 以及 LOGO! 产品的成功。借助数字化工具，成都研发中心在研发产品过程中的所有问题都是安全可追溯且全部被数字化的。一旦出现问题，研发中心通过数字化工具可以直接追溯到相应模块的提交者、复查者以及相应问题所关联的需求与所提交的代码，来快速寻找和还原当时问题出现的场景，进而明晰问题出现的真实原因，避免相同或者相似问题的再次发生。

第三节　全流程的数字化系统集成

成都工厂的 IT 系统源自安贝格工厂，安贝格工厂又提供了大量系统框架，以及 MES、ERP 等系统的关联接口，原则上 PLM、ERP、MES 三大应用系统都可以直接"抄作业"，例如，ERP 系统就基本复制了安贝格工厂的配置，并进行了本地化的改造。但唯独 PLM 系统比较特殊，连安贝格工厂也正面临着新的问题。

为了推动西门子内部的资源和系统集成，西门子开始在全球推进 IEC 项目，这三个字母分别代表集成（Integrated）、使能（Enable）和协作（Cooperate）。推进 IEC 项目的目标很简单，即"卖给客户的解决方案先要内部使用起来（We use what we sell, we sell what we use）"。在 IEC 项目的协调下，西门子开始在自家工厂中陆续推进 NX（CAD）、Teamcenter（PLM）、Tecnomatix（数字化制造）、SIMATIC IT（MES）等系统的应用，并加速新软件系统和原有自动化、数字化系统的集成，促进收购的软件部门和原有工业自动化部门的协作，探索更多工厂数字化的使能技术，从而建立从产品到工厂的统一数字化构架。从这个角度看，IEC 项目其实是西门子数字孪生战略的早期基础。

西门子在集团层面不仅推动 NX、Teamcenter、Tecnomatix 与 ERP 系统的集成，还不断纳入研发需求定义和管理、质量管理、项目管理、供应链管理、生产管理、服务和销售管理等周边大大小小的功能模块，强化 IEC 项目的总体构架。在这一背景下，安贝格工厂原有的 PDM 系统应用也被"冻结"了，开始考虑部署和应用 Teamcenter 系统，即面临新旧系统更替的问题，属于"老工厂、新系统"。相比之下，成都工厂作为新建工厂，在 PLM 系统这个角度上，实际成了全球 IEC 项目的最佳试点工厂，属于"新工厂、新系统"。

西门子的 IEC 构架在 2012 年开始持续进化，陆续迭代出 3.1、4.1 等版本，到了 4.1 版本，日益强大的 Teamcenter、NX 和 Tecnomatix 系统已经将产品虚拟化、生产线虚拟化的大部分功能纳入其中，并打通了与西门子最新 MES 系统 SIMATIC IT 的数据接口（见图 9-3）。于是，从 2013 年年底开始，在成都工厂正式投入运行后，西门子在全球范围开始了 DPx（Digital Production Planning）计划。作为 PLM 系统的主要负责人，邓晓波参与了这项计划的推进工作。

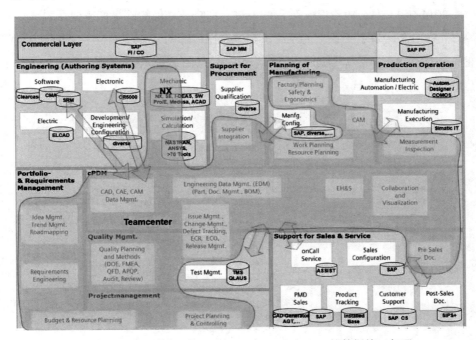

图 9-3　IEC 4.1 构架下 Teamcenter 与 SIMATIC IT 的数据接口打通

（资料来源：成都工厂）

DPx 计划和成都工厂的 PLM、MES、ERP 三大系统的集成应用方向是一致的，这项计划基于 IEC 构架，要打通 Teamcenter、NX 和 SIMATIC IT、ERP 系统间的工作流、信息流和数据流，从而使得产品数字化定义能从 PLM 系统开始，贯穿工艺规划、生产组织、资源管理全程，形成虚拟产品和虚拟生产线的耦合，在产品定义的早期阶段开展仿真验证，提高产品的可认证和可制造性，从而降低成本、提高效率，缩短从产品研发、生产制造到投放市场的周期。

结合成都工厂的实际生产环境和系统基础，邓晓波在 2013 年推行 DPx 计划时，首先面临的是安贝格工厂的历史遗留问题。安贝格工厂使用的原有 MES 和 Teamcenter、SIMATIC IT 无法实现数据互通，于是通过剪裁的方式，利用 Aplaus 系统的数据"中转"功能来实现。整个过程非常烦琐，数据接口复杂，且保留了大量德文信息。成都工厂的 IT 和业务部门花了大量时间熟悉这套"半手工"模式，甚至培养了转换数据、导入表格的"熟手"。

2014 年 11 月，随着 DPx 项目的推进，邓晓波和他的同事们需要摆脱 Aplaus 系统的 SRRT 模块，更换新的系统，拓宽数据传输的"高速公路"（见图 9-4）。他们更新了 MES 系统中的一些模块，并选择两款比较简单的产品（HMI 和 LOGO！）进行了项目初期的测试。

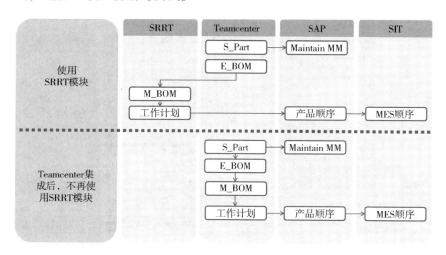

图 9-4　摆脱 SRRT 模块的前后

（资料来源：成都工厂）

然而，初期测试的效果不是特别好。虽然相比旧系统，新系统的集成度更高，更容易实现多源数据的精确性和一致性，也有利于从研发到服务的产品全生命周期管理，但是原有系统已在成都工厂形成了工作惯性。邓晓波回忆说："当时项目组成员的熟练程度不够，新软件的性能也不高，或者是系统优化没做好，数据的处理效率并不高，甚至比原来'熟手'同事的半手工导表效率低，工作时数比原来翻了好几倍，很多同事都不理解为什么要坚持系统切换，这导致我们当时停了一段时间，甚至打算放弃这个功能。"

这种徘徊一直持续到2016年，其间邓晓波和同事们一直坚持进行系统迭代。经过将近一年的软件版本迭代和不断优化，S7-200、S7-200 SMART、S7-1200等产品陆续导入DPx项目。2016年年初，大部分系统漏洞都消除了，系统性能明显提升。

即使如此，新系统的导入也让工厂承受了较高的压力和运营成本。旧系统也会出错，但德国安贝格工厂的工程师熟悉旧系统，花1~2小时就能解决，系统的运营相对可控。大家都不熟悉新系统，学习成本高，出错后需要花很多时间来研究，虽然存在学习曲线效应，成本也会慢慢缩小，但因为数据流复杂度大幅提升，迭代期间错误频频，工作人员花了大量时间来解决问题，运营成本比此前更高。这种"艰辛"反映出数字化工厂建设工作的复杂性，数字化工厂的建设者需要做好心理层面和实际层面的工作准备。

通过持续推进DPx项目，成都工厂的PLM、ERP和MES三大系统全部使用了西门子自家的商业化工业软件，初步完成了以Teamcenter为数据源头的系统集成，打通了产品研发和生产之间的数据隔阂，这在西门子全球30多家工厂中首开先河，使其具备了向数字孪生的方向发展的基础。

走出西门子工厂的范畴，放眼全球范围，PLM、ERP和MES三大系统的无缝连接和数据贯通，也足以令成都工厂跻身顶尖工厂行列。2016年，成都工厂不断完善三大系统的功能模块，并陆续实施和开发了其他关联应用模块，如QMS系统、成本管控系统，形成了成都工厂的Digital Enterprise Architecture（数字化企业构架），这是2018年成都工厂从全球1000多家优秀工厂中脱颖而出、跻身首批"世界灯塔工厂"行列的重要原因。

第四篇

进化篇

第十章　使命：站在巨人肩膀上实现引领式创新发展

第十一章　升级：数字化技术助力工厂向先行者蜕变

第十二章　保障：前行之路上的组织机制变革

随着新一代信息技术与制造业的深度融合，各国纷纷加强科技创新力度，着力推动在增材制造、移动互联网、云计算、大数据、智能制造等领域取得新突破。2015年，在中国"制造强国"战略下，智能制造成为中国产业发展的主攻方向。

对于此时的成都工厂而言，历经近3年的投产运营，应对重重挑战后，它向西门子总部以及产业界交出了一份满意的答卷，即达到了同德国安贝格工厂一样的运营水准。面对不断深入的数字化转型战略以及层出不穷的新技术、新应用，成都工厂站在了发展的十字路口，抉择前行方向成为这家工厂蜕变为"世界级"数字化工厂的关键。

本篇将从技术、创新及管理变革等视角，向读者解答成都工厂如何一步步进化成为世界范围的先行者，读者将看到承载这座数字化工厂的是众多具有鲜活个性的数字化人才，以及看不见的系统和数据，而非冰冷的自动化设备和生产线。

1) 中方自主运营后，成都工厂能否跳出舒适区？是继续消化吸收安贝格工厂的核心理念和技术，还是开启自主创新，实现从跟跑到领跑的转变？

2) 随着对数字化转型认知的不断深入，成都工厂如何实现数字化转型的领先？领先的核心准则是什么？如何推动实践？

3) 在发现人工智能、增材制造等新兴技术带给业界的新机遇后，成都工厂能否抓住机遇？如何推动新兴技术的布局和应用？

4) 随着数字化技术的不断导入和成熟应用，成都工厂的组织模式、决策机制是否有相应的转变？这种转变能否支撑成都工厂的系统性进化？

第十章　使命：站在巨人肩膀上实现引领式创新发展

以 Büttner 博士为代表的西门子决策层，在成都工厂尚是一纸规划的时候，出于对中国市场的了解以及发展的信心，就做出了这座工厂由中方人员负责运营的决策。鉴于中方团队缺乏工厂建设和运营经验，成都工厂的建设及初期运营由德方人员主导，但中方人员从一开始就做好了"自主"运营工厂的准备，并在 2015 年正式迎来这一天。自主运营后，成都工厂面临着使命转变、认知变革以及质量改善等重大挑战。

第一节　新的使命：从跟随驱动到创新驱动的引领式发展

成都工厂的规划设计和建设站在了安贝格工厂的"巨人肩膀"之上。毋庸置疑，在技术层面，成都工厂拥有比安贝格工厂更高的起点，但在人员层面，其技术掌握度、理念创新性和实践经验均比较匮乏。2015 年年初的一场会议，结束了安贝格工厂单向输出专业知识的历史。

2015 年初春，成都工厂厂区内绿意盎然。从德国回来不久的李永利，此时正和几名工程师讨论生产线的优化，一通电话打破了众人的思绪："上级通知后天正式商议德国部门经理的职责转换。"对于这场会议，中方人员一直是期待的，但同时也意味着更多的担当和更大的压力。李永利和戴霁明是这次会议的主要参与人，其他参加人还包括负责成都工厂各个部门的德方经理，整个会议过程严肃而庄重。这次会议回顾了中德两国团队从 2011 年开始相伴而行的 4 年，见证了一群人的奋斗与成功，也明确了中德双方共同数字化梦想的初步实现，而接下来的路需要中方团队自己走了。

成都工厂运营团队顺利切换后，李永利、任江勇等人开始注意到内外形势的变化。随着中国"制造强国"战略的发布，市场反响热烈，工业已经不是传统意义上所理解的工业，工厂不仅需要深度理解生产运营过程中数据的价值，更要利用数据反向提升工厂的生产运营水平。摆在成都工厂面前的是要么维持现状、保持稳定发展；要么跳出舒适圈，主动拥抱数字化变革的浪潮，将业务做得更好，以实现全球范围的引领式创新发展。成都工厂理所当然地选择了后者，这源于两层底气！

第一层底气来源于安贝格工厂乃至西门子总部给予成都工厂的"信任"，这种信任不仅在于姊妹工厂间的产能连接，更在于双方在长时间的交流合作过程中所形成的良性互动和深厚友谊。对于成都工厂的引领式发展，安贝格工厂将给予最大的支持。

第二层底气来源于中方团队的主人翁意识和责任心，有信心将业务做得更好、将工厂经营得更好。对于一些新兴的数字化技术的应用，中国超大规模的制造体量和消费市场，提供了丰富的应用场景。此外，相比于德国的企业文化和背景，中方团队非常乐于尝试和改变，不仅学习速度快，而且具有极强的适应能力。

因此，成都工厂从跟随驱动走上创新引领之路，既源于数字化理念的认知变革，也依赖于对产品质量持续提升的坚守。

第二节　新的认知：人是数字化工厂保持领先的核心要素

"最大化地尊重人才、发展人才和赋予人才权限。"这是掌舵成都工厂近6年的李永利厂长希望传达给所有同仁们的感悟。李永利意识到数字化不仅仅是运用先进的技术，更重要的是依靠人来支撑数字化解决方案的落地应用。如何让员工更好地发挥和主导数字化技术？如何让已经掌握现有技术的员工持续创新，主动用新技术解决问题？最根本的答案和路径在于员工的数字化思维以及相应能力的持续提升，这在很大程度上代表着成都工厂转变数字化认知、深化数字化转型的开始，也成为成都工厂时刻坚持的数字化初心，更是成都工厂保持领先的根本原因。为此，李永利厂长开始"自上而下"推动并构建学习型组织，并为包括操作工人、工程师等在内的员工构建了"自下而上"的晋升通道，最大化激发工厂员工的自驱力和学习热情，推动员工从高绩效人才向数字化人才转型。

自上而下的学习型组织

对于成都工厂而言，以学习型组织推动数字化人才的培养，核心工作在于促使工厂员工自我驱动走出舒适圈，踏足新的领域，完成不断的进阶。从组织架构来说，工厂人才和组织发展部（P&O）牵头专门设立了学习社团（Learning Community），社团颠覆了原有"直线经理负责员工能力提升"的培养模式，令学习社团主要负责人拥有足够的权利，设定培育、考评、激励机制以保障每名员工有一定时间进行学习，并以自愿自觉为原则，最大限度地激发员工的主观能动性。

学习社团的运行主要分三步走。

第一步是以创新项目为载体开展研究。设立20~30人的学习小组，基于工厂顶层规划的技术路线图进行具体领域的研究，如增材制造、仿真分析、数字孪生、机器人等技术，以实际业务的创新型项目为载体，学习和研讨基本的行业知识和科技知识。

第二步是挖掘应用价值、开展技术普及。对工厂有实际应用价值的技术，会在"学习中心"安排目标群体进行学习，定义学习的内容范围，进而形成成型的课程，并且购买技术落地所需的硬件，以便让员工切身体会新技术的应用价值，快速普及新技术。

第三步是组织竞赛活动，进行专家认证。在普及新技术后，以培养更多相关领域专家型人才为目标，成都工厂从2014年就开始举办竞赛活动，在员工自愿参与的原则下，组织工厂技术竞赛和办公自动化竞赛。对于竞赛优胜的团队或个人，会进行技术水平的专家认证。

在成都工厂不同的发展阶段，竞赛主题也在同步迭代。2014—2015 年，竞赛更多集中在操作技术层面，如 THT 焊接、IPC 操作、检测工站操作等；2016—2017 年，竞赛更多集中在通用型技术层面，如故障排除、故障分析、预防性维护等；2018 年起，竞赛更多集中在数字化技术层面，如编程、机器人、仿真分析、数据分析、人工智能和自动化等。

通过以价值为导向的创新型项目和系列竞赛活动，成都工厂不仅培育了一批专家型数字化人才，而且在降低成本的同时提升了效率。在第一次机器人桌面自动化（Robotic Desktop Automation，RDA）⊖竞赛中，共涉及 16 个项目，通过这些项目，工厂每年节省了超过 1800 个小时的工作时间。在第一次增材制造竞赛中，共有 92 名参赛者、36 个作品，其中 12 个作品最终胜出。2019 年，通过持续改善项目竞赛，工厂节省了 330 万欧元。

在学习社团"三步走"的基础上，成都工厂还通过内外部核心知识和新技术的分享，让更多业务部门快速了解和熟悉相关业务知识，进一步形成工厂的学习文化氛围。成都工厂的知识和技术分享以灵活生动的课程形式为主，课程时间在 40~60 分钟，往往安排在每个月最后一个周三的 15:00~16:00，授课讲师由各部门员工自愿申请，也经常邀请外部专家。2019 年，工厂举行了 12 轮的内外部跨部门知识分享，举办了 28 次讲座，提供了 62 次课程，共有 1055 人次参加。其中，分享频次最高的课程是生产部门的 PCB 生产和 PLC 组装。

自下而上的晋升通道

为给员工提供更大的平台，以匹配其日益提高的能力，成都工厂为员工制定了畅通的晋升通道（见图 10-1）。晋升通道的核心目的是鼓励员工果断走出舒适圈，用约 70% 的时间完成本职工作，用剩下的时间学习新知识，不断提升自己并且优化本职工作。

⊖ 机器人桌面自动化（Robotic Desktop Automation，RDA），是企业级流程和工作流改进的自动化工具，其本身是安装于 PC 桌面端的程序、应用，以自动化执行工作任务。

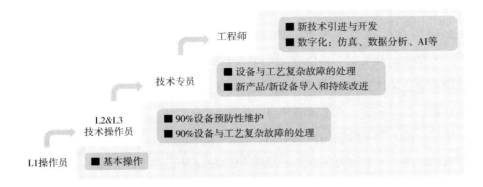

图 10-1　员工的晋升通道

（资料来源：成都工厂）

成都工厂的晋升通道涉及 4 个层级，覆盖工厂所有员工。

（1）L1 操作员　他们主要进行组装等基本操作。

（2）L2&L3 技术操作员　他们负责 90% 的设备与工艺复杂故障的处理，以及 90% 的设备预防性维护。

（3）技术专员　他们推动新产品/新设备的导入和持续改进，能处理设备与工艺的复杂故障。

（4）工程师　他们主要负责新技术的引进与开发，能利用数据分析提高绩效指标，如设备利用率、产品质量等；可以使用仿真分析和虚拟调试工具验证和优化生产方案。

如果看成都工厂员工的变化，会发现几乎每个人都突破了自身限制，实现了向更高层级的发展（见图 10-2）。截至 2021 年，成都工厂 73 个 L1/L2 级操作员中有 59 人晋升到 L3 级技术操作人员或技术专员，即越来越多的 L1 级操作员具备了设备和工艺相关的复杂障碍的处理能力，以及设备预防性维护能力；26 个车间工人中有 24 人晋升为高级主管或技术专员；33 个工程师中有 24 个晋升为团队领导；8 个团队领导或项目领导中有 7 个晋升为部门经理。

此外，部分员工在这一过程中还实现了从数字化执行者向数字化创造者的角色转变。自工厂正式运营以来，每当产能提升、新产品导入、生产线扩张之

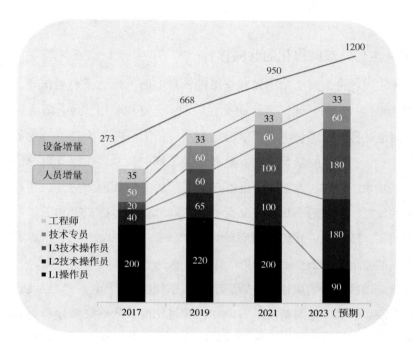

图 10-2　车间员工层级结构变化

（资料来源：成都工厂）

时，工程师就需要不停地做项目。但当工厂稳定运行、工艺装备稳定且没有新产品导入时，工程师的时间就相对充足。工程师所聚焦的工作目标相应发生了变化，如从注重项目导入转变为提升生产线和产品的质量水平。原有方式解决不了就运用新方法，例如，利用商业智能（Business Intelligence，BI）㊀技术促进数据透明，从数据趋势中寻求深层次原因，或者利用多余时间学习 R 语言㊁来定义有可能的影响因子以及因子和结果的相关性。在这个过程中，原本作为执行者的工程师利用数字化技术实现了向创造者的转变，数据也成为了辅助决策重要依据。

㊀ 商业智能（Business Intelligence，BI），是支持数据准备、数据挖掘、数据管理和数据可视化的技术的总称。利用商业智能工具和流程，最终用户能够从原始数据中识别切实可行的信息，实现数据驱动的决策。

㊁ R 语言，是为数学研究工作者设计的一种数学编程语言，主要用于统计分析、绘图、数据挖掘。

"员工+工厂"双向进化的共同体

成都工厂通过未来 5 年的发展全景图,自上而下地给予员工指导,并针对特定团体组建"学习社团"进行研究、培训、竞赛和应用,最大限度地激励员工的主观能动性,在工作中不断学习与创新。员工可以基于自身对业务的理解和对新知识、新技术的学习,触发更多想要了解的技术,在提升自身价值的同时,将新技术、新解决方案的价值推广至工厂的方方面面。另外,随着自上而下机制的成熟,员工的不断成长又促进了工厂的进步。在员工和工厂形成共同体的模式下,驱动工厂升级的核心动力是"人",在拥抱新技术和新事物的同时,工厂的发展自然而然拥有了更广阔的天地。

主观能动性即"自主性",成都工厂最大限度地赋予个人"自主性",使得工厂在获取、解读、把握新技术方向和自我进化时,始终能够保持更大的灵活性和创新性。正如日本知识管理学家野中郁次郎在其《创造知识的企业》一书中所强调的:"在个体层面,只要环境许可,就应该允许组织所有成员自主行动。只有这样,组织才会增加引入意外机会的可能性。同时,自主也增加了个人激励自己创造新知识的可能性。"

第三节 长期坚守:质量是衡量工厂保持领先的核心标准

德国产品一向以高质量、高可靠性著称,以西门子 SIMATIC 系列产品为代表,相应 PLC 产品可在客户现场无故障地使用 10 年以上。在正式投产之前,不管是工厂筹建人员还是外界,对于成都工厂生产产品的质量水平均抱有诸多疑虑。例如,成都工厂生产的产品能否达到安贝格工厂同样的质量水准?随着人力资源、生产设备、供应链体系、信息系统的逐步本地化,产品质量是否会下降?数字化如何在持续质量管理中发挥作用?

为打消种种疑虑，成都工厂在继承安贝格工厂质量管理体系的基础上，基于质量体系的标准化和信息系统的集成，逐步建立了覆盖研发质量、供应商质量、生产质量和客户关系质量的全链路综合质量管理体系，并积极采用数字化技术进行持续质量改善，在产品质量层面完成了从"复刻安贝格工厂"到"超越安贝格工厂"的转变。

分阶段开展质量改善工作

成都工厂的质量团队在工厂投产前进行了非常细致的准备，在投产运营初期就实现了与德国安贝格工厂同等的质量水平。但对中方团队而言，首战告捷后的挑战是"在不断本地化的供应链、设备和人员条件下进一步提升质量指标"。

1. 初始调整阶段

投产初期，整个质量团队对数字化的理解还比较初级，安贝格工厂的全厂质量管理平台是多系统融合的平台，信息层面要对接 PLM 和 ERP 等系统，硬件层面要联通各种生产设备，以实现从设备端到系统端的数据贯通，整个团队只能在德国同事的协助下边学习、边工作、边成长。

这一时期关键的挑战在于，在工厂 PLM、ERP、MES 等主要信息系统融合的同时，始终抓住质量管理主线，实现信息系统间质量相关数据的无缝集成。此外，要开展 ISO 9001、ISO 14001[⊖]和 ISO 45001 等标准体系的贯标、认证和整合工作。到 2015 年，在团队的坚持和努力下，工厂的综合质量管理体系初具规模，整个质量团队从初期的几个人扩大到三十几个人的规模，在持续的生产交付过程中，产品质量水平也远远超过了同期代表"德国质量标准"的安贝格工厂。

另一类挑战则来自产品、设备、供应商本地化过程中的质量波动。例如，

[⊖] ISO 14001，是由国际标准化组织（ISO）环境管理技术委员会（TC207）制定的环境管理标准，以环境保护和控制污染为出发点，为企业提供体系框架以平衡环境保护要求与社会经济需求，帮助企业加强管理、降低成本，减少环境责任事故。

为了应对零部件短缺，成都工厂启动了某插接器的国产化项目，但国产供应商起步晚，在技术标准、制程和品质能力上与德系供应商有一定差距，起初并未得到德国同事的认可。成都工厂迅速与国产供应商组建联合攻坚团队，从人员能力、设备能力、制程管控、测试能力等方面不断进行优化，用了一年半时间，开发出了完全符合西门子技术品质标准的国产插接器，不仅在成都工厂的产品上得到使用，同时向德国原厂供货，相应插接器供应商也因其出色的产品品质和交付表现，多次获得西门子的最佳供应商嘉奖。

2. 改善成熟阶段

2015—2017 年，质量持续改善的理念逐步深入人心，质量水平不断优化，运营效率不断提高。段炼也从质量工程师升职为质量团队负责人，并带领整个团队和业务部门相互配合，引入数据流程自动化、报表生成自动化、BI 等数字化技术手段，建立了不符合成本（Non Conformance Cost，NCC）⊖的持续改善流程，从各个业务部门的数据处理自动化和透明化中寻找质量、成本改善的蛛丝马迹。这一时期，在标准体系贯标、多业务环节的质量管理体系建设和数字化技术的支持下，成都工厂的质量水平每年固定提高至少 10%。这种持续性的质量改善不仅贯穿在质量检测和管理部门日常工作中，还贯穿于研发、生产、工艺、设备、供应商管理等部门，而且从工厂管理层到工程技术层、蓝领技工层，全员参与质量改善工作，成都工厂的质量管控工作进入比较成熟、稳定的阶段。

3. 技术创新阶段

2017 年，西门子开始推动 LDF 计划，在其全球范围的工厂中推动前沿技术导入，这使得成都工厂的质量改善工作进入了第三个阶段——技术创新阶段。在这一阶段，从研发、生产、供应商管理到客户服务的综合质量管理体系进一步得到了完善，质量管控贯穿产品全生命周期的各个阶段。

具体来讲，在 2017 年前，成都工厂在安贝格工厂质量管理体系的基础上，

⊖ 不符合成本（Non Conformance Cost，NCC），也称为"不良成本"，其代表在项目计划成本之外产生的费用，会造成项目成本提高，降低项目利润。在质量管理中，不良成本可能来自预料之外的质量事故，包括因供应商供货质量问题造成的成本增加。

其质量改善工作主要围绕"抓痛点、找问题"展开，例如，某台设备运行状况或某种物料的不良品率较高，就会针对性地解决问题。当大痛点、大问题被抓出来、解决掉后，质量持续改善的隐性因素就必须依靠数据实时采集和透明化去发现和解决。加之从 2017 年开始，数据机器人、人工智能、工业大数据、数字孪生和仿真分析等更多数字化新技术被引入，给质量管理工作带来了新挑战和新机遇。段炼说："面对层出不穷的新技术，整个质量团队和相关业务部门、人员都进入了新一轮的学习、掌握和应用循环中。"

于是，以 2017 年为节点，"基于业务数据的透明进行持续改进"成为成都工厂全流程质量管控工作的核心方法之一。通过从各业务系统、每台设备上实时采集数据进行"数据透明"，再利用数据挖掘和分析等智能化手段，发现和解决隐藏的质量小漏洞。例如，通过数据透明的 QMS 降低产品残次率、减少设备宕机时间、改善原材料供应的质量表现，都是提高质量和降低不良品成本的重要手段。

以成都工厂的贴片工艺单元为例，如果用传统的 QC 分析方法，需要制作一张 Excel 质量参数表，10% 的大问题可以立刻被发现，另外约 80% 的质量问题需要深入分析、解决，最后 10% 的问题往往很难通过传统质量图表的方式发现，质量团队需要利用数字化手段采集更广泛、更连续的数据，甚至采集贴片工艺上下游单元的关联数据，利用数据分析方法找到数据间的关联性，才能把质量管理推向更高的水平。

质量持续改善工作的未来是"基于数据的智能决策"，即基于数据透明和数据分析，建立和完善质量管控模型，利用智能算法，向闭环质量管理系统（Quality Management System，QMS）发展。这是数据应用的更高层次，也是目前成都工厂践行质量持续改善的核心目标。

打造综合质量管理体系

"产品质量的持续改善，不能仅依靠单独业务环节的改进或单点质量问题的处理，必须从工厂的顶层规划开始系统性地考虑质量问题。从 2013 年投产到现在，随着质量管控工作的持续开展，这个认知越来越清晰，必须建立综合性的质量管理体系。"段炼说。

成都工厂的质量团队将自身的质量管理体系高度概括为四大业务质量管理系统和三项支撑工作。四大业务质量管理系统包括研发质量管理、供应商质量管理、生产质量管理和客户质量管理四大方面，覆盖了工厂的主要业务环节，实现产品全生命周期端到端的质量管控。三项支撑工作包括质量管控的标准化，各个信息系统的集成化，以及流程、平台和工具的数字化。这三项支撑工作符合数字化工厂建设标准先行、全流程覆盖和以数字化技术为核心的理念。

1. 基石：质量改善，标准先行

三项支撑工作中，依据国际标准的管理体系贯标、认证和集成是所有工作的基础。2014—2020 年，成都工厂启动了综合管理体系（Integrated Management System，IMS）建设项目，在完成质量、环境等单个管理体系标准化建设的基础上，以质量管理体系为基础，逐步完成了体系间的深度融合。

2014 年 6 月，质量团队开始"ISO 9001：2008 质量管理体系[⊖]"的认证，明确质量管理体系的过程及其在工厂各级、各业务单元中的职责和应用，理顺研发、生产、采购等各业务环节之间的相互作用，确保质量管理的资源、流程和数据在系统中持续采集、有序流动、集中管控、交叉分析，为后续的质量管理工作奠定基础。

2015 年年初，工厂开始进一步推进"ISO 14001 环境管理体系"和"OHSAS 18001 职业健康安全管理体系[⊖]"的认证，围绕法律法规及相关方要求，配合质量管理体系建设框架，制定和实施工厂的环境、安全及职业健康方针，将

⊖ ISO 9001：2008，是由国际标准化组织（ISO）在 2008 年发布的质量管理体系国际标准，属于质量管理领域 ISO 9000 系列国际标准。

⊖ 职业健康与安全评价体系（Occupational Health and Safety Assessment Series，OHSAS），是国际公认的职业健康与安全管理的评估规范，旨在帮助各类型组织通过管理控制健康与安全风险和减少事故构建健康安全的工作环境。OHSAS 18001 是由国际认证机构、标准化组织协作，在 1999 年联合推出的国际标准。OHSAS 18001 的构架与 ISO 14001 相互兼容。

环保、安全及职业健康标准要求融入现有质量体系流程架构中，并持续对环境、安全及职业健康方针的落地实施情况与进度进行评审，形成了成都工厂综合管理体系的雏形。

2019年，为了在质量管理工作中强化物料、中间品和制成品的检验检测，成都工厂将"ISO17025实验室检测方法[一]"纳入质量管理标准体系，确定各环节检测的标准、技术要求和工作程序。同一时期，针对工厂的工控安全保障，精益、生产和质量团队相互配合，落地了国际工控安全领域的黄金标准"IEC 62443-4-1[二]"，确保工业自动化、控制系统的环境和产品网络安全要求得到实施、验证、测试、完整记录和可追溯。2020年，成都工厂全面实现了ISO 9001、ISO 14001、ISO 45001新版标准转换贯标工作。

纵观2014年成都工厂开启的综合管理体系认证和贯标工作，ISO 9001、ISO 14001和ISO 45001三大体系的认证、贯标和集成，不仅完善了工厂的Q-EHS（质量、环境、职业健康、安全）体系，实际上也进一步理顺了工厂的组织结构、各业务部门的职责、生产计划等业务活动的标准流程和资源，推动了质量管理工作的系统化和结构化，并按照PDCA管理模式——规划（Plan）、实施（Do）、检查（Check）和改进（Action）贯彻落实。

进一步，ISO 9001、ISO 14001、ISO 45001[三]、ISO 17025、IEC 62443-4-1 这五大标准体系、工作方法的认证实施，确立了成都工厂全流程质量管理体系的核心地位，并集成了检验检测、EHS和网络安全等关键业务环节，成为持续质量改进工作的基石。

[一] ISO17025全称为ISO/IEC17025，是由国际标准化组织和国际电工委员会制定的一致性标准。ISO17025也是美国国家标准ANSI/NCSLZ540.3的基础。本标准规定了实验室进行校准和测试的能力的通用要求。ISO17025是面向测试与测量设备的最主要计量标准。

[二] IEC 62443-4-1标准是国际标准化组织制定的实验室管理体系国际标准，全称为《检测和校准实验室能力的通用要求》，该标准主要包括定义、组织和管理、质量体系、审核和评审、人员、设施和环境、设备和标准物质、量值溯源和校准、校准和检测方法、样品管理、记录、证书和报告、校准或检测的分包、外部协助和供给、投诉等内容。

[三] ISO45001是基于OHSAS 18001的升级标准。

2. 保障：信息化和数字化支撑全流程质量管控

全流程、全链路的质量管控是成都工厂质量团队的工作目标，也是数字化工厂核心生产优势的关键支撑。段炼认为："在数字化工厂，要实现全流程、全链路的质量管控，必须围绕质量管控工作建立审核流程、审核关键节点和审核标准，将 PLM、ERP、MES 等系统的工作流、信息流、数据流打通，建立相应的工作程序。在成都工厂，质量是信息化工作的重要分支领域。"

借助 2014 年开启的标准体系认证工作，质量团队和其他业务团队相互协作，开始进行多信息系统的集成和质量数据贯穿，建立循环审核体系和工作流程（见图 10-3）。段炼将这套循环审核体系总结为"5 + 10 + X"。

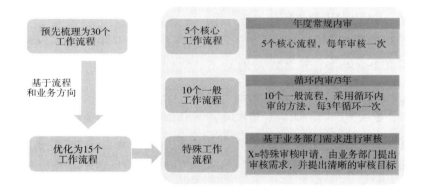

图 10-3　质量管理中的循环审核体系和工作流程

（资料来源：成都工厂）

"5"是指质量管理体系必须重点关注的五大核心业务流程和相应的信息系统，包括：①SCM 系统中的供应商管理、物料管理。②PLM 系统中的项目研发质量管理。③CRM 系统中用户服务管理、用户满意度和用户投诉信息管理等。④生产过程中的质量管理，如 SMT、THT 等工艺参数的管理。⑤设备管理和生产过程质量管控等。成都工厂每年会对这 5 个核心流程的细分工作任务进行一次循环审核。

"10"是指质量管控关注的 10 个一般流程及其信息系统，包括：①SCM 系统中的入库检测、库房管理、看板管理㊀等三大流程。②生产过程（MES 系统）中的生产计划和生产检验计划等两大流程。③人员质量培训、质量管理 IT 系统（纳入 QMS 系统）等两大系统。④与质量管理相关的车辆、库房管理等两大基础设施。⑤EHS 工作的相关流程。这 10 个一般性流程及其信息系统，每 3 年进行一次循环内审。

实际上，成都工厂在建厂初期通过精益工作和信息化系统部署工作，已经将业务工作梳理为 30 个工作流程，随着信息化工作的推进，围绕综合质量体系的建设，将业务工作逐步整合、优化到 15 个工作流程，覆盖了工厂常规的业务环节和信息系统。

同时，为了满足质量管理工作的灵活性、持续性和可扩展性，成都工厂又增加了"X"流程，这个"X"流程根据新技术、新产品和新业务的导入和优化调整，随时由业务部门向质量团队提出，纳入周期性的循环审核流程。

"5＋10＋X"构成了多系统融合的循环审核工作程序和流程，确保质量管控工作持续推进、不走形。同时，"5＋10＋X"循环审核的落地，离不开各业务环节信息化系统的保障。

在产品研发阶段，PLM 系统整合流程质量向导（Product Quality Guide，PQG）㊁系统进行产品需求和设计质量的评审；在供应链管理阶段，PLM、SCM-STAR（西门子的供应链管理信息系统）和 QMS 系统完成供应商、物料、仓储等环节的质量检控；在生产管理阶段，整合 MES、SCOUT（西门子的质量提升系统）、计算机辅助试验系统（Computer Aided Research，CAR）㊂进行生产质量计划以及生产过程、生产设备、中间品和产成品的质量检测和管控；在客户质

㊀ 看板管理（Dashboard Management 或 Kanban Management）是来自丰田汽车生产模式的重要理念，指为了满足及时生产（JIT）要求，可以强化工厂同一道工序或前后工序之间物流或信息流传递的工具或载体。在工业企业的生产管理中，常使用塑料或纸制薄板，将零部件名称、生产量、生产时间、主要工艺、物流走向、仓储位置等信息标注其上，因而得名。

㊁ 流程质量向导（Product Quality Guide，PQG），是成都工厂开发和建立的质量管理工作标准化向导程序，帮助业务人员按照向导指引有序完成质量控制相关工作。

㊂ 计算机辅助实验系统（Computer Aided Research，CAR），是由计算机技术支持的实验设计和分析应用工具，一般包括实验设计、建模分析和实验优化三大部分。

量管理层面，集成 SCOUT、CRM 等信息化系统采集客户反馈、满意度等关键信息，进行信息反馈和回溯，改进产品质量。

在成都工厂，数字化技术的深度应用是信息化系统之外另一个质量管控保障。以上针对质量持续改善而进行的流程整合、信息集成，都需要数字化的流程、技术和工具支撑。在研发阶段，推进 DevOps 研发构架，应用数字孪生的仿真分析技术，将结构设计、电路设计、机电耦合、控制软件开发、零部件和装配工艺等进行虚拟空间的模拟、验证，开展面向装配、面向制造的并行开发流程，在产品设计的早期消除制造、交付、使用时可能存在的大部分质量问题。在供应链阶段，针对供应商和物料，利用 BI 技术，发现数据背后隐藏的质量隐患，利用 PMI-CT 技术开展物料的检验。在生产质量管理层面，对生产线物料、中间品、制成品、设备、人员、过程等核心数据进行分析，利用人工智能技术提高质量管控的自动化和智能化水平。在客户质量管理层面，利用 BI 技术进行客户数据的分析，挖掘需要回馈、追溯的有效信息。

有很多项目可以证明质量管控中的数字化技术的独特作用。例如，质量团队为了实现工作流程和文件归档的规范化、标准化，在研发管理、生产管理、供应链管理等业务环节，针对工程研发、生产线技工、设备运维等不同员工角色，基于流程精益开发应用 PQG，在软件系统里建立可靠的工作规则和次序，引导具体业务人员按照定义好的标准一步步完成工作，避免过度依赖人员业务能力和工作惯性。同时，利用自动化工作流提高效率，通过自动提醒、系统防呆、报警等功能确保操作正确，监督工作人员按流程要求进行质量控制。此外，通过数字化文件管理平台（IDMS），对过程和结果数据进行发布、提交、更新、备档和管理，以确保标准化的流程和各信息系统的数据透明、管理有序、全流程可追溯。

成都工厂与质量相关的每个信息系统中，都有 BI、人工智能等先进数字化技术的影子。以来料质量管理为例，QMS-Professional 制订检验计划，完成来料质量检验，逐步积累形成了大量的质检数据，利用商业数据分析和挖掘技术，可以发现漏检、过度检等问题，从而动态调整检验计划，实现更高的检验效率，并提高来料质量。成都工厂利用 BI 技术，在来料站点检出 80% 以上的批次性问题，避免了相应物料流入产线造成后续质量问题，并实现了 69% 的检验跳批率⊖，提高了来料检验的效率。同时，BI 工具提高了质量表现的透明度，为持续质量改善提供了数据依据。

端到端、多维度的质量管控

"产品质量是设计生产出来的，不是检验出来的。"质量经理段炼始终把这句话挂在嘴边。这句话的背后体现的是成都工厂运行中的两个关键事实：第一，成都工厂 PLC、HMI 等产品的质量控制始于设计研发，终于产品交付和客户服务，其间要对供应商、物料、元器件、生产设备、生产人员、工艺过程进行全面管控，并非单纯依靠产品质检实现质量改善的目标；第二，持续质量改善工作不仅是质量团队的职责范畴，更需要工厂各业务部门全体员工的共同支持。

成都工厂在进化过程中不断践行这句话，质量团队通过将质量管理体系聚焦在四大业务质量管理子系统——研发质量管理、供应商质量管理、生产质量管理和客户质量管理，实现产品全生命周期端到端的质量管控。

1. 研发质量管理：质量是设计出来的

研发质量管理首先从研发模式的转变开始。虽然 PLC 产品并不复杂，但它是机、电、软、控的集成品，需要跨专业团队的紧密协作，要经过需求定义、功能定义、性能指标设定、机电软同步开发、分系统验证测试、综合测试、系统测试、型式测试、组装试制等多个阶段。成都工厂的研发工程师利用 Teamcenter PLM 系统、测试管理系统（Test Management System，TMS）、开发团队资源管理器（Team Foundation Server，TFS）、SCOUT 等信息化系统和数字化工作

⊖ 跳批率，即跳检频率，是跳批计数抽样检验程序的专有名词，当一系列产品批量抽检结果符合规定的质量标准时，连续的某些批次产品不经检验即可接受。为此，跳批抽样检验中规定跳检频率，并按此跳检频率选取产品批次进行检查，以便在来料质量和生产过程质量稳定的情况下减少检验量、节约成本。

平台，从传统的瀑布式开发模式①转向敏捷开发模式。机械结构、电子设计、控制软件等开发工程师通过分系统开发、系统集成、检验验证、迭代再开发、再集成、再测试验证，不断循环，实现产品的快速、高效迭代，并循环反馈、验证提高研发质量。

以 PLC 产品的软件代码开发为例，开发人员在开发过程中就进行本地排错，到了系统集成阶段还要进行强制代码评审，合并编译和发布阶段再进行持续的测试和验证，经过代码评审、静态代码扫描、单元测试和自动测试几个阶段，保证软件代码质量的不断提升。

成都工厂在研发质量管理中，并行开发、迭代改进、循环验证、自动化测试的成效非常明显，直接表现为上市后的百万件产品缺陷率逐年快速下降。成都工厂 LOGO! 产品的研发质量管理就是一个最好的例证，自 2016 年 LOGO! 产品上市以来，通过统计用户反馈的产品运行错误，可以发现产品质量出现了先降后升的变化。仅仅在 2016—2017 年，与 LOGO! 相关的漏洞数高达 260 余个，测试部门经理苏星意识到必须引入和采用自动化测试工具，帮助团队在前期发现问题，以减少后期使用故障，并降低人工工时的投入。

自动化测试工具被引入后效果非常显著，LOGO! 产品的漏洞数从 2017 年的 199 个迅速降至 2019 年的 24 个（见图 10-4）。在后期 S7-200 SMART 从 2.4 版本到 2.5 版本的迭代过程中，测试组同事做了大量的自动化测试，并对人工工时的降低进行了一个精准的测度，在没有使用自动化测试工具的情况下，485 个产品用例的测试需要 9 人月的工作量，引入 85% 的自动化测试之后，仅需 0.3 人月的工作量，即使考虑到在自动化投资上需要 7 人月的付出，但总体也节省了 1.7 人月的工作量，且测试质量大幅提升。

其次，研发质量管理是在产品设计初期，面向新技术趋势和自动化生产条件，进行选件优化和改善，从源头控制产品质量。成都工厂初期的产品大多从德国转移而来，元器件沿用了德国的选型惯例，料号种类繁多，且不完全符合

---

① 瀑布式开发模式是传统的产品开发模式，开发流程依据需求→设计→开发→测试的顺序依次展开，开始每一步工作的前提是前一步工作的完成，每一步都要通过严格评审后才能开始下一步。

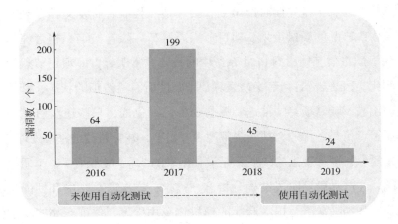

图 10-4 引入自动化测试工具后产品质量大幅提升（以 LOGO！产品为例）

（资料来源：成都工厂）

技术发展的新趋势。例如，电路设计中沿用传统的超级电容，难以适用自动化生产，需要额外整形，且只能手工插件，增加了产品质量的不确定性。

当成都工厂向安贝格工厂提出需要更适合自动化生产及质量控制的超级电容物料时，德方产品设计相关的同事基于经验判断，认为当前超级电容并无明显短板，坚持维持现有选型设计。成都工厂的设计、生产和质量团队，在调研了超级电容的市场和技术趋势后，基于兼容性、自动化和高性价比原则，提出了新的可自动插件、自动贴片的超级电容方案，并说服了德方团队，由成都工厂牵头在全球范围内建立基于新技术发展趋势的电子元器件优选库，在新产品上推广实施，从而在设计源头实现了选件优化，推动该类元器件的自动化组装，最终控制好产品的质量。

最后，研发质量管理的关键在于利用数字化工具、信息化系统来提高研发质量和效率。成都工厂在 PLC、HMI 等硬件开发中，利用 CAD、CAE 等数字孪生工具，开展高效率的产品设计，实现机、电两个专业方向的同步开发、快速耦合，并在产品进入物理试制前进行数字化的仿真验证。

成都工厂的产品研发团队在 Teamcenter 全生命周期管理系统中，利用质量管理信息化平台，进行先期质量策划、关键节点控制、研发文档管理，制定项目健康报告。产品的质量策划、项目节点质量和风险管控等文档管理都集成到PLM系统。质量信息集成到PLM系统中的好处非常明显，即项目节点的跟踪实现了透明化。段炼表示："每个研发项目节点的所有检查项的状态，都能在一张图里展现出来。随着项目的推进，哪些任务已经完成，哪些还没有完成，完成状态和质量评价是怎样的，都能清楚地表现出来，并针对性地进行处理。"

研发质量管理体现出的"质量是设计出来的"，是成都工厂整个质量管控系统的发端。在产品研发阶段准确分析客户需求，定义产品功能和性能指标，尽可能地找出和消除缺陷，提高产品的模块化复用程度，保证产品的功能性、可靠性、安全性、可制造性和合规性，确保设计文档的一致性、合规性，提高产品研发设计的效率，缩短研发周期，最终在成本可控的条件下最大限度地做出满足客户需求的高质量产品，并将研发设计中的经验、知识固化到企业的数字化组织平台中。

2. 供应商质量管理：动态管控和追溯供应链质量

质量问题的另一个来源是供应链，如果来料质量不稳定，再好的质量监控系统也会成为"摆设"。为了消除供应商来料的质量隐患，成都工厂建立和完善了供应商质量管理体系，以开展供应商、元器件和物料的质检、追溯流程。

供应商质量管理主要基于SCM-Star系统和供应商质量表现座舱系统（Supplier Quality Performance Cockpit，SQPC）⊖。首先，成都工厂会结合市场和订单情况，对供应商的市场和产品战略进行评估，确定采购物料、元器件的质量要求；其次，结合产品的技术要求以及对物料、元器件的质量要求，开展潜在供应商的能力评估、认证和签约，并对入选的供应商进行评审、分级，制订优选供应商计划，进行供应商的持续质量改善；最后，如果供应商不再符合质量要求，成都工厂会基于供应商退出机制，对采购状态以及供应商进行变更。

SCM-Star系统是成都工厂应用的一套比较完整的供应商管理系统，包括供

⊖ 供应商质量表现座舱系统（Supplier Quality Performance Cockpit，SQPC），是成都工厂用于供应商质量表现数据汇总、分析和评估的系统。

应商策略管理、供应商注册、评估和认证、订单推送、项目竞标、合同和财务管理等功能模块。其中，供应商策略管理、供应商注册、评估和认证与质量管理息息相关。SQPC 则从工厂、产品和订单出发，对供应商和物料的详细信息进行统一管理。

在供应商质量关系系统的基础上，得益于成都工厂 ERP 系统中的物流、仓库管理模块和 MES 系统之间的数据贯通，通过物流系统下达采购订单，ERP 库存管理系统完成收货动作并同步到 MES，供应商所交付的物料种类、数量等信息得以一一对应，并保持原材料一致。此外，物料进入成都工厂车间库房前，质检部门要针对批次物料进行抽检或全检。

对于来料质检，成都工厂有一套独特的"动态来料检测"系统。投产初期，工厂为确保所有到线物料都符合西门子的品质要求，采取了全覆盖抽检方式，80%的来料质量问题被成功拦截。但随着产能攀升，全覆盖抽检需要的人力、物力越来越多，甚至几次因不能及时提供合格物料导致停线，进而影响工厂及时出货，面临客户流失的风险。"如何在不降低质量的前提下实现来料质检效率的飞跃"成为工厂关注的核心。

为此，结合 QMS-Professional 质量管理新系统，成都工厂启动了针对来料的"动态检验规则（Dynamic Modification Rule，DMR）"，即根据供应商历史质量数据和信誉来动态调整来料抽检率。具体而言，在来料质检过程中，根据某供应商的历史供货质量数据，数据表现越好，抽检比率就越低，一旦出现质量问题，抽检比率立刻动态调整。在这套系统的支持下，有质量隐患的原材料会被检出，避免有质量问题的物料流入生产线，同时，高品质、低风险的物料得以加快释放。最终，成都工厂实现了在产量提高 500%、物料种类由 2000 多种增加到 5000 多种的同时，检出有效率依然保持在 80%，且质检人员减少 50%，质检工作量降低 40%。同时，供应商也从成本和效率角度考量，积极提高供货质量指标，以降低抽检率。

在来料检验环节，检验合格后，物流系统中相应批次物料的锁定状态才会变为可用。这些合格的物料会分配黄色编码标签，来记录供应商、批次等关键信息。黄色标签是独一无二的，在流转到生产线时，信息将显示在线边系统，经过标签扫描才能使用，避免了物料错配引发的质量差错，也实现了物料的唯一性追溯。

在来料质量控制方面，成都工厂还有独特之处。一般企业来料入库、出库都采用先进先出的原则，以避免先期物料的积压问题。成都工厂则采用"智能先进先出"原则，不同时期入库的物料在全部检验合格后，一般先用早期入库的物料，但对于后期入库的部分物料，每个批次也会优先使用一箱，以便及时发现该批次物料的潜在问题，避免经过很长时间才发现后入库物料的问题。

段炼深感质量管理必须实现从元器件、制成品到交付发货、客户服务的产品全生命周期端到端的可追溯性（Traceability），相应评估认证和评审阶段要进行技术、设备和产品的质量预检验，入厂要制订来料质量检测计划，并进行入库质检，生产阶段要对物料、元器件、中间件进行质量检测和监控，发现问题要进行质量投诉管理，同时要进行供应商过程审核，在交付和服务阶段要开展供应商质量问题回溯，并针对性地推动供应商持续改善质量。

可以看到，成都工厂在每一个环节都建立了标准化的细致流程，采用相应的数字化系统和数据管理机制。例如，在"动态来料检测"系统中，质量管理系统 QMS-Professional 要按照事先制订的检验计划进行标准化的检验，结合供应商的历史质量表现动态调整抽样检验计划，全程对检验计划的主数据进行管理，最终向 ERP 系统提交来料的使用决策（Usage Decision），并提交和处理来料不良问题。QMS-Professional 不仅要完成来料的质检管理，还要与 ERP 系统、仓储管理系统交互数据，确保物料的分仓、入库、拣货、派料等后续工作顺利开展。

其中，实现端到端的全程可追溯，不仅有质量团队的努力，各环节的业务团队也做了大量细致的工作。例如，为了让供应商来料标签能被自动化系统正确识别，并生成可追溯的唯一识别码，供应商的来料标签就必须统一规则，为此，元器件工程师与不同的原材料供应商进行了旷日持久的谈判沟通，最终统一了来料标签的模板，为原材料追溯提供了数据保障。为了说服多个印制电路板供应商在来料上打印唯一可追溯的条码（DMC 编码），元器件工程师甚至参与了供应商的产品设计和打标工艺规划工作。某个电路板供应商能力有限，并没有 DMC 打印的工艺，成都工厂的元器件工程师就与供应商一起商讨选定最优的二氧化碳激光打标工艺，并且全程参与指导供应商 DMC 站点的建立和验证。最后在不增加额外采购成本的情况下，既实现了 DMC 编码统一打标，又帮助供应商提高了市场竞争力，实现了双赢的目标。

3. 生产质量管理：以数据驱动生产过程的质量改善

生产质量管理是成都工厂的质量管理体系核心，涉及表面贴装自动光学检测、ICT 电路在线测试、装配质量检测、系统功能检测多个关键工艺环节，覆盖过程质量管控、测试数据采集以及质量数据的处理、分析、统一管理和呈现等主要质量管控工作。生产质量管理同样与 MES、ERP、PLM 等核心业务系统集成，并采用机台质检系统（Station Tester Comesa）、质量管理数据库（QME Database）和 SCOUT 质量提升系统。

（1）SCOUT 质量管控系统　　为了确保全流程质量数据的透明和实时管控，西门子全球工厂建立了通用的 SCOUT 质量提升系统，SCOUT 是生产过程质量管理的核心，它将生产设备、物料、中间品、制成品等质量相关的生产线过程数据和在线检测设备的实时检验数据汇总起来，进行实时的交叉分析和处理，实现质量分析、追溯和预警，并提供高度透明的可视化质量表现报告。

在生产线上，传统工厂往往采用"用于过程控制的对象连接和嵌入"（Object Linking and Embedding for Process Control，OPC）⊖来定期、定向地实现质量数据采集。但是，成都工厂的生产线实时性很强，数据流量大，系统数据采集面临较大压力。成都工厂的生产线上有 600 多个质量数据采集点，每天产生 130 万条质量数据，因此，所有生产线机台都调用统一的服务，或采用线边先后工艺互锁⊜的方式，通过西门子的嵌入式 PLC 进行控制，实现 PLC 和 MES 系统的

⊖ 用于过程控制的对象连接和嵌入（Object Linking and Embedding for Process Control，OPC），即用于过程控制的 OLE，是针对现场控制系统的工业标准接口，是工业控制和生产自动化领域中使用的硬件和软件的接口标准。

⊜ 工艺互锁，也称工艺联锁，是指为保证生产装置（单元）安全稳定运行而设置的保护措施，当上游工艺指标超出安全、质量控制范围时，下游保护装置或工艺会进入锁定状态，避免安全或质量问题扩大化。

质量信息交互。这些质量数据每隔 15~20 分钟刷新一次,从而持续监控 DPM 指标,工厂的大屏幕实时显示产品质量情况,避免了质量问题扩大化。如果发生批量的、反复出现的质量问题,系统会触发纠正措施和改善报告(CAR/8D)⊖ 的电子工作流,由工程师对质量问题按照轻重缓急进行追溯、查询和修正,避免错过消除质量隐患的最佳时机,提前预警、提前发现、提前解决。

线边质量数据采集和 SCOUT 系统,确保了质量数据的实时同步和透明化,帮助质量团队和业务部门多维度分析和追溯质量问题,进行有针对性、持续性的改善。例如,在西门子经典 PLC 产品 S7-1200 的生产过程中,SCOUT 系统通过数据分析发现了关键电子元器件和 PCB 组装工艺环节两个主要的质量波动来源,质量团队针对性地强化来料、入库质检,并进行组装工艺优化,从而在短时间内提高了产品质量表现。

SCOUT 质量提升系统虽然集中作用于生产业务环节,但它与 PLM、ERP 等系统也实现了数据贯通,使得生产质量管理可以实现全流程质量追溯,覆盖从物料入库、PCBA 打板、模块组装、包装封箱、成品入库,最终到交货出厂、客户验货的全程。成都工厂通过 SCOUT 系统的数据贯通、透明,实现了全链路质量数据采集和追溯,可以追溯历史质量持续改善的数据,可以沿着价值链反向倒推,按照年、月、天、批次、单个产品序列号、具体工序和设备、具体物料和元器件进行查询和质量追溯。

在 SCOUT 系统的支持下,成都工厂的质量管理系统与 PLM 系统数据贯通后,能快速发现和定位设计、物料、元器件、工艺、设备、人员等质量隐患,并针对性地进行改善,实现了质量表现每年提升 10% 的目标。

(2)利用人工智能技术辅助质量管理　在生产线质量检测方面,成都工厂

⊖ 纠正措施和改善报告(Correction Action Report,CAR),是质量管理领域的流程工具,用于识别质量不合格问题、分析问题并制定纠正和预防措施。8D(Eight-Discipline)是质量管理中的一种工作方法,俗称8D方法论,其由8个步骤组成,这些步骤用来客观地确定、定义和解决问题并防止相似问题的再次发生。主要步骤包括:D1:小组成立;D2:问题说明;D3:实施并验证临时措施;D4:确定并验证根本原因;D5:选择和验证永久纠正措施;D6:实施永久纠正措施;D7:预防再发生;D8:小组祝贺。CAR 和 8D 相结合,是持续质量改善的工作方法和报告工具。

有个特别的亮点——用人工智能技术消除质量问题误报。其实，生产线检测也会"说谎"，例如，电路板的 THT 焊接检测环节，由于检测设备问题，或者是电路板摆放位置问题，会误报电路板存在电路连通的质量缺陷，这种情况经常发生。于是，精益和工艺部门通过多参数的数字化建模，利用机器学习（Machine Learning）⊖的方式，进行质量检测设备的假错判断，避免误报。

由于成都工厂积累了大量过程质量数据、过程参数数据、设备状态数据、环境参数数据、人工经验数据，这些数据为 AI 算法的导入提供了先决条件，生产业务部门和 IT 算法专家协作，以 OT 需求为主导，同步开发多个工艺段的算法，最终的目标是将所有的 AI 算法集成为"质量管理的大脑"，用于取代人工经验进行质量管理。

除了上述滤除检测设备的假错之外，人工智能技术还能通过结合上下游工艺的闭环数据，动态判断哪些产品以及其检测项目需要或者不需要检测，以降低测试设备的投入。此外，成都工厂还将知识图谱（Knowledge Graph）⊖结合人工智能用于质量问题的诊断和处理与辅助加工型设备（如 PCBA 通孔焊接）工艺参数的动态调整，预测并避免质量问题的发生。

4. 客户质量管理：向质量闭环进发

客户质量管理是成都工厂产品全生命周期质量管理系统的最后一环，也是确保客户满意度、实现质量端到端持续改善的关键一环，它涉及返厂数据采集、维修过程数据记录、质量数据采集、质量报告和分析、共性问题反馈和筛选等关键模块，客户质量管理的数据集中纳入返厂数据库，系统化地呈现返厂质量报告，并最终追溯反馈到研发设计、生产工艺、装备和元器件的改善。

从发端的研发质量管理到终端的客户质量管理，在未来，成都工厂希望进

⊖ 机器学习（Machine Learning），是人工智能的一部分，属于计算科学领域，专门分析和解释数据的模式及结构，以实现无须人工交互即可完成学习、推理和决策等行为的目的。机器学习支持用户向计算机算法馈送大量数据，然后让计算机分析数据，并根据输入数据给出数据驱动型建议和决策。

⊖ 知识图谱（Knowledge Graph），也称为知识域可视化或知识领域映射地图，是显示知识发展进程与结构关系的一系列各种不同的图形，用可视化技术描述知识资源及其载体，挖掘、分析、构建、绘制和显示知识及知识间的相互联系。

一步完善、开发闭环质量管理系统，将FEMA、质量管控计划、质量检验计划、质量问题管理、质量处理8D管理等系统集成起来，实现从发现问题、定位问题、分析问题、解决问题的质量自感知、自决策、自执行的智能化闭环系统。

全员参与的数字化质量管理

1. 激励人，但不能依赖人

"人"是产品质量的关键一环，成都工厂的CIP持续质量改善计划中，基于质量数据的全员、全流程透明化，会采用荣誉榜、月度奖金等公开方式，激励员工树立"质量第一"意识，不断在实际生产工作中提高质量表现，通过小步快进、持续优化的方式，实现CIP年度大目标。

为了促进各业务部门的全体员工参与质量改善工作，并积极学习相关的数字化技术，成都工厂设定了培训支持、绩效考核、奖金鼓励和职务升级系统。

成都工厂针对物料入库检测、在线质检、产品出库质检等环节的蓝领技工、质量工程师、行政管理人员，提供质检技能、电子看板、数字系统应用和开发等从初阶到中阶、进阶的各类培训课程，并定期搜集员工对培训的内容、形式等各种要求，针对性地改进培训计划。

成都工厂鼓励各级员工积极学习新技能，提升工作能力，改善工作绩效。对于质检部门，一旦利用数字化等新技术提高了不良品检出率等质量指标和产能指标，就可以获得相应的奖金。在成都工厂工程师和一线蓝领技工中，因为质量改善等突出工作表现获得1.2~1.8倍工资的情况非常多，越级得到提升的也不鲜见。

质量团队的段炼本人就是个很好的例子，他从普通的质量工程师起步，随着数字化技术和业务技能的学习、实践，陆续主导了"动态来料质检""在线AOI检测"等质检项目，升级为全厂质量团队的负责人。

另外一位从事进料检验的蓝领技工，通过参加工厂的Teamcenter培训，对产品全生命周期系统中的质量管理有了非常深刻的认知，利用大量时间进行质量数据的改善，甚至得到了德国同事的认可，最终从蓝领技工升职为技术员，现在已经是业务团队的负责人。

成都工厂虽然不断鼓励员工自我学习、成长，但质量管控工作并不主要依赖人，系统和数据才是基础。原精益部门负责人戴霁明说："CIP 起源于日本企业的 KAIZEN 精益管理⊖方式，日本企业的质量改善依赖规章制度，依赖人的自觉性、忠诚度和自我管理能力。但是，部分国内企业的一线员工也确实存在数据作假问题，这种数据没有分析价值，为了确保产品质量指标持续改善，西门子更依赖信息化系统、数字化技术和数据，避免对人的主观能动性和责任心的过度依赖。"

2. 绝不进行"运动式"质量管控

段炼认为，质量管理工作需要全员参与，"质量意识"要深入到各业务部门、各业务流程中，决不能仅依赖质量部门。戴霁明也说过："工厂里，最怕只有质量部门（IPQC）关注质量，而生产等其他部门对此不感兴趣，这种工厂的产品质量无法持续稳定提高。"

为了实现"质量意识"全员贯穿和质量指标的下放，一方面，成都工厂建立了常态化的三级质量会议制度——"自上而下"地从 L1 管理质量层、L2 工程质量层、L3 生产线质量层，开展定期、集中的质量专题会议，对工厂的原材料、制成品，乃至客户质量反馈进行回溯、分析，制订未来一段时间的质量改善计划。

三级质量会议制度有具体的任务、牵头人、参与者规定。

L1 管理质量层负责制定全厂的质量战略，制定和考核 FRI⊖、DPM-A、NCC 等核心质量绩效目标，并处理客户抱怨，每季度都要举行一次管理质量层会议，由总经理、商务经理、业务部门经理、质量和生产团队参与。

⊖ KAIZEN 精益管理，源于日本的精益生产概念，由两个词根组成，KAI 代表改善，ZEN 代表更好。KAIZEN 代表持续改善。

⊖ FRI，即生产终期产品随机检验，是指在完成全部生产过程后，在产品进行包装并准备发运出货时进行的随机质量检验。

L2 工程质量层负责质量绩效的细分和落地执行，分析和改善重大质量问题，推送质量持续改进项目的进度，每个月由质量团队牵头组织碰头会，生产团队、运维团队、制程质量检验和控制（IPQA）①部门和相关业务主管参加。

L3 生产线质量层直达生产一线，负责处理生产线的质量抱怨，并同时为质量绩效负责，生产线层的质量会议注重及时高效，每天都要由生产线主管牵头，由生产、质量、IPQA 部门参与。

三级质量会议既是一种会议制度，也是质量持续改善系统的组织原则和体系保障，确保全员"自上而下、自下而上"地提升对产品质量的重视，并及时处理全链路的质量问题。

同时，成都工厂围绕质量改善计划制定了具体的质量指标，将质量（Quality）、交付（Delivery）、成本控制（Cost）的 QDC 三大指标细化到绩效考核中，从而将质量改善工作的压力和责任传递到每个部门、每名员工，这些属于"自上而下"的质量改善工作。

另外，"自下而上"质量工作的核心则是质量数据面向全员保持透明。SCOUT 质量管控系统所采集的质量数据不仅给管理层和质量团队看，也开放给工厂业务层的每一名员工。成都工厂生产线上，生产班组交接班后的第一件事就是看机台数据，上一班次反馈了哪些问题？生产线和设备运行情况如何？质量指标如何？生产线上的每名员工都可以实时在机台、看板上看到数据和问题，并根据问题的优先级进行处理和解决。日积月累的数据透明，透过数据发现问题、解决问题，影响质量的问题就越来越少，质量指标逐步提高。

总的来说，在质量管控方面，基于"数据透明"的质量制度和企业文化建设，是数字化工厂和传统自动化工厂的最大区别。段炼说："成都工厂并不提倡传统工厂那种'运动式'的质量月、质量周活动，从 2013 年投产到 2021 年，我们没组织过一次集中质量提升活动。"成都工厂的质量管控和持续改善，一方面依靠"自上而下"和"自下而上"的质量会议制度、绩效指标下放、制度激

---

① 制程质量检验和控制（IPQA）部门，是指从物料投放、生产组织到最终包装出厂的全过程质量检验和管控。

励和技能培养等组织机制保障，另一方面基于流程标准化、信息系统集成化、工作流程和工具数字化，以数据透明驱动完成润物细无声式的持续质量改善。这是成都工厂从德国总部派驻人员主导逐步转变为中国本地人员主导的过程中，始终保持"质量第一"的秘诀。

德国安贝格工厂建厂几十年间，从每百万件 300 多个缺陷逐渐降低到 12~13 个缺陷的水平。在安贝格工厂的基础上，成都工厂的每百万件缺陷从建厂初的 10.4 个，历年逐渐下降，到 2021 年已降低到 5.7 个的水平。时至今日，成都工厂已经成为西门子在全球唯一的全系列工控产品制造基地，持续为全球客户提供高质量产品。

第十一章　升级：数字化技术助力工厂向先行者蜕变

成都工厂的数字化转型经历了两个阶段，第一阶段是 2013—2015 年，以运营为核心，从问题出发，通过推进对生产、物流和信息流相关的自动化数字化项目，持续提升产品质量和生产效率；第二阶段是 2015—2020 年，以创新为中心，关注机会，不断探索和导入新技术，培养数字化人才（从高绩效人员到数字化人才），转变思维模式（从执行者到创新者），推动数据决策，进而实现运营模式、管理模式和企业文化的转型。其中，成都工厂第二阶段的数字化转型主要有两个背景，一是成都工厂的生产规模进一步扩大，产品种类更加丰富，生产复杂性达到了新的高度；二是西门子在数字化层面所提供的平台和系统的成熟度不断增强，各种系统之间逐渐接近"无缝集成"，尤其是 PLM 系统的不断完善，及其与 ERP、MES 等系统的集成，让数据贯穿的程度不断提高。在这个阶段，成都工厂的数字化升级开始从复制走向了自主，在数据贯穿的基础上，引入了数字孪生、机器人、增材制造等先进数字化技术，让生产业务进一步透明，各项指标得到持续改善。新技术的导入和应用，对成都工厂的创新能力带来极大挑战，考验着成都工厂提出成熟数字化解决方案的水平。

第一节　挖掘数据技术和 IT 的价值

让数据快速流转的 RDA 技术

从 2016 年开始，IT 部门为响应成都工厂"大力推进数字化"的目标，更多地专注于自动化平台的建设，比如工作流平台、RDA 平台、低代码开发平台

Mendix 等。通过自动化平台的建设，IT 部门希望可以降低 IT 系统的门槛，让更多业务部门的业务专家自己去实现相应领域的自动化和数字化建设，打破"IT 人员不懂业务、业务人员不懂 IT"的"魔咒"，从而释放业务部门的生产力，更快地实现自动化和数字化。

1. 低效率的人工数据处理

随着成都工厂的生产线扩充和产能攀升，PLM、MES、ERP 等系统覆盖了研发、设计、生产、物流等制造核心业务单元（Business Unit，BU）。但是，工厂内部各业务系统之间，围绕数据的采集整理、分析处理、传递共享、标准化和存档的工作量大幅增加，仍存在大量低效的人工干预和手工操作环节，系统和系统之间、系统内部各模块之间的数据贯通和流转的效率不高。

当时，迫切需要数据处理自动化的是工厂的采购管理部门。在采购人员的日常工作流程中，需要将供应商的物料信息和 ERP 系统保持同步。这项工作异常复杂，成都工厂需要面对 6000 多种原材料，每一种原材料都有供应商、价格、批次、库存等信息，而每天又有一部分原材料会发生信息变更，这种变更还需要和工厂采购团队、供应商保持同步。受限于供应商的数字化能力，纷繁复杂的大量物料信息不能实现厂内外同步对接，只能手动填写和变更，再利用 Excel 表单导入 ERP 系统，最后须进行数据校验核对。整个过程费时费力，且很容易出错。

在这个环节，数据处理是一个高频需求，而且能够大幅减少人力投入，但在采购人员的日常工作中并没有应用，即使他们处理 Excel 物料信息表单的熟练程度越来越高，甚至还自主开发了很多自动化的宏命令，也不能改变低效率手动操作的本质。

2. 以 RDA 技术维护物料主数据

精益部门、IT 部门和业务部门都开始思考，有没有可能将高度重复的、基于规则的数据处理流程自动化和智能化，从而提高供应链数据更新、质量数据同步、日常业务邮件备档等数据、表单和文件的处理效率，提升信息系统间、BU 间的数据贯通能力。

为此，成都工厂的数字化项目小组将目光聚焦到 RDA 技术上。RDA 是数据自动化领域的一种新模式和一系列新技术，可以利用数据机器人自动执行重复的数据集成、清理、验证、转换、同步等工作。凑巧的是，西门子当时正在推进 LDF 项目，集合了西门子旗下的 30 多家工厂，共同探讨推进数字化技术协作，在谈到数字化工厂的新型工作方法时，也提到了 RDA 技术。

2018 年年初，成都工厂委派一位 IT 部门的员工开始学习 RDA 技术，这位员工需要学习：什么是 RDA 技术？其中有哪些关键技术和工具？如何把 RDA 技术应用到工厂的具体工作场景中？等到他把这些问题研究清楚了，成都工厂就有了第一位 RDA 技术专家。2019 年，以这位 RDA 技术专家为核心，成都工厂成立了 RDA 技术学习小组，进行集体学习研究，最终确定了 17 个项目，并将"物料数据自动化维护（Maintain material purchase in ERP）"确立为先期开展的 RDA 应用试点项目。

这里需要再次提及成都工厂的新技术导入方式，成都工厂每年会召开管理层和主要技术人员的战略研讨会，各业务部门的核心员工都要参加会议，讨论工厂未来几年的战略方向以及下一年的关键项目，在研讨过程中，成都工厂认识到人力资源水平的提高对于数字化工厂的持续建设至关重要，必须搭建新技术学习型平台，通过跨部门、跨专业的组织方式推动新技术的导入。

以 RDA 技术的导入为例，成都工厂从少量员工的技术性学习入手，从业务部门的"业务导向"问题开始单点项目的探索，取得成功经验后，再扩大员工学习和应用项目的覆盖面，这种方式被成都工厂总结为数字化技术导入的"小步快跑"模式。在 RDA 项目中，工厂跨部门把有能力、有兴趣的人组织起来，成立学习小组，快速推动项目。

RDA 技术的学习成果很快在物料数据的日常维护中见到了成效。工厂对物料数据进行了结构化，实现数据整理、填表、数据导入和数据校核 4 步流程的自动化，避免了重复性、低效手工劳动，1~2 小时的工作缩短为 2 分钟，并在数据自动化系统内设置了大量防呆细节，减少了差错率。RDA 技术的应用仅在"物料数据自动化维护"项目中就减少了 90% 的人工参与，每年减少 640 个工时，数据差错率降低为 0。

3. RDA 技术应用遍地开花

取得初步成效后，为了推进 RDA 技术在更多业务环节的应用，2019 年，由精益和 IT 部门牵头，供应链管理、生产流程规划、质量管理、备件管理、财务管理和商务等岗位的 10 多名员工，扩大了 RDA 技术小组的规模，结合具体业务需求探索如何利用 RDA 技术提升数据流程的自动化水平，并负责推动 RDA 技术在更多 BU 落地。

为了鼓励各部门员工学习和应用 RDA 技术，工厂管理层允许新技术导入过程中的业务试错，注重"从成功中汲取经验，从失败中获取教训"，参与项目的人有供应链专家、生产工程师，也有备件管理技术人员、质量管理工程师，甚至还有一些财务管理工作人员，工厂还举办了 RDA 技术竞赛，设置一二三等奖，在全厂的年度大会上向各业务部门的 RDA 项目负责人颁奖。2019 年，RDA 技术竞赛的一等奖获奖者是一位生产一线的女员工。

总结先期试点项目的经验后，成都工厂后续 RDA 项目确立了标准应用流程：首先结构化、标准化数据，确立数据输入、输出机制，规范和自动化数据处理流程，固化人机协作规则，最终 RDA 系统成为数据智能化、自动化的助手。

截至 2020 年年底，成都工厂的 RDA 技术应用已经开展了 17 个单点项目（见表 11-1），广泛分布在生产制造、质量管控、供应链管理、流程规划、物料备件、财务和商务等部门，累积节省了超过 1500 个小时的工作时数，RDA 技术小组也相应地扩展到了 25 名员工。

表 11-1 成都工厂已经开展的 17 个 RDA 技术应用单点项目

（单位：小时/年）

序号	RDA 项目	目的及意义	减少工作时数	牵头部门或人员
1	SAP/Qlik Sense report auto download	系统报告自动下载	60	供应链规划负责人

（续）

序号	RDA 项目	目的及意义	减少工作时数	牵头部门或人员
2	Auto save email attachments	邮件附件自动存储	7	SCM流程规划负责人
3	Mass auto upload data to SAP	大规模数据自动上传	40	
4	PO price annually change automation	年度订单价格自动调整	80	
5	Maintain PUMA data to OPW	自动维护项目数据到系统	90	内部仿真专家
6	Maintain QM view data in SAP	自动维护质量数据	50	质量管理
7	GR Email attachment auto save by category	收货邮件附件自动通过类别存储	50	
8	Maintain II scrap/return material box data in MIT	在仓库系统中维护报废及退回材料的箱号	15	
9	Maintain Box client new version for ECN change	物料类别号变更后箱号自动维护信息	30	生产工程师
10	Maintain machine break down data into SAP	设备非正常停止信息自动维护	130	备件管理专员
11	Maintain repair order data in Information Tool	维修订单信息自动维护	110	产品评审工程师
12	Proceed repair order quotation in Information Tool	维修订单报价信息自动流程	120	
13	Auto print packing list and DN for repair orders	针对维修订单的送货信息的自动打印	10	客服工程师
14	Retrieve component upgrade information in email	自动获取系统邮件内的元器件升级信息	40	质量管理工程师
15	Quality data auto merge and send by mail	质量数据自动合并及自动邮件发送	20	
16	Create sales order in SAP	自动生成销售订单	20	财务管控人员
17	Maintain material purchase data in SAP	自动维护材料采购信息	640	商务经理助理

成都工厂信息技术部经理杨健说："RDA技术的落地应用，其基础是成都工厂各个信息系统的落地应用、持续的数据标准化工作以及培养一线员工的数字化意识，这确保了源头数据的准确性和一致性，如果信息系统不全、不打通，一线数据不准确、不可靠，那么RDA技术应用便缺少了基础支撑，是不可能成功的。"

同时，RDA技术的应用也倒逼工厂进一步提升数据的准确性和一致性，各单元信息系统的集成度不断提高，核心生产部门和财务、商务等支撑部门的数字化应用能力和认知水平大幅提高，成都工厂的数字化基础得到了全面巩固。

未来，按照西门子LDigital项目的规划，RDA还要进一步向机器人流程自动化（Robotic Process Automation，RPA）㊀进化，从桌面端的数据自动化处理，走向服务器端、云端的流程自动化。RDA时期，数据自动化处理程序安装在本地桌面端或服务器端，快速完成本部门和跨部门的数据处理和交换，随着成都工厂整体IT系统的一体化集成和云端化，大量RPA程序将登上云端服务器，基于完整的企业信息化管理模型，支撑企业内部和跨企业业务流程的全面自动化。

工厂数据中心的重建和升级

1. 数据库"老"了

数字化工厂的稳定、高效运行，高度依赖数据。数据库系统相当于成都工厂的"神经系统"，牵一发而动全身。和德国安贝格工厂一样，成都工厂的数据库系统采用了Oracle公司的关系型数据库系统，是工厂各单元业务系统的数据存储和管理基础，这套数据库系统具有完备的数据结构和规划，并严格遵循标准化的数据存储和管理流程，始终进行着精心的维护，且数据库管理系统和服务器均来自行业内的主流供应商，长期支撑业务发展，保持稳定运行。

然而，在2018年，成都工厂的数据库管理系统提供商Oracle发出了邮件通

㊀ 机器人流程自动化（Robotic Process Automation，RPA），是安装在服务器端的自动化程序或应用，可集中管理企业模型，实现跨企业、跨服务的业务流程自动化处理。

知，工厂所用的 Oracle 11G 版本自 2019 年起不再支持，这套老旧的系统存在太多漏洞，很容易被黑客攻击，为了工厂的数据安全，建议进行系统升级。

2019 年，随着成都工厂的产能提升和数字化系统的不断扩充，原有的数据库系统也已经不能满足要求，IT 部门开始考虑升级数据库系统，以适应未来成都工厂的业务增长需求。然而，在 2020 年年初，成都工厂的数据库升级遭遇了一次数据"堵塞"风波，也展示了数字化工厂的核心能力之一，即复杂系统的诊断和危机处理能力。

2. 数据库升级，风波骤起

熟悉 IT 系统运维的人应该知道，这种企业级软件系统的定期版本升级很常见，但对于高度依赖 IT 系统的数字化工厂则非常关键，生产任务紧，生产线不能停，必须确保数据库系统的升级不影响 BU 的运行，实现数据库端和应用端的平稳同步过渡。

在成都工厂的研发设计、生产制造、物流库存等 BU，已经有了 PLM、ERP、MES 等多个应用端系统，错综复杂的 IT 系统的背后，其数据终点都是 Oracle 的数据库端，一旦数据库系统出了问题，影响之大难以预料。

升级还是不升级，这是个大问题。

作为姊妹工厂，成都工厂的 IT 团队首先与德国安贝格工厂进行了沟通，了解安贝格工厂的数据库系统情况。安贝格工厂的数据库系统已经先行一步完成了整体升级，并未出现任何问题。有了姊妹工厂稳定升级的先例，成都工厂最终决定，出于数据库系统的安全性、稳定性和功能、性能冗余考虑，按照 Oracle 公司的建议，对系统进行升级。

工厂管理层做出决定后，为了确保系统顺利升级，IT 团队和业务团队开始进行大量准备工作，检查现有数据库系统、备份数据、设计数据库系统升级方案和回退方案、系统测试和调试。为稳妥起见，IT 团队和业务团队进行了两轮联合测试，解决了出现的各种问题。唯一无法进行的是生产线在机测试，工厂不能长时间停产升级，生产线设备无法和 IT 系统、数据库系统进行联动测试。

意外还是出现了，问题出在业务端。2020 年 4 月 4 日，IT 团队利用假期生产间隙进行了系统升级。升级过程一切顺利，但是，生产线恢复的第一天，物流系统就出了问题，原本顺畅的物流系统轨道运行不再流畅，料箱走走停停。此外，MES 系统工程师发现，问题并不是周期性、有规律的，而是随着 MES 系统和数据库系统之间的数据传输延迟而随机出现。

虽然问题很轻微，也不是经常发生，但仍会影响正常的生产节拍，就像人患上了神经性震颤，不影响生存，但生活质量下降了。

（1）第一个解决方案：提高数据库性能 数据库系统的问题？MES 系统的问题？物流输送设备的问题？在一切因素都没有变化的情况下，也只能解释为数据库升级这一变量是主因。业务不能等人，IT 团队连夜召集德国总部 IT 团队、Oracle 数据库专家团队和物流系统供应商一起查找问题源。

第一个诊断是新版数据库系统和 MES 系统之间的数据传输问题。当晚，Oracle 数据库专家尝试优化一些效率较差的语句，工作到凌晨时，轨道卡箱问题的频度明显降低了，初步判定故障原因是数据库升级导致的循环（Circle）运行效率变差。

问题就这么解决了？并没有，问题更复杂了。

在后来的连续几周中，轨道料箱仍会出现无故走停的情况，而且随机分布在整个物流系统的各个位置，导致每隔 1~2 小时业务部门都要人工搬运料箱，恢复物流系统的正常运转。

数据库系统的升级已经影响了业务的正常运行，具体负责这项工作的 IT 团队和 MES 团队承受的压力巨大。在那段时间，团队成员晚上检查系统、追溯问题源，白天正常上班，在一片紧张焦虑之中，问题依旧。

既然问题无法快速解决，就需要上交问题、寻求外援。成都工厂的 IT、MES 团队将问题提交给了德国总部，请有经验的总部工程师协助查找和判断问题源。同时，数据库工程师和 Oracle 专家团队继续协同对系统进行检查。由于数据库系统升级之前问题并未出现，而且通过前期优化数据库语句的效率，也确实有一定成效，因此所有人的焦点仍放在数据库端。在随后的两个月中，整个团队逐条查看和优化与数据库性能相关的语句，直到 Oracle 专家确认数据库性能已经非常好了。

然而，生产线物流系统的卡顿问题仍然存在。

（2）第二个解决方案：瞄准中间件　业务团队还在人工搬箱子去解决自动化迟滞的问题，从初期的理解、支持，慢慢地变得有些微词，传递给 IT 团队的压力越来越大，整个团队都陷入了巨大的困惑之中。难道是物流设备问题？或者是应用端和数据库端之间的中间件问题？

系统排查的焦点首先转向了中间件，IT 团队开始了一项巨大的工程。中间件日志被全部导了出来，整个数字化工厂的中间件日志数据规模非常大，仅几分钟时间的日志就有数百 MB 之多，逐条查看基本不可能。工程师尝试截取 1～2 分钟的日志、逐条查看，解决问题的曙光再次出现。工程师发现，应用端能正常发出请求，数据库端也能正常接收请求，但是，数据库端反馈到应用端的回复时间非常长，两端的"握手"协议中存在严重延迟，而且这种延迟频繁出现。

为什么数据库"握手"协议的字符串非常规的长？如何解决反馈延迟问题？如果再继续下去，整个 IT 团队都快要撑不住了。

（3）终结问题：抓包检查，实现毫秒级响应　由于数据库中间件由 Oracle 提供，成都工厂的 IT 团队仍然优先选择和 Oracle 的专家协作。西门子物流系统的响应延迟已达到毫秒级，只要响应时间大于 60 毫秒就会出现生产线停滞问题。Oracle 终端服务工程师说："成都工厂是第一个反映毫秒级问题的用户，此前没有用户遇到类似的问题，没有太多可参考的经验。"

Oracle 团队最终只给出了一个建议：数据库和应用端通过网络连接和通信，可以尝试通过网络抓取数据包，再通过检查数据包查找问题源头，进一步判断是发送端（应用端）还是接收端（数据库端）的问题。

球又被踢回来了，还是要自力更生。

按照 Oracle 专家的建议，IT 团队对网络数据包进行了抓取、分析，问题仍然是数据库端反馈存在明显延迟。但这说明应用端是没问题的，问题核心还是在数据库端。

按照这个思路，成都工厂的数据库工程师和系统架构工程师再次进行深入研究、大胆假设、小心求证，沿着数据链路一点点地查找原因，得出一个新的判断：MES 等应用端的版本比较旧，而数据库端则是最新版本，老版应用端和新版数据库的连接方式可能存在不兼容问题，数据库端无法响应应用端的大量连接请求，导致数据吞吐量拥堵，产生数据响应的延迟。

数据库工程师尝试在数据库端将对接应用端的共享模式改为专用模式，使得数据库端可以一一及时响应应用端的连接请求。整个系统的性能瞬间恢复正常，数据库系统和应用系统对硬件设备的响应实时率直接从 68% 跳到 98%。

用项目负责人潘工的话说："整个世界都清净了，内心无比轻松、满足。"

3. 关键时刻，工厂复杂系统的诊断和危机处理能力最重要

从 4 月初数据库升级、问题出现，到 7 月 31 日彻底解决问题，回顾长达 4 个月的这场数据"堵塞"风波，我们会发现，最终解决问题还是依靠成都工厂 IT 团队和 MES 团队，工厂外部的数据系统供应商 Oracle、远隔重洋的西门子总部 IT 技术团队都无法直接触及问题的核心。

作为数字化工厂，数据和网络系统的重要性和价值在这场风波中显露无遗，一个小小的系统设置，就足以影响工厂的生产节拍，其影响力不低于实际生产线设备的物理性故障，这是数字化工厂和传统工厂的明显不同。正因如此，数字化工厂需要一支强有力的数字化系统运维队伍，他们不仅具备传统 IT 团队的专业技术能力，还要纵观工厂数字化全局，深入业务一线摸排数据系统。

数据系统是数字化工厂的神经系统，每个 BU 节点都是神经元，维护这套独特的神经系统必须依靠工厂自主的专业 IT + 业务运维团队，这和传统工厂的设备运维团队同等重要。关键业务、关键时刻，外力是不能一味依赖的，自主数据系统能力是数字化工厂的重要基础之一。

第二节　从仿真分析走向数字孪生

基于数字孪生技术优化生产线

成都工厂作为德国安贝格工厂的姊妹工厂，在 2013 年正式投产之后，第一条生产线基本为德国"原装"，几乎全线复制了安贝格工厂的产品、工艺、流程和设备，经过两年的产能爬坡和业务磨合，逐渐进入了稳定期，并在 2015 年转入扩充发展期。

2015 年，成都工厂开始出离安贝格工厂的"影子"，陆续导入新的本地化 PLC 产品、上马新的生产线，引入新设备和新技术，对原有生产线系统进行"小步快走"式的自动化升级，并逐步提高设备的本地化率，核心目标仍然是提高质量指标、提升生产效率、降低生产成本和稳定生产流程。

2017—2019 年，成都工厂连续实施了机器人相关的 22 个项目（见图 11-1）。

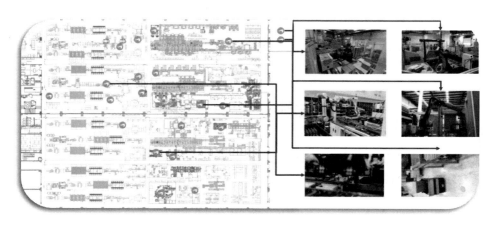

图 11-1　成都工厂实施的机器人相关项目

（资料来源：成都工厂）

谈到以机器人为核心进行工艺工装的持续改进时，成都工厂自动化项目组的负责人冯建军说："在产品创新、产能提升和自动化持续优化的过程中，我们有三大关键工作基础。"

首先，来自安贝格工厂的工艺、流程和设备知识、经验至关重要。成都工厂毕竟是站在巨人的肩膀上，初期就消化吸收了大量德国制造的先进实践经验，在生产自动化、物流自动化和信息自动化等方面具备良好的基础，并保持了精益生产持续改善的工作传统。其次，成都工厂在机器人、机器视觉等自动化技术领域的创新敏感度和持续的探索工作，形成了深厚的数字化设备和技术整合能力。最后则是仿真与数字孪生技术的应用能力。

数字化工厂的仿真与数字孪生技术，是指在三维虚拟环境中对产品、生产线、制造单元、设备和人员等关键生产要素进行数字化建模，基于数字化模型进行动态仿真和研究分析，验证产品方案、生产线规划、制造策略、工艺流程、人机工程等内容，从而寻求最优解，提高工厂的生产能力和运营水平。

第一个工作基础是传统优质工厂的基本功，而第二、三个基础结合了先进自动化和数字化工厂的仿真与数字孪生技术，是支撑成都工厂持续升级的核心。

1. 仿真与数字孪生技术第一战：优化设计 S7-200 PLC 半自动组装生产线

2015 年，成都工厂的新生产线、新产品开始集中上马，产能持续扩充，正式从建厂初期"复刻"安贝格工厂的策略逐步迈向了自主创新发展阶段。时任成都工厂生产部团队主管的任江勇提出引入三维仿真分析技术㊀，对新生产线、新工艺、新设备进行建模、仿真分析和优化。

工厂管理层采纳了这一建议，安排一名实习生配合任江勇，尝试利用三维仿真分析软件先期开展单点项目的应用，验证这项技术在成都工厂持续应用的可行性。

说来也巧，时逢成都工厂部署 S7-200 PLC 新生产线，S7-200 是西门子公司的经典 PLC 产品，选择在成都工厂扩大产能，需要设计、建设一条新的半自动

㊀ 三维仿真分析技术，是指利用计算机软件，建立产品、设备、生产线乃至车间、工厂的数字化模型，进行模拟仿真和分析、优化。

组装生产线。于是，三维仿真分析技术应用的第一个单点项目就始于 S7-200 PLC 半自动组装生产线的建设（见图 11-2），这条生产线要混合生产三大类、70 多个细分类型的产品，产品结构和生产工艺都比较复杂，在多订单混线生产方面缺乏可供参考的历史经验和数据，需要不断摸索和迭代。

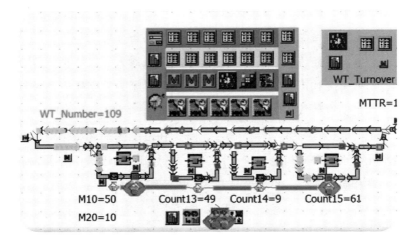

图 11-2　S7-200 生产线物料小车的仿真和动态数值模拟

（资料来源：成都工厂）

组建 S7-200 PLC 半自动组装生产线首先遇到的典型问题是：在订单、产能、交期和物料种类等限定条件下，生产线的物流需要部署多少个物料小车，物料小车的速度如何设置，如何混合输送物料，看似简单的问题，其实非常复杂。如果物料小车的数量少了，无法满足生产节拍的需要；如果数量多了，则容易产生拥堵。于是，仿真与数字孪生技术在生产线物料小车的规划和部署中发挥了威力。

任江勇和实习生利用三维仿真分析软件建立了包含生产线、制造单元、物料小车和人员的三维动态模型，设定好生产节拍等限定参数，将生产线的运行过程数据化、透明化，利用数值分析混线生产过程中物流线和物料小车的流转运行情况，寻求问题的最优解。

实践证明，任江勇引入三维仿真分析技术的提议非常明智，成都工厂的第一个三维仿真分析技术试点应用项目效果显著。首先，根据订单组合，从初始员工数量开始不断进行优化分析和组合，实现了人员配置的最优化和产能的最大化。其次，在生产节拍和物流线长度固定的情况下，利用软件反复进行虚拟调试和试运行，最终确定了物料小车的最优精准数量——87个。最后，混线生产模式下，每个订单的批量不同、交期不同，工序和物料也存在差异性，生产线仿真提高了物料的公用性和一致性，优化了多订单混合生产的节拍，实现了不同订单同期、同线生产的最优匹配。

S7-200组装生产线试点项目的成功落地，令成都工厂认识到了仿真分析技术的应用价值，彻底打开了仿真与数字孪生技术的应用局面。时任成都工厂卓越运营部经理的戴霁明说："仿真分析技术的应用使成都工厂的生产线优化进入了新的阶段，从基于经验的试错模式，转向了基于数据模型的优化模式。"

2016年年底，成都工厂设立了专门的岗位，负责仿真分析技术的应用和推广，来自一汽集团、具有三维仿真分析技术应用基础的张春阳成了仿真业务专职经理，与生产管理、自动化技术项目组相互配合，在后续的新生产线上马、旧生产线改造升级项目中，不断拓展三维仿真分析技术的应用空间，推动了物流设备、工业机器人和AGV等新设备的落地应用。

2. 仿真与数字孪生技术第二战：从验证物料仓方案到全生产线验证

2017年7月，成都工厂的二期生产线主体刚刚建成，开始为大规模量产进行后期准备，仿真与数字孪生技术再次展现了威力。针对前端PCBA成品存储和线边物料的供给，工厂内部产生了分歧，在二期生产线的预期产能下，是一步到位部署MVS（Material Value Scale）系统？还是采用传统料架和人工推车派料的方式？前者投入数以千万元计，后者则经过了经验验证，且建设成本较低，似乎也能满足生产要求。成都工厂团队希望征求德国安贝格工厂的意见，但安贝格工厂并没有类似的经验和对比数据。

不过，成都工厂有了S7-200 PLC半自动组装生产线的试点经验，仿真分析技术自然而然地成了关键的决策工具。与其凭空讨论，不如利用数据进行验证。张春阳和冯建军等精益部门、自动化部门的同事合作，利用三维仿真分析软件构建了两套物料供给系统的三维模型，一套采用全新的 MVS 系统，一套则沿用一期项目的小型货架、人工推车派送物料形式。

在设定了生产线的产量、生产节拍等限定参数后，数据模拟分析很快给出了结果。如果采用人工方式，1 名工作人员的工时占用率高达 89.4%，工作负荷大且十分繁忙，无法跟上生产线节拍，机台会由于缺少物料而产生等待，产能就会降低。如果安排 2 个人负责这项工作，在满足生产节拍的情况下，工时占用率下降到 60%，劳动强度有所降低，生产线等待时间降低到 0。以每个生产班次 2 个人计算，全厂、全天总共需要 16 个人从事物料派送工作。如果采用 MVS 系统，一套 MVS 系统就足以满足现有生产节拍，而且还有进一步提升的冗余空间。

衡量人工、料架、辅助设备等成本和 MVS 系统的综合投入后，从短期看，MVS 系统的资产回报率较低，从长期看，MVS 系统的综合成本比人工更低，投资回报率 ROI 也远高于人工方式，且能满足产能持续扩充的需要。于是，成都工厂在二期生产线中，果断选择了 MVS 系统，仿真分析技术再次体现出数据的价值（见图 11-3）。

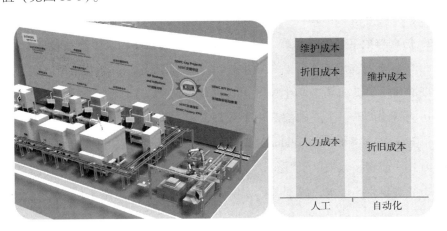

图 11-3　基于三维仿真分析技术规划 MVS 系统以及成本效率优化

（资料来源：成都工厂）

负责三维仿真分析项目的张春阳说："在复杂的工程问题面前，经验和直觉不总是可靠的，如果当时没有进行模拟、仿真和分析，大多数人会认为 MVS 系统的资产回报率很低，可能很多年都收不回成本，但经过计算后才会发现，这种自动化解决方案不仅效率更高，即使单纯从成本上看，也是优于人工方式的。"

2018 年年初，成都工厂的关键产品——S7-200 SMART PLC 引入，这是西门子在经典产品 S7-200 的基础上，针对中国本地化需求开发的小型化 PLC，选择在成都工厂生产，同时工厂也将开始建设第三条生产线。从这条生产线开始，成都工厂计划导入更多本地供应商，替代一部分原产德国的设备，从而实现降本增效。采用本地供应商、自主导入新设备，意味着进一步远离安贝格工厂的经验，方案和技术的不确定性更大，三维仿真分析技术的应用价值更加凸显。

按照行业惯例，在上马新生产线前，工厂首先要向设备供应商提出基本要求，供应商根据过去的经验提供相应的生产线方案，然后进行讨论、方案验证、试产和调试，这期间大量的工艺、设备参数都需要利用试错法确定，耗时、费力且成本高。S7-200 SMART PLC 生产线的工期紧，预计产能要求高，而且生产线上计划采用大量机器人替代人工和传统物流，没有历史经验和数据，采用传统的试错、迭代方式，注定效率低、周期长、效果差。

有了 S7-200 PLC 半自动组装生产线和物料供给系统的经验，张春阳和工艺部门毫不犹豫，直接开始利用三维仿真分析软件进行生产线初始方案的建模，这次的建模规模更大，几乎包含了生产线的全部设备、工艺单元、关键物料和工人。

经过模拟分析，初始方案的很多问题在虚拟空间就得到了验证和解决。例如，在激光打码工艺环节，围绕工作转台，供应商的初始方案提供了 6 工位的方案，仿真验证后发现，这套 6 工位的方案对于效率提升并无明显作用，2 工位的转台即可满足要求，而且结构更紧凑、成本更低（见图 11-4）。

生产线带式输送机因为包含大量传感器和 RFID 设备，1 米的成本就高达 4000～5000 元，如果用机器人替代部分带式输送机，能否减少带式输送机长度？

经过仿真模拟后，机器人方案确实可以减少带式输送机的长度和物料小车的数量，实现降低成本的目标。而且，制造单元的占地长度也从 14 米缩减到 11 米，空间更为紧凑，其运营效率、站点利用率、人员效率都有明显提升。

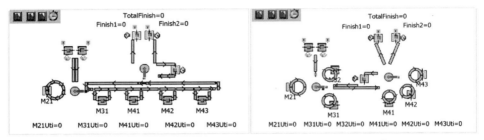

a）6 工位　　　　　　　　　　　b）2 工位

图 11-4　6 工位和 2 工位两套方案

（资料来源：成都工厂）

最关键的是，由于前期采用三维仿真分析技术进行了大量生产线模拟和验证，减少了后期调试、试产阶段的反复迭代，传统方式需要 12 个月的生产线导入周期，实际在 8 个月内就完成了任务。三维仿真分析技术帮助成都工厂以更低成本、更高效率、更短周期完成了自主生产线的建设任务。

至此，成都工厂基于自身多订单、多品种混线生产的特点，针对新生产线上马、物流系统优化和机器人等新设备的导入，利用仿真与数字孪生技术，对生产节拍、设备动态、上下料顺序、物料储运系统等内容进行了规划验证和优化，实现了优化工艺流程、改善工作环境、提升生产线效率和降低生产成本的目标。

基于虚拟现实技术优化人机工程

通过仿真分析技术小组和各业务部门的共同努力，三维仿真分析技术系列应用项目充分证明了数字孪生体系和仿真分析技术在工厂、生产线、制造单元部署和工艺优化等方面的应用价值，但这些成就还未达到完整数字化工厂的标准。

真正的数字化还需要做到"攻占内部",即改善人与机器之间的关系,优化人与机器的互动行为。实际上,从 2018 年开始,随着成都工厂从传统流水线模式,更多转向以机器人为核心的模块化制造单元模式,针对人机协同的仿真模拟需求越来越多。成都工厂仿真工作的焦点逐渐从生产过程仿真,向研究机器设备与人在生产线、复杂制造单元中的动作关系和相互作用延伸。

对机器设备而言,引入一条新的自动化生产线时,仿真需要考虑生产线布局是否合理,不同设备的功能组合是否有助于提高生产效率,机器人的运动轨迹能否协调、精准地完成工作内容,机器人的编程和示教是否方便,能否缩短新生产线的调试和导入时间、加速新产品上市等问题。

对生产线上的人而言,仿真必须考虑生产线上的工人数量是否满足生产节拍的需要;工作台的高度、料箱的摆放距离是否适合快速拾取、灵活操作;员工是否能保持较舒适的可视高度和视野范围;在劳动过程中,工人哪些动作可能幅度和负荷过大,会不会过快产生疲劳感;对身体可能产生哪些不利的影响等问题。

2018 年,在生产线设计和自动化升级项目中使用三维仿真分析技术时,张春阳的团队开始考虑人因工程的问题。但是,当时主要利用软件系统内置的人因工程数据和人体模型,这些欧美团队开发的软件,其模型数据主要是基于西方人的体征特点的,为此,张春阳还特别针对中国员工的身高、臂展等特点进行了一些优化。

到了 2019 年,在西门子全球 LDF 项目和成都工厂新技术规划的推动下,张春阳的仿真团队开始引入 VR 技术和 AR 技术,让员工穿上动作捕捉设备,模拟生产线上的生产操作,以获取中国员工的真实体征数据和动作轨迹,并把这些数据导入到仿真软件中,建立完整的动态人因模型,进行以人为中心的人机协作工艺流程设计和优化,围绕虚拟产品、在虚拟工作环境中进行人体工程学分析,进而调整人、带式输送机、料箱、设备等之间的高度、距离和摆放方式,在提高生产效率的同时,改善工作场所的舒适程度和安全状况。

另外，张春阳的团队还引入了"第一视角"的理念，让员工戴上 VR 眼镜，巡视虚拟产品和虚拟物料，同时通过运动补偿、感知互动设备让员工彻底进入虚拟空间，进行预先的虚拟装配，从而加速新产品和生产工艺的导入培训工作。

为了构建完整的数字化工厂，张春阳需要配合各个业务部门，围绕工厂的人、机、料、法、环，开展数据采集、建模、仿真分析和优化等大量工作。为此，成都工厂的仿真人员从最初只有张春阳 1 人，逐步扩充成涉及各个部门、由 30 多名专家组成的完整技术团队。针对仿真分析的常用模型、模块化和标准化的控制语句，仿真团队构建了公共资料库，截至 2020 年年底，全厂 60% 的生产线和制造单元都建立了数字化模型，这极大地缩短了仿真分析项目的工作周期。目前，整条生产线的建模工作仅仅需要两周时间，完整的生产线仿真模拟和优化工作也从最初接近半年的时间缩短到了 2～3 个月。

从站在德国安贝格工厂的肩膀上，到走向数字化的自主创新，成都工厂走出了一条数字化灯塔工厂的成长之路。成都工厂将数字孪生技术逐步延伸到制造单元仿真、生产线仿真、增材制造、人因工程分析等应用场景，并最终向完整的数字化工厂发展。现在，数字孪生技术不仅成了成都工厂在生产线布局、工艺规划、自动化设备验证等场景的必备工具，也成了成都工厂的核心竞争力之一，不断推动成都工厂的产品创新、工艺工装创新和工作模式创新。

第三节　以机器人优化生产线和智造单元

从 2017 年开始，在三维仿真分析技术以及人工智能技术等的支持下，自动化项目组开始连续导入工业机器人、协作机器人⊖和 AGV 等新型设备，加速提高生产线的自动化和智能化程度，从基于物料传送的流水线生产模式，向以机器人为基础的模块化、柔性智造模式探索。

⊖ 协作机器人，是新形态的工业机器人，具有体积小巧、负载轻便、编程简单、部署灵活、安全可靠等特性，可以在生产线上与人类协同工作，不需要安全护栏和围笼。

基于 iRobot 实现电路板在线测试工序的自动化升级

成都工厂的生产线上，有一道电路板在线测试的工序，这道工序要利用自动在线测试仪（in Circuit Tester，ICT）检测电路板的开路、短路、零件焊接等质量情况。过去这道工序由人工完成，员工从承载电路板的黑箱中取出电路板，放置在 ICT 的检测位置，检测合格的电路板放回黑箱，不合格的电路板则放在不良品处置区。这个过程对于人工而言比较简单，但要利用机器人进行自动化升级却并不简单。

结合成都工厂的生产流程和生产节拍，这些电路板是以垂直隔层的方式存放在黑箱中的，然而 ICT 需要电路板保持水平位置才能工作，机器人不仅要精准抓取电路板，还要快速实现两种位置状态的转换。另外，在混线生产模式下，电路板的尺寸存在多种差异，检测特征点也不同，如何让机器人的夹爪兼容各种电路板，实现机器人快速动作以满足测试节拍，这些都是需要解决的关键问题。

在自动化项目负责人冯建军的带领下，利用三维仿真分析软件的模拟验证功能，第一套自动化方案很快出台了。待测试的电路板由黑箱整体自动送入工作平台，臂展约 900mm 的紧凑型高速 KUKA KR10 工业机器人上特制的气动工装夹爪与辅助光学定位相机相配合，引导夹爪精准抓取和放置电路板。为了解决垂直、水平翻转问题，项目组设计了一套中转平台机构，由辅助机器人把电路板从竖直夹持状态转换为水平夹持状态，通过机器人翻转夹爪完成待测电路板的位置转换，最后再由机器人完成电路板在测试仪上的放置和拾取动作，如此往复。测试仪的测试结果同步反馈给机器人，测试合格的电路板由机器人重新放回黑箱，测试不通过的电路板由机器人放置到不良品处置区域，由专业诊断人员复判。

2017 年 6 月，工厂完成了第一套自动化检测方案的安装部署和调试，由于整个过程由 PLC 控制，机器人的状态可以实时监控，检测数据得以实时采集，无须人工干预，机器人取代了 90% 的人工工作内容，每条生产线都能节省 3 个人力，仅检测环节每年就能降本超过 30 万元。

这道检测工序的自动化升级并没有结束，成都工厂很快就受到西门子爱尔兰根工厂的启发，发现了协作机器人的独特价值。协作机器人的负载更小，而且自带压力、扭矩、触感等传感器，遇到阻力会及时停止，在生产线上部署也不需要安全围挡，可以近距离和工人交叉部署、协同工作。

电路板的尺寸小、质量小，能否在电路板检测环节采用负载轻、运动灵活的协作机器人呢？成都工厂的精益部门和工艺部门开始在仿真分析软件中建模，模拟由一台协作机器人替代 KUKA 的工业机器人，并进行了在机测试。在这个过程中也发现了一些问题，由于生产节拍很快，单台协作机器人的动作速度太快，机械臂夹持板卡在起停之间会发生颤动，影响电路板插回黑箱的动作准确度和效率。于是，经过软件的仿真模拟，方案进一步调整为由两台协作机器人分工，一台负责从黑箱中取电路板、放置在中转台上，另一台负责从中转台上抓取电路板放置在检测仪上，检测完毕后再插回黑箱。最终，两台小型协作机器人替代了一台传统 KUKA 工业机器人和辅助机器人，电路板在线检测工序的执行效率、紧凑度进一步得到了提高。

基于协作机器人实现质量检测等应用场景效率

成都工厂的主要产品是 PLC、HMI 等小型电子产品，生产线上的物料、零部件体积小、质量小，因此整条产线布局紧凑，占地面积不大，但产能高、节拍快、混线生产的柔性需求强。因此，安全性高、适合紧凑部署、编程便捷的协作机器人明显有更多用武之地，而需要高效率、高速度、较大负荷的制造单元，如垃圾分拣岗位、成品出库的码垛岗位，移动速度快、单体成本低、负载上限高的传统工业机器人则是主力。因此，成都工厂不断推动协作机器人的应用，并逐步本地化以降低成本。

从 2017 年开始，围绕 S7-200 SMART PLC 等本地化新产品的导入，新生产线上本地化自动化设备的比例逐步提高。电路板在线测试工序引入的协作机器人来自丹麦优傲公司，后续生产线导入的协作机器人则更多采用了本土化的达明协作机器人（Techman Robot），不仅采购价格更低，而且自带机器视觉系统，在实现基本的功能动作外，还可以基于机器视觉动态寻找物料位置，相应调整动作，可以执行更为智能化的工艺动作。

在 THT 焊接工艺自动光学检验系统的研发过程中，成都工厂采用了达明协作机器人。原本 THT 焊接的工艺质量检测是由人工目检，不仅存在漏检问题，导致有质量问题的产品经常流转到后续工位，而且人工目检的效率较低，降低了自动化焊接设备的利用率。成都工厂采用具备机器视觉能力的达明协作机器人替代了人工目检。协作机器人首先从料箱中抓取电路板，再送入自动光学检测（AOI）设备，AOI 设备通过 RFID 技术识别当前电路板，并根据电路板类型自动调用相应的检测程序进行检测。AOI 设备能瞬间检查电路板上的数百个点，人工智能系统能够以 98.9% 的准确率评估绝大部分可疑点，只有少量可疑点需要人工复判，SPC 数据分析软件负责记录电路板的检测结果。检测完的电路板由机器人抓取并自动转入后续对应工位，后续工位利用 RFID 技术识别电路板，调取和显示其检测结果，员工核对检测结果后进行装箱，对于检验不合格的电路板则进行维修报备处理。达明协作机器人和 AOI 设备组成的系统明显降低了漏检率和误判率，取代了 90% 的人工工作内容，3 个班次可以节省 9 个人力。

从 2018 年开始，成都工厂利用协作机器人取代了人工推车送料方式。在成都工厂的生产线上，除了带式输送机输送物料外，人工推车送料的效率虽然不高，但从建厂开始就一直是不可或缺的辅助物料配送方式。2018 年年底开始，精益团队、工艺部门联合西门子中央研究院，尝试将协作机器人"嫁接"到 AGV 上，带有机器视觉的协作机器人负责取放料。自行导航定位、灵活移动的 AGV 机器人自带料箱，两者协同工作，逐步替代人工料车。为了灵活部署这种"无人"送料小车，成都工厂甚至开发了更简单的图形化编程系统，让生产线工程师、蓝领技工都能"指挥"这套集成了协同机器人、AGV 和机器视觉的系统。经过两年多的优化和磨合，2020 年，成都工厂内部已经很少见到人工料车了。

基于机器人实现复杂生产线的柔性和智能化部署

从 2017 年开始，成都工厂的生产线设计和升级改造发生了很大变化，源自安贝格工厂的围绕物料带式输送机部署生产线的模式，开始向以机器人为基础的模块化、柔性智造单元发展。直白地说，生产线从流水线状的连续部署，逐渐转变为支撑混合排产的柔性、智能化岛式部署。

传统的流水线比较适应大批量生产高标准化、少品种的产品，但随着成都工厂产品品类的增多，MES 和 APS 系统上线运行后，柔性生产、混排作业、快速换线的需求更为迫切。成都工厂的工艺团队和精益团队基于自动化升级和三维仿真分析技术应用的经验，开始着手对关键工艺、工序进行建模、重构，陆续围绕机器人等自动化设备构建一个个模块化的制造单元，单元内的设备采用模块化布局，每个单元的功能又相对独立，再利用带式输送机、AGV 等物料输送设备将这些单元连接起来，并通过数字化手段贯穿各单元的信息系统和数据，形成可组合、可调整、可快速复制和扩充的柔性智能化生产能力，从而应付多品种、高效率混合排产的需要，最大限度地利用各种生产资源，降本增效。

在 2017 年开始进行的 S7-1500C[⊖] 半自动成品组装生产线、S7-200 SMART 第三条组装生产线、ET200SP[⊜] BU 全自动组装生产线、E200SP IO 全自动生产线等项目中，冯建军和他的同事们已经有意识地执行这套生产线设计和改造升级理念，摒弃传统的沿流水线部署机台、工站的方式，组合机器人和机台、工站，以机器人部署为制造单元的圆心，综合考虑人机协同和人因工程等因素，进行模块化的制造单元设计。

例如 S7-1500C 半自动成品组装生产线项目。S7-1500C 是西门子针对 M2 市场[⊜] 开

⊖ S7-1500C，是西门子研发和销售的 PLC 产品。
⊜ ET200SP，是西门子研制和销售的分布式 I/O 系统。
⊜ M2 市场，是工控行业对市场进行的分层之一，从高端的 M1 市场到中、低端的 M2、M3 市场。高端 M1 市场主要面向需要尖端自动化技术的高端科技型企业，M2 市场主要面向 3C、装备制造等 OEM 中端市场，M3 市场主要面向项目型市场和成本敏感型市场。

发的中端 PLC 产品，产品结构复杂，部件数量众多，其生产工艺的质量标准在成都工厂的诸多产品中处于较高水平。在其组装生产线设计过程中，冯建军和他的同事们贯彻了柔性制造、数字化制造的理念，采用机器人部分取代传统的物料输送线，主要设备围绕机器人和转台形成柔性制造单元。这涉及自动化分板装配、自动化光学检测系统、自动化激光打码和自动化测试等工艺，冯建军和他的同事们在工艺展开、设备部署过程中利用三维仿真分析技术完成验证优化工作，对机器人自动上下物料、光学判定识别、自动装配和自动传输等功能系统进行了定制化的开发，产品信息则利用编码系统由后台的 S7-1500 PLC 进行处理、控制和传递。最终，全线自动化率达到了 75%，生产线紧凑程度大为提高，产品主要部件的信息采集和跟踪率达到 90%，实现了产品全生命周期的全程质量追溯和监控。

根据自动化项目组的统计核算，截至 2021 年年底，成都工厂已累计上线 60 多台套各类机器人。机器人的导入和制造单元的持续升级，使得成都工厂整体的流程自动化水平从 60% 提高到了近 80%，综合节省了 83 个人工，占比超过工厂全员的 10%。持续自动化升级的背后是制造流程的持续精益化和工厂员工能力的持续提高，成都工厂已经组建了由 20 多名工程师组成的自动化和三维仿真分析技术核心团队，从制造工程师到设备运维工程师，再到生产线上的蓝领技术工人都进一步掌握了机器人编程、调试和运维，机器视觉系统调试以及三维仿真分析等技能，大幅提升了复杂系统的诊断和危机处理能力，提高了成都、太仓、昆山等地一批自动化设备和解决方案供应商的能力。工厂的自动化项目执行周期从最初的 6~8 个月缩短为 4~6 个月，自动化、数字化、智能化的综合能力得到了大幅提升，为全面实现数字化工厂奠定了基础。

基于 AI 机器人实现精准且高效的工业垃圾分拣

1. 生产线末端的苦岗：分拣工业垃圾

从 2017 年开始，成都工厂的自动化和数字化水平不断提高，技术团队已经不满足于仅仅在生产制造环节导入新技术，同时希望将智能化应用的触角延伸到质检、仓储等生产支撑部门，一个更富挑战性的技术项目应运而生。

在成都工厂的生产过程中会产生三类垃圾：第一类是普通垃圾，如纸屑、废旧塑料等，这一类垃圾再利用的价值不大，但危害性也不大，采取混合倾倒处理方式；第二类是可回收垃圾，如包装纸箱，此类垃圾具有一定回收再利用的价值，可以回收后循环利用，或者交给专门的回收公司处理；第三类是危险废弃物，多是具有一定污染性的工业垃圾，如电路板边角废料等，必须单独倾倒，进行无害化处理。

工厂要对这三类垃圾进行分类处理，每天通过自动化物流系统将垃圾汇聚到生产线终端，然后由工人集中分拣。工人在输送线边进行筛检，把垃圾分类放入专门的铁皮箱中，再由叉车运输到特定的处理区域。这些垃圾必须被精准分类，如果危险废弃物被当作普通废弃物送出去，有可能会造成环境污染，工厂也会面临环保合规风险。

处理这些工业垃圾，对成都工厂而言是一个不大不小的"麻烦"。产能越高，垃圾的数量就越多、质量就越大，前端生产线24小时不停，工厂每天就会产生1000~3000箱的垃圾，每箱的质量接近20千克，分拣单元的每个班次由1~2名工人在岗满负荷运转，而持续筛检、分类和反复搬运对于工人来说是高强度、高重复性的劳动。此外，分拣工作区位于生产线尾端的单独隔离区域，分拣过程会产生粉尘，物流输送线的工作噪声也比较大，加上紧临开放的出料口，这里不安装空调，工作环境和生产区差距较大。

但是，这项工作又只能依靠人的体力和眼力来完成。连续工作之下，即使人眼识别也很难做到无差错。为此，工厂还要安排一名工人在分拣环节做复判，以确保分拣准确率。高强度、重复性的体力劳动，欠佳的工作环境，还要确保极高的识别准确率，能不能用智能机器人替代呢？

2. 人工智能技术解放人力

2019年，人工智能技术兴起，成都工厂开始准备实施基于人工智能的垃圾分拣项目，即通过引入人工智能技术，结合机器视觉系统辅助人工辨别废弃物，以提高垃圾分类的准确度，同时，由机器人执行自动化分拣、搬运操作。

整个过程的设想是：由部署在物流线上的视觉系统拍摄料箱图像，根据废弃物的关键特征像素点进行辨别、分类，然后控制物流线边的机器臂执行分拣工作，从而替代人眼识别、人手分拣，彻底解放人工，提高分拣处理的效率。

然而，问题的症结是机器视觉系统不够"聪明"。在图像分辨率、光线、废弃物形状规则等因素之下，传统机器视觉系统的识别率并不高，特别是对危险废弃物的误判率很高，最后垃圾的复检还是离不开人工，效率提不上去。

有人建议，可以尝试利用机器学习技术，对识别模型进行强化训练，提高系统的识别率。机器学习是人工智能在视觉识别、自然语言处理等领域落地应用的一种典型方法，它可以在大数据分析的基础上形成算法规则，即利用大量经验和历史数据，模拟人类的学习方式，不断优化 AI 模型，结合机器视觉、机器人等工程化应用，最终简化、替代人类的认知、辨别工作，并让机器可以对真实世界中的事务自主做出决策和预测。

然而，成都工厂内部无人熟悉 AI 算法知识，更缺乏机器学习算法所需的强大计算资源。此时，西门子公司的协同创新网络资源开始发挥作用。成都工厂找到了西门子 MindSphere[○] 团队，将工厂废弃物智能化、自动化分拣的业务需求和视觉识别设备端的基础数据，与 AI 算法、云端计算资源结合起来，三方协作推进项目落地。

这个项目成为成都工厂人工智能技术创新、协作研发、应用落地的重要示范性项目，由工厂提供应用场景，MindSphere 工业云团队提供云端算力和边缘计算设备，并开发 AI 算法。

2020 年，一台特殊的工业机器人被安排在分拣工作单元，这台机器人带有机器视觉模块，并安装了西门子的边缘计算设备。机器视觉系统对物料进行连续快速拍照，图像数据汇总到边缘计算设备，经过本地化处理后，形成样本数据库，再定期批量上传到云端，在云端利用机器学习算法不断训练模型，强化

[○] MindSphere，是西门子推出的一种基于云的开放式物联网操作系统，它可将产品、工厂、系统和机器设备连接在一起，能够通过高级分析功能来驾驭物联网产生的海量数据。

系统对物料的识别能力（见图 11-5）。

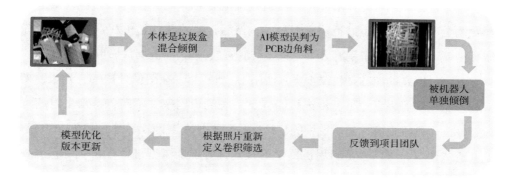

图 11-5　日常机器训练及识别改进过程

（资料来源：成都工厂）

这种尝试并非一蹴而就，机器学习需要数据积累和训练过程，初期的机器人误判率仍然很高，经常会把成品扔到废料区，对于废弃物的筛检也是错误频频，初期综合识别准确率只有大约 60%。这一阶段，分拣工作仍然离不开人工复检和人机协同，机器人减轻了工人的劳动强度，工人负责查漏补缺。

但是，随着机器视觉系统源源不断地将图像数据积累到边缘计算设备并上传到云端，云端 AI 模型持续进行大量识别训练，AI 模型的识别率越来越高。云端训练的成果反馈到边缘计算设备，再由边缘计算设备根据 AI 模型进行判断，控制分拣机器人完成分拣操作，分拣机器人变得越来越聪明。工业云提供了机器学习所需的高处理性能和海量数据存储能力，边缘计算设备则提供实时计算、毫秒级低延迟的业务响应。

从云端到设备端，从 AI 算法到数据采集和实时控制，经过近一年的努力，AI 机器人分拣系统的综合识别率大幅提升，逐步替代了人工。截至 2020 年年底，人工智能分拣机器人的危废品识别率达到了 100%，制成品等其他物料识别率达 94%，综合识别率超过 96%，已经完全替代了高强度、重复性、低效率的人工劳动。

成都工厂的人工智能垃圾分拣项目首次探索了设备端边缘计算、云端训练

AI 模型的工程化应用模式，为后续基于人工智能技术的应用项目积累了丰富的经验，也推动了 MindSphere 工业云在成都工厂的落地应用，这个项目因在工业领域对前沿技术的探索性应用获得了成都的金熊猫奖[一]。

第四节 增材制造技术的生产线实用化

锁定增材制造进行设备选型

2018 年 6 月，成都工厂的厂长李永利开始和团队谋划，希望对未来的一些先进技术进行投资，这些技术或许短期内未必能给工厂带来直接受益，但从长期发展角度有助于提高工厂的技术能力。为此，成都工厂联合西门子中央研究院，筛选出一批对成都工厂有价值的先进技术，其中就有增材制造技术。

按照成都工厂的经验，导入新技术必然从组建技术小组着手。工厂的精益部门首先牵头成立了增材制造专题技术小组，由梁景波负责技术导入和应用。梁景波经过技术调研发现，增材制造技术在工业领域的应用已经相对比较成熟，从商业大型设备到中小型桌面设备，从金属材料打印到树脂塑料成型，从熔融沉积成型（Fused Deposition Modeling，FDM）[二]到立体光固化成型（Stereo Lithography Apparatus，SLA）[三]、选择性激光烧结（Selective Laser Sintering，SLS）[四]，

[一] 金熊猫奖，全称为"金熊猫成就奖"，是成都高新区为激励辖区内企业创新发展而设置的竞赛奖项，包括金熊猫人才奖和金熊猫成就奖。

[二] 熔融沉积成型（Fused Deposition Modeling，FDM），是增材制造领域的一种成型工艺，最早由美国学者 Dr. Scott Crump 于 1988 年研制成功。其原理是，喷头在计算机控制下做 X-Y 联动及 Z 向运动，丝材在喷头中被加热到温度略高于其熔点，通过微细喷嘴挤喷出来，最终叠层成型。

[三] 立体光固化成型（Stereo Lithography Apparatus，SLA），是增材制造领域的一种成型工艺。其原理是，用特定波长与强度的激光聚焦到光固化材料表面，使之由点到线、由线到面顺序凝固，逐层完成绘图作业，层层叠加构成三维实体。

[四] 选择性激光烧结（Selective Laser Sintering，SLS），最早由美国得克萨斯大学奥斯汀分校的 C. R. Dechard 于 1989 年研制成功。SLS 工艺原理是，将材料粉末铺平，用高强度 CO_2 激光器在粉层上扫描出零件截面，材料粉末在高强度激光照射下烧结在一起，得到零件截面，并与下面已成型的部分粘接，一层截面烧结完，铺上新一层材料粉末，连续铺粉、烧结、叠层成型。

市场上可选的设备和技术非常多。

增材制造，与传统减材制造相反，是利用三维模型数据，以逐层堆叠累积的方式将材料连接起来制造产品的过程。在工业领域，增材制造往往应用在航空航天、汽车、模具、消费品等行业，被用于研发阶段的快速试制件生产、制造阶段的快速翻模和单件小批量制造等场景。因增材制造设备具备耗材、喷头（或光敏固化头）等，类似于传统激光或喷墨打印设备，所以增材制造又被形象地称为"3D打印"，逐层堆叠累积的工艺过程也常被称为"打印"。在从事电子制造的成都工厂，这项技术居然也找到了用武之地。

设备的选择必须满足成都工厂电子产品生产的特点，PLC、IPC、HMI等小型电子产品的产品样件、生产辅助夹具的体积和尺寸都不大，且单次打印批量比较低，技术小组最终选择了速度快、无污染、应用门槛低、成本可控的FDM技术。FDM的技术原理并不复杂，通过加热装置将ABS、PLA等丝材熔化，从打印喷头均匀喷出，按照数字层叠模型的结构形状和尺寸，一层层地堆积成型。

从非标准夹具的快速制造起步

2018年年底，第一台FDM打印机进入成都工厂。增材制造技术小组很快遇到了第一个落地任务——生产线非标准夹具的快速制造。FDM增材制造设备进厂时，正好遇到板块夹具上有一个铝件损坏，正常情况下应该由工厂下单给夹具供应商，供应商接单后出图、排产、供货，这个过程最快需要两天时间，但是工厂现在有了增材制造设备，梁景波和他的同事们尝试自己绘制夹具的CAD模型，然后直接用增材制造设备"喷"出了新的夹具零件，仅用了半天时间就完成了制造，而且直接制造成本远低于供应商供货价格。

在小试牛刀后，增材制造技术小组开始瞄准更复杂的需求。在SMT工艺过程中，有一个步骤是通过生产线上的吸嘴从料卷上取料，再把物料放置在电路板上，吸嘴吸附物料时，经常因为吸附位置变动等，导致传感器误判物料尺寸不合适，把正常物料当作废料扔到废料盒中，导致了抛料率居高不下。这些物料本身价值很高，需要重新返回生产线，但散乱的物料又很难被吸嘴吸附，只能定期手工检查和返料。

技术小组开始着手设计具备定位功能的物料盘，这个物料盘的底部有凸凹分明的"槽位"，使得每个物料都有单独、精确的位置，且物料与料盘的间隙不松不紧，既不影响吸嘴的快速吸取，也不会让物料产生位移、晃动，所以这个料盘的形状结构比较复杂。

如果用传统的机加工制造手段，这种复杂的结构设计会有很多限制，原型开发和制造也需要多次迭代，实现起来费时、费力，且成本不低。但是，在使用增材制造技术后，料盘的结构可以"随心所欲"，原型开发阶段仅仅快速打印了一两个样品"槽位"，再拿到生产线上去试验，经过几次快速迭代，达到要求后就进行了小批量正式打印和上线应用。

这个项目不仅解决了物料抛料率高的问题，还给工厂节约了数万元的物料费。物料盘的生产过程，实际给成都工厂画了一条分界线，在此之后，工厂生产线上的工装夹具、检具等附件都会优先采用增材制造技术快速实现。

从技术小组到增材制造公共服务部门

从 2019 年开始，工厂内部的增材制造需求日渐增多，增材制造技术小组接到的来自各部门的需求列表越来越长。需求开始排队，排在前面的需求往往是急迫、关键的任务，多数需求要做到隔日满足，甚至是当日完成。梁景波和他的同事们一般是上午收到需求，下班前建好打印模型，设备晚上通宵打印，第二天一早就把产品交付给需求部门。

为了提高需求响应速度，成都工厂新添置了一台尺寸更大的 FDM 增材制造设备，而且制定了厂内增材制造公共服务的流程与规则。业务部门如果需要利用增材制造技术解决问题，首先填写打印需求表，由技术小组人员针对需求进行细节交流，提供建模和打印技术支持，最终进行效果评价。

在增材制造设备逐步扩大应用范围的过程中，技术小组克服了许多困难，解决了很多问题。中小型 FDM 增材制造设备并不是一种适合连续生产的工业设备，如果打印任务过分密集，就会发现喷嘴吐丝不均匀，甚至出现断喷、堵塞打印头等问题，需要有经验的使用者精心维护。为此，梁景波和他的同事们经过反复试验、调试，找到了打印机稳定吐丝的规律，并合理设定温度、速度等打印参数，确保无人值守的情况下稳定打印，且打印出的样件不翘曲、不变形。

为了尽可能地缩短三维建模时间，梁景波和他的同事们建立了公共模型库（见图 11-6），方便用户随时调用，第一个内部用户的产品打印成功后，其他人如果有相同或相似的需求，可以直接从模型库中调用模型，简单修改调整后再打印，建模时间大大缩短。同时，增材制造技术小组连续开展了 16 场业务培训，帮助各业务部门的对接员工学会使用 NX 软件和增材制造设备，将建模、打印工作任务推进到需求端。

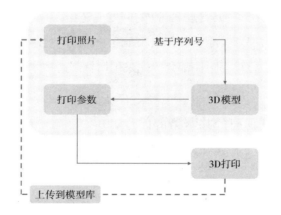

图 11-6　成都工厂增材制造公共模型库的形成

（资料来源：成都工厂）

在成都工厂，增材制造技术的应用并没有止步于生产端，研发部门也找到了技术小组，硬件工程师在 PLC 和 IPC 原型产品开发的时候也希望能够快速制造出模型，以确定结构设计是否合理。硬件工程师对试制样件的精度要求并不高，主要希望通过增材制造实现"快速打样"，然后再进行功能验证和试装配，并进一步验证工厂现有生产线能否满足新产品的制造要求，这在一定程度上缩短了新产品的上市时间。

截至 2020 年年底，成都工厂已经利用增材制造设备完成了超过 500 个项目，每个项目的打印数量从单个到百十个，从需求提出到获取样件，绝大部分项目的周期在 2~3 天，有些项目仅仅半天时间就能完成（见图 11-7）。

按照增材制造技术小组的进一步规划，从 2020 年开始，成都工厂的增材制造技术应用将更广泛地深入到产品样件的打印和验证阶段，同时尝试导入金属增材制造技术，快速制造更多类型的非标零件。

图 11-7　利用增材制造技术快速试制的产品样件

（资料来源：成都工厂）

增材制造技术在成都工厂的应用，改变了生产非标样件依赖供应商的模式，大部分非标样件实现了自主设计、自主制造，达到了降本增效的目标。另外，在数字孪生体系的支撑下，产品研发早期阶段的 3D 模型即可进行样件的快速制造，并验证产品功能、结构和可制造性，从研发到制造的周期得以缩短，试制、测试成本也得以明显降低。

第五节　高级计划排产系统的部署和应用

传统排产方式面临桎梏

2015 年，成都工厂通过复制、导入安贝格工厂的信息化系统，并集成 ERP、PLM、MES 等系统，基本打通了从产品研发到生产制造、企业资源管理的全流程数字化系统链路。

　　这套系统虽然已经实现了较高水平的集成，但在具体功能模块上，仍然不能完全满足工厂研发和生产的需要，一些花大精力做出来的数字化工具和系统之间的集成度并不是很好，前瞻性也有一些欠缺，一些从安贝格工厂直接复制过来的系统还存在"水土不服"的问题。

　　例如，从 PLM 系统导出的产品主数据，从 ERP 系统导入的客户订单、物料表单，在进入 MES 系统之前，需要根据订单、物料供给信息进行排产，即制订详细的生产计划、产品工序作业单、物料资源分配计划，并预测、指导物料采购和供应商供货，约束库存量。

　　然而，成都工厂的排产系统源自德国安贝格工厂。首先基于历史经验数据制订 1 年的总生产计划，然后结合 ERP 系统的客户订单细化到月度生产计划，再相应确定物料需求和分配计划。其中，仍大量采用手动和半自动的数据导入、导出方式。这种方式虽然稳定、可靠，保证了固有产品的稳定交付，但其主要适用于高度标准化产品的长期生产，单位计划周期较长，实时响应市场和客户变化的能力不强，不便于根据生产线变化灵活调整生产计划，更不能真正对物料供应和库存进行预测性指导。

　　2015 年以后，随着产能提高和新产品导入，成都工厂已经明显感受到"计划有点赶不上变化"了。生产的多样性和柔性化需求越迫切，负责排产系统项目的生产部工业工程师杨超的头就越疼：成都工厂的一条生产线要生产超过 100 种的产品，一天之内就要实现超过 10 种产品的混线生产，高度柔性混线生产模式下，现有排产系统的短板就更明显。生产过程的安排必须进一步精细化，生产计划需要做到以天为单位，排产系统需要考虑更多因素，结合在途订单的情况，实时评估、判断成品库存水平和生产线生产状况。为此，成都工厂开始着手上马 APS 系统。

"三步走"上马 APS 系统

　　2015—2016 年，成都工厂的精益部门协同业务部门和 IT 部门，尝试了很多解决问题的方法，甚至曾计划自主开发一套排产系统，以对接 MES 和 ERP 等信息系统，并适应快速换线、物料灵活流转的需求。2017 年，在西门子全球的部署下，成都工厂决定采用新版排产系统，从系统集成和数据贯通角度来看，这套新系统和成都工厂的 MES 系统的匹配度更好。

由于成都工厂有安贝格工厂排产的经验积累，订单交付率已经非常稳定，其排产系统的首要需求是：从客户订单到计划工单、工序部署的顺畅衔接，实现系统和数据的贯通，从而提高生产组织的效率和供应链的灵活性。此外，由于成都工厂混线生产、物料多头的特点，其中涉及的排产算法（规则）非常复杂。

为此，成都工厂专门成立了 APS 项目小组，由精益、IT 和业务部门人员参与，经过了将近一年的摸索学习和系统准备，成都工厂开始制定和实施 APS "三步走"的总体规划。

第一步，部署和应用系统，达成高级排产初步目标。从 2019 年 1 月开始软件应用，限定交付时间、成品库存等关键指标，对接 ERP 系统的订单数据，初步实现生产订单的自动化排产，尽可能地缩短换线周期。截至 2020 年年底，这一阶段的 APS 应用已经取得了明显效果。以往根据经验排产，由于需要考虑的数据、参数太多，工厂的三个生产班组，每个组需要安排一个人花费 4 小时完成每天的排产工作。在 APS 初步实施后，每个人仅需 30 分钟即可完成排产。

值得注意的是，成都工厂在推进这个项目的时候，并不是把项目作为一个整体需求来推进，而是把系统拆解到尽可能小的颗粒度，最终将 APS 排产项目具体划分为 64 个细分项目、26 个业务诉求和 7 轮迭代过程。通过把需求拆解，工厂可以逐个验证单个功能模块，循序渐进推进项目。

第二步，指标持续优化，提高生产柔性。从 2021 年开始，进行生产计划中细节指标的优化，研究 PLM 系统中生产主数据对排产的影响，特别是多型号产品主数据对混线排产的影响，进一步优化排产、缩短换线时间，实现基于生产数据的预测性排产，指导物料供应和库存，从而提高排产的可控性和灵活性，高效率地响应生产线的异常变化。

第三步，APS 系统基于模型与 ERP、PLM、MES 系统全线对接。基于前期的系统运行和历史数据，建立智能化的排产模型。APS 系统从 MES 系统接收数据后，直接根据模型采用优化的排产参数，实现闭环的智能化排产，排产人员仅负责监控、判断和评估。在这个阶段，成都工厂希望训练出更加精准的 AI 系统，让其帮助人工判断和决策。届时，APS 系统将为后台运转服务，不断发出指令，最终由人工判断、执行。

APS 系统应用是工厂的系统级项目，并非简单的软件上线，需要长期的跟踪、研究和部署推进。这个项目再一次让成都工厂思考数字化工作推进的方式，有一些数字化项目的实施过程非常曲折，实施结束后还要经过很长时间的磨合过程，杨超曾经和李永利汇报过这个问题，APS 上线后并不能马上发挥最大功效，反而暴露出数百个和排产相关的问题，很多此前难以看见的问题开始浮出水面，这些问题涉及生产流程、工作习惯和工艺瓶颈等各个方面，要想把 APS 做到极致，需要在工厂内部去推动流程和工艺的持续改善，甚至要改变员工的工作习惯。

杨超认为，从项目目标考核的角度来看，仅仅盯着 APS 项目本身的目标很难实现工厂效益最大化，项目后期才是价值实现指数级增长的关键期。实施 APS 项目后，一方面推动了从基于经验的排产到基于数据、系统的排产的根本性转变，减少了人工依赖，提高了设备、物料的利用率，提升了生产效率和实时响应能力；另一方面找到了工厂内部运行过程中更多账实不符的问题，进一步精细化了 MES、ERP 等系统的应用。例如，MES 系统在订单管理上不够精细，需要做进一步优化，这些使得订单-工单-计划-排产-生产执行的整个链条更为顺畅，形成了数字化工厂持续发展的基础。

第十二章　保障：前行之路上的组织机制变革

从 2012 年建成投产，2015 年中方团队自主运营，到 2017 年渐入佳境，2018 年成为全球灯塔工厂，再到 2019 年迈入智能制造发展的深水区，回顾成都工厂这 8 年多的发展历程，虽然所有的信息化、数字化和智能化工作均围绕业务发展在循序渐进地展开，每个业务单元的数字化转型看似单点开花结果，但仍然有着明显的脉络可循。在 2015 年中方团队自主运营后，成都工厂开始在战略、组织、工作平台、工作方法等方面有了更为深入的思考，并持续改进生产和组织流程，从而形成了数字化工厂迭代、升级的正确路径和原动力。

第一节　以技术创新推动工厂持续数字化升级

数字化升级的三层阶梯

回顾成都工厂的发展历程，可以看到成都工厂的数字化升级飞跃了"信息驱动、知识驱动和智慧驱动"三个阶梯（见图 12-1），登上每一层阶梯都离不开自动化、数字化、智能化新技术的应用。

1. 自动化

"基于自动化的运营质量和效率提升"是成都工厂建成运营后所处的第一个阶梯。虽然成都工厂的建设"范本"——德国安贝格工厂已经是一座高度自动化的工厂，在基于流水线的生产模式下进行了大量的自动化探索，为成都工厂奠定了良好的基础，但自动化技术的发展日新月异，多产品、多型号的柔性生产，以及新产品、新生产线的本地化对成都工厂提出了更高的要求。于是，在

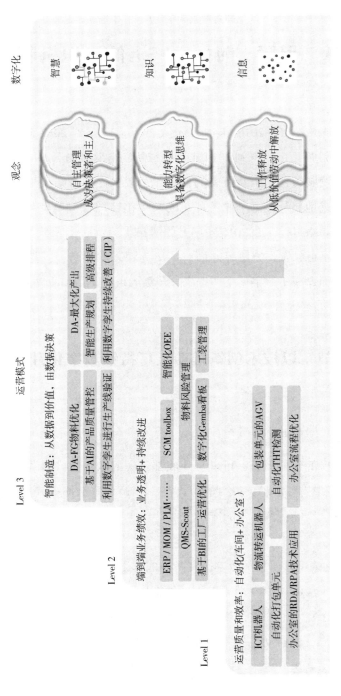

图12-1 成都工厂数字化升级的三层阶梯（资料来源：成都工厂）

生产、检测、物流等各个业务单元、业务部门、精益部门、数字化部门相互配合，进行了大量的自动化工作。如前所述，在 S7-200 SMART PLC 组装生产线、S7-1500C 组装生产线等项目中，陆续引入了工业机器人、协同机器人、AGV 等新型自动化设备，配合 ICT、AOI 等在线检测设备，对生产模式进行了优化和升级。自动化的另一个方面来自非生产一线，例如引入 RDA、RPA 技术，对工厂业务管理中的工作流程和信息处理进行自动化改进，提高业务运行、数据处理的效率。

在自动化这层阶梯上，分散于每个业务单元、每台设备、每名员工头脑中的经验性业务流程和信息，都可以称为"信息"，这些"信息"在背后支撑着业务逻辑。例如，在来料质检环节，质检人员按照历史经验，常规化地进行全检或抽检，再把检验结果输入到 QC 信息系统中。如果没人过问，这样的工作流程和质量信息可以一直延续、积累下去。再如，即使引入了工业机器人、AGV，确实提高了生产效率，但是 AGV 的数量和路径是否与生产计划、节拍最优匹配？新机器人是否达到最佳工作状态？这些问题是单纯的自动化回答不了的，当然也谈不上持续优化和改进，必须迈上另一个阶梯才能解决问题。

2. 数字化

"基于业务透明和持续改进的端到端信息化和数字化"是第二个阶梯。成都工厂在流程精益的基础上，逐渐推进各业务单元的信息系统集成，实时采集生产线自动化设备的运行数据，实现工作流、信息流、数据流的统一和贯穿，数据在制造全流程中变得越来越透明，藏在业务单元以及业务单元之间的细节问题被不断发现和解决，基于经验的大量"信息"就慢慢地变成了基于数据的"知识"，并沉淀为成都工厂宝贵的数字资产。例如，当 PLM、MES、APS、QMS 等系统集成后，产品设计引发的生产工艺、质量问题就会被发现，问题一旦被发现和解决，就沉淀为产品设计的 Know How。当自动化设备、检测设备的数据不断被采集进入 OEE、QMS、SCOUT 等信息系统中，各类生产线设备和工艺的管理与持续优化就有了数据依据。例如，SMT 的抛料率可以降低，物料小车的数量得以优化，来料检测不再盲目地全检、抽检，可以根据供应商历史质量表现进行优化，针对生产线突发的故障、质量问题，可以预测生产线设备的寿命周期和故障，综合分析人员、设备、物料、工艺、检验检测等环节的质量波动数据，从而降低生产故障发生率，持续改善质量表现，实现工厂的预防式运维。

通过端到端的信息化和数字化，基于经验的生产"信息"升华为生产"知识"。成都工厂全流程的数据越来越透明，积累了丰富、全面的"知识"，人、机、料、法、环、测等生产要素得以持续优化，企业的决策管理机制就慢慢发生了转变，向着第三个阶梯"智能化"进发。

3. 智能化

"基于数据决策的智能制造"是第三个台阶。实际上，智能化这层阶梯几乎与数字化、信息化在成都工厂并行推进，这是数字化工厂走向深度智能制造的关键一步。

工厂生产系统的自感知、自学习、自决策、自执行和自适应等功能，立足于信息系统的集成、数据的精准透明，也需要人工智能、BI、边缘计算、云计算等新一代信息技术的支撑。例如，利用BI技术挖掘分析质量数据，建立智能化的动态质量控制模型，为供应商动态质量管理提供工作依据和平台。利用机器视觉、人工智能、边缘计算和云计算改进生产线末端的固废分拣工作，使得机器人替代人工，自主识别、自主决策完成危险废弃物、可回收物、普通废弃物的分类处理。利用PLM系统中的仿真分析技术，基于产品的虚拟模型开展功能验证、性能分析、可制造性规划，减少迭代次数、缩短设计周期，提高设计质量，进而实现协同产品创新，走向产品的数字孪生和制造的数字孪生。

成都工厂精益部门负责人指出，从自动化到数字化、信息化、智能化，这几层阶梯并非在时间线上严格地梯次推进，而是围绕研发设计、生产制造、供应链管理、物流运维等业务的持续优化，通过不断导入自动化、数字化和智能化技术和设备，进行单元式、交替式的推进和跃升，最终实现全局性的"会师"，从数字化工厂跃升为智能工厂。

数字化升级的机制保障

成都工厂业务持续自动化、数字化、智能化升级的表层驱动力是各种新技术、新设备的导入，但核心则是工厂运营模式和数字化观念的不断革新。值得一提的是，成都工厂拥有独家特色的技术导入机制，即"自上而下、自下而上"相结合，双向推动数字化技术的导入和贯穿数字化主线的机制。

1. "自上而下"的数字化技术导入

成都工厂针对自动化、数字化、智能化技术持续导入和升级，制定了长期的数字化技术导入和升级路线图（见图12-2）。这张路线图按照生产规划、原料供给、生产组织、成本管控和订单交付等工厂主要功能模块向下层层细分。例如，生产组织可以细分为生产运营、质量管理、设备维护、仓储物流管理等，每个二级模块还可以继续细分。针对每个细分模块都有自动化、数字化、智能化相关的技术水平和能力评估，与这些能力关联的还有关键支撑技术。成都工厂会根据分模块需求的迫切性、能力水平和关键技术的重要性排布优先级，再制订分年度的推进计划。

成都工厂围绕数字化技术导入和升级路线图的落实和展开，会接着制定一系列的"工作列表"（to Do List）。截至2020年年底，成都工厂就有记录在案的103个IT改进工作列表，它们均来自工厂各个功能模块的发展需求。这些需求由精益和IT部门协同相关业务部门来分阶段地按优先级进行层层推进，并始终保证这些项目沿着统一的路线图前进。

数字化工厂的建设工作如果延展到全球范围，同样有顶层规划和协同推进的问题。2017年，西门子开始组织LDF项目，它聚集了西门子在全球范围内的30多家工厂，制定了LDF路线图和相应的技术规范。在LDF项目的推进过程中，30多家工厂相互协同，建立共享的创新项目和数据平台，相互学习、相互促进，形成了强大的创新网络。

成都工厂的焊接工艺检测人工智能项目在全球LDF项目中具有领先性，于

208 | 建所未见：一座数字化工厂的崛起

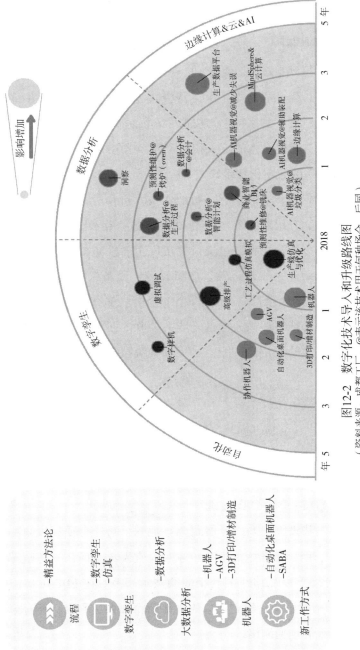

图12-2 数字化技术导入和升级路线图
（资料来源：成都工厂。@表示该技术用于何种场合，后同）

是成都工厂联合安贝格工厂等其他工厂开始协同打造完整的人工智能方案。与此类似，安贝格工厂开发了识别轨道上焊接缺陷的机器视觉项目，也可以在成都工厂直接推广应用。成都工厂的垃圾分拣人工智能项目，甚至已经从单机、单项目应用，向包含设备、应用、系统、算法的标准化、生态化应用发展，未来将形成云端的商业化 APP，对内外赋能。

可以看到，持续导入先进技术是工厂发展的保障，而这种具备极强计划性和可执行性的"自上而下"的渐进式发展方式是数字化工厂进化的核心奥秘。

2. "自下而上"的数字化技术导入

成都工厂的数字化技术升级进程又带有明显"自下而上"的特点。成都工厂绝大部分新技术、新设备的导入需求，由业务基层首先提出，并最终通过有效的内部组织，实现创新应用项目的开花结果。

例如，成都工厂生产线上的工业机器人，从建厂初期的十几台，到 2019 年突破 60 台；在线工作的机器人类型从传统臂式机器人、坐标轴机器人逐步扩充到协作机器人，从传统生产线送料小车、料箱扩展到激光制导的 AGV、基于人工智能的分拣机器人；应用场景从喂料、组装等操作扩充到检验检测、物流输送环节。这些改进都是基于业务层的持续改进需求，由一线工程师甚至蓝领技工首先提出，再由精益业务部门进行技术可行性研究，由 IT 部门提供数字化技术支撑，最终相互协作、多轮迭代，逐步导入实际业务应用场景中。

换句话说，成都工厂引入新技术、推动数字化卓越进阶的驱动力主要来自业务基层，即以需求为导向，带有明显"自下而上"的特征。实际上，在整个西门子内部管理中，都会尽量避免不熟悉业务细节的管理层做出"自上而下"的指示，避免出现具体业务决策远离实际操作层需求的情况。这与很多企业"由管理层主导技术创新工作、基层只负责执行"的"自上而下"模式明显不同。

此外，成都工厂强调"价值导向""成果导向"，即使技术再先进，如果不能结合一线业务需求，不能创造实际价值，西门子也不会引入这项技术。这是成都工厂由业务部门驱动、"自下而上"有序导入新技术的另一层原因。

例如，工艺部门为提升生产过程的一致性、可用性和容错性，主动提出用"机器换人"。在分布式工艺生产过程中，一致性（Consistency）、可用性（Availability）和分区容错性（Partition Tolerance）三大要素之间，只能同时满足两点，不可能三者兼顾。但是通过工艺流程的优化，由机器按照优化路径去完成原本人工执行的操作，就可以协调三者之间的关系，实现更低的成本和更高的效率，原来的 L1 级操作工也顺势转变为具备设备运维能力的 L2/L3 高级技工。工艺流程优化和"机器换人"的需求，由一线工艺部门首先提出，再由精益部门协同研究、合作推进到应用环节。

可以看到，工厂的核心指标 Q（质量）、D（交期）、C（成本）是始终不变的，为了实现质量稳定提升、交期精准、成本可控，成都工厂通过挖掘数据价值，不断从基于历史经验的运营管理模式，向基于数据模型的运营管理模式发展。相应的，工厂从管理团队到各业务团队，通过不断的培训和实践活动，全员强化和形成了信任数字化、依赖数字化的理念，遇到业务问题优先考虑有没有数字化工具或系统能更好、更快地解决问题。

例如，在生产的工艺、工装环节，除了设备的升级改造外，生产一线人员会优先想到 Plant Simulation 这类数字化工具，对设备、制造单元乃至整条生产线进行数字化建模，形成"物理生产线（设备或单元）-虚拟生产线（设备或单元）"的数字孪生体系，利用实际生产数据，在虚拟空间进行工艺工装的仿真分析和优化，为物理生产线的效能改善提供依据，进而形成两者之间自主闭环的智能控制和决策系统。这种基于数据和模型的工作方式和理念，和传统工厂明显不同。在人员管理环节，成都工厂采用信息化系统对企业的管理架构进行精益和优化重组，实现了各级、各业务部门的充分授权，数据的透明化推动了业务的扁平化，在数据驱动下，每个员工都是数字化工厂的"主人"，积极性和能动性大幅提高。

3. 从 ERFA Team 到 Light-house

为保证业务部门及时获取最新技术信息，并适时地结合业务需求推动数字化创新技术的导入、落地和应用，成都工厂建立了一系列相应的管理和保障措施。

ERFA Team 组织是成都工厂打开业务基层创新视野的第一步。ERFA Team 组织由成都工厂相关业务部门专家组成。作为"经验与知识分享组织",ERFA Team 是成都工厂导入数字化新技术、推动业务创新的发动机。在精益部门的推动下,成都工厂针对不同的 BU、不同的新技术会成立多个 ERFA Team 组织,例如 SMT 贴片工艺优化的 ERFA Team、数据分析和技术挖掘的 ERFA Team、生产线仿真分析技术的 ERFA Team 以及机器人应用的 ERFA Team 等。目前,成都工厂有十几个 ERFA Team。ERFA Team 的成员会经常性地讨论工厂现阶段存在哪些业务问题,分享业界最新的技术应用成果,确保相关业务领域的人充分沟通信息,保证及时获取领域内最先进的技术资源和信息,形成内外业务和技术交流的窗口。

NPI(New Product Introduction)项目驱动机制是确保项目落地、多部门协同的第二步。成都工厂内部专门建立了 NPI 项目驱动机制,由精益部门、IT 部门、相关业务部门的业务人员组成项目小组,每个项目设有专门的项目经理,负责推动创新项目的顺利执行。

西门子独特的 3I 管理体系是支撑内部创新的第三步。西门子在 1890 年就已经系统地提出了合理化建议管理体系,并且在 1997 年搭建了 3I 项目平台。西门子的 3I 管理是全球范围采集内部合理化建议的一种方式,这些合理化建议分为思路(Idea)、激励(Impuls)和主动性(Initiative)三类。与传统企业的合理化建议不同,3I 恰恰秉承的是"自下而上"的管理方式。例如,在西门子基层员工社区中,基层员工可以把各种业务设想、点子发布到系统中,形成基层员工、部门经理、战略管理层之间的信息沟通平台。2019 年,工厂平均每月会提出高达 300 多项的改进意见,其中有价值的思想火花或创意一旦被采用,并对业务产生直接效益,将提取一定比例的效益"奖励"给员工。

从 ERFA Team 组织、NPI 项目驱动机制到 3I 管理体系,为成都工厂建立了内部上下沟通、积极学习、激励创新的工作氛围,为"自下而上"推动技术创新提供了土壤。

沿着时间线纵观成都工厂的数字化主线贯穿和业务创新，看似离散，但均围绕着产能、质量、成本、周期四个工厂核心要素。每个数字化技术导入和业务创新点的背后都是在组织、管理创新的支持下，从需求提出、技术验证、业务磨合、组织学习、应用迭代到全面推广的全流程融合。其结果是，在成都工厂落地的任何数字化技术导入和业务创新，都是从一线业务中来、回到一线业务中去的，都经过了实践验证，并能产生明显价值增益，具备充足的横向推广基础。

西门子将工厂内部的这种"可复制"的创新定义为Light–house，这不是一种为了创新而创新的行为秀，更多是考虑单点的创新能在西门子工厂内部实现推广和价值增益，进而形成对外赋能的框架、路径、方法、技术平台和工具。

第二节　以研发组织的敏捷转型保障创新竞争力

工厂定位转变

成都研发中心的最初定位是"着重于针对中国市场的小型PLC、IPC产品进行研发"，也就是功能简单的经济型产品。随着时间的推移，中国市场需求发生了"以经济型产品为主向以中高端产品为主"的转变，与此同时，成都研发中心的研发能力也得到了大幅提升。在这种情况下，成都研发中心的定位逐渐突破了"仅限中国"的范畴，开始服务于全球市场，为德国合作研发设计一些中高端产品，而且成都研发中心所发挥的价值也有了质的改变。

"在前沿技术领域，成都工厂正在从合作者向领导者转变，更多承担技术领导者的角色"，这是黄荻绯对成都工厂核心价值定位变迁的最直观感受。建厂初期以及之后的很长一段时间，很多前沿技术都是在德国研发，所以德国研发中心担任领导者角色，而在2019年之后，黄荻绯在与德国同事交流和合作的过程中，发现他们越来越希望中国在研发过程中能够起到领导者的作用。

其中原因有两点：一是一些技术在中国孕育和发芽的速度更快；二是成都工厂研发中心的主要服务对象是成都工厂，两者相互毗邻，凭借研发与生产极近的空间距离，以及成都工厂成熟的新技术落地场景，成都研发中心在诸如人工智能、边缘计算等新技术研发和应用方面有着天然的比较优势。

成都研发中心近年来一直在通过"敏捷开发"转型提高研发效率，缩短研发周期，以加快产品上市速度。周期的缩短不仅是研发环节，其实涉及产品全生命周期，覆盖从需求分析到确定开发，再到上市的整个过程。整个转型不仅涉及组织架构变更、流程变更，而且在整个研发项目管理方面需要发生变化。2019 年，成都研发中心的研发组织架构进行了调整，希望推动整个研发流程的全面转型，项目管理模式从传统方式转向"敏捷开发"，其目的就是让产品更快、更好地进入市场。

组织架构变革

成都研发制造中心在初期下设了四个职能部门，分别是机械设计、硬件设计、固件和软件、系统测试和类型测试部门，项目经理不在职能部门组织之下，而是直接向研发经理汇报。机械设计部门主要负责结构设计、振动及热仿真、印制电路板设计与布局、CAX[①]建模以及 CAD 库设计；硬件设计部门主要负责数字电路与模拟电路设计、硬件仿真与测试、用户手册编写等相关工作；固件和软件部门主要负责嵌入式软件到系统工程软件、内部工具和配置管理；系统测试和类型测试部门主要负责产品功能和性能相关的系统测试（从客户应用角度），并根据各种行业标准及认证开展相关的类型测试（从合规角度），部门拥有并负责内外类型测试实验室、通过 UL 认证的客户测试数据认可实验室，可提供相关标准产品的 UL 认证检测和技术咨询服务。

为更好地保障成都工厂的创新竞争力，成都研发中心摒弃了按开发职能划

---

① CAX，是计算机辅助类技术的统称，常见的包括 CAD、CAE、CAM 等。

分部门的方式，转而采用按"业务线"划分部门的形式，分为 PLC、IPC、HMI、Industry Edge 以及 Service 部门。PLC、IPC、HMI、Industry Edge 四条业务线项目的进行，又分别包含了传统项目管理的四个职能部门（硬件设计、软件设计、系统测试和项目管理）的所有职责，而 Service 部门因为要服务每一条业务线，所以囊括了部分测试和结构设计等职能。

其中，值得一提的是，在软件开发层面，研发中心通过使用 DevOps（Development 和 Operations 的组合词）㊀工具链实现了 5%~10% 的效率提升。

DevOps 的初次尝试始于西门子 S7-200 SMART 产品的开发过程，当时 S7-200 SMART 产品开发已经步入尾声，包括项目经理李绿洲在内的研发人员发现很多开发步骤都是人工推进且分散的，如何以数字化的方式通过工具链将不同开发步骤和环节连接起来，成了研发团队开始思考的问题。于是，在 S7-200 SMART PLC 产品 2.4 版本的开发过程中，团队开始尝试应用 DevOps 工具。

DevOps 是一种重视"软件开发人员（Dev）"和"IT 运维技术人员（Ops）"之间交流合作的企业文化、运动和惯例，有利于促进开发（应用程序/软件工程）、技术运营和质量保障（Quality Assurance，QA）部门之间的沟通、协作与整合。在 DevOps 支持下，研发团队通过自动化软件交付以及架构变更的流程，使得构建、测试、发布软件更快捷、频繁和可靠。

传统的软件组织将开发、IT 和 QA 设为各自分离的部门，在这种环境下如何采用新的开发方法（如敏捷开发），是一个重要的课题。按照传统工作方式，软件的开发和部署不需要信息 IT 或者 QA 部门进行跨部门的深入支持，而现在却需要极其紧密的多部门协作。而 DevOps 考虑的还不仅是软件部署，它是一套针对多部门间沟通与协作问题的流程和方法，强调每一个变化可以快速到达客户，且质量管控直接内建在整个开发过程中。

以研发主题（Topic）作为契机，成都研发中心联合中国其他研发中心建立

㊀ DevOps（Development 和 Operations 的组合词），是一种重视"软件开发人员（Dev）"和"IT 运维技术人员（Ops）"之间交流合作的文化、运动和惯例，也是一组过程、方法与系统的统称，用于促进开发、运营和 QA 部门之间的沟通、协作与整合。

了西门子内部的 DevOps 协会。建立该协会的初衷是西门子的 PLC、HMI 等产品本质上是一种软硬集成的产品，如果纯粹用 IT 成熟方案来做，对于西门子研发中心来说是不经济的，但是 IT 开发中的 DevOps 工具链有一些非常好的概念可以借鉴，如"全流程质量保证（Process Quality Assurance，PQA）[⊖]"的概念，"从需求到交付，每一个环节都有质量保证，并非仅仅将质量交给最后的测试环节来进行检验"。也就是说，研发中心从软件开发工具中汲取了经验，反哺到硬件开发过程中。

DevOps 协会的建立，在很大程度上扩展了成都研发中心的"技术人脉"，也形成了成都研发中心和德国其他研发中心互补的局面，而且随着中国市场优势的凸显，中国逐渐成为人工智能、物联网等诸多新技术的天然"试炼场"，越来越多的新技术在中国找到了更为合适的落地场景。

随着工厂越来越多地连入网络，信息安全开始成为数字化工厂关注的核心问题，成都研发中心从信息安全设计开始了全新尝试，他们在产品开发设计阶段就考虑安全设计，同时兼顾工厂产线布局和最后的产品应用。研发中心专门定义了一些角色，诸如"产品和方案安全专家（Product and Solution Security Expert，PSSE）"，这是传统研发中没有的角色，主要负责产品、产线在设计和释放前的安全评估。得益于中国市场和客户的积极反馈，在新技术研发和导入方面，成都研发中心逐渐成为领跑者的角色。"在信息安全等问题上，我去问德国同事，发现我们做了，他们还没有做，不像建厂初期，我们想做的事情去问他们，他们肯定是做了的。"黄荻绯感叹道。

黄荻绯事后做了一个简单评估，DevOps 工具链的引入将成都研发中心的研发效率从 30% 提升到了 60%，而且在将整套数字化工具链与敏捷开发相结合之后，整个研发中心的目标确立为缩短一半的研发时间，以期产品能够更快、更

[⊖] 全流程质量保证（Process Quality Assurance，PQA），确保产品开发按照既定的流程进行，全流程统筹协调各功能领域的质量保证活动。PQA 是产品开发流程和质量活动的引导、培训者，是产品和流程过程质量活动的审计和监控者。PQA 是产品质量策划者，是产品级质量目标和质量控制计划的制订者，是产品质量目标执行和质量计划执行的分析、监控者。

高质量地上市。

开发流程变革

成都研发中心开发流程的变革，是从经典的全生命周期研发流程向"敏捷开发"流程的转变，采用迭代式增量软件开发过程 Scrum 是敏捷开发的具体方式之一。

西门子在 2016 年年底开始在全球推进转型，其背后的理念首先是融合和继承精益的思想和企业文化，而精益和敏捷开发在理念和价值观上都非常相似，研发的敏捷开发转型从本质上来说是一场长期、深刻且系统性的管理变革，其重要原则之一是"激发个体，以个体为核心搭建项目"。

"我们需要把注意力从以最小的成本完成最多的工作，转移到以最短的时间产出最大的客户价值上来"，这是转型期间西门子内部耳熟能详的一句话。对于以黄荻绯为代表的研发团队来说，致力于通过数字化以及精益的方式实现产品的功能性、可制造性等的快速验证，以敏捷的项目管理乃至开发模式来实现产品的高效研发与快速上市，是研发的关键所在。

成都研发中心开展流程变革的第一步，是引入敏捷教练（Scrum Master），弱化项目经理"英雄式"的角色定位。Scrum 英文原意为橄榄球运动的专业术语，意指"争球"动作。"把一个开发流程唤为 Scrum，非常形象地形容了敏捷开发团队在工作中的激情，每个人都像打橄榄球一样迅速、富有激情且高效。" Scrum 资深工程师如此评价这种开发方式。

一般来说，Scrum 团队中拥有三个关键角色，敏捷教练、敏捷产品负责人（Scrum Product Owner）和 Scrum 开发团队。黄荻绯领导下的研发中心取消了传统项目经理的职责，转而以敏捷教练和敏捷产品负责人为核心进行整个开发团队敏捷项目的管理，这背后是观念以及工作流的颠覆。

敏捷产品负责人需要先了解客户如何使用产品，再基于市场概念在核心小组中定义产品，并确保整个团队做正确的事；敏捷教练并非如传统项目经理一般负责分配任务并带领整个团队完成产品开发项目,而是充当对"怎么打球"负责的"教练",他要保证项目顺利完成,并帮助团队清除内外障碍,同时确保团队内外沟通顺畅,主动推动组织内部变革,总而言之,他要确保团队正确地做事。

在这样的项目活动管理变化下,整个研发项目团队不是由产品项目经理直接向工程师指派具体任务,而是将产品开发任务按照流程拆解,并把任务通过"看板"的形式向团队公开,促使个人主动认领任务,在认领任务的基础上相互协作,输入输出方也就一目了然,相应对接和交流也随之顺畅无阻。

敏捷开发模式最初源于软件开发,成都研发团队将其灵活应用于硬件开发与测试,是对需求分析与产品研发的漫漫征程中的又一次探索。

特别行动组织

随着技术的迭代周期越来越快,黄荻绯团队意识到要进一步改变传统研发模式,他们需要用一种新的组织方式来更好地吸纳新技术,这不是简单地优化改善一个环节,而是以一种重构的方式来缩短整个研发周期,包括产品需求分析的改变,以及此后在敏捷开发基础上进行并行研究。成都研发中心的团队意识到,他们所在的领域出现了两个技术趋势:学科交叉程度越来越高,新技术不断涌现。这导致产品研发复杂度日益攀升,研发端需要不断吸收外部工程师的新鲜力量,甚至需要招聘新的人员,以健全新技术之下研发团队的综合能力。

为了顺利实现上述转变,研发团队在运用 Scrum 改善团队研发项目管理活动的同时,设立诸如创新团队(Innovation Team)等"特别行动"组织,这个组织由架构师徐波带领,层级上并行于项目团队,架构上相对虚拟,由不同项目团队成员自愿参加,针对前沿技术进行提前研究和布局,并定义相应产品路线图(Product Road Map)和技术路线图(Technical Road Map),为研发团队指明学习和发展的方向。这个组织相当于新技术的"探路者",他们要保持敏感力和洞察力,在市场释放相关需求强烈信号之前就做好准备工作,并在此基础上引导产品经理和客户使用新的技术和更好的功能，LOGO！产品 8.2 版本之后的产品研发正是采用了这样的模式。

当然，这样通过自组织的方式强化对前沿技术的关注和跟踪的模式，在西门子集团层面更为常见，诸如"NEXT 47"项目，是西门子集团成立的一个相对独立的部门，在全球范围内给予每一个有很好创意的团队申请创意实现的机会，如果创意被选中，NEXT 47 会帮助创意团队进行孵化，推动市场化，如果西门子 BU[⊖]愿意接受被孵化后的创意方案，创新就有可能走向产业化，最终成为公司一个真正面向市场经营的业务。在徐波带领的创新团队里，萌发出了由新技术产生的金点子，成功申请到了 NEXT 47 的投资，是中国研发团队第一个获此殊荣的项目，为所有走技术路线的工程师们树立了好的榜样。

不管是从客户需求还是技术供给角度来看，中国在数字化领域具有非常大的潜力。从 2018 年开始，成都研发中心新招了很多没有工业背景的研究人员，这些研究人员对于数字化有着极大的激情，能够将其以前工作经历中的理念和工具转换到工业生产过程中，很多内容涉及多学科交叉、复杂性知识的迭代与复用，其中核心的驱动力在于敏捷开发理念。

敏捷开发理念从本质上来说是以团队自组织的形式进行迭代式开发，在成都研发中心形成自组织团队之后，管理者不再发号施令，而是让团队成员自身寻找最佳的工作方式来完成工作，上级和下级的互动方式从详细指令变成了指导，团队成员在共同目标驱动下自愿承担不同的工作任务，突破了原有团队中硬件工程师、软件工程师、测试工程师等具体人员职能划分，统一扮演着"产品创造者"或"创造工程师"（Product Creator）的角色并承担相应责任。

回顾过去几年的工作，黄荻绯坦言敏捷开发理念带给了她非常大的好处："它让我和我的团队享受到了工作所带来的快乐，我可以预判市场并且精准地知道客户需要什么，进而预测和把握产品研发的结果，这让我和我的团队觉得身为一位研发人员是一件很美妙的事情，给了我莫大的精神安慰。敏捷开发理念

⊖ BU（Business Unit，BU），是公司中一个相对独立的并拥有自己的总体管理阶层的经营实体和利润中心。

推动成都工厂乃至全球其他工厂研发和生产出了高质量的软硬件产品，敏捷开发的产品在应用过程中很少出现问题，可以按照客户所希望的方式进行柔性工作，同时为整个西门子带来了良好的经济效益。"

　　从 2011—2013 年的筹备，到 2016 年的稳定成长，再到 2018 年的快速成长，成都研发制造中心在 2020 年迎来了里程碑式的变革转型。通过近 10 年的发展，奔赴于一线的研发人员和生产运营等一众员工，让研发、设计与生产之间的距离更近。作为内外部的交流枢纽，数字化人才在研发中心支撑成都工厂服务以及研发工具链与成都工厂的数字化结合中发挥了至关重要的作用。研发中心内涌现了以黄荻绯、徐浩、李绿洲等为代表的数字化明星人物，他们正点亮更多的"星星"，并将其光芒汇聚成一条数字化星河。

第五篇

成 就 篇

第十三章　赋能：数字化知识传承

第十四章　灯塔：数字化网络领航

第十五章　见闻：数字化窗口交互

2010年后，工业生产加快走进数字化变革大时代，成都工厂也亲历并参与塑造了这一时代，它从诞生之日起就开始凝练数字化制造的"宝典"，以实现不断领先。成都工厂通过持续创新与实践，在质量速度、柔性、效率、安全等多方面取得了瞩目成果，也成功造就了其数字化领军者的地位。这种成功既顺应了外部形势，成为中国经济由高速增长阶段转向高质量发展阶段的参与力量，也成就了自我，成都工厂通过技术、知识、理念等要素提升了核心竞争力，并积极赋能工业生态愿景的落地。

本篇将从成都工厂数字化理念的输出、数字化网络的打造以及数字化交互窗口的开放三个维度，向您阐述成都工厂成为全球数字化"领航人"过程中的故事。在这个过程中，成都工厂团队需要克服以下挑战：

1）当业内没有成熟数字化解决方案时，成都工厂如何将自身经验转化为解决方案，并向行业输出？

2）当数字化创新需要灯塔引航时，成都工厂如何构建"网络协同"进一步扩大数字化的价值？

3）当数字化转型概念走向火热时，成都工厂如何以"开放"的交互窗口展现真正的数字化转型，并和制造业同仁互通有无？

第十三章　赋能：数字化知识传承

"很多企业都想建设数字化工厂，我们能否输出？"

——西门子股份公司工业业务领域

工业自动化集团原首席执行官　Anton S. Huber

自 2010 年开始，成都工厂经历了从无到有、从复刻到自主探索，这一过程的本质是数字化技术的创新和实践，更依托于西门子 100 多年来在自动化、数字化和智能化方面持续的知识积累和传承。当前，成都工厂不仅练得"内功"，作为首批灯塔工厂跻身全球制造业工厂前列，而且传播"能量"，用自己的火种和光亮影响着众多制造业同仁。不管是数字化集大成者"纪念章示范线"的诞生，还是助力客户企业"数字化旗舰战队"的形成，都代表了从"内部知识传承"到"向外知识赋能"的过程。其中，将安贝格工厂 20 多年的数字化知识复刻并沉淀至成都工厂，代表了西门子内部知识的传承与迭代；将成都工厂的数字化知识汇集在纪念章示范线，并赋能至业界同仁，则代表了先进知识在外部生态圈的扩散和转化。

第一节　传承载体：打造数字化的示范线

2015 年，成都工厂已经成为行业中颇具名声的数字化工厂，不仅能够做到独立运营，并且能在技术和理念上向安贝格工厂"反向赋能"。在高涨的"工业 4.0"呼声下，中国也将智能制造作为制造强国的主攻方向，希望能够抓住第四次工业革命的机遇窗口。在这一年，Anton S. Huber 也将迎来他的退休生活。Anton S. Huber 主导了西门子众多战略决策，是工业自动化领域内的传奇人物，对中国也有着深厚的感情。他把西门子工作旅程的最后一站安排在成都。

尽管将要退休，Anton S. Huber 还在思考，西门子未来数字化业务如何布局？"西门子一直在为其他工厂的建设提供关键元器件、软件及设备，如今数字化浪潮来临，很多企业都看到了数字化工厂所带来的巨大价值，都想建设数字化工厂，希望我们能够输出技术资源，但问题在于，在当前时机之下，我们是否有能力做好这件事？"这位老人看着成都工厂有序运行的生产线，询问站在身侧的戴霁明。

戴霁明是成都工厂 001 号员工，完成工厂选址、建设、运营等各阶段工作后，他也开始了相同的思考，Anton S. Huber 的询问仿佛一把火，点燃了盘桓在其心头的想法，或许这是一次机会，是延续和发展西门子数字化技术的重要契机。从某种意义上来说，Anton S. Huber 是成都工厂众多有志之士的职业灯塔，其中，戴霁明无疑是 Anton S. Huber 数字化火种的重要传承者之一，也是将西门子数字化知识向外赋能传承的接力火种。

出走工厂，天大地大

在新一轮科技革命的推动下，"工业 4.0"呼声高涨，关于"数字化、网络化、智能化"的市场需求应声而起，市场上充斥着各种关于数字化的概念。当时，国内企业数字化发展尚处于培育成长阶段，很多企业对数字化的认知是简单的、静态的，一批领先企业开始兴建数字化工厂，购买了大量的智能制造硬件和软件，少数头部企业开始探索制造价值流的连通，需求浪潮高涨的背后是越来越多的企业对数字化本质的探索，它们开始观察并研究，什么是数字化正确的打开方式。在这种背景下，西门子自然而然地成为最重要的参与者和探索者。2015 年年底，西门子审慎考虑公司的长期发展战略，并预判未来的市场趋势，决定开展外部数字化服务业务。时任成都工厂卓越运营部负责人的戴霁明响应这一决定，离开成都工厂，成立独立团队，专门负责此项业务。戴霁明的离开并不意味着与成都工厂关系的结束，而是传承与新的延续，等待他的是更广阔的天地和更重要的使命。

2015 年 10 月，恰逢德国各企业新财年伊始，西门子开展了一项新的工作，对公司内部高科技应用创新项目的选拔和申报工作进行支持管理。这项工作的初衷是鼓励高科技应用创新和成果转化，西门子为此规划了一笔专项资金，专门用于资助内部极具市场前景或战略意义的先进技术研发与应用创新类项目实施。公司内部任何部门均可提交方案，如果项目通过审批，就可以获得资金支持。

在内部申报项目筛选过程中，戴霁明关于"数字化企业解决方案"的应用创新项目成了一匹黑马，并得到了广泛关注。此时，戴霁明仍就职于成都工厂，项目申报成功成为其未来职业生涯的重要拐点。"数字化企业解决方案"这个项目的技术复合性特别高，它不是单项技术的创新，而是各种先进技术的融合创新，项目主要目标是实现客户参与设计的产品定制化生产模式，即便用今天的眼光来看，这种研发与制造、设计与工艺协同的生产方式仍然极具先进性。见始知终，戴霁明的提案因为其创意、先进性、商业意义与价值，在后续的层层筛选中脱颖而出，最终成功晋级，名列西门子高科技应用创新项目榜首。

在项目的基础上，王海滨等决策层开始鼎力扶持戴霁明建设数字化企业技术能力中心（简称能力中心），并且在能力中心的组织设计和人员安排上不设限制，给予了戴霁明"无限的自由"，他可以在公司内部进行任意的选拔调任，此举足见西门子管理层对于开创数字化业务的决心。加之当时制造业正在朝着大规模定制化的方向发展，消费者的需求和波动正在逐渐变大。而在传统的生产方式中，个性化定制、快速交付及提高质量之间有着不可调和的矛盾。因此，以"数字化企业解决方案"为雏形，打造亚太首条数字化企业示范线，即将成为诠释西门子数字化强大力量的知识载体。

创新探索，负重致远

1. 组建数字化特混舰队

戴霁明工作的第一步是组建团队。"你是否愿意加入能力中心？"戴霁明已经无数次奔波于西门子内部各个部门，相同的问题问了不下四五十遍。他不仅看重能力，更看重想象力、创造力和情怀，组建团队这个过程用了近半年的时间，他招来的人都拥有共同的愿景，希望能够走在制造业变革的前沿，帮助中国工业走向新的生产方式。这支团队是一支多部门、跨专业的特混舰队，其中一半以上的人员拥有成都工厂的建设和运营经历，具备高水平的数字化技术集成能力。

为保障能力中心业务的顺利开展，戴霁明将团队分为两组，一组是蓝图组，另一组是实验室组。蓝图组负责向外技术输出，帮助解决蓝图设计方面的问题，他们要把知识变成系统化、显性化的方案；实验室组也称为验证组，他们要为蓝图组提供"炮弹"，要形成数字化企业相关技术的验证能力。

建成团队之后的第一步是让工作室向行业发出信号，告诉业界数字化是什么。他们首要让客户看得到自己的能力，于是起步阶段最重要的任务是"建设一个真正实现IT与OT融合，以及数字孪生（产品、生产）的示范线"，也就是内部创新应用项目下的数字化示范线的建设。从一定意义上来说，示范线的诞生是能力中心核心能力的展现，他们选择了一个合适场景实现了真正的闭环生产，进而开拓潜在客户未来发展数字化的视野，最终奠定了团队前行的方向。

2. 定义业务流并设定场景

2016年6月，成都高新区的一座写字楼会议室中人头攒动，这里的一场会议已经持续了一周多时间，这便是项目启动筹备会，会议的主持人是项目的负责人郑少渠，他反复向团员强调任务要求："我们必须敲定并完善各个系统之间的集成、基于价值流设计上先进技术与理念的体现以及系统应用架构下的场景搭建。"

郑少渠是戴霁明选中的项目经理，毕业后以管培生的身份加入了西门子，此前在成都工厂负责制造运营工作，其中一项工作内容是接待企业访客。郑少渠看到，很多来成都工厂参观的访客都存在困惑，他们困惑的背后是对于开展数字化的强烈意愿。他意识到，中国制造业对于数字化的需求进入到了一个快速扩张期,对于先进知识、技术及解决方案的需求将会大幅增加。

2016年4月中旬,郑少渠听闻戴霁明正在组建团队,就找到他并毛遂自荐。"我认为示范线应该从制造价值链的角度出发,以数字化技术将研发设计、工艺、制造各个环节沿价值流串联起来,形成一个闭环。"戴霁明看着这个当时不足30岁的年轻小伙满怀激情地阐述着自己的理念,仿佛看到了当年的自己,而这样的人才正是自己所需要的。

(1)以定制化纪念章作为示范线产品 接到任务之后,郑少渠与整个示范线团队首先需要攻克的是"思路上做大的突破",也就是项目开发出来的设备要具备与众不同的特性,要给市场呈现未来先进理念的制造方式及这种制造方式的落地场景和方案,相应方案需要浅显易懂且能够让客户沉浸式地体验真正的智能制造。作为能力中心总监,戴霁明更是希望这条示范线能够担负起西门子的数字化实验室功能,并在其上实现核心技术验证和知识传承。通俗来讲,就是根据客户的需要实现个性化定制,客户可以参与产品设计,同一条生产线根据客户提供的尺寸、颜色、文字等信息,为其提供个性化产品。要达到这一目标,需要实现研发设计、工艺与制造等环节的无缝集成,使数据可以根据实际需求在各个环节与系统之间自由流动,即"工业4.0"中所强调的端到端集成。

考虑到以上目标,团队开展了深入的讨论,大家一开始倾向于U盘以及一些小的纪念品,但U盘的生产过于简单,其装配具有很高的电子行业风格,机加工元素较少,无法体现西门子的能力优势。参与者一时之间很难形成一致意见,在经过长达一个月的反复探讨与斟酌之后才尘埃落定,最终大家确定搭建一条以"大规模定制化纪念章"为产品的示范线,这条生产线工艺复合度很高,将集成机加工、电子信息制造及柔性装配等西门子元素。

现在看来,整个团队思路突破的过程是将以往安贝格工厂、成都工厂的实践与当下外部市场的示范需求结合起来的长时间反复头脑风暴,蕴含了参与者对现有生产制造模式的革新与对未来的畅想。2016年6—8月,整个团队的精力更多倾注在系统搭建的筹备工作之中,其中涉及各个分系统的设计、落地场景以及外部供应商的对接。此后的每一个过程都展现了集体智慧，对于制造方式的落地场景与方案，整个团队也是反复探讨，其中最关键的是要基于设计思路来确定具体的生产场景，搭建高集成度的生产系统，也就是研制一条生产线，让纪念章顺利生产出来，成都工厂在其中具有很重要的参考价值。

（2）以成都工厂作为参考设计示范线　设计的大背景是用户需求不断趋向个性化，示范线的设计也需要贴合用户需求，不仅要敏捷反应、快速交付，而且要满足一定水平的个性化生产，要在纪念章手柄颜色、刻字内容等方面体现定制化与差异性。有了大的思路，还要形成具体的落地方案，这就要从已有的场景中寻找灵感，所以在设计过程中，一旦在思路方面卡壳，郑少渠及其团队主要人员就会深入到成都工厂生产线具体去看。不仅看横向集成、纵向集成、质量管理、透明化，也看精益生产、柔性生产、混线生产等，成都工厂在概念上给整个示范线设计提供了灵魂。在郑少渠看来，示范线70%的内容与成都工厂紧密相关，如果没有成都工厂的经验，不能说示范线会完全不存在，但是它的探索时间肯定会更长。

示范线的整体规划参照了成都工厂生产线的设计理念，例如，整条示范线的总体布局、CNC加工、装配、打码、质量检测、维修站之间的传输系统（见图13-1），高度复刻了成都工厂的PLC生产线，采用了类似的数字化工艺设计方法和工具。示范线做了大量二次创新，例如，其前端的高效率三维设计平台可以根据用户需求快速完成产品设计，从而建立从需求端（产品需求定义）到研发端、生产端再到交付端的闭环系统。示范线与成都工厂也有不同之处。仍以产品设计为例，由于纪念章比PLC产品要简单得多，在PLC上难以实现的自动化设计，在纪念章上则通过定义产品模型的主要参数，实现了基于模型的模块化、自动化设计，进而自动生成制造工艺，实现后续的加工。

3. 选定生产线制造商

为确保项目快速落地，戴霁明与西门子教学仪器部门的同事，先后走访调研了长三角和珠三角地区，最终确定了把设备主供应区域放在昆山。这里的制造能力让戴霁明满意，昆山作为中国制造业基地，从2004年开始已经连续16年

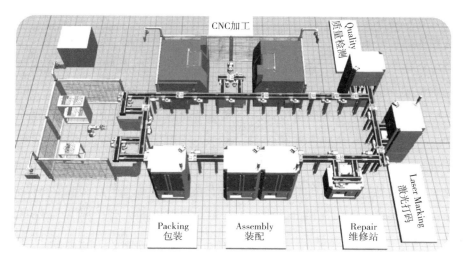

图 13-1　西门子示范线(数字孪生)

(资料来源：成都工厂)

荣登全国百强县市榜首，在综合实力、产业链、供应链、快速响应能力等各个方面都毋庸置疑。选择昆山对于西门子示范线项目的顺利进行极为关键。

主设备供应商是昆山佰奥智能装备股份有限公司(简称佰奥)。戴霁明选择佰奥作为示范线的供应商，一方面在于佰奥的制造工艺接近示范线要求，可实现托盘的柔性制造以及制造可移动插拔的生产工站等单元；另一方面是双方都希望在数字化方面做出成绩，原先佰奥的业务优势集中在自动化领域，产品设计偏向机械和电气设计，智能控制一直是企业业务拓展的方向，但由于缺乏场景，佰奥很难找到合适的技术突破口，西门子的需求无疑为它提供了打开数字化大门的机会。

4. 现场制造与调试

(1) 充分利用本地制造能力　双方很快就组建了联合团队，能力中心派驻人员前往昆山，让他们首先感到的就是"快"。"杨工，新的卡爪已到位。"某天下午正在昆山佰奥现场赶调试进度的老工程师杨应华听到了同事的汇报。他略感意外，卡爪设计图纸上午才送到，没想到对方那么快就能完成任务。卡爪也就是机械手的前端夹具,在这次设计中有特殊的要求,由于纪念章材料为塑料,卡爪的松紧度直接关系到纪念章的美观度以及加工过程的精准度,夹得过紧容易划伤纪念章,夹得过松则纪念章在加工过程中容易掉落,且在机加工过程中可能会带来定位不准的问题,因此,卡爪的设计和制造经过了反复探讨和多次试验。在时间紧任务重的情况下,项目组正是利用了昆山当地完整的制造能力,以佰奥为首的一群供应商能够对项目需求做到快速响应,项目组则是通过一次次的验证来改善卡爪设计中的缺陷。

这种例子数不胜数,让戴霁明团队感受到当地强大的制造供给能力,他们也更放心地把需求放在昆山落地,相互的信任与日俱增,新的知识在供需双方发生、酝酿。佰奥等制造企业不仅快,而且经验丰富,能够满足产品质量要求,西门子相应的设计方案和工艺要求也是世界级的水平,让佰奥积累了大量的专业知识和实操经验,对于智能制造的理解也更加深入,让其数字化转型之路更加畅通。在项目结束后,双方仍然保持合作。几年以后,佰奥已经成功转型为国内智能制造装备领域的明星企业。

(2)交付时间突然提前 "戴老师,佰奥关于生产线硬件的制造已经接近尾声,软件供应商以及元器件的采购已经基本到位。"听到汇报,戴霁明露出了久违的笑容,这是 2016 年 9 月以来戴霁明听到的最好消息,但仍不是松懈的时候。就在 2016 年 8 月,戴霁明接到通知,这个示范线项目被公司选中,需要在 2016 年 11 月的工博会上展示。当时距离工博会已不足 3 个月。项目团队面临巨大挑战,采购任务也很紧张,需要在 1 个多月内完成上百种电子元器件的采购,按照西门子的常规采购流程,这个时间远远不能满足。情况紧急,项目组开始向朋友圈、同事圈求助,西门子中国区各个部门内部也参与进来,一起助力项目组完成采购任务。

我们可以看到这样一幅长镜头下的画面,戴霁明通过协调获取了 840D 数控系统关键元器件,郑少渠通过协商暂时将内部实验室储备资源或者展示平台上的关键元器件展品拆下来借用,事后再用以新换旧的形式还回去。还有一些部门找到了他们的销售代理商,紧急借出一些元器件。示范线团队基本上是掘地三尺，将当时西门子内部所有元器件都翻了一遍，各方拼尽全力终于在2016年9月下旬"凑齐"了所有的元器件，赶上了工期计划。随着关键元器件的采购到位，示范线的软硬件条件已经成熟，接下来就是让示范线"跑起来"，而这也是最具考验的一关！

（3）示范线调试大会战　2016年10月初，示范线各个模块的建设人员汇聚昆山，这是一次各方人员的大会战，包括能力中心的团队、外部软硬件供应商、西门子内部各部门的技术支持工程师等。涵盖整个示范线设计、制造、调试全价值链的人员，均被调拨到了昆山佰奥的工作现场。他们需要协作完成从产品需求到研发设计，再到生产制造一整条线的串联，各个专业人员聚集在一起共同完成示范线的集成与顺利运行。2016年的整个10月，郑少渠、杨应华一行20多人全部在昆山工厂开展示范线的集成以及调试，每天伴随着他们的是简易床、能量饮料、方便面和凌晨的灯火通明。

这个过程让很多人难忘，在生产一线，似乎没有了白天黑夜，一些工程师连续作战。回忆起当时的场景，戴霁明、郑少渠、杨应华都不禁感慨。而这一切都是为了能够在2016年11月上海工博会上准时展出这条示范线。

有惊无险，呼之欲出

2016年10月末，秋意正浓。示范线调试到了最后阶段，但仍然问题频出。"戴老师，示范线还是无法正常运行，核心的网络瘫痪问题仍旧没有解决。"这是身在昆山调试现场的杨应华在1小时内第4次向戴霁明汇报示范线进展，而此时已经是凌晨1时，调试现场仍然灯火通明。

1. 突发网络瘫痪问题

一周之前，整个示范线项目进入工博会倒计时阶段，除了示范线团队人员之外，西门子内部其他部门支援人员都聚在现场，以协助推进整个进度，这个时候，每天还会遇到各种大大小小的问题，但大会战团队齐心协力，所有问题的解决用时都不会超过12小时，不会影响整体进度。但是网络瘫痪问题成为最后过程中的一个大障碍,像一条水流湍急的大河挡在了参与示范线建设人员的面前,任由水性极好的技术人员尝试无数次,也无法顺利通过。

这让人员士气更加低沉,整体进程也被耽误了 2～3 天,这个时候谁也无法保证示范线能够在工博会上如期展出。意识到这点,戴霁明犹豫再三还是拨通了工博会西门子展台负责人张静的电话,顾不得寒暄,他开门见山道:"如果示范线不能如期贯通,我们有没有应急预案?"而对方的回答让他压力更大,因为这次西门子没有设置同等级的备用项目。

西门子在工博会的展出主题是引领数字化企业进程,目标是实现"工业4.0"端到端集成的落地性闭环生产示范。当时公众和业内也需要这样一个示范线的落地,西门子具有这样的实力,也有责任和使命来满足公众及业内的需求。从实践来看,但凡从"0"到"1"的创新都是无比艰难的,示范线也不例外,但西门子数字化团队对于智能制造的探索已无退路。

2. 示范线顺利运行

"戴老师,我们部门冯雪峰明天就能就位昆山,问题一定能够解决。"关键时刻,西门子客户机/服务器(Customer Server,CS)专家技术团队领导提供了紧急支援。经过几轮排查,最终发现在网络 IP 地址定义中遗漏了某个虚拟机的 IP 地址,由于示范线有多达 6～7 个工段,一旦 IP 地址定义遗漏或重复,在具体运行过程中就会导致网络瘫痪。找到症结,对症下药,问题得到了解决,示范线也顺利运行起来,而此时,距离工博会仅剩 7 天。

"解决了,跑起来了。"这七个字就像涟漪一样慢慢散开,消散了积压在这里的厚重情绪,有人跳了起来,有人满脸笑意,甚至有人放声大哭,定格的画面印在了在场每个人的脑中,这是一种由衷的开心与释放。"我们的示范线终于可以全自动地产出定制化纪念章了。"设计人员、项目管理人员、技术人员以及楼上办公室人员全跑了过来,围在示范线边注目观赏,就像在育婴室外看自己的孩子一样,愁容不再,春暖花开。

工博展出,震惊业内

2016年11月1日,第18届中国国际工业博览会在上海国家会展中心正式开幕,国内外工业巨头齐聚一堂,各自拿出看家利器。西门子以"迈向'工业4.0'——引领数字化企业进程"为主题,全面展示了其为客户在工厂和产品全生命周期内优化生产系统和工艺流程所提供的集成应用,而能力展示的重中之重就是戴霁明一行人为之奋斗了上百个昼夜的示范线。

1. 顺利展出

示范线前人头攒动,一拨又一拨观众排队扫码,在设计界面设置产品参数,然后亲眼看到原材料供应、加工制造、检测、包装等生产执行各环节在面前一道一道跑完,设置结束后不到15分钟,观众就可拿到一个定制生产的纪念章。他们看到,虚拟世界的决策一步一步转变为现实,自己也成为制造参与者。

与传统生产线不同,西门子纪念章示范线以灵活多变的市场需求为起点,客户在定制平台上发起下单流程。下单过程中,客户可以根据自己的喜好设计纪念章的颜色、尺寸、刻字内容和雕刻方式。客户提交订单后,订单信息经由互联网直接传输到示范线的PLM服务器后台,并触发产品设计流程。首先,西门子NX系列软件会自动生成产品的数字模型和机加工代码,并将其存储在PLM平台Teamcenter中。然后,PLM平台开始规划产品的加工工艺路径BOP。最后,利用西门子Plant Simulation及NX MCD等虚拟仿真调试软件,已生成的工艺信息和自动化代码能够进行提前校验,降低生产风险的同时提高生产效率。在一切验证无误之后,PLM平台将生产信息发送至MOM系统中,订单进入真实生产环节。

在接收到新订单后,MOM会根据预设规则进行自动排产,并将指令发送给生产线,订单到达生产线后,MOM将为每一个订单指定托盘。在生产过程中,订单和托盘会进行绑定。通过工业通信网络Profinet,每一个订单的独特信息,如订单号、客户姓名、工艺路径等,将被写入RFID标签中。RFID标签使托盘、设备、生产线与 MOM 之间保持实时通信，实现了柔性混线生产，也保证了订单的生产信息与 MOM 系统间的实时透明。

在机械加工工站，借助西门子机床联网技术，机加工代码早已发送到车床和铣床的数控系统中。订单到达后，数控系统根据 MOM 发来的订单信息及程序号，自动调用相应程序开始加工，与虚拟世界的 NX CAM 形成了生产的数字孪生。

利用机器视觉技术和多种传感器，示范线里的每道工序都会经历严格的质量检验环节（见图 13-2）。在保证产品合格率的同时，更能够准确统计生产过程中的缺陷原因，有的放矢地实现持续改善。在每一道工序结束时，产品的生产信息、质量数据、节拍时间等，会被统一上传至 MOM 系统进行跟踪与归档。

图 13-2 西门子示范线（质量检验）

（资料来源：西门子中国数字化团队）

在装配工站和包装工站，西门子伺服驱动器能够实现精准的运动控制，准确完成动作。通过数据采集与监控系统 WinCC，生产线的一举一动都在掌握之中。通过无缝集成的价值链，只需短短 15 分钟，定制化纪念章便已完成生产。

在最终的交付工站，机械手臂将成品交付至客户手中。

系统的透明性保证了客户可以追溯到产品的全部数据，只需要扫描纪念章上的二维码，就能够轻松读取订单的完整生产信息。从设计参数到过程质量、从节拍时间到返修信息，这些数据离不开西门子工业网络以及强大的自动化硬件的支持。MOM 系统的可视化管理功能会将这些数据进行归类，并按需呈现在用户面前。

数字化带来的柔性满足了用户的个性化需求，从设计到研发的整体集成实现了端到端的快速交付，设计流程协同化和制造流程自动化推动了多个价值链的高效集成。示范线为企业智能制造转型提供了答案。

2. 引发关注

"你们是真的在生产吗？这不是提前准备好的一场表演？"人群中有人小心询问。工作人员马上解答，这就是一条真正的生产线，需求是客户随机提出的，数据是实时的，整个生产过程都是自动化的。在场的行家都清楚，小小纪念章看起来简单，但能落地这样一个融合多项技术且集成打通各环节数据流的示范线实属不易。

在整个场馆中，这是为数不多的展示出"工业4.0"内涵的展台。当时各家都宣传自己掌握"工业4.0"技术，但是能够在小小一台设备中做到如此高水平的技术集成，放眼全球也没有几家。即使以现在的眼光来看，示范线还是非常先进的，不仅涉及很多专业、系统与机电软协同，而且仅仅是生产纪念章所需要的材料就选了若干种，既要抗温度变化、不反光，还要达到一定的强度。

来自友商的关注是最有意思的。"你看那个人已经来了不下三次了。"顺着同事的目光，郑少渠看到的正是西门子友商的工作人员，有意思的是，这三次"参观"，这位工作人员带过来的人似乎也换了三次。"你看，从他与同行者的交流来看，第一次他是出于好奇自己来的，第二次他叫来的是与自己相熟的同事，第三次他叫来的是自己的领导。"郑少渠调侃着对同事说。这也和当时的背景相关，当时工业圈都非常热衷于谈论"工业4.0"，但大都仅限于概念范畴，示范线的展出则是从概念走向了落地。而友商的反复参观更是从某个方面说明业界对西门子示范线的认可，他们知道，真正实现数据打通，开发出柔性制造生产线，满足定制化生产，其实需要超强的技术功底。

示范线一经推出就在业内掀起巨浪，新闻媒体的报道以及业内专业人士的口口相传，让西门子再次站在了聚光灯中央，关乎"工业4.0"，关乎智能制造。这是西门子数字化集大成者的胜利，这次胜利是延续也是开始。延续在于西门子内部的企业文化，来自不同部门的团队成员对于先进制造的认知高度一致以及共同努力，而成都工厂的顺利运行为示范线的诞生奠定了坚实基础，可以说成都工厂是示范线的基石，示范线是成都工厂数字化的延续。

同时，示范线的面世和成功，意味着智能制造的真正落地与开始，正如西门子股份公司数字化工厂事业部首席技术官 Quendt 博士所言："示范线的诞生意味着闭环制造的真正实现，这在世界范围内是绝无仅有的！"

示范线的胜利源于政府对高新技术企业的支持，以及所给予的非常重要的创新研发机会，也源于西门子内部打破部门之间的"谷仓"，高度协同来全力支持示范线的研发和建设。

知识传承，集大成者

西门子从1847年成立以来，已经经历了100多年的风风雨雨，也从一开始一家生产指针式电报机的公司成长为"软硬两栖"的系统集成商。在工业互联网与智能制造为主导的今天，西门子所独有的知识积累及传承，已经助其成为在"工业4.0"时代屹立不倒的强者，而示范线的建成则是其知识传承与再造的集大成之作。

1. 知其然：知识传承

整个示范线的设计借鉴了成都工厂 PLC 生产线的生产模式，基于数字孪生的概念完成。数字孪生可分为纪念章产品的数字孪生和生产的数字孪生。

所谓产品的数字孪生，是指在做出实际产品之前，会在计算机虚拟环境中生成产品三维模型，基于模型，能够根据参数要求对产品外形进行调整，对应力、温度等各种物理属性的要求进行测试与验证。

所谓生产的数字孪生，是指在生产规划阶段，生产活动开始之前，就对工艺、生产线布局、机器、人员等，通过仿真对方案可行性进行验证。在传统制造业中，规模化生产和个性定制化生产之间，存在着本质上的矛盾，如果追求产品的个性定制化生产，则需要以牺牲效率为代价，而示范线在客户定制化设计的基础上，用 15 分钟就可以拿到纪念章。拿到纪念章的同时，系统会进一步收集产品信息，其中不仅包括产品的参数，更会加入后续的增值服务，也就是说产品在实际的应用场景中，可以持续地回传数据，以方便监测产品的工作状态，实现不断反馈和优化。示范线的数字化生产数据传输是基于西门子协同产品定义管理平台的实时数据传输，且所有数据会最终上传至西门子物联网工业云平台 MindSphere 中，实现数据的闭环，以便于持续改进。

2. 知其所以然：集大成者

示范线既实现了技术的对外验证，也完成了人员培训，并培育了重要的合作伙伴佰奥，赋能佰奥转型升级进行数字化制造，完成 IT 与 OT 的深度融合，以及通过数据连接优化生产运营。示范线集成了西门子内部多年来所积累形成的所有数字化能力，包括产品、流程、人员、样机、合作伙伴等，且能力的积累是随着时间不断迭代与升级的。

从成都工厂派生出的跨业务部门数字化团队，在参与安贝格工厂的生产经营过程中掌握了业务流程，又在建设成都工厂的过程中对业务流程的理解逐渐加深和升华，基本掌握了所有与数字化相关的知识，懂业务流程、懂产品、懂技术，而且有工程经验和服务经验。

这种巨大的能力图谱中隐藏着星星点点的能量，很多地方在未来都有可能获得来自其他支流分散的能量回流，也就是说能力图谱的形成意味着生生不息的知识与资源。示范线的建设在一定程度上完善了西门子团队的智能制造能力，而这种能力又进一步衍生为能力中心的咨询能力，实现西门子内部各个团队之间的大会战，催生出不同行业能力及经验，分级服务于不同的产品市场，最后通过进一步的迭代升级成为更强大的能力集合，形成更大范围内的赋能。

3. 成功背后：企业文化的胜利

一言以概之，示范线成功的背后是西门子 100 多年延续的企业文化的胜利。企业文化的影响有三点：第一是示范线团队对先进制造乃至智能制造趋近的价值认同，通过一种新的生产模式来定义数字化制造和数字化产品。第二是无边界的组织团队，在突破传统组织模式的同时实现了多专业、多部门、多领域的高度协同、融合、开放与创新，正如英国作家吉莲·邰蒂所著《边界：企业机会出现在组织边界被打破的地方》一书中所言："团队内外保持灵活的、可流动的边界，可以带来思想及创新上巨大碰撞与交流。"第三是从始贯之的"无限的信任"，在信任的企业文化之下最有代表性的是极低的信任成本和大局观，而极低的信任成本代表着直接、高效以及"世事无常"之下高度的协同应变能力。

第二节　传承延伸：赋能企业数字化转型

西门子智能制造技术不仅在示范线上得到了集成，还在国内一批领先制造企业的工厂内得到了验证，让我们挑选一家具有代表性的制造企业，一同来看数字化技术是如何传播扩散的，也一同来看两家优秀的制造企业是如何联手开展数字化技术创新的。

这家企业位于中国西部地区的一个城市，目前已经成为国内智能制造的明星企业（以下简称 X 企业），以生产精密电子元器件在行业内著称，其产品广泛应用于通用电气、三星、哈里伯顿等国际大客户，产品品类和规模早已位居全球前列，不仅是全国电子元器件百强企业，也是行业内实至名归的单项冠军企业。走入 X 企业的工厂，我们会看到，在全自动生产线上，80 多台自动化设备高速运转，各式各样的精密电子产品在生产线上快速流转。工厂每天生产约 25 万根"麻花针"（精密插接器），其学名叫"绞线式弹性毫微型插针"，是高端电子产品的主要插接器配件。"麻花针"的制造工艺十分精细，一根"麻花针"由 10 股铜合金丝绞制而成，长度 6~7 毫米，直径不超过 0.2 毫米。

"可别小瞧这些细如发丝的'麻花针',这可是打破了外国公司的技术垄断藩篱,广泛用于航空航天领域国家重大工程的高技术产品。"时任 X 企业信息化总师、智能制造工程部部长的李工每逢谈及于此,语气之中总是充满自豪。

精密的元器件产品需要精益和高效的生产系统。很多人难以想象,在这个西部城市竟然能够生长出一家如此"做工精良"的先进制造企业。但在 X 企业从规模化朝着精益化、从自动化朝着数字化前进的时候,它也遇到了自己的困难。当时 X 企业在精密插接器方面的研发已经处于国内技术领先地位,但从生产流程来看,X 企业在许多生产环节中仍是以人力为主,例如在生产装配环节,工人每做完一道工序,就要以托盘的方式把元器件传给下一道工序的工人。在生产排产环节,每接到一个新订单,就需要手工搭建一个物料清单(BOM)。在产品设计、生产、销售和服务等环节的信息流转过程中,仍有大量的信息传递是"以人为主"的。这些都使得精密插接器的生产效率得不到提高,生产质量和产品一致性也难以得到保证。

现在,这些生产环节都可以通过系统自动完成,并且自动传输到下一个环节,数据也实现了全流程贯通,大批量精密插接器生产效率提升了 10 倍以上。X 企业取得这样的转变和成果,要从它的数字化转型之旅说起。

缘起

时间回到 2016 年,当时离成都工厂建成投产已近 3 年。西门子刚刚在此基础上成立了能力中心,这个团队既汲取了安贝格工厂的数十年发展数字化的经验,又具有建设数字化工厂的丰富经验,迫切希望将数字化企业的理念和方法向外输出。团队的负责人戴霁明四处奔波,希望找到一个底子好、基础牢,同时又对自己数字化理念具有价值认同的合作伙伴。在那个时候,中国已经成为全球制造业体量最大的国家,也开始在智能制造领域发力,智能制造作为制造强国建设的主攻方向,成为产业升级的重要战略,全国上下智能制造转型升级的热潮正在掀起,不同类型的数字化车间和智能工厂在各个产业、各个地区崭露头角。一些头部企业加快探索智能制造路径,看到了新技术革命的窗口期,希望能率先抓住数字化转型的机遇,进一步改善甚至颠覆企业的生产方式。

一些领先的跨国公司同样感知到了这股变革的浪潮,时任西门子(中国)数字化工厂集团北方区总经理李东敏锐地感觉到,中国市场大有可为!但对于如何进一步开拓中国市场,特别是大型企业的数字化转型业务,李东思索良久也未找到破局之法。

当时,X企业也正在探索精密插接器的柔性化生产之道。这家企业在2010年时就开始探索数字化转型,甚至在2002年已在工厂内推进了自动化改造,并导入了ERP和MES系统,此后工厂团队一直在持续改善企业的自动化生产单元和信息化管理系统,到了2016年,企业已经具备了很强的自动化设备研制能力,在软件开发方面也形成了一支队伍。

但是管理者认为当时企业数字化水平仍然不能满足需求,距离世界一流的高科技电子元器件制造企业的定位还有差距,因为随着市场规模的扩大,产品创新不断加快,产品多样性和复杂性也快速提升。小小的精密插接器作为电路与电路之间沟通的"神经元",随着应用对象、频率、功率、应用环境的不同而具有千变万化的形式和结构。生产和研发的复杂度出现了指数级的扩张,例如J599插接器就有10万种频谱组合。来自客户的定制化需求也在倒逼企业改变生产方式,当时X企业每个月收到的6000多个批次的订单中有70%的数量都在10件以下,最小批量仅为1件,多品种小批量的特征非常明显。在这种变化下,X企业需要不断提高生产效率,还要保证生产质量,因为精密插接器对于质量和一致性的要求非常高。但企业当时的自动化解决方案还无法很好地解决精密插接器多品种、小批量、高质量的柔性化生产问题。

两大工业巨头牵手

1. 高层达成共识

事后回顾,西门子和X企业的合作起源于双方高层的一次战略性对话,这一次对话为双方开展智能制造合作奠定了基础。2016年年初，李东与X企业的母公司（以下简称M集团）开展前期接触。2016年3月，时任西门子数字化工厂工业集团工厂自动化部首席执行官Franke访问中国，李东觉得这是一次双方高层交流的好机会，便和Franke拜访了M集团。

这次拜访让双方发现了智能制造领域的大量合作空间，李东了解到M集团的数字化转型需求，双方团队开展调研和磋商，2016年5月30日，M集团赴德国访问西门子，双方在德国签署合作备忘录，提出基于中国"制造强国"战略和德国"工业4.0"战略进行合作，发挥各自优势，打造面向未来的工业生态系统，合作开拓市场，为客户产业转型和升级提供价值。其中一项重要的工作就是在M集团内部打造一个智能制造样板车间。

合作备忘录签订之后，双方成立了联合工作团队。西门子很快对M集团进行了回访，回访的主要目的是要在M集团内部寻找一个项目进行孵化，让双方的数字化理念能够更具体地落地。M集团在全国范围内进行了筛选比对，初步选定X企业作为双方合作的灯塔工程。至此，双方合作进入实质阶段，即西门子和X企业一起在中国打造智能制造样板车间。

2. 选择X企业的两个原因

从某种程度上，选择X企业来打造样板车间具有偶然性，如果不是双方高层的互动，大家很难把视线投向位于西部地区的这个工厂，但同时不能否认，X企业已经具有迈向"工业4.0"的基础，而且工厂的产品和工艺也和成都工厂具有一定的相似性，主要技术供应方西门子已具有相对成熟的技术方案。

（1）良好的智能制造基础和工程技术能力 X企业在创新上有两个8%，即每年的研发经费和技改经费均为销售收入的8%。从2002年开始，X企业就从设备改进、人员储备、制度准备等多方面进行自动化改造和数字化升级。经过多年的持续投入和探索，X企业当时已经拥有了较为深厚的自动化、半自动化设备研制经验，具备了相对较强的信息化开发能力，也是M集团内部完成智能制造项目最多的标志性企业。

2012年，X企业围绕一款核心产品自主打造了一个数字化车间，对生产设备和生产线进行了自动化、数字化改造，这一项目成为2015年省级智能制造试点示范项目，极大提升了X企业的生产管理自动化、数字化水平。此外，还有一个先决条件，就是X企业经过多年的探索和积累，已经在内部培育了一支数字化队伍，接近百人，且精通信息化和自动化技术，拥有自主研发600台套自动化设备的经验。X企业具备进一步智能制造转型的人才基础支撑，这一点也让M集团和西门子非常看重。

（2）领导者的远见和决策力　　在很多企业，智能制造被称为"一把手工程"，因为推进智能制造是一个系统工程，复杂而漫长，需要整合企业上下各种资源，统一管理者和生产者的思想。遇到困难，一把手需要坚持大方向不放弃，并及时调配企业内外资源来攻坚克难。

X企业有一批拥有"逆着潮流游泳"勇气的革命者，愿意大力开展创新。X企业董事长希望通过数字化来对企业进行一次"重构"，但这不是没有阻力。当时X企业内部对与西门子合作确实也有一些顾虑：一是担心X企业作为行业龙头企业是否适合与外资企业合作，信息安全、数据安全如何保障；二是在X企业成长过程中并未获得过多少跨国公司的帮助，但也发展得很好，而且就获评了省级和国家级的智能制造示范项目，在国内已经处于领先地位，现在和外资企业合作，业内会不会说X企业取得的成果是依赖于外资企业。

面对管理层的疑虑，董事长总是在企业内部强调："X企业虽然已经做到了国内一流，但是如果想成为世界一流的国际化企业，就要和全球领先的跨国公司合作，掌握国际化的语言，我们要在合作过程中不断学习新的知识，掌握关于研发设计、生产制造、质量管控、先进服务等在内的国际化流程，这样将来企业在打入国际市场的时候也会更深入地了解客户，也更容易让客户了解我们。"X企业已经导入了一些世界级的知名软件系统，但更重要的是做到集成创新、融会贯通。在董事长看来，X企业要的不仅仅是购买软件，而是要通过导入先进的生产系统，优化生产工艺，从而掌握在数字化道路上前进的自主能力。

携手迈入"工业4.0"

X企业的数字化旅程看起来进展飞快,如果仔细观察,这个过程并不是一蹴而就且一帆风顺的。它首先要对自己当前的状态形成清楚的认知,然后要经过复杂且艰难的系统工程改造,最后才能行驶到数字化企业的快车道上。这个过程犹如在海上行舟,远方的灯塔可能是提供了方向,但是面向灯塔前进,很有可能困难重重。

1. 咨询设计

"智能制造的升级过程就像装修房子,没有做好准备工作就动工,中间肯定会出问题。它需要设计师和业主预先沟通,了解业主的需求和一些客观存在的限制因素,经过系统周详的规划设计,方能有的放矢地开展。这体现在数字化转型项目上,就是前期的咨询和设计工作。"西门子(中国)数字化工业集团销售业务高级总监李士光做了一个形象的比喻。

(1)诊断评估 双方的合作于2016年9月确立,戴霁明被任命为项目总设计师,他迅速组织西门子数字化咨询团队骨干成员,同时从德国引进3位技术专家,组建了X企业项目数字化咨询团队,并前往X企业驻厂咨询。

X企业对这个项目高度重视,将其列为"一号工程",第一时间调动公司自动化设备研制部门和信息化部门的骨干成员,组建了超过120人的"智能制造先锋团队"。其中,有20名骨干成员是来自X企业苏州分公司的自动化工程师。

两支队伍胜利"会师"后,开始对X企业进行全面评估。评估团队对标全球一流企业标准,对企业的生产流程、生产工艺、生产装备和业务的数据联通等多方面展开调查和评测,最终得出结论:X企业的生产车间总体上处于"工业2.5"左右的阶段,离"工业4.0"有较远的距离。如果想进行"工业4.0"改造升级,面临六大难点,而且个个都是难啃的"硬骨头"。

难点1:业务变革力度大。X企业原来的业务管理方式比较传统,不是基于业务流程和数字化的管理。数字化转型要求对整个工艺的数字化、管理流程的信息化等方面进行诸多改变，例如基于模型的异地协同设计与生产一体化，订单驱动的柔性化制造执行等。同时，在组织管理方面也要进行相应变革，要从以大车间为生产单元的模式改变成为以生产线为生产单元的模式，并不断打通部门之间的"信息墙"。

难点 2：标准化要求高。智能制造工程的一个重要方向就是适应复杂性，技术团队需要在千差万别的产品配置和技术路线中寻找规则和标准，找到那些适合计算机程序解决的工作内容。标准化是数字化工厂实现良好运营非常关键的支撑，需要基于业务未来的拓展方式定义标准，在项目中定义标准化、模块化的产品和设备，包括设计的标准化、设备的标准化、系统之间集成的标准化和数据的标准化等。

难点 3：异构系统复杂度高。如果要实现从订单到生产线的全价值链无缝集成，将需要并行上线很多系统，包括工业云、ERP、生产线、设备、PLM、MES、自动化系统等。技术团队如果想实现数据在这些异构系统中流动贯通，要集成 100 多个系统接口。比如要通过 PLM 与 ERP、MES 以及 X 企业旧有系统集成，统一数据源，打通 X 企业核心数据流与业务流，才能消除"信息孤岛"。

难点 4：项目管理协调复杂、项目周期短。这个项目将涉及工业云、PLM、MOM、TIA、技术工艺、智能装备等多领域协作，所需各专业领域人才数量多，专业跨度大，需要高效的项目组织方式和总协调机制才能保障合作项目良好运行，且正常项目周期需要 3 年以上，而此项目周期只有不到 2 年时间！

难点 5：新技术应用比重高。根据西门子数字化转型经验，如果新技术应用超过 30% 就是对企业生产运营模式的重大调整，而这个项目要实现基于模型的异地事业部协同、设计生产一体化、订单驱动的智能化制造执行、物联网与工业大数据驱动的工厂运营等多种新技术的应用，新技术应用比重超过 70%。

难点 6：无行业参考案例。典型制造业有三条主要价值链，分别是"订单到交付"价值链、"产品全生命周期"价值链和"设备资产管理"价值链。成都工厂的产量和复杂度相对平衡，侧重在"订单到交付"价值链。X 企业的产量和复杂度并不平衡，数字化要考虑系统和业务模式两个维度的动态变化，这表明 X 企业侧重在 PLM。它需要将 X 企业内部的设计、技术、工艺、自动化、信息化、车间现场等几乎所有业务部门的业务流和数据流打通，形成全价值链的集成。这在当时没有相关行业案例可以参考，必须新创一个覆盖全生命周期的完整解决方案。

起初，X 企业对于规划设计咨询的作用和价值心存较大疑虑，担心会不会只是纸上谈兵没有实际意义。但在项目咨询过程中，西门子团队系统性的评估体系给 X 企业团队留下了深刻的印象和感触。以往，X 企业发现了生产当中的薄弱环节，经常埋头苦干去提高产能和质量，尽管也能实现目标，但总感觉费时费力。而西门子从战略、技术、流程、现场管理等多维度对车间进行了综合评估诊断，X 企业在这个过程中发现，除了单一产品、单一环节的改进之外，从系统的角度能做的事情还很多，特别是能够充分利用生产过程当中获得的数据，对产品、工艺、流程进行优化，能极大提升生产效率和车间运行的透明度。因此，在项目做完以后，X 企业对咨询有了一个全新的认识和收获。X 企业后来在内部管理层干部培训的时候多次讲到："我们在这个项目中最大的观念改变就是要系统谋划。推进企业数字化升级，规划设计咨询环节真是太重要了，它能确保这个项目'一张蓝图绘到底'，能确保大家少走弯路，能确保在项目验收的时候，回过头来看发现'初心不变'。如果没有这个环节保证执行过程方向不偏离，到最后拿出的东西可能就和原来想的完全不一样了，而且中间有很多反复，将会造成资源和人力的极大浪费。"

(2) 方案设计　《礼记·中庸》提到"慎思之、笃行之"，就是要仔细思考，笃定去做。虽然项目面临着诸多困难和挑战，但经过西门子团队与 X 企业团队的缜密思考，一个可行的解决方案在双方脑海中逐渐成形，双方团队据此制订了样板车间的数字化升级方案。

1）**总体目标**：根据 X 企业打造世界一流高科技电子元器件制造企业的蓝图，项目团队首先研究确定了数字化升级的总体目标，包括缩短研发周期、提升生产效率、降低产品不良率、降低运营成本和实现多品种小批量柔性生产五大目标。

①缩短研发周期。缩短研发周期需要着眼于从产品设计、制造到服务的全生命周期链条。以 X 企业 J559 插接器的视角来看，在研发、生产、销售和服务整个链条中，如何实现数据高效自由流动与协同，从而减少时间浪费，如何把各个环节的"散点"式关联，变为一种基于模型的联系，使设计、制造过程减少无用的重复，实现研发设计与制造协同，是缩短研发周期的关键所在。

②提升生产效率。提升生产效率要从订单开始入手，考虑如何加快订单处理速度与效率，如何减少生产中间在制品上的浪费，使生产柔性程度更高、速度更快，实现从订单到交付的业务链条更高效运行。这在 X 企业民用产品结构持续提升中的重要性更加凸显。例如 X 企业为消费类电子企业生产的电源插接器，由于下游市场新产品变化日新月异，对于生产效率和柔性水平要求正在不断提高。

③降低不良率。项目组团队希望将 J559 插接器制造环节的不良率降低 50% 以上，这需要采用全面质量管理方式来解决以下问题：一是插接器在混线生产方式下不错料、不错程序、不错工序的问题；二是在生产环节中每个工序质量控制的"信息互锁"问题，即前一个工序的质量缺陷不会传到下一个工序，每个环节都是可控的；三是保持插接器从研发设计到制造环节的高度一致性，即要求每个插接器插入时的顺畅性、松紧度和稳定性是一样的。这需要在生产过程中通过不断迭代，基于真实客观的生产数据进行持续改进。

④降低运营成本。数字化的核心价值之一是降低运营成本。X 企业从 2002 年开始就积极进行生产自动化和管理信息化的改造，在减员增效方面已经有了很好的基础。因此，X 企业后期降低运营成本的着眼点在于如何提高系统运营效率、物资和库存周转率，如何消除价值链上的浪费，以及如何与其他系统进行协同，提升物资周转率，减少不增值的工作环节和能耗。

⑤多品种小批量柔性化生产。戴霁明很形象地称这一生产模式为"双人舞"（见图 13-3）。因为产品全生命周期这条链上有很多男性工程师，产品的设计、生产、服务就像是一支刚劲有力、反应迅速的男子舞。订单到交付链条有很多女同事，更像一支柔顺优美的女子舞。多品种、小批量的柔性生产是"双人

舞",需要产品生命周期链的"男子舞"和订单到交付链(供应链)的"女子舞"无缝协同和交互,才能"跳"得更和谐、更精彩、更有默契。

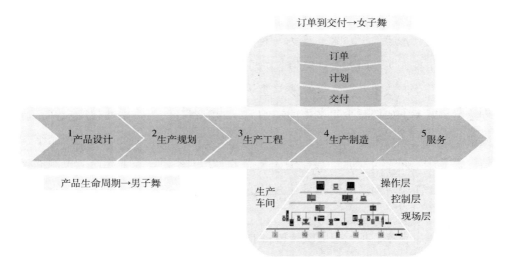

图 13-3　多品种小批量柔性生产的"双人舞"

(资料来源:西门子中国数字化团队)

此外,如果说产品全生命周期链和供应链是"双人舞",那么与供应商和客户的协同则是"集体舞","集体舞"能够有效交互靠的是默契和信任。在此过程中,交互和传递的是数据,也是数据基因,即整个价值链条集成中数据模型的传递。例如,当用户向 X 企业下发数字化订单后,系统会实时将数据传递到设计环节,这时 X 企业就会通过设计模型文件与供应商交互,并与生产线规划同步交互,最终实现基于订单和数据驱动的全生命周期智能化。

2)架构策略:架构策略是实现数字化转型总体目标的路径。项目团队以需求和总体目标为指引,制定了以业务架构、功能架构、技术架构为基础的三层架构策略(见图 13-4)。

①业务架构——基于数据化的业务流程。西门子和 X 企业有一个共识,就是如果一个企业的业务架构或系统脱离了业务实际,不遵循业务规律,是不会发挥有效作用的。项目的业务架构定义分为三步:首先,项目团队梳理了 X 企

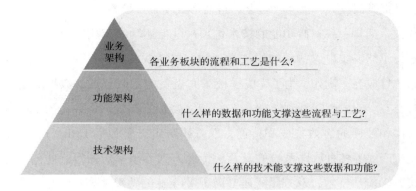

图 13-4　架构策略

（资料来源：西门子中国数字化团队）

业现有的业务流程和生产工艺，在 J559 插接器的研发流程和供应链中，通过价值流分析找出存在浪费、等待、瓶颈的环节，看如何通过数字化手段解决这些瓶颈。其次，分析改善后的流程和工艺，包括为加快研发流程和缩短研发周期而设计的供应链一体化、制造一体化和管理业务财务一体化的全流程贯通，也包括为提高产品质量和应用效率以及形成多品种、小批量生产模式的准时生产（Just in Time，JIT）㊀、混线柔性生产和车间透明化的业务场景。最后，在业务流程贯通的基础上，实现供应链和产品全生命周期的跨链条集成。

②功能架构——支撑数字化业务流程所需要的功能。双方团队依据前面定义的业务流程，以数据流动为核心，定义了数据和应用之间的关系。以 J559 插接器的研发生产过程为例，有三个重点环节：一是在研发链上，设计部门将研发数据、物料清单、工艺数据有效地下发到生产系统；二是从订单链上，业务部门将销售订单、生产计划、来料信息下发到生产系统；三是生产车间获得这些信息以后，将要生产的产品型号和生产工艺下发到生产线和设备，有效地组织生产。在生产的同时，车间的生产数据、质量数据等过程数据反馈到生产系

㊀ 准时生产（Just in Time，JIT），是指在所需时刻，按所需数量生产所需产品（或零部件）的生产模式，其目的是加速半成品的流转，将库存积压减少到最低限度，从而提高企业的生产效益。

统中，以提升研发效率和生产工艺，进而形成整个过程的闭环。

③技术架构——支持功能的技术选项。以上述功能架构需求为基础，双方团队定义了能够实现这些功能的技术架构，包括软件系统、硬件系统、通信技术、系统集成等。例如，为了完成样板车间设备的互联互通、数据的上传下达和实时交互，双方团队规划了整个车间网络的系统架构。再如，为了实现各种系统软件和硬件的有效集成和传递，双方团队定义了包括 ERP、PLM、MOM、自动化生产线等各种软件系统的交互、传递方式、频率规则等。此外，除了满足系统的功能性要求，双方团队还考虑了 X 企业的特殊性和对信息安全的高要求，以及针对整个车间网络重点考虑信息安全等非功能性要求。

诊断工作和方案设计花费了约半年的时间，2017 年 3 月，双方团队完成了数字化转型升级总体规划与样板车间详细设计方案。方案出具以后，M 集团非常重视，立即组织了一批业内专家对方案进行了评审。在项目评审阶段，一些专家认为项目难度巨大，这么短的时间不可能完成，因为项目涉及的子项目很多，每个子项目都需要花很长时间攻关。然而，项目方案中附有详细的工作路线图，严谨和扎实的内容还是让评审专家看到了成功的希望，方案最终获得了通过。在项目成功立项后，项目人员来不及庆祝，就马上投入到紧张的准备工作当中，他们知道，面前耸立着一座高山有待攀爬，等待他们的都是难啃的"硬骨头"。接下来，仅用了一个多月时间，X 企业就完成了全部的项目招投标工作。

2. 项目实施

(1) 知所长，善合作　2017 年 5 月，X 企业、西门子队正式进场，M 集团也派来下属工业互联网公司（以下简称 Y 公司）参与到项目当中，但当时样板车间厂房还没建好，于是大家就在临时加盖的厂房里迫不及待地开始了软硬件的装配和调试。为了更贴近客户需求，发挥各方优势，项目团队建立了"三总师"制度——"总协调师""总设计师"和"总指挥师"。西门子、X 企业和 Y 公司三方团队仔细厘清了各方的优势，形成了三方的能力矩阵，最后三方团队共组成了 14 个工作组协同开展工作（见表 13-1）。

表 13-1 能力矩阵

项目团队	X 企业	Y 公司	西门子
能力	1）插接件单项冠军企业 2）非标智能设备研制能力 3）作为 M 集团智能化改造服务团队，具有在本地落地和实施的能力 4）非常了解工艺，善于制造自动化	1）中国工业互联网+智能制造新领军者 2）工业互联网平台 3）企业上云与云制造解决方案及其集成实施	1）工业业务领域全球领先的供应商 2）工业软件 PLM 与自动化产品 3）数字化制造解决方案及其集成实施 4）工业领域的深度理解
团队	设计、技术、工艺、自动化、信息化、车间现场、质量 7 个工作组	CPDM 云设计工艺协同、云资源计划⊖、工业大数据、AR 共 4 个工作组	PLM、MOM、TIA 共 3 个工作组

资料来源：西门子中国数字化团队。

西门子坚信，开放合作才是成功之道，即只有使最终用户、云平台提供者、数字化方案提供者相互合作，让专业的人做专业的事情，同时加上非常好的项目管理和协调机制才能使这个项目取得最终成功。因此，在能力矩阵的基础上，项目团队负责人用一张"房子"结构的示意图清晰地解释了三方复杂的工作架构（见图 13-5），厘清了各子项目的边界和交互关系。这张示意图后来被反复使用，起到了关键作用，使项目团队的 14 个工作组前后 350 多人参与协作能够有条不紊地顺利进行。

X 企业智能制造工程部综合管理处处长吕工对这一项目中三方的角色还有一个很恰当的比喻，如果说 X 企业的数字化升级是一场旅行，那么 Y 公司就是天上的"白云"，西门子铺就的是数据的"高速公路"，X 企业打造的则是"自动驾驶汽车"。

⊖ 云资源计划（Cloud Resource Planning，CRP），全称为云端企业资源计划管理系统，是基于工业互联网平台，通过对资源的科学匹配、智能推荐，开展企业内、跨企业有限产能高级排产的管理系统，并基于有限产能高级排产实现对企业去库存降成本和专业单元设备有效利用，达到企业均衡生产的目的。

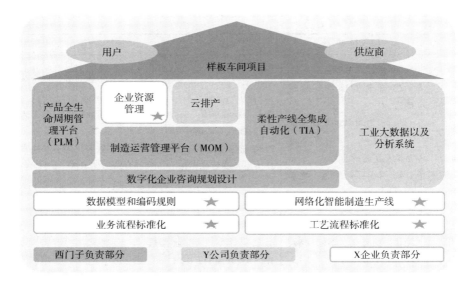

图 13-5　智能制造样板车间分工图

（资料来源：西门子中国数字化团队）

1)"白云"——Y 公司：作为项目的总包方，Y 公司主要负责构建基于工业互联网的价值链生态系统，包括云平台及企业互联应用系统、CRP（云端企业资源协同管理）、CPDM（云端设计工艺协同平台）、工业物联网网关及工业大数据分析等实施服务，提供云制造能力和资源的协同应用。

2)"高速公路"——西门子：西门子负责数字化企业的集成设计，包括 PLM、MES、TIA 软件及实施服务，自动化产业集成硬件与服务，提供数字化企业整体解决方案和技术保障等。当三方共建的"房子"和用户、供应商实现数据对接后，就成了戴霁明提出的"集体舞"架构。在此过程中，西门子一方面非常注重向 X 企业注入国际标准的思想，比如 ISA-95 等国际标准，这为后来 X 企业形成国际"语言"和向国外客户输出智能制造方案奠定了坚实基础；另一方面在项目中全面引入设计仿真、容差仿真、工艺仿真等数字化仿真分析技术，以仿真分析代替实物验证，在生产线布局、物流规划、流程设计等方面都先进行数字化仿真，确认能做再建，这极大地缩短了建设周期，降低了成本。

3)"自动驾驶汽车"——X 企业：作为项目实施的主体，X 企业负责搭建智能制造样板车间，包括建设网络化智能装备生产线、业务流程和工艺流程的标准化、数据模型和编码规则的制定等工作。值得一提的是，与大部分企业不同，X 企业自主研制了样板车间生产线上的所有自动化、智能化设备。在项目结束后，许多技术专家多次强调，X 企业项目成功的重要原因就是在工艺优化和装备创新的基础上系统开展了数字化技术的导入。笔者也得出了同样结论，最了解自家产品和生产过程的只有企业自身，企业将知识物化则成为装备，数字化则成为软件，X 企业对于电子元器件产品、工艺和流程具有很深的理解，同时智能制造团队具有的深厚的自动化、信息化知识储备，与其说他们有进军智能制造的勇气，不如说他们拥有进军智能制造的知识基础，知识的积累使 X 企业有了如此决策的底气。

（2）项目难，唯拼尔 样板车间厂房建好时已到了 2017 年 9 月，在通过了环评和消防测评后，项目团队随即转入样板间车间开展工作。两个月后，冬天如期而至。那里冬天温度低、湿度大，湿冷的感觉非常强，体感温度甚至更低。由于没有暖气，车间的空调也尚未入场，一些团队成员对于贵阳这样湿冷的天气非常不适应。尽管如此，项目团队也没有一丝怨言和退缩，他们在车间里用 10 多台取暖器来驱赶寒气，马不停蹄地开展设备研制、组装调试和软硬件联合调试等工作，一直持续到 2018 年 3 月冬天结束。吕工回忆道，这段时间是项目最紧张、任务最重、发现问题最多的时候，尽管艰苦，但也是收获最多的时候。

项目的推进离不开多方团队的协同，在近两年的建设时间里，三方团队坚持周会制度，确保问题随时发现随时解决，就这样不断攻克了一个又一个技术难关。在这个过程中，也出现了许多有趣的人和事。

1)"老三线"戴霁明。戴霁明对一个地方最为印象深刻——X 企业附近的酒店，那是他和团队战斗过的地方。为了节约每一分钟，戴霁明团队和来自总部的工程师们一起，在这个难忘的"战场"进行夜以继日的封闭设计——群策群力、集中攻关，就像"黑客马拉松"一样。和戴霁明共事的人都有感于他的责任感。数字化顾问郎海默说："戴工最大的爱好就是'大国重器'。他真心为自己的工作能给中国制造业发展做出贡献感到自豪，是那种有'老三线'精神的人。"（20 世纪 60 年代，中国发起建设"老三线"运动，着力发展中国腹地和西部山区。戴霁明的父亲，以及他身边的很多长辈都和当年 X 企业的创业者一样，参加了"老三线"建设。）

2)"大牛"纪长波。"大牛"是 X 企业团队对数字化顾问纪长波的称呼。他给 X 企业带去了一整套的自动化标准，还自愿给团队里面很多年轻的员工开课，讲解自动化知识。纪长波知识深厚、为人随和，分享起技术和经验来没有丝毫保留，就像师傅手把手地带徒弟一样。最初，他只是小范围地和 X 企业的同事讲讲自动化知识，随着听众越来越多，纪长波索性开起了"技术分享课"，一开就是一周，大家纷纷表示受益匪浅。纪长波至今还和 X 企业团队保持着密切的联系，项目结束，友谊还在继续。

3)"晨跑者"蔡杨。每天早上 8:30，技术销售经理蔡杨会准时出现在晨会现场。他要召集西门子多个团队与 Y 公司、X 企业伙伴团队举行沟通例会，更新项目进展，落实任务细节。他们带着大家在白板上分析技术难点，寻找解决方案。蔡杨喜欢跑步，在他看来，跑步和开晨会一样，最重要的是坚持，再复杂的智能制造项目也是由大量的细节组成的。他认为无论什么事，做一天两天容易，日复一日做几个月就难了，但只有坚持把握每一个细节，才能保证项目按时按质完成。

4)"拼搏者"班组。X 企业信息化总师李工回忆道，项目时间紧任务重，X 企业班组成员经常是披星戴月，埋头苦干，但团队的整体氛围"拼劲十足"。2018 年元旦，正值某系统正式上线，项目组人员主动放弃休假，短短 3 天，他们录入了 273 万余条数据，做了 220 余项开发，开发了 70 多个接口。据估算，在项目进行的两年时间里，团队成员不辞辛苦、攻坚克难，顺利地完成了样板车间所需四大区域共 59 台设备和 4 条自动化生产线的研制、生产与联合调试。李工现在回想这个过程，依然觉得不可思议，但相信这是他们一辈子引以为豪的事情。

3. 焕发新生

(1) 结出硕果　2018年12月6日，工业和信息化部组织专家对项目进行验收，近20位来自科研企业、大学和研究机构的专家来到X企业。通过现场考察评估，集柔性化制造、全价值链集成、大数据分析一体化、自动化、自感知、自适应于一体的智能制造样板车间得到专家组的一致认可，这个曾被立项评审专家认为两年内不可能完成的项目通过了高质量验收。

在验收会上，与会专家给予了高度肯定："我们验收过很多国内企业的智能制造项目，看到的只是演示咱们如何使用别人的软件。但在X企业项目中，我们真正看到了有咱们自己研制、生产的东西，同时结合我们自己的工业互联网平台及与外部厂商数字化技术相互融合，合力打造了真正的智能制造车间。"专家们的一席话至今让X企业团队回想起来仍然欣慰万分。

在西门子内部，这个项目被称为"西门子全球首个离散行业全价值链数字化企业项目"，也是德国"工业4.0"和中国"先进制造"合作的成功典范。西门子按照德国"工业4.0"评估体系，认为X企业智能制造样板车间的数字化成熟度已经达到了3.39。

(2) 三大集成　通过数字化转型，X企业构建了从订单到设备、从研发到服务、从供应商到客户的三大集成体系，实现了订单驱动的多品种、小批量的定制化柔性混线生产模式。

1）**纵向集成**：从订单到设备。通过样板车间项目，X企业实现了内部所有信息化和自动化系统之间的纵向集成，能快速响应客户需求，及时完成产品交付，并实现生产全流程的数据透明和可追溯。具体来看，来自市场的订单通过ERP系统进行统一的管理和下发，CRP系统根据有限产能进行智能排产，MOM系统根据排产计划进行生产，并在整个生产过程中把控产品质量、记录生产数据。在X企业之前的自动化解决方案中，来自TIA的数据只能向上单向传递给MOM，生产线只能按照既定程序生产单一规格的产品。经过数字化改造后，MOM和TIA能够实现数据的双向通信。现在，车间里，产品和部件在生产线上流转；办公室里，企业管理人员足不出户，戴上VR眼镜，就可以身临其境地实时看到生产线生产的实际情况。

2）端到端的集成：从研发到服务。为了高效应对来自市场的多样化定制订单，项目团队搭建了一套可配置的超级物料清单（BOM）。BOM 是描述企业产品组成的技术文件，它表明了产品的总装件、分装件、组件、部件、零件直到原材料之间的结构关系，以及所需的数量。超级 BOM 把多种产品的 BOM 组合在一起，对从研发到制造再到服务的持续进化过程中各阶段的 BOM 数据进行有效管理。这样一来，ERP 就能够根据产品型号直接从超级 BOM 中调取相应的子BOM，改变了 X 企业过去每接收一个新订单就需要手工搭建一次 BOM 的重复性工作。

3）横向集成：从供应商到客户。X 企业的数字化转型方案汇聚包括设计、工艺、制造在内的产品全生命周期流程中产生的数据，供不同团队之间共享，实现了产业链上下游企业之间跨系统的研发设计和工艺协同。另外，用户体验也发生了翻天覆地的变化。原来，来自市场的订单需要 X 企业的内部人员手工录入 ERP 系统中，现在用户可以直接在 Y 公司的云平台上一键下单。

（3）三大创新

1）技术创新。X 企业通过与 Y 公司和西门子深入合作，将自己最擅长的工艺和装备制造结合在一起，形成了"自动化驾驶汽车"，而且通过将数字化技术内化，使自己拥有了数字化环境下技术创新的能力。

在产品研发的技术创新方面，通过搭建基于三维设计、三维工艺的模型，实现模块化的设计、仿真和定制生产，形成了基于虚拟样机的数字化研发和制造模式。在工艺和装备集成创新方面，X 企业为 J599 系列产品装配生产线研发了 59 台用于关键工序的高度密集、柔性化、网络化和安全可控的核心智能制造装备。在车间信息网络构建方面，通过 ERP、MOM、PLM 和数据采集等系统的高效协同和二次开发，X 企业推出了 QMS 系统、智能生产线管理系统、设备在线监控系统等平台，实现了数据的实时采集、传递、分析和处理，并通过基于云平台的大数据中心，整合产品数据、运营数据、设备数据、价值链数据等，实现从经验决策模式向大数据支撑下的智慧化决策模式转变。在产品在线检测方面，X 企业通过收集针头焊点大数据，结合机器视觉与 AI 算法，在百万级数据规模基础上，构建了外观缺陷检测模型，实现外观缺陷筛选的自动化、智能化。X 企业已将这一检测技术申请了专利。

目前，J599 插接器的 50 个工序中已经有 39 个实现了全自动化生产，对于暂时不能自动化的工序，也已经加入了智能防呆预警机制，可以有效防止员工装错零部件。X 企业的"麻花针"外观检测系统，结合后台视觉检测技术与大数据分析技术，对"麻花针"外观进行全自动检测，取代了过去的人工检测，能够 100% 自动剔除不合格产品，大大提升了产品质量和一致性。在项目期间，X 企业还获得授权专利 20 件、软件著作权 6 件。其中，自主开发的智能生产线执行系统成功申请国家版权局计算机软件著作权，打破了智能生产线软件长期被国外企业独占的局面。

2）商业模式创新。西门子团队认为，他们应当激发客户自己的能力。X 企业在样板车间项目建设过程中，练就了自己的"武功秘籍"，从一个单纯的制造型企业变成了一个"智能制造＋数字化服务方案"的输出方，并走上了"薪火相传"的道路。

在国际市场上，X 企业以多项在项目中取得的具有行业国际影响力的专利为基础，改变以往在国外建立办事处的方式，直接聘请国外的销售代表与用户沟通，不断斩获国际订单。

2018 年中，X 企业首次成功"牵手"德国安弗施，为其生产通信产品所需的插接器，订单金额超过 400 万元人民币。2019 年 2 月，X 企业与安弗施公司正式签订出口智能制造设备订单，为安弗施提出了由 3 台设备联机自动线和一台线外单机组成的智能制造解决方案，该方案中的精密装配机构、过程质量数据采集、防错防呆技术等均得到了安弗施的认可。这一订单正式吹响了 X 企业向国际市场输出智能制造装备和解决方案的号角。

2019 年 11 月，X 企业与法国雷迪埃签署了专利授权协议，进一步拓展了国际市场。

2020 年 4 月，德国安弗施公司再次向 X 企业追加智能制造设备的订单，X

企业智能制造解决方案有了"回头客"。

在国内，X 企业智能制造样板车间已经成为工业旅游的"5A 级景区"。自 2018 年项目建成到现在，已经有超过 1600 家企事业单位、14000 余人到样板车间参观、交流和指导，并与到访的一些企业单位形成了一些合作。目前，X 企业已经协助 M 集团多家子公司进行了数字化升级改造。同时，X 企业还给省内的汽车零部件、航天用电池等领域企业做智能制造方面的支撑。智能制造样板车间团队集智攻关，突破核心技术，成功孵化建设完成了国内领先的 X-MAX 智能化生产线。

3）管理创新。智能制造样板车间项目使 X 企业初步完成了基于业务、工艺、流程的数字化管理变革。现在，X 企业已经可以与供应商和客户实现研发协同、供应链协同、资源计划协同，实现线上生成的产品订单能自动驱动生产线进行生产。不仅如此，数据驱动也已经深入 X 企业的思想观念层面，这在组织管理方面有诸多体现。例如，X 企业在生产管理方面已经从以大车间为生产单元向以生产线为生产单元转变。以往 X 企业在设备管理方面，考核的是设备的研发和设备的完好率，只要员工负责的设备没有出现故障，那么考核就是优，如果出现故障，考核就是差，没有把设备的效用作为考核绩效的方式。在实施了数字化改造之后，对所有设备都进行了联网，能够实时监测设备的运行数据。对设备的考核也发生了天翻地覆的变化，从考核设备的完好率到考核设备的利用率，如果员工通过相应的优化、调整提升了设备利用率，公司还会给予奖励。通过转变考核方式，车间的设备利用率提高了 18% 以上。

在项目组织管理方面，X 企业也有了很大的转变。以往在推动自动化、信息化项目实施过程中，往往由信息化部门牵头去抓，但由于自动化、信息化升级涉及多个部门，协调不顺畅，项目周期很长，效果也不理想。经过样板车间项目建设后，X 企业发现要从源头去抓，考虑更深层次的问题。因此，现在实施其他项目时，X 企业都是参照样板车间建设组织模式，由业务部门来牵头，从设计、工艺、车间现场等部门抽调有经验的成员组成项目实施团队，这样一来就减少了部门间的阻力。同时，X 企业各个部门之间的数据流也已经打通，不仅部门之间的沟通更加顺畅，责任也更加明确，使后续项目的进行比以前要顺利很多。

4. 价值实现

（1）有形价值 智能制造样板车间项目的成功实施，使 X 企业获得了明显的经济收益。现在走进智能制造样板车间，就可以看到由 X 企业自主研发的精密插接器一体机可以自动完成"麻花针"校直、自检、校正和监测等工序。相比原来的自动化生产车间，智能制造样板车间引入了基于模型的设计（Model Based Design，MBD）⊖及仿真分析等技术应用，使整个产品研发周期缩短 35%，产品不良率降低 56%，运营成本降低 21%（见表 13-2）。"麻花针"生产线人均可维护 5 个自动化工位，工段员工由 60 人缩减至 28 人，员工人数下降 53.3%；年产量从 10 万件提升到 50 万件，整体合格率也由 80% 提升至 95% 以上。现在，只需要通过生产管理中心的大屏幕，产品计划数量、当前完成数量全部清晰可见，生产过程也已经实现全程可视。同时，样板车间已经完全实现订单驱动设备生产，从用户发布需求到订单交付，整个过程只需要 15 分钟就能完成。

表 13-2 经济效益

多品种、小批量、定制化柔性生产，产能提升至 500%，实现全生命周期智能化				
研发周期缩短	生产效率提升	产品不良率降低	运营成本降低	合格率提升至
35%	50%	56%	21%	95% 以上

资料来源：西门子中国数字化团队。

（2）无形价值 智能制造样板车间的建设，不仅为 X 企业带来显而易见的经济价值，同时在项目实施中对人才团队的培养也带来了难以估量的"无形价值"。正如 X 企业智能制造样板车间项目总指挥周工总结道："做项目并不只是为了项目本身，更重要的是要培养人才、提升管理、提炼模式，形成具有可复制性的成功样板车间。"本项目的实施，为 X 企业培育了一支能够独当一面的智

⊖ 基于模型的设计（Model Based Design，MBD），在本书中指基于三维模型或有限元模型，开展需求确认、迭代设计和仿真，以及功能测试、验证、优化，最终完成制造的方法。

能制造人才队伍。2019年，X企业智能制造样板车间团队先后荣获中国M集团"十佳班组""中央企业先进集体"称号，并且这一团队的平均年龄只有30岁。

项目结束后，X企业这100多人的智能制造团队的能力得到了非常大的提升。其中，有2人成为省级智能制造专家，2人成为M集团的智能制造专家，7人成为企业内部智能制造专家。同时，这一团队也成为整个M集团的"香饽饽"，许多兄弟单位都来借调该团队成员充实数字化团队，协助其进行数字化升级。现在，X企业在对其下属的十几个子公司进行智能制造改造时，不仅很有章法而且效率非常高。在此之前，X企业智能制造团队改造一个子公司项目，大概要经历2~3年的时间，而经过智能制造样板车间建设之后，X企业带着这一团队入驻一家子公司进行试验，只花了3个月的时间，就完成了该子公司车间的智能化改造。

计算机出身的吕工对于在项目中的成长深有感触。以往他只是根据工作需要在车间现场做一些运维工作，对于人生曾有过许多困惑。直到这一项目到来，他和团队挥洒青春的汗水，一起全力完成了这一集企业转型和国家战略于一体的重大任务。在这一过程当中涌现出来的自豪感、荣誉感和人生价值，是他认为其他东西不可比拟的。

第十四章　灯塔：数字化网络领航

"入选灯塔工厂是成都工厂的荣誉，我们要作为灯塔照亮更多的灯塔。"

——西门子（中国）有限公司

数字化工业集团成都工厂原卓越运营部（现供应链部）经理　任江勇

2020年6月，时任成都工厂卓越运营部经理的任江勇，刚刚结束了世界经济论坛组织的全球灯塔工厂交流活动。此前，任江勇已经数十次就成都工厂经验向行业做解读和分享，演讲内容以数字化工厂建设为主，听众感兴趣的是，成都工厂是如何在短短几年间成长为全球领先的数字化"灯塔工厂"的，这个工厂做了什么，做对了什么。

第一节　用灯塔照亮灯塔

挖掘全球范围内的制造业"灯塔"

1. 一封来自世界经济论坛的邮件

2017年年初，西门子总部收到了一封来自世界经济论坛的邮件，这封邮件邀请西门子总部推荐其数字化水平较高的工厂参选全球灯塔工厂。这是世界经济论坛在世界范围内的第一次灯塔工厂评选，希望选出一批领先者，给行业提供示范作用，也希望"灯塔"之间交流经验，互相照耀。

灯塔工厂评选项目组由世界经济论坛发起，希望构建面向第四次工业革命的交流网络,通过扫描世界范围内制造工厂,评选出在尖端技术的应用整合方面,已经卓有成效并且能够引领行业发展方向的领先企业。

在评选的基础上,灯塔工厂项目希望建立"灯塔网络",促进行业内外的交流,帮助产业界解决新兴技术投资和应用方面的重大问题。这是一个复杂的工作:根据调研和评选,分析领先企业在生产制造中大规模应用先进技术的模式和路径,当地政府与领先企业在先进数字化技术生态系统构建方面的协作方式,来推动先进技术快速复制和跨行业传播。

2. 数字化转型需要灯塔

第一批灯塔工厂评选的筹备起步于 2017 年左右,当时全球正处于新一轮数字化转型的初步探索期。数字化转型被业界认为是第四次工业革命的核心,通过利用新一代信息技术促进产业变革,制造业加快走向智能化转型。全球范围内,越来越多的企业看到了这一趋势,并将它上升到重要的战略层面。

然而,作为一种充满不确定性的创新活动,数字化转型在实施过程中也遇到了各种困难和阻碍。一些企业对数字化的理解仅仅停留在概念上,或者把工作的重心放在软硬件系统的购买和实施上,有一些企业对于数字化的真正内涵和实施路径也不清楚,在实践过程中产生了大量的试错成本。世界经济论坛和麦肯锡的调查发现,由于技术落实策略不当,超过 70% 的企业所投资的大数据分析、人工智能、增材制造等技术应用项目,都没能撑过试运行阶段,全球产业界急需"灯塔",需要有一批成功的数字化项目来为行业提供指引。

以质量和效率为核心的变革故事

1. 作为首批灯塔工厂参选

西门子总部经过慎重考虑,推荐成都工厂作为首批申请者参评灯塔工厂项目。在经历了初期的复制和固化之后,成都工厂持续开展数字化技术创新,逐渐探索出了具有自身特色的数字化道路。2018 年,成都工厂已经实现稳定量产,产品出货量稳步提升,质量改善效果也非常显著。相较于建厂初期,这座年轻的工厂迸发出强大的创新活力,并获得了集团内外的诸多荣誉,例如"西门子最佳工厂"、成都高新区"智能制造示范企业"等。

在接到总部通知后,厂长李永利把参评灯塔工厂的任务交代给时任成都工厂卓越运营部经理任江勇。任江勇与成都工厂有着非凡的缘分,他正好是在2012年3月成都工厂奠基那天作为首个制造工程师加入工厂的,他亲眼见证了第一条生产线的导入、流程固化、稳定量产、持续优化以及新技术的导入。对于这次申报工作,他充满了信心和期待。这是一次世界范围内数字化工厂的聚会与经验的碰撞。

2. 评选的准备和自我分析报告

灯塔工厂的评选需要一份详细的分析报告,这份报告需要凝聚工厂从建造到完善整个过程中的经验,也是对成都工厂发展的一次复盘。这些内容都是任江勇熟记于心,并且经常通过交流活动分享给外面客户的,但系统的整理需要花费一些时间。

基于西门子数字化工厂的分析模型,任江勇梳理了成都工厂的关键指标,例如工厂的质量控制、蓝领工人的生产效率以及研发的投入等,这些其实就是工厂持续关注和分析的核心指标。在日常运营过程中,成都工厂的主要指标有三个,即QDC——质量(Quality)、交付(Delivery)和成本控制(Cost),数字化只是手段,最终目的是质量的提升、更加迅捷的交付和更加低廉的成本。

工厂运营指标的数据当时已经非常领先,在产品质量方面,成都工厂已经达到世界级卓越品质,这在整个电子行业也是首屈一指的。同时,在生产运营商方面,工厂每年可以使生产成本降低10%以上,生产效率提升20%以上。在数字化用例方面,任江勇精选了成都工厂的QMS系统以及MES、ERP、PLM全集成的数字化系统、三维仿真优化生产线和工作站设计,还特别介绍了成都工厂的操作员智能辅助系统。

3. 麦肯锡调研小组之旅

在初步确定了成都工厂的评选条件后,世界经济论坛组成了专门的调研小组,进行实地探访。李永利、任江勇以及IT等主要部门工作人员陪同评审团队深入生产现场进行近距离观摩。整个参观持续了几天,他们对成都工厂立体仓库、生产车间等进行了全方位参观(成都工厂数字孪生模型如图 14-1 所示)。参观中,任江勇对 PCB 生产车间的锡膏打印、表面贴装、回流炉、自动化光学检测、线边库、电路测试、柔性装配、功能测试、包装的整个流程进行了详细的讲解,并用一组组数据展示了工厂 SMT 的质量性能、直接劳动生产率以及员工生产率相关指标。调研小组非常认可西门子对数字化理念的解读和工厂数字化的战略布局。

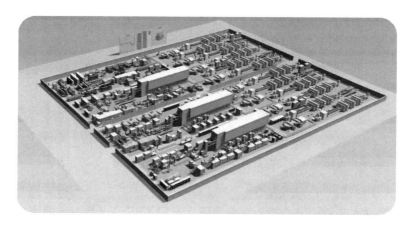

图 14-1 成都工厂数字孪生模型

(资料来源:成都工厂)

4. 首批灯塔工厂发布

2018 年 9 月,世界经济论坛和麦肯锡正式提出"灯塔网络",并公布了包括成都工厂在内的首批全球 9 家制造业领域的灯塔工厂(见图 14-2),其中 3 家位于中国,5 家位于欧洲,1 家位于美国。

协助完成此次评选活动的麦肯锡咨询公司合伙人兼制造业全球负责人 Enno de Boer 表示:"第四次工业技术革命已经到来,工人和管理人员都能从技术中获益。这些灯塔工厂的业绩比普通工厂高出 20%~50%,形成竞争优势。它们拥有敏锐的团队,汇集物联网及软件开发等方面的专家,正在迅速创新生产车间。它们还开发出共用数据平台或物联网平台,正在开展的应用多达 15 项,这

图 14-2　成都工厂入选首批灯塔工厂

（资料来源：成都工厂）

些企业着眼规模化发展，行动敏捷，将为制造业树立新标杆。"

灯塔工厂项目发起者对成都工厂的评价是："西门子成都工厂作为灯塔工厂，塑造了先进制造业和生产的未来，取得了卓越成就和领导地位"。具体表现为：为灵活生产而全面整合的技术平台赋予了工厂具备接受客户订单的能力，并在单一的自动化平台上立即分配资源、安排生产时间，从而实现100%的质量合规性和100%的可追溯性，同时确保安全和敏捷性。

在世界级赛道找到位置

任江勇把这次评选看作一个与世界级工厂比肩、交流的机会。通过打破行业和区域的限制，将数字化工厂抽象为质量、效率等核心指标以及关键用例，解构数字化工厂，让成都工厂找到了自己在世界级赛道的位置。"这是世界级的荣誉，我们很荣幸。"在任江勇看来，通过此次评选和交流，成都工厂和其他灯塔工厂以及更多想拥抱数字化的企业产生了连接，并最终带来知识和经验的交汇。

截至 2022 年 3 月 30 日，全球灯塔工厂增至 103 家，其中，中国"灯塔工厂"数量已达 37 家，是拥有灯塔工厂最多的国家，主要分布于 3C 电子、家电、汽车、钢铁、新能源等行业。

1. 灯塔网络引航产业发展

世界经济论坛"塑造生产的未来"系统行动倡议负责人兼执行委员会成员 Helena Leurent 表示："评选出全球最好的制造工厂不仅是客观需要，也满足了'未来生产模式'的加速应用与传播第四次工业革命技术提出的要求。下一步，要让灯塔企业在建设制造业整体生态系统中发挥带头作用，真正实现我们预期的成果。灯塔网络提供了最佳对标参考，同时也不断向外赋能，为其他企业部署技术、摆脱'试点困境'提供借鉴。"

入选灯塔工厂以后，成都工厂参与了世界经济论坛举办的多场交流活动，接触了几十家工厂的 CXO 级别的管理层，成都工厂在分享交流过程中，也收到了来自各行业工厂的五花八门的提问，涉及生产工厂运营的方方面面。

2. 成都工厂最新两点"秘诀"

在 2020 年 6 月世界经济论坛举办的"云游灯塔工厂"系列分享会中，成都工厂分享了两点"秘诀"，这是基于最新实践总结出的成果，也是传统工厂与数字化工厂之间的差异所在（见图 14-3）。

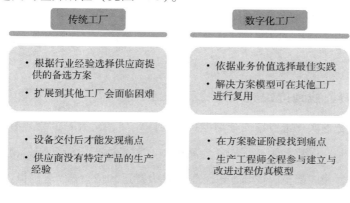

图 14-3　数字化工厂与传统工厂对比

（资料来源：成都工厂）

第一点是数据贯通，通过建立生产主数据和数字化质量管理平台，将分散在工厂各个业务单元节点的数据进行收集、整合和梳理，实现整个工厂的数据贯穿和透明，以数据驱动业务决策，从而提高工厂运营的可见性和效率。

第二点是数字孪生，通过数字化仿真协同持续优化改进，包括业务流程优化、敏捷自动化实施和人工智能机器视觉等。通过数据驱动决策做出最优选择优化业务流程；用自动化替代重复性手工工作实现敏捷自动化。通过虚拟仿真验证，传统工厂中电路测试等人工重复工作可以被自动化设备取代。通过虚拟验证到现实校验、现实世界测试到虚拟世界的改进，数字孪生为工厂的持续改进提供动力。

任江勇也发现，生产企业的 COO 和 CEO 等管理层对于数字化的理解正在不断走向深入，他们问的问题都直指痛点，具有针对性，企业渴望拥抱数字化。2021 年，任江勇作为"灯塔网络"的参与者，协助安贝格工厂进行灯塔工厂申报，并成功入选。

3. 数字化的道路和而不同

正如《人类简史》的作者赫拉利所言："这个世界缺乏的不是能源，而是能够驾驭并转换成符合我们所需的知识。"企业数字化转型正是将数据持续转换成企业所需知识，以此取得企业数字化增长的效果。

对于不同企业而言，数字化的目标相同，然而其路径以及理解却是和而不同的。灯塔工厂之间交流最多的话题就是关于数字化的理解和发展路径。理解不同，发展路径就会大相径庭，这也会带来数字化建设的工作重点和组织方式的差异。在已经入选的工厂中，可以看到美的集团重点强调端到端集成，推动价值链整体转型，联合利华则重视以市场为基础的拉动式生产模式的构建，它们大量的投入都会反映在生产效率、生产成本和订单交付周期等生产性指标上。

"认识你自己"这句刻在希腊圣城德尔菲神殿上的著名箴言，不仅适用于个人，也是每个企业在进行数字化转型和决策之前应该对自己提出的问题。企业要充分了解自身需求，同时开放地融入创新网络。数字化的路径难以放之四海皆准，需要企业在众多数字化转型的先进经验中找到适合自己的，结合自身特点才能打通数字化转型的"最后一公里"。

4. "灯塔网络"是开放的创新网络

数字化时代，孤军奋战并不可取，伴随着知识存在形式和研发创新活动呈现出的新特征，技术知识也呈现分散化趋势。随着数字化、智能制造等系统性技术的发展，更多的技术知识要求跨领域、多专业综合，也增加了企业创新的难度。市场瞬息万变，产品迭代速度加快，技术生命周期不断缩短，企业必须保持高效的技术更新，企业利用外部资源甚至全球资源的重要性不断提高。无论企业内部还是企业内外之间，开放协同才能谋发展。企业要避免陷入"闭门造车"的误区。很多企业在数字化转型过程中只关注企业内部而忽视了与外部的协同，孤军奋战不仅会降低数字化转型的产出效率，也会影响数字化转型的落地。

灯塔工厂之间已经逐步建立了基于技术交流的开放创新网络。灯塔工厂之间基于特定的话题会举办小型技术切磋活动。成都工厂经常对外分享，接待访客，也会经常走出去看看，看看国内外的工厂发展情况如何，哪些地方比成都工厂做得好，对于同样问题的解决路径是否相同，以及对于行业特殊问题的思考。例如，海尔与西门子一直保持着非常紧密的合作伙伴关系，其青岛工厂内部就采用了西门子的工业系统，在此基础上，双方通过定期的研讨交流活动来共同探讨相应工业系统在使用过程中所面临的问题，以及相应问题的解决路径。相应的，成都工厂会分享类似问题在成都工厂内的解决方式。通过频繁的交流研讨，对于双方工厂能力的提升大有裨益。

任江勇将"灯塔网络"的创新作用总结为："灯塔工厂之间的交流更多带来的是多元的视角和理念，这不仅是带给成都工厂的，也是带给整个西门子的。"从与博世、联合利华等涉及不同行业并各具特点的灯塔工厂的开放交流中，不仅能够获取更多关于创新的理念和信息，更有趣的是可以看到同一项技术在不同领域、不同工厂中如何"用出花样"。

随着交流的不断深入，以103家灯塔工厂为代表的数字化转型先行者、正在谋求转型的变革者以及经过疫情之后逐渐觉醒转型意识的跟随者们，将在全球范围内联合呈现出高效且相互赋能的信息和先进技术网络。这就是以"灯塔网络"为核心的技术创新网络。尤其是中国成为世界上拥有最多灯塔工厂的国家，凭借"灯塔网络"的示范和带动作用，创新的启发和资源的优化配置得以更加高效、顺畅地实现。

第二节 数字化协同创新网络

"数字化时代，工厂的各个部门之间绝不是单打独斗的关系。"

——西门子（中国）有限公司

数字化工业集团成都工厂生产部经理 吕瑞清

成都工厂是协同网络的重要节点

在西门子，人与人、部门与部门之间的连接可以四通八达，这种连接来源于一个多部门联合实施的项目或是全球研发的协同网络，抑或是一封邮件引发的交流，甚至有可能是员工交流社区中的几次回复。新型的工作模式和组织架构对人和知识的束缚越来越小，这就是西门子数字化基因中蕴含的宝藏——"协同"。协同驱动了企业运营和创新的活力，通过制度、平台和工具的保障，西门子构建数字化协同网络，为数字化转型塑造竞争力。其中，成都工厂在发展建设过程中是协同的结果，也从协同中获取了动力，在建成之后又成为集团数字化协同网络中关键的一环。

成都工厂的诞生离不开知识网络的连接和协同，德国安贝格工厂、西门子（中国）有限公司以及众多工厂、研发中心的力量高效率、高水平聚合带来了巨大动力，例如：成都工厂项目团队的组建得益于西门子内部的跨部门招聘通道，研发中心人员培训也得到德国卡尔斯鲁厄研发中心、安贝格工厂的支持。此后成都工厂的每一次迭代优化，直至和其他工厂之间实现经验的相互输出，都是西门子跨业务单元和跨部门贯彻协同理念的最好体现。

成都工厂建成后，和安贝格工厂互为镜像，通过协同式运营管理，两座工厂紧密联系，相互支撑，为西门子产品体系的稳定供货提供保障。此外，作为曾经获得西门子内部"最佳工厂"殊荣的成都工厂，为其他工厂的运营、技术引进以及持续优化提供了经验。从复制安贝格工厂，固化流程，到协同运营和创新，成都工厂逐渐找到了自己的升级节奏，成为西门子各个工厂中数字化的领跑者。成都研发中心也从跟随者逐渐进化为并跑者，深度融入西门子全球分布式研发网络中，服务于全球市场。在成都工厂和成都研发中心所诞生的创意和改进，随后也被输送到安贝格工厂以及其他组织中，成为创新网络中的重要节点。

庞大而系统的数字化协同网络

从整体看，西门子的协同网络的颗粒度非常细致，各类部门、各个层级的组织都参与其中，形成了一个多层次、广连接的数字化技术协同创新网络，而且流程制度保障完善、平台支撑有效，由此才能使已有的资源成果得到充分应用，也能激励新的创新火花的产生。具体来看，可将西门子数字化协同网络系统性地分类为工厂层的横向协同、研发层的纵向协同以及组织层的协同保障。

1. 工厂层横向协同

（1）姊妹同心，其利断金 成都工厂与安贝格工厂之间高水平、深层次的协同，与它们的历史渊源密不可分。成都工厂不仅承载着安贝格工厂产能冗余备份以及全球风险共担的使命，更寄托了安贝格工厂的工程师对于数字化的期许。从成都工厂建厂时安贝格工厂与成都工厂团队之间的 AB 角协同运营，到实现稳定运营后双方依然保持协同化的工作模式，成都工厂至今已经实现了与安贝格工厂紧密而高效的高度协同运营。从生产、IT、质量、物料等现场运营，以及工厂的持续改进和新技术的导入，再到管理层的决策，成都工厂和安贝格工厂之间均实现了携手共进。作为"姊妹工厂"，安贝格工厂和成都工厂在产品、生产线和 IT 架构方面都具有高度相似性，相比于与西门子内部其他工厂之间的协同，成都工厂和安贝格工厂之间创新经验的协同更加顺畅，适用性也更强，成果也能更迅速相互移植。

从工厂战略和决策的角度看，成都工厂厂长曾经在安贝格工厂担任副厂长，安贝格工厂很多员工也曾经在成都工作过，在制定决策的时候具有了"双身同脑"的效果，每一方都可以理解对方的生产场景和运营环境，成都工厂和安贝格工厂生产的 PLC、HMI 和 IPC 作为面向国际市场的产品，通过中德双方多元化的视角，结合两地市场情况和需求情况所制定的决策更加精准。

从工厂生产和业务的角度看，成都工厂和安贝格工厂生产类似的产品，可以根据工厂生产情况和市场需求来互相协调和动态调整产能情况。在疫情中，成都工厂就承载了部分安贝格工厂和其他工厂的产能。更进一步，两个工厂互为备份工厂，生产所需的夹具、检测设备和质量设备都具有较高水平的互换性，每个工厂的场景都可以为另外一个提供技术验证，如果一方出现突发情况导致生产中断，通过系统后台的切换，另一方可快速启动应急预案，为对方完成生产任务，这为持续稳定供货提供"双保险"。

高效协同之下高频稳定的交流机制是双方互通有无的关键，为保障两厂之间的交流，双方将每周例行工作会议作为日常交流的机制支撑。从成都工厂管理层到业务层，均成立了专门的工作组，对成都工厂和安贝格工厂的运营、优化提供交流碰撞的组织支撑。两个工厂会基于运营、决策的问题和具体实施案例进行交流讨论，两厂之间几乎透明的数据互联互通以及相通的数字化软件架构和技术架构也为协同运营提供基础。

依托两厂之间的协同工作机制，成都工厂甚至将已经较为完善的系统知识体系反向输出至安贝格工厂，避免了很多重复性的探索工作。此外，以 TOOL-BOX 商业智能系统、IT 部门的工作流系统 Tickets⊖等为代表的，在成都工厂探

⊖ Tickets 系统只是 ITIL 的一环，ITIL 是一整套 IT 管理规范和体系的标准，从英国发源，被大部分财富 500 强企业采纳，而成都工厂 IT 团队一开始就进行了 ITIL 培训，整个 ITIL 包括服务台管理、变更管理、配置管理、发布管理、财务管理等各个模块和相关流程，所以 Tickets 系统是实现服务台规范管理的重要平台，目前成都工厂 IT 团队正在尝试使用 ITIL 标准，从而实现更加规范的 IT 服务管理。

索成型的新工具和新系统,也是通过两厂之间的紧密协同模式得以高效顺利地复制到安贝格工厂。

需要强调的是,成都工厂和安贝格工厂之间的联系是有机的,而非僵硬的复制。在很多大体量的制造企业内部非常追求"统一化",即通过完全复制"母工厂",如同牵线木偶一般照搬标准化工厂的经验来维持新工厂的生产运行。不同的是,作为"姊妹工厂"的成都工厂和安贝格工厂之间,从完全复制、固化流程、提升优化到协同运营,两工厂通过螺旋式的有机协同和交融,得以相互促进和提升,始终走在数字化的前列。

(2) LDF 之下的数字化工厂"大联盟" 西门子集团旗下的 30 多家工厂之间形成了运营优化"大联盟"。"大联盟"是基于西门子"LDF 精益数字化工厂"计划所形成的,通过整合内部所有数字化工厂的资源,在全球范围内推动工厂间的协同创新。在 2007 年收购 UGS 后,西门子逐渐完善数字化技术布局,但是要想在数字化时代巩固竞争力,需要更灵活的组织架构和管理模式,以及更优质的资源配置,于是在 2014~2015 年,西门子对旗下包含成都工厂在内的工厂资源进行了大整合,并在 2017 年中旬着手搭建 LDF 平台。

LDF 平台概念的最终成形,源于 2017 年 11 月举办的一场专题讨论会。该讨论会是由德国总部派人到成都工厂,进行创新项目的定期交流和分享,交流主题之一就是 LDF 平台。担任成都工厂信息技术部经理的杨健,也是成都工厂 LDF 平台的负责人,首先接触到了这个概念。

平台建立的初衷是联合众多工厂之力在全球范围内研究、应用和推广新的数字化技术。西门子德国专家是这样描绘的:"西门子的管理层已经看到了一个新趋势,关于工厂效率以及生产力的提升,如果用传统的精益生产方式也是能够持续优化的,但是它的贡献正在减弱,未来势必要用物联网、人工智能等更新的技术或渠道提升效率。"

平台项目的筹备实际开始于 2017 年 6~7 月,LDF 平台的搭建主要有五个步骤(见图 14-4)。

第一步是思路方向研讨。这一阶段主要完成两项工作,一是搭建了组织架

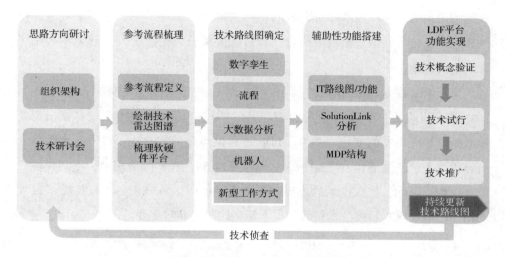

图 14-4　LDF 平台建设和实现过程

（资料来源：成都工厂）

构；二是组织全球范围内西门子的内部专家以及外部的咨询团队进行研讨，发掘未来技术发展的方向，捕捉其中可能对西门子长期发展大有裨益的技术点。这个阶段主要由德国总部进行主导，后续阶段中国、美国、印度的几家工厂也参与其中。

第二步是参考流程梳理。对于当时的 20 多家（目前已经扩展到 30 多家）工厂来说，所涉业务跨度广且产品差异性大，因此，这一阶段的重点在于，在众多工厂的工艺和业务模式的差异下找到共同点。

首先，梳理和定义参考流程。西门子的专家主要定义了"三步走"方法论，一是端到端的流程，也就是整个供应链的流程，具体包括需求的预测、生产的计划、原材料计划的制订、生产的执行到最终完成交付整个流程；二是新产品导入（NPI）流程，这是一个非常核心的子流程；三是新生产线设备导入（NMI）流程。对三个流程系统性地梳理后，总结出当时西门子全球范围内 20 多家工厂之间的共同点和细分差异点，确定参考流程。其次，绘制技术雷达图谱，即分析各个工厂应用具体技术的时间节点、应用阶段等。最后，基于技术雷达图谱，盘点相应技术在研究和应用的关键流程和环节中，西门子可以支撑的软硬件平台，并识别出缺失部分，针对缺失部分讨论、研究并计划部署相应未来解决方案。

第三步是技术路线图确定。经过技术路线图对比可以发现，从 2018 年到 2021 年，西门子 LDF 技术聚焦方向经历了"从抽象到更为聚焦""从提出创新概念到落地应用"的变化。如今，LDF 平台聚焦在数字孪生、流程、大数据分析、机器人、新型工作方式五个模块（见图 14-5）。在实际应用中，不同模块之间可以相互吸纳，扩宽技术的边界。在这个过程中，梳理业务流程耗费了很大的精力，但是这对后续技术路线和技术策略的制定非常重要。

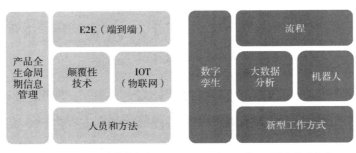

图 14-5　2018 年与 2021 年 LDF 平台技术方向对比

（资料来源：成都工厂）

第四步是辅助性功能搭建。例如，IT 路线图和架构的搭建、现有技术满足需求的匹配分析以及未来基于大数据平台的架构搭建（MDP 结构）。

第五步是 LDF 平台功能实现。由于 LDF 平台囊括了西门子全球 30 多家工厂，让不同工厂的不同人员高效地使用平台并基于平台实现协作，成为平台功能实现阶段的关注重点。为此，LDF 平台形成了"三步走"分步实施方法论，即首先是技术概念验证（POC），对技术进行评估；其次，如果技术评估为可行，则进入技术试行；最后，在技术试点完成后，进入技术推广。

例如：成都工厂人工智能机器视觉项目作为一个探索性和首创性项目，没有成功经验可以参考，因此以上述"三步走"方法论作为实践支撑。在第一步技术概念验证之后，发现该项目能够在很大程度上提升工厂产品检测以及垃圾分拣的效率；在经过技术概念验证后，该项目得以实现平台"挂名"，即其他工厂可以通过平台实时看到项目的概念、目的、解决方案以及具体进展，并进入试点，试点阶段其他有相似项目需求的工厂可以参与其中，了解具体细节和实施过程；最后在推广阶段，就可以顺理成章地在众多工厂之间进行复制推广。这体现了 LDF 平台的核心价值所在——在全球众多工厂之间开放整套项目实施流程并鼓励通力协作。

在 LDF 平台刚推出的时候，成都工厂的团队对它的理解还比较模糊，团队深知相应技术路线图中前瞻性的技术，距离落地应用还有一定的差距。能干多久？到底能不能成？这是杨超、冯建军等一众人心中的最大疑问。但是随着新技术的不断引入、试点和应用推广，杨超等人感受到了 LDF 平台对于新技术应用灵感的触发，这种触发不仅仅依靠谈概念，而在于验证和落地，这种实实在在的平台支撑和项目实施，更能触发新的灵感，产生新的理解，也更容易产生落地的项目。

可以说，LDF 平台推动了西门子在全球范围工厂内新技术的应用和引领。LDF 平台在助力先进技术在西门子全球工厂内验证、试点和应用推广之外，更重要的在于形成了关于专家、知识、技术乃至情怀的坚实网络。"Shape the Digital Future Together（我们一起来塑造数字化的未来）。"西门子制造专家 Dr. Gunter Beitinger 是这样描述 LDF 平台的愿景的。LDF 平台连接 30 多家工厂和 150 余名西门子内部的顶级专家，共同努力通过数字化和自动化提高企业生产力。除了带来经济效益和优化流程潜力外，LDF 内部的跨部门协作形成了一个坚实的网络，即使在项目范围之外，也能分享想法和创新。精益数字化工厂方法通过工厂网络系统地传播所有专家知识，快速、扩展性地挖掘企业内部数字化的潜力，并以系统性的方式推广和分享最佳实践。数字化路线图提供了数字化的战略方向和路径，而 LDF 平台将员工与所有工厂的力量联系起来，使他们可以快速访问各个工厂的信息和资源。据西门子统计，该计划可提高工厂 7%

的生产力，节约 20% 的成本。

其中，最为核心的数字化技术路线图凝聚了西门子数字化工厂的最佳实践经验并模型化成为框架，将速度、灵活性、质量和生产率尽可能大地提升。"人人享有"和"自豪复制"的原则确保了效率和速度，基于这些数字化技术路线图，在工厂之间系统地划分了使用这些新技术的经验和成果。所有工厂的专家都对未来工厂的运作方式有了共识，并配备了协作模型和必要的工具支持。内部专家的经验和知识被应用到整个生产网络中。技术的引入也实行"优先级"的模式——有相应技术经验和应用基础的工厂会先进行业务探索，应用成熟后再复制。得益于 LDF 平台，工厂网络的交流不再受地域的限制。平台上的内容领域设置和内容模块也会随着工厂网络的发展动态更新。

可以看到，依托 LDF 平台形成的数字化工厂联盟，西门子全球 30 多家工厂之间可以实现运营数据、经验和专家资源的互通和共享，让工厂内部和工厂之间最新运作状态以及核心知识的透明度得以最大程度提升，相关经验、知识和数据构成了西门子的竞争合力，形成了西门子关于未来数字化的知识底座。通过工厂经验的聚合和模型化，来自不同工厂的专家对未来数字化工厂的运作方式达成了共识，从而形成专属于西门子的"数字化图谱"，并在共识基础上，各个工厂结合自身状况制定并形成了自己的数字化技术路线图。

在工厂"大联盟"下，成都工厂以及西门子旗下的其他任何一个工厂都不是单打独斗的，其背后都是整个网络和相关专家的支撑，借用西门子中央研究院的一句话就是："用数字化的力量将创新变成价值，这就是我们肉眼可见的实实在在的价值所在。"所以，在瞬息万变的数字化时代，这条赛道上西门子不是成都工厂一家在跑，而是全球范围内 30 多家工厂一起在跑，不同工厂之间优势互补，共同发力。

2. 研发层纵向协同

（1）基于研发中心的研发协同　　分布式协同是企业协调、高效地完成目标的必要保障，尤其对于提升企业创新活动，要解决创新主体分散的痛点，需要搭建核心的数字化平台，通过平台连接和传递信息，让创新活动高效有序地进行。分布式协同的平稳运行离不开配套的保障和支撑体系，数字化贯穿产品的全生命周期，同样贯穿创新的全生命周期，网络化平台打破了信息壁垒和孤岛，可使部门从分散到集合，从而支撑创新流程和成果的管理。

西门子研发中心分布在中国、欧洲以及美洲等国家和地区，承担研发工作的还有各地工厂的研发部门。这些部门既独立承担研发任务，也与异地的研发部门共同进行产品开发。以成都研发中心为例，其主要产品 PLC 供应全球市场，从横向上看，西门子新产品的研发是分布在全球的各个研发中心共同完成的，包括成都研发中心与德国、美国的研发中心协同研发以及成都研发中心和成都工厂各事业部内部协同研发；从纵向上看，每一个产品在不同生命周期需要不同部门之间的协同，以及相应的制度保障和技术支撑，只有这样，才有可能完成整个研发过程。

面对复杂、分散的分布式创新网络，为了实现横向与纵向的有效协同，西门子以数据协同平台为核心支撑，以标准化的管理制度为保障，从而实现了分布式创新网络中横向与纵向的流畅。数据协同平台作为企业的数据管理系统，集多功能为一体，为跨专业、跨项目阶段的集成化、数字化的生命周期管理提供解决方案，其功能模块为不同地域、不同部门的研发人员进行协同创新提供服务，即通过平台提供知识和技术共享服务。

成都工厂已经深度参与了一些复杂产品的全球开发，如果顺着技术链条进一步挖掘，可以看到链条上不仅有成都研发中心，还有西门子德国卡尔斯鲁厄研发中心，以及西门子印度研发中心和美国研发中心。这些研发部门之间实现了从人员、技术到流程的高效协同，例如：有一些项目会设置两个产品经理，一个在中国成都，另一个在德国纽伦堡，二人共同统筹研发进度；数字化技术则为这样的高水平协同研发提供了保障，德国和中国两边的工程师会使用同样的设计工具，中国同事白天做，德国同事晚上做，在规避时差影响的基础上使整个产品的研发时间被大大压缩；对于技术性和复杂度更高的产品，也能协调资源和研发能力匹配合适的资源。

目前，中国市场新技术的发展带动了更高层次的产品需求；成都工厂在人工智能、边缘计算等领域新技术的落地和应用场景更加成熟、丰富，成都研发中心在全球的协同研发网络中开始承担更多"领导者"的角色，主导了部分产品的开发和技术的研究工作。其成果也沿着协同网络扩散，为更多部门和组织的进步照亮航线。

（2）基于西门子中央研究院的研发创新 在西门子内部所有承担创新功能的部门中，西门子中央研究院是最为特殊的一个，它的主要职能是承担前沿关键共性技术的应用研发与创新。依托于"西门子全球科技创新伙伴计划"（见图14-6），西门子中央研究院在制定科技创新战略、引领科技研究和发展方向、与顶尖大学和新兴企业建立合作、保护知识产权等方面，引领西门子协同创新生态的发展，成为技术探索的"先行者"。这个创新先锋与包括成都工厂在内的西门子业务部门之间并不是简单的连接，而是一种更为复杂的运作机制。其中，西门子中央研究院与德国总部、工厂以及其他创新中心之间的沟通和协作是基于系统化的运作机制。

图14-6 西门子全球科技创新伙伴计划

（资料来源：西门子中央研究院）

首先，西门子中央研究院在研发上遵从西门子总部所聚焦的公司核心技术领域，在西门子整体数字化、自动化战略领域，西门子中央研究院着重开展前瞻性研究以确保西门子在全球科技领域的领先地位，包括数据分析与人工智能、仿真与数字孪生、软件系统与开发流程、未来自动化、网络安全与信任、互联与边缘、可再生能源、增材制造与材料、电力电子等。从宏观角度的发展来看，随着可持续发展、绿色制造、碳中和等话题在中国及全球范围内被广泛关注，西门子中央研究院也会在这些领域做出有针对性、前瞻性的研究。例如，对于未来产业链的碳中和来说，工业产品碳足迹的精算至关重要，对产品供应链产生的碳排放，西门子中央研究院通过区块链和知识中台技术，构建了一个加密的信任网络，各级供应商都能将其排放数据连同相关证明可靠共享，并避免数据被篡改，实现产品碳足迹在整个生产制造过程以及整个供应链中的透明化，该解决方案已在德国安贝格工厂试点成功，并正在成都工厂落地生根。

其次，西门子中央研究院也会与各个事业部合作，承接技术研发和创新的课题。这些课题方向均由相应事业部的技术领导者和研究院的技术专家共同探讨确定。有的是基于现有产品的迭代升级，有的在现有的产品组合里并不涉及，但是从未来市场需求和技术发展的方向来看十分重要。相应课题也会作为研究院未来几年研发和创新的方向，例如开发某一个产品或者给某一个产品开发新的功能应用等。

最后是西门子中央研究院和工厂的配合。有别于前瞻性的创新，这类合作聚焦于更加具体、实用、急迫的应用创新领域。例如，西门子中央研究院与包括成都工厂在内的几乎所有工厂都存在合作关系，相应合作亦聚焦在一些比较具体的环节，旨在解决工厂研发、生产、运营、物流等过程中的实际问题。相应的，西门子中央研究院所有的创新成果也都会在工厂中应用。

为了支撑以上三类运作机制，西门子中央研究院相应制定了标准化的流程：

一方面，基于方向性宏观规划的制定，形成总部牵头、各地区响应配合的沟通机制。相应规划通过事业部和西门子中央研究院之间年度的阶段性会议来回顾和定义，具体沟通定义的周期普遍较长，在定义的基础上通过总部牵头延伸到各个地区。

另一方面，基于应用型独立项目的研究，形成总部（战略）-工厂（需求）-研究院（研发）-工厂（应用）的合作机制，即基于西门子总部技术战略，工厂内部会根据应用场景衍生出很多可落地的技术应用方向，并形成多个单独立项的小项目。相应小项目的推进往往需要工厂和西门子中央研究院之间的紧密配合，故而形成一套自上而下的系统性合作机制。

可以看到，西门子中央研究院在西门子创新发展中贡献了核心力量，西门子内部从"0"到"1"的创造性应用，绝大多数来自西门子中央研究院，并在西门子中央研究院技术力量的辅助下，集成在西门子各业务集团的解决方案之中，经由销售网络推向市场。此外，西门子中央研究院在全球重要市场还设置了重要分支机构，以更快地了解需求并推进先进技术在工厂内部的应用，进而对工厂产生业务价值。其中，西门子中央研究院的分支机构——西门子中国研究院，为成都工厂发展提供了强劲助力。

作为西门子中央研究院在中国的分支机构，西门子中国研究院已成为西门子中央研究院德国总部以外最大的研究机构。自 2006 年正式成立以来，西门子中国研究院承担了多项创新型研究项目的开发工作，由其主导研发的知识中台、闭环式智能运营、生产数字化升级套件、自主定义智能制造系统等个性化解决方案已在众多领域得到了广泛应用。

作为协同网络的一员，西门子中国研究院的组成人员非常多元，300 余名来自 6 个不同国家和地区的研发人员遍布北京、上海、苏州、青岛、无锡、武汉等地。秉承"立足本土，放眼世界，开放创新"的发展理念，西门子中国研究院的成员们致力于研究、开发与创新，支持西门子各项业务发展，并积极参与本地科研生态的建设。清华大学作为西门子的战略合作高校，已经与西门子中国研究院在自主机器人等领域先后展开了多项合作。2020 年 11 月，清华大学（计算机系）-西门子工业智能与物联网联合研究中心正式揭牌成立，该中心专注于以行业为导向的前沿技术和创新解决方案的孵化，突出科研合作和人才培养，重点关注在人工智能、仿真、物联网和未来自动化等研究领域的探索。2021 年

11月，由西门子中国研究院主导，华中科技大学-西门子数字孪生研究中心正式成立。双方将重点关注仿真与数字孪生技术所涉及的应用场景，并通过该平台发掘和培养未来数字化人才。目前，该中心已配套了基于 AR 的虚拟传感器实训台、西门子数字化升级套件以及利用混合现实技术在武汉-上海实现远程虚拟调试等场景应用。

西门子中国研究院聚焦的前沿基础共性技术，正好与以成都工厂为代表的业务部门围绕产品所开展的服务、解决方案和业务的创新形成互补。例如，西门子中国研究院协同成都工厂进行协作机器人等新技术的导入（见图 14-7）以及前文提及的成都工厂生产线上 AGV 数量的优化。值得一提的是，相应创新成果不仅在成都工厂落地生根，而且在其他工厂和事业部之间都有广泛的复制和应用。

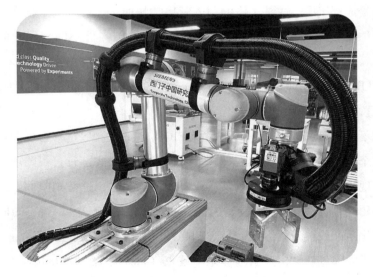

图 14-7　西门子中国研究院协同成都工厂进行新技术的导入

（资料来源：成都工厂）

3. 组织层协同保障

（1）**技术社区中的协同**　西门子内部存在大大小小的非官方技术社区，这种社区一般基于研发和生产。非官方技术社区一般通过数字化部门来构建，但是能跨越部门吸纳各种"技术人脉"。社区的建立为知识的融合交汇提供了"磁场",其力量不可小觑。例如,成都研发中心主导构建的以 DevOps 工具链为核心的技术社区,研发中心负责人黄荻菲是技术社区中的"老人",她坦言:"我们的技术社区每个季度都有定期的交流活动,经常有新同事加入进来。"加入技术社区的成员可以在社区中得到一些观念上、技术上的启发并找到共鸣,这也是社区建立的初衷。

目前,西门子内部在南京、大连、上海等地都有跨部门的非官方技术社区,由此西门子可以从中不断孵化出知识生产力,很多应用成熟的经验和方法能够快速地分享甚至实施,很多工作不用从头再来。例如,成都工厂和大连工厂使用同一套工具,在成都工厂引入之前,大连工厂就已经用了很长时间,由此在成都工厂引入工具的过程中,大连工厂通过技术社区将相应经验和解决的难点问题分享给成都工厂,成都工厂的引入就更加畅通了。这种基于技术社区的网络正在吸纳更多的成员,并寻求更多契机来强化国内外不同部门之间的技术交流。

(2) ERFA Team 的原力 ERFA Team 是成都工厂内跨部门协同机制的代表,以卓越运营部为枢纽,它打破了工厂内不同部门之间的"谷仓",针对不同的业务内容和不同的新技术进行统一协调。ERFA Team 的组织模式是将生产、IT、质量等各个部门相关人员调配在一起,以项目组的形式运行,不同项目组需要针对工厂现阶段存在的业务问题以及业界先进的技术,进行相应问题的解决和新技术应用的可行性分析。目前,成都工厂内部拥有十几个并行的 ERFA Team,针对自动化生产线、工业仿真、人工智能、增材制造等专题进行研究。

西门子内部创新"3I"管理体系[建议(Idea)、激励(Impulse)、主动性(Initiative)],也充分体现了协同的理念。该体系中关于"西门子基层员工社区"的系统,可以供基层员工把各种业务设想以及改进建议发布到系统中,形成基层员工、部门经理、战略管理层之间的信息沟通平台,并对有建设性的意见给予奖金激励,以全流程、全层次和全覆盖的保障协同体系内对于成果的激励。

西门子大中华区总裁兼首席执行官肖松博士表示："在数字化转型过程中，不能陷入'有你无我'的误区，真正需要的是合作共赢，各自发挥优势。"在数字化时代，每一家企业都应该把自己当作一个节点，去连接内外部的创新网络和资源网络。随时保持开放性，加强企业内部网络与外部网络间的互动，获取外部网络的资源、技术、信息和知识。西门子通过携手各方伙伴构建创新生态圈，实现物联网、人工智能、边缘计算、5G 和工业云等前沿科技在工业制造、城市及基础设施、交通等领域的落地。在移动通信领域，西门子与中国仪器仪表学会、SAP、达索系统、三一重机等共同发起建立工业通信创新发展生态体系。西门子数字化工业软件与全球半导体 IP 行业翘楚 ARM 达成合作，通过集成先进的 IP、方法、流程和工具，帮助汽车制造商、集成商和供应商实现下一代平台的协同研发，并以更快的速度将其推向市场。

数字化协同是企业发展的助推器

很多时候大家都在问数字化到底带来的是什么，从企业实际诉求来看，需要的不是酷炫的"无人工厂"，而是直面企业问题的解决路径。数字化转型是一项复杂的系统工程，本质上是对业务、管理和商业模式的深度变革和重构。

如今，产品复杂性的增强使得学科之间的界线逐渐模糊，开发过程和所需工具也随之变得复杂。以成都工厂所生产的西门子小型 PLC 产品 S7-200 SMART 为例，作为高集成度的机电一体化产品，需要 EDA 设计、代码开发，研发过程涉及机械结构设计、电子设计、工装工艺等多项复杂技术门类。近几年，PLC 产品也呈现出模块化、智能化的发展趋势，为满足工业自动化各种控制系统的需要、增强功能和扩展应用范围，PLC 产品需要配置和搭载新器件和模块，如智能 I/O 模块、温度控制模块和专门用于检测 PLC 外部故障的专用智能模块等，其复杂度已和之前不可同日而语。企业面临的竞争环境和市场环境也日趋复杂，制造业企业需要在激烈的竞争中保证速度、机动性、效率、质量和安全性，研发、生产乃至市场层面的数字化协同成为企业发展的必修课。

可以看到，越来越多的企业在部门内部、部门之间，甚至是企业和外部的研究机构、合作伙伴、供应商之间共同构建协同研发网络。协同本质上是一种知识、资源和价值的共创，最明显的效益在于它能带来成本的节约。部门之间通过创新成果和经验共享带来成本优势和时间优势。协同也是企业创造核心竞争力的重要来源，反映在技术协调和发展路径上，更带来企业整体行动能力的提升，使企业建立起一体化的技术管理能力和制度化的创新知识体系。

对于生产来说，数字化将产品全生命周期串联起来，摆脱了单一步骤的限制；对于研发来说，数字化的方式有利于知识、资源的汇集和传递。企业可以通过数字化平台统筹协调各种活动，使之成为重要的平台支撑。

第十五章　见闻：数字化窗口交互

成都工厂从筹建开始就带有"西门子在中国的第一家数字化工厂"的光环，建成后更是以惊人的质量改善、产能提升和快速订单交付等运营数据令业界关注。成都工厂也秉承着与数字化理念一脉相承的开放心态，开门迎接各行各业的参观者。目前，已经有超过3600个团队以及超过48000人次到访过成都工厂，成都工厂成为名副其实的数字化之旅名胜。

第一节　工业界的旅游胜地

从质量展示到数字化"样板间"

伴随着一首《成都》，多少人慕名来到成都。每逢来到成都，人们都会被成都的热情所感染，也为舌尖上的川菜而流连。然而，有一群人从全国乃至世界各地来到成都后，他们顾不上品尝四川火锅，也顾不上领略蜀地风光，就是为了专程看一看被称为数字化灯塔的成都工厂。

1. 质量就是口碑

西门子总部一开始向外界开放成都工厂展示是为了向用户展示产品的生产过程和质量。质量是西门子一贯坚持并持续优化的目标，成都工厂打破各系统之间的"信息孤岛"，打通全流程数据信息并集成到通用的质量管理平台，以进行质量监控和改进。在成都工厂的墙上，可以看到显示器在实时展示质量数据，细化到某零件某时间段的故障率、故障原因等，扎实的技术和质量让成都工厂有底气公开生产的全过程，也使得西门子产品获得更广泛的认可和良好的口碑。

2. 数字化样板

随着"工业4.0"及智能制造的兴起，很多企业对于"工业4.0"和"数字化"的概念产生了兴趣。从 2015 年开始,越来越多寻求"提质增效"的企业家开始谋求数字化转型。越来越多的参观者把关注点从产品转移到工厂的设备和系统上,想看看什么是真正的"数字化工厂"。

成都工厂作为西门子数字化方案的集大成者,也是众多参观者心之所向的数字化样板,很多参观者都想了解和复制成都工厂的模式和经验。同一时期,西门子总部对工厂的战略定位有了调整,希望成都工厂通过对外展示,参与更多对于数字化的展示、带动和宣传活动。戴霁明领导的西门子数字化团队基于自身数字化能力和数字化工厂的建设经验,逐渐形成解决方案并对外赋能,成都工厂作为实际的案例成为最初很多赋能方案的参考。

3. 常看常新的成都工厂

经过持续改进和完善,成都工厂可谓常看常新。任江勇将成都工厂比喻为先进数字化技术的大概念验证者(POC),也就是概念验证的平台。成都工厂数据基础好,很容易适配高阶的数字化应用,产生出优秀的实践案例。当西门子内部产品和业务部门希望对新产品、新技术进行应用推广,如 Mendix 平台[一],也会在成都工厂率先进行试用、验证与迭代。成都工厂管理层十分开放,非常欢迎新技术在成都工厂试验和落地,让成都工厂成为新技术"应用场景试验田"的同时,也让成都工厂的员工锻炼手艺和精进能力。成都工厂作为技术"试验场",往往是数字化最快落地的地方,这让其在持续迭代中,始终走在全球数字化的前列。

一线工人口中最鲜活的工厂

1. 蓝领讲解员

从 2014 年开始,来成都工厂参观的人逐渐增多,工厂便开始组建接待和讲解团队。戴霁明在卓越运营部开会的时候提出:"我们工厂的蓝领工人能力都这

[一] Mendix 平台,是西门子提供的低代码开发平台(Low–Code Development Platform)。低代码开发是一种可视化应用开发方法,通过低代码开发,不同经验水平的开发人员能够通过图形用户界面,使用拖放式组件和模型驱动逻辑来创建应用。

么强,是不是可以让蓝领工人担任兼职讲解员,给他们一个展示的机会?"于是,成都工厂开始内部招募义务讲解员。招募公告发出去后,蓝领工人中间有很多人都在谈论这个话题,但是报名的人寥寥无几。戴霁明在食堂吃午饭聊天的时候捕捉到了一些蓝领工人们的顾虑,主要还是担心影响工作,或者担心自己做不好。

为解决蓝领工人的后顾之忧,戴霁明决定亲自开班对种子讲解员们进行培训。不得不说,戴霁明的号召力真是有目共睹,最初30多人的团队很多都是戴霁明的粉丝。最终,在不影响生产线本职工作的情况下,每位讲解员每人每月会有一到两次讲解工作,讲解团正式上岗。

2. 鲜活生动的成都工厂

蓝领工人在日常工作中对于数字化体会最深的就在于"提质增效",经过戴霁明的培训后,一线的工人也了解了更加宏观的数字化理念,了解了数字化概念中无意识和有意识的行为模式,也让他们对工厂的各种技术应用如数家珍。戴霁明说:"有时候一线工人的潜力真是超越人们的想象,他们现在都成了数字化的专家。"成都工厂有一位"唐工"可谓无人不晓,他是生产线生产的倒班班组长兼特邀讲解员,2021年还获得了"西门子(中国)有限公司年度之星"的殊荣。作为热情洋溢的四川本地人,他介绍起工厂和自己的工作会用川味普通话混合着英文的专有名词,讲解很流畅,同事都说:"他的讲解可谓自成一种独特的风格。"同更多成都工厂员工一样,他坚信数字化是必然的发展趋势,这份坚定和成都工厂蓝领工人身上体现的精神风貌也在无形中影响着参观者。不同于一般展馆和专职讲解员,这些蓝领工人讲解员口中的成都工厂是最真实也是最生动的,他们在长年累月的工作中深刻地理解了工厂的内涵,也感受着数字化为工厂注入的新活力。

工厂内外部交流互动的窗口

在参观中,很多参观者在成都工厂得到了启迪,成都工厂也了解了业界的需求和困难，久而久之，成都工厂成了内外交流和互动的窗口。

1. 签单参考

参观成都工厂有时候会成为企业签单的重要参考。企业数字化转型的订单一般金额比较大，企业也尤为慎重，有时候对结果充满了不确定性，这时销售就会带客户到成都工厂实地参观，一幅数字化图景变为流动的数据、智能的生产线和有序运转的工厂，增强客户的信心，让慕名而来的人看到西门子无限创新的可能。更重要的是，西门子为数字化如何引领企业未来的发展提供了着力点和清晰的呈现方式，这在无形之中促成了与西门子的合作，甚至有企业在参观完成都工厂后被"点燃"，促成了即时业务合作。

2."这就是我想要的"

2015年，华立集团董事局主席汪力成在参观成都工厂时曾说："这就是我想要的。"这一句话拉开了西门子与华立集团智能制造战略合作的序幕。

华立集团在20世纪90年代发展成为中国电工仪表行业规模最大的企业之一，对于电工电子行业有深厚的积淀。当时，汪力成正在寻找业界最好的数字化工厂标杆。在戴霁明的陪同下，汪力成在参观成都工厂时找到了他要的答案。戴霁明清楚地告诉了汪力成"什么是数字化工厂，这样的工厂是如何被建造出来的"。让汪力成感到震撼的是，成都工厂的各个系统已经实现了互联互通，所有流程通过数字化系统被清晰而流畅地串联起来，并且通过科学的数据分析有力地指导工厂的优化，这就是他希望看到的未来工厂的方向。汪力成对"数字孪生"的概念也产生了认同和共鸣。

戴霁明看到，华立集团与成都工厂具有相似的行业属性，成都工厂对华立集团的参考价值比较大，数字化经验容易移植。令人意想不到的是，一通电话之后，这项合作在汪力成离开成都工厂前往机场的路上就敲定了。在交流过程中最打动汪力成的，就是西门子对数字化的理解与他对企业未来发展的判断是一致的，成都工厂呈现出了他寻找的未来制造方向。

华立集团的核心诉求是面向未来5~10年的用户直通制造（C2M）理念设计产业制造平台和智能制造体系，帮助华立青山湖智能制造基地打造数字化生产车间，并打通研发和制造环节，打造数字孪生（见图15-1）。

图 15-1　华立青山湖智能制造基地

（资料来源：华立集团）

3. 数字化人才培养

参观成都工厂的时候，汪力成对成都工厂员工的精神风貌印象特别深刻。"企业讲数字化都在讲各种系统、各种技术，但是很少有企业会从人的角度去讲数字化的东西。"任江勇曾经接待过成百上千的参观者，他们对技术、设备都抱有较高的热情，但大多企业对人才和管理机制的内容不太感兴趣，认为这些都是"虚的"，真正上了系统才是"干货"。

实则不然，西门子对员工的培训其实是对数字化工厂能力建设的长远而隐性的投入，如果没有这样的团队，数字化的道路是走不下去的。这个理念引起了汪力成的共鸣："西门子是先行探索者，也是外因。关键还是看自己，外因要通过内因才能起作用。"所以汪力成特别强调，华立集团要借力西门子长期积累的经验，培养数字化专业人才队伍。

数字化能力最好的培养方式就是深度参与数字化项目。在整个项目实施过程中，华立集团技术团队深入参与了整个项目的实施，基于特定功能完成了共同开发。华立集团的技术团队也来到成都工厂进行参观考察，并基于数字化理念和案例进行深入交流。这是又一枚数字化的种子，西门子团队与华立集团团队之间，不只是技术的转移，而是把西门子数字化人才的精神和运维的能力转移过来。在西门子完成一期的交付后，华立集团已经有了依靠自主定义能力的数字化人才来主导整个项目。

4. 深度开放信息

成都工厂和很多业界工厂之间进行了深度开放的信息交流。"非洲手机之王"传音手机在非洲市场占有率达 52.5%，排名第一，巨大的市场需求促使它探索数字化的生产模式。成都工厂开放了很高的权限，使传音手机制造负责人在成都工厂内部开展了为期一周的深度交流考察，期间除了展示和参观外，他和整个制造、质量、研发、供应链的各个部门都进行了深度的座谈。传音手机制造负责人深知，即使是灯塔工厂，它的任何一种技术、系统、生产流程和实现方式，都不可能拿来直接用，也不一定能够100%适合自己的工厂。因此，传音手机制造负责人参观交流的目的不是看看工厂用了哪家的设备、生产线工站是如何布局等这样的表层信息，交流的核心在于企业的管理如何通过数字化实现，以及在数字化场景下，整个工厂能获得何种改善和提升。

5. 多层次的激荡

借助实地现场的参观交流，西门子与外部客户以及产业同仁形成了非常紧密的交流关系。细细梳理，到访成都工厂的有三类人，他们对成都工厂数字化之旅抱有不同的期待：

第一类是"参观数字化工厂"，他们的关注重点在于"什么是数字化以及数字化的价值"，希望能够目睹数字化工厂的运行状态。

第二类是"深入分享和交流"，即针对部分深入合作客户进行关于"数字化转型"的分享和交流，例如数字化转型路线图的顶层设计、数字化项目成功实施的保障等。

第三类是"深挖数字化价值"，在分享和交流的基础上，成都工厂会对其中一部分客户做数字化用例的"深挖"，例如数据分析、预测性维护、人工智能以及边缘/云计算等技术的应用。

对于成都工厂以及客户而言，更看重的是共同深挖数字化价值。在这种形式下，一般会在成都工厂或者客户工厂组织 Workshop 工作组，基于客户关心的数字化案例，让双方的相关专家一起进行深度的分析、讨论和互相学习，例如一汽丰田、宁德时代、海信等，都是在此过程中深度参与的客户。

海信与成都工厂团队、西门子数字化团队的交流就产生了意想不到的激荡和火花。在顾欣所负责的西门子数字化团队与海信的一个合作项目中，成都工厂作为重要成员参与到其中，就是因为海信副总裁曾带队来到成都工厂进行参观，由工厂管理层亲自带团接待。在谈论数字化转型的过程中发现，成都工厂的理念和海信副总裁想做的极度吻合。

参观完成都工厂后，海信提出了两个附加要求：一是成都工厂必须带队到海信，双方再做一次交流；二是项目每一条的规划和实施都需要三方（海信的专家、顾欣所在的数字化团队和成都工厂）的人员共同参与并协作完成。对于成都工厂来说，这是一件非常有荣誉感的事情，说明成都工厂所传达的关于数字化的理念以及知识已经深深影响和激荡了客户，这也是让成都工厂员工走出去，和客户深度交流、锻炼的好机会。

企业数字化的需求源于何方

成都工厂乃至整个西门子的数字化方向来源于哪里？很多参观者带着这样的问题来到成都工厂，希望带着成都工厂的答案回到自己的企业。经过多年持续改进和创新产品导入，任江勇将成都工厂的创新总结为内生数字化需求和外部经验移植共同作用的结果。

1. 内生数字化需求

对于成都工厂来说，数字化要为生产服务，要实现基于业务需求的改进。成都工厂内的每一位员工都可以对厂内的改进进行提案，工厂会评估其必要性和可行性。在新技术应用方面，西门子尊崇价值导向和成果导向，即基于现场的价值创造是新技术应用的必要条件，来源于现场的创新应用指明了工厂需求的目标，对于成都工厂乃至整个西门子的持续优化都是重要的创新来源。

这种内生数字化需求还与来自西门子内部各个部门的输入有关，数字化部门以及西门子中央研究院等的需求输入，让成都工厂拥有相对较多的选择和信息渠道，工厂与业务部门的开放交流也更快地促进了技术的转化和落地。

2. 外部经验移植

通过与外部最佳实践的对标，外部的经验又反哺成都工厂对业务进行优化和自我提升。在参观后，成都工厂会安排回访。双方如此往复，相互促进。成都工厂成了西门子对外交流、沟通和促进创新的窗口。通过聆听来自不同行业不同人员的意见反馈，快速了解业界同仁的困惑和需求，借此反向促进厂内创新和工艺改进。

西门子在对外交流的过程中能够充分吸收外部经验，甚至跨行业进行经验移植，这也是数字化发展的重要方向。对于跨领域、跨行业经验的固化和导入，西门子通过"数字孪生"将其抽象并验证，再导入工厂。成都工厂突破性地吸收了汽车领域的混线生产方式。一方面，要求车间生产线具备柔性的能力，可以兼容多种产品类型在同一生产线上进行制造，通过系统进行产品类型的区分，并对其进行准确的自动化生产和加工；另一方面，对于生产线来说，生产是连续化的过程，当某个工序发生生产停滞时，能够通过缓存区和管理系统，自动减少对停滞前后工序的影响。

知识交互是创新的核心来源

所谓"日光之下无新事"，很多技术的创新都可以在已有的先进案例中找到痕迹，往往能看作已有技术跨行业、跨领域的扩散，并在扩散过程中利用新条件解决新问题，不断升级和完善。

以戴霁明为首的数字化业务部以及成都工厂的工程师们，便经常游历于各大工厂中，工厂的供应链、IT、卓越运营部的人也都有机会出去看看。一线蓝领工人可以通过持续改进得到可观的奖励。"经过开放和交流，你就能收获一个朋友圈，越来越多的创新会从这个朋友圈里来。"任江勇把交流作为日常工作最重要的部分。对于组织来讲，在开放的体系中，知识的交互为创新带来极大的优势。在知识交汇的过程中，技术、工作模式等方方面面的理念得以碰撞，得到启迪，更多丰富的知识成果被积累固化下来，成为西门子对内迭代优化和对外咨询赋能的扎实根基。

随着灯塔工厂的概念更加深入人心，成都工厂也开放地接待了越来越多想目睹数字化工厂的来访者。成都工厂成了数字化"朋友圈"的入口和出口，在这里，每个月甚至每天都有新朋友来见证数字化带来的流程重塑，也有成都工厂的员工把数字化的最新实践成果带回来。从仓储物流到生产线，从技术到理念，甚至从每个员工的表情上，都可以感受到这座工厂的与众不同。通过来来往往参观的人，成都工厂打开了窗口。数字化，从来都不是一个静态的过程，它就在知识、数据、人的流动和交汇中不断向前。

第二节 疫情中的成都工厂

"为了顺利复工复产，我们仅以三分之一的人员运转起了整个工厂。"

——西门子（中国）有限公司
数字化工业集团成都工厂供应链经理 李艳

2020 年春节。一场突如其来的疫情打破了人们欢度春节的喜悦，也为春节后复工复产蒙上了一层阴霾。对于成都工厂供应链经理李艳来说，这可谓是她一向稳健的职业生涯中一次非同寻常的体验。

复工复产进行时

2020 年春节放假前，时任成都工厂 EHS（Environment、Health、Safety）工

程师的张工，向供应链经理李艳提议："为节后复工复产提前储备一些口罩和医疗物资以备万全。"在成都工厂中，EHS 工程师负责健康、安全与环境一体化管理，他们首先敏锐地捕捉到了这一不同寻常的潜在风险因素。李艳也在密切关注各个城市和地区动向的同时，积极与总部联络，对情况进行研判。

1. 复工筹备与统筹规划

一两天后，经过工厂领导层研判，需要提前准备应对未知风险。李艳当即组织了专门的防疫物资小组，开始筹备口罩及其他防疫用品，为节后复工做好充足准备。

1 月底正是全国人民返乡过春节的时候，口罩等防疫物资一时间供应不足。正当李艳一筹莫展时，成都工厂的商务经理，也是李艳的老搭档，正要返回德国，这为成都工厂的医疗物资"备货"打开了新的渠道。与此同时，作为"姊妹工厂"的安贝格工厂已经提前在德国当地采购口罩，准备好随时支援成都工厂，在多方努力的情况下，从春节到 2 月初，10 万只医用外科口罩和 N95 口罩从德国以及各地抵达成都工厂的仓库，见图 15-2。

在初步解决防疫物资短缺问题后，李艳和各个部门的负责人，针对复工复产，紧张有序地进行指挥、协调、组织与安排工作。在特殊时期，需要大幅精简在场人员，同时最大限度地保障生产。成都工厂对各个环节进行了全面调整：首先，办公室工作人员全部采取远程办公的方式，其间仅安排几名员工统一进厂拿计算机；其次，生产部门蓝领工人从三班倒调整到两班倒，两班工作时间没有交叉，互相不见面，减少了人员接触，最大限度地保障了生产的安全。

图 15-2 成都工厂支援抗疫

（资料来源：成都工厂）

2. 1/3 的工人与 100% 的产能

再三确认复工方案和人员状况后,成都工厂大部分本地工人和部分外省工人经过隔离和必要的安全卫生教育后陆续到岗。2020 年 2 月 10 日,成都工厂顺利复工。

依托数字化系统的远程和虚拟协同,以及整个工厂以数据驱动的高效精细化管理,成都工厂仅以日常 1/3 的人员使工厂正常运转,除了生产部门到岗 70% 左右,其他所有部门到岗率都很低。除去生产线的蓝领工人,偌大的成都工厂几乎一个白领工作人员都见不到。IT、质量和行政部门都在家远程办公,通过登录在线软件系统和即时通信的社交软件进行沟通交流。其中,段炼所在的质量部门共有 30 多名员工,绝大多数供应商团队、办公室员工都居家办公,只有几名负责检验和收货的员工到岗。他坦言:"为保障生产安全,质量部门的到岗率不会超过 10%,其他非生产部门也几乎都是这个到岗比例。"成都工厂质量数据平台远程登录,不需要人跑到公司打开软件,员工在家里就可以知道公司的质量状况以及供应商质量、客户质量等。

从复工到 2 月结束,工厂一刻不停,保持 24 小时不间断生产,周六日也没有休息。3 月除去 1 天消防设备检修及 IT 系统升级,也保持 7×24 小时的生产进度。到 4 月,成都工厂已经 100% 恢复到日常产能。

3. IT 系统承受重压

"在此期间,我们最大限度地努力保障复工复产。"杨健作为成都工厂信息技术部经理,感触颇深。为了保障特殊时期的有序生产,对于数字化系统的依赖程度远比平时要强,对于 IT 团队可谓一次"高压测试"。

为避免员工聚集,成都工厂大部分的白领都被安排在家远程办公,这就为网络和 IT 基础设施带来巨大的负载压力。西门子总部紧急升级了网络,成都工厂带宽扩展为平时的 4 倍。此外,通过虚拟专用网络(VPN)、统一身份认证(UIA)等多路支撑网络通信需求。工厂还搭建了很多虚拟服务器,以便工厂所用的 ERP、PLM 等各类系统,能够实现客户端的远程登录。

针对生产和线上管理运营可能出现的故障和问题,工厂 IT 团队建立了专门的响应群，及时处理各种账号锁定、安全以及登录等问题。这些工作千头万绪，牵一发而动全身，杨健每每想起，都会有万千感慨涌上心头。大部分的 IT 工程师都处于 24 小时应答响应状态，随时远程监控生产状态。

成功应对供应链挑战

1. 零部件供货挑战

供应链经理李艳坦言，这段时间心里最担心的有两件事，一个是生产的稳定恢复，另一个就是供应链的稳定供货。供应链的不确定因素太多，不仅需求端剧烈波动、供应端面临短缺和成本问题，物流端也受到前所未有的冲击。成都工厂的有序复工离不开其供应链体系的韧性和供应链数字化的有力保障。

成都工厂的 PLC、IPC 和边缘计算盒子等产品，所需原材料超过 5700 种，其中，1000 种原材料需要进口，元器件的日消耗量更是高达千万片。从 2020 年 2 月开始，意大利、法国、马来西亚、菲律宾等主要原料进口国陆续进入紧急状态，国外供应链受阻。相比其他外资工厂，成都工厂供应链本地化程度较高，在运输受阻的情况下可以通过就近的供应商调配，维持大多数原材料的稳定供应。

但是，对于成都工厂的供应链体系来讲，工业品很难在短时间内找到替代，国内供应商复工复产情况也由于地域、人员等参差不齐。为此，成都工厂提供了一些必要防护物资的支持和技术支持，对供应商面临的技术问题进行协助排除，很多供应商也参考了成都工厂复工复产的部署和安排。对于国外供应商的情况，供应链管理团队克服时差每天确认。成都各区政府在春节期间帮助企业协调了沿途各省的通行许可证，保证了原材料供应。

供应链管理的数字化也是有序生产的必要保障，成都工厂和上下游已经做到部分数据和库存信息的共享，对于来料和产品的进出可以实时进行监测和管控，从而调整生产计划，既保证了供应链的稳定，也为闭环质量控制提供了基础。

2. 供应商质量风波

疫情对供应链质量也产生了一定的影响。有些成都工厂的零部件供应商的工人难以返回，只能就近招收新工人替代，加之供应商的供应链同样遇到困难，产品质量产生了一定波动，但是经过成都工厂的质量检测环节后已经被全部检出，并没有影响工厂的整体产品质量。

供应商的质量波动对于成都工厂来讲并没有造成整体产品质量的波动，这得益于从始至终对质量管理和检验检测的持续改进和优化。建厂之后，随着 QMS 系统的持续改进和完善，质量数据可以实时获取和分析，按 "年-月-日" 的时间、质量问题来源、生产单元等多维度分类，进行质量分析。成都工厂还可以通过溯源质量问题来源进行持续性、针对性的质量改善，相应问题来源甚至具体到某一个订单、某一件产品。而后，成都工厂陆续引入 AOI 以及人工智能技术，使检测精准度和效率再上一个阶梯。成都工厂的百万件产品缺陷率从 2016 年的 8.4×10^{-6} 下降到 2021 年的 5.7×10^{-6}（见图 15-3）。后来，成都工厂又研发了供应商的质量管理平台，把供应商也纳入了整个数据监控系统中，针对供应商的供货质量情况，优化来料检测的质量和效率。基于已经完成的供应商数据互联互通以及成都工厂多年迭代完善的检测能力，成都工厂得以平稳度过这段波动时期。

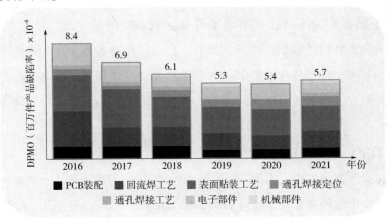

图 15-3　成都工厂 2016—2021 年质量数据

3. 响应下游医疗设备厂商供货需求

此外，成都工厂自身作为供应链中的重要一环，下游对其产品需求也非常迫切，成都工厂的及时复工为抗疫物资的生产提供了支撑。医疗物资企业急需扩大产能，新建生产线为全国抗疫提供物资保障；方舱医院的建设需要的气溶胶设备、呼吸机、口罩机以及消毒机器人等，都需要成都工厂 PLC、变频器等关键零部件的供货。

成都工厂生产的西门子 SMART 系列的 PLC 和 HMI 就是口罩生产线急需的设备。经过分销商紧急调货和协助安装调试，仅仅 26 小时新生产线就投入了生产，口罩的日产量提升至 5 万只。成都工厂的顺利复工以及柔性化的生产模式为稳健利康等紧急需要支援的医疗物资厂家提供了有力支撑。

国内情况稳定后，对于欧洲、加拿大的大笔呼吸机零部件订单，成都工厂也能及时响应。到了复工复产后期，成都工厂的订单不降反升，日产量从 2019 年的 40000 片上升至 2021 年的 55000 片，一定程度上也说明中国制造业和经济开始复苏。基于企业数字化程度的提升，市场对于 PLC、HMI 和 IPC 等产品和设备的需求将会进一步扩大。

数字化的种子加速发芽

早在 20 世纪 80 年代，德国社会学家贝克就提出了"风险社会"的概念。此次新冠肺炎疫情让人们对政治、经济、环境、社会等多方面的风险有了全新的认知和思考。各行各业的数字化水平被迫实现了跨越式的发展，制造业在艰难中复工复产，也加快了发展的进程，为数字化概念的延伸和应用埋下了新的种子。

1. 数字化系统让工厂稳定运行

在这次突发事件中，成都工厂的特点就是"稳"，即使在人员大幅精简的情况下，工厂仍能照常运行，这背后所倚仗的是数字化工厂透明化、敏捷柔性和可预测性等特质，它们发挥着至关重要的作用。

（1）透明化　在数据驱动下，工厂的生产流程变得透明化，很大程度上减少了对人工经验的依赖，避免了更多低效的人工工作。工厂的生产计划制订后，需要精准的物料调度来配合生产需求。如果出现了异常，传统的工厂需要到工厂中进行配料。成都工厂对进场物料及供应商有着精准的定位，可以准确找出物料在哪里，节约了人力。在紧急状态下，人力是稀缺的资源，把人力最大限度地配置在关键生产环节，是成都工厂恢复产能并正常生产的重点。透明化更重要的体现是在生产线的质量控制上，通过数据和QMS系统，质量信息透明化，还可以进行远程管理，不受地域限制。

（2）敏捷柔性　在紧急状况中，如果生产线设备程序需要更新或者调试调整，传统的工厂只能派工业工程师到现场去检查，通过经验或者参考其他已有的案例进行调试。数字化工厂可以通过调用最近的测试数据，借助数字化系统分析调整参数，指令传到系统后，程序就自动更新了。成都工厂每天所采集的数据量多达千万级，从产品到组件可以做到100%的数据透明性和可追溯性。通过人工智能和机器视觉等新技术，无须人工干预，其余的运维监测、计划排产，都可以通过远程和人工智能技术辅助完成。同时，生产线的柔性化使得生产具有"弹性"，可以适应不同的生产需求。

（3）可预测性　预测性维护可以最大限度地规避生产线宕机的问题，减少运维工作负荷。成都工厂通过人工智能来分析现场数据，进而进行预测性维护，在故障出现之前就进行排除，避免问题扩大导致生产线停滞。

2. 数据驱动精准决策

在这类危机中，由于情况错综复杂，"决策"可以说是最难也是最重要的一件事。这时就需要结合客观信息辅助判断，从而"因时而动、因势而动"，做出准确的决策，并采取快速而有效的行动。全面获取、整合和分析数据在关键时刻发挥了作用。

成都工厂的数字化是通过打通工厂数据流，将暗含于生产线、设备、产品上的信息转化为可读、可量化分析的信息，再基于应用场景，结合专业知识产生业务洞察和决策，实现通过数据来驱动整个工厂的运转。这就可以解释为什么成都工厂能够通过远程控制以及极少的现场人员实现工厂的正常运行。此外，成都工厂将不同业务场景和业务应用的数字化系统集成到一个整体的数字化企业平台中，打破了工厂中各个单元之间的"信息孤岛"，通过统一的数据平台进行数据交换，无缝集成产品开发、制造和供应链的数据流，实现产品设计、生产规划、生产执行、生产工程与供应商、物流以及服务的高效协同。

3. 人永远是数字化工厂的核心支撑

数字化工厂的核心在"人"，虽然数字化在一定程度上减轻了人员复工的困难，通过数据驱动精准决策和预测性维护降低了风险出现的可能。但是，本次复工复产之所以能顺利开展，是因为工厂只有少部分工人在现场操作，大部分的技术管理人员和工程师通过远程办公管理工厂运行。在此期间，更多现场的问题需要线上解决，增大了响应的难度，这对员工能力和工厂管理机制更是一大考验。

在"紧急状态"中，恰恰需要的是人日常积累的的数字化能力。为了尽可能减少人员聚集，降低风险，生产线设备维护的工程师也不能到现场。工厂是如何做到复工以来一刻不停的呢？大部分的生产线设备故障排除、调试升级等都是生产线的操作工人自己解决的。成都工厂的蓝领工人已经不单单是操作自己所在的机台，他们已经对自己的"工作搭档"了如指掌了。常见的故障不需要设备维护工程师到现场，蓝领工人自己就能解决。

在此期间，IT、生产、仓储及物流等团队也都经受了巨大的考验，尤其是IT团队，作为工厂数字化系统的"卫兵"，需要在网络设施、生产线运维、远程支持等多方面为数字化工厂复工复产提供支撑。此外，成都工厂数据库完善的最终阶段其实也是在这段时间完成的。在数字化工厂中，数据的连接效率、工厂的技术水平提升了，也需要与之匹配的数字化人才队伍作为核心支撑。

居安思危，应对风险需要提前为之准备。首先，成都工厂在日常运营时，已经通过流程管理"Ticket"平台及BI等数字化工具，将工作流打通，其过程不依赖人工，也就不会由于人员到岗问题影响整体流程或增加对接、交接的冗杂流程。其次就是日常团队工作中的"备份"机制，以IT团队为例，在日常的工作中，每个人的职责不是割裂的，而是互相了解、互为备份的。就 IT 团队而言，MES 的团队成员也可以熟练解决 ERP 系统的问题，即使有员工不能到岗，也有"替补"可以及时响应。

"打铁还需自身硬"，成都工厂通过把团队工作机制和备份机制作为必要手段，实现了自身能力的提升。但更重要的是，成都工厂其实一直在"变"，在顺应变化的过程中，成都工厂团队整体的能力已经足够应对相应变化和风险。成都工厂作为"蝶变"型数字化工厂，通过"小步快走"快速迭代，不断有新产品、新技术导入，对于成都工厂，变化已经成为"常态"。同时，日常对于新技术的探索也对数字化工厂团队能力的塑造起着潜移默化、日积月累的作用。居安思危是一方面，更重要的是要让工厂和团队随时保持发展的活力，从而对变化更快速地响应。

供应链的全球化布局

工业企业需要重点关注三个关键课题：供应链多样性、价值链竞争力、供应链效率。

打造供应链多样性，减少对单一供应源的依赖性，可以增强风险抵御能力。面对突发情况，工业企业供应链中断导致停产的主要原因在于供应源过于集中。企业需要通过区域化的供应链基地布局来减少对单个地区的依赖；通过建立多元化供应商网络来提高供应短缺风险的抵御能力。不能因为某一区域供应成本最低就"把鸡蛋放在一个篮子里"，要考虑在另一个区域准备一个备份。

不同于一般外资工厂依赖国外供应链，成都工厂从建立之初，就通过供应链本地化和全球供应链的"双抓手"进行布局。作为上游产品整合的全球供应基地，为提升供应链多样性，成都工厂在国内外都有供应链布局，之后这种部署将更加多样化。这种分散在不同区域的供应商网络有效增强了其跨地区供应风险抵御能力，例如，主要元器件的采购来自两家以上供应商，一家采购份额较大的为主要供应商，另有一到两家备用供应商，供应商分布应兼顾国内和国外。

这种多元化供应商战略避免了供应商和供应区域市场过于集中的风险，确保关键原料和零部件的稳定和灵活供应，也提升了与供应商的谈判议价能力。本地化的供应链布局可以在发生疫情或者隔离的时候，确保区域内部仍然有较完整的供应链系统。

企业还可以通过供应链柔性塑造、成本管控和数字化来提升供应链效率。通过增强采购灵活性、制造灵活性和物流灵活性来提高供应链应对变化的快速响应能力；通过产品标准化、流程优化和其他成本优化措施来降低运营成本；利用数字化工具赋能，打通上下游供应链数据，通过数据可视化改善供应链运营，并支持供应链战略决策。

后疫情时代数字化成为必选项

在面对类似突发未知风险的时候，数字化能发挥什么样的作用？数字化企业与传统企业相比差异在何处？这正是目前进行数字化转型和准备做出数字化转型的企业需要弄明白的。

要解释这个问题，必须回归数字化的本质。如今无论管理咨询公司、互联网公司还是制造业企业，都在谈数字化。然而，颇为耐人寻味的是，在与各类从业者的交流中很难找到关于"数字化"这三个字准确且一致的定义。

时任西门子（中国）数字化工业集团数字化业务拓展部智能制造高级顾问黄昌夏曾提到，"数字化"中的"化"，指的是一个过程，和人们常说的"工业化""自动化"中的"化"是一个意思。这个过程最终达到的形态表征，就是"数字"。也就是说，一个主体的方方面面都能以"数字"的形式呈现，360°无死角。在数字化时代，能够在信息、数据方面占据足够的优势，就能抢占先机，胜人一筹。数字化能够最大限度、全面、快速、精准地反馈企业运营状况信息，使运营过程中的隐性信息"显性化"，使企业整个运营管理周期大幅缩短、决策效率大幅提高。

总体来说，数字化企业对传统企业的比较优势在于，在面临相同动态变化的外部环境条件约束下，前者能够更加全面、便捷、精确地获取信息，更加高效地完成信息的整合与分析，在此基础之上，能够用更短的时间做出更加科学的判断与决策，进而更快地采取行动，更早地获得更大价值的收益。

其中，最大的挑战在于应对动态变化的外部因素，即"不确定性"。任何人都无法预见黑天鹅的出现，因此，随机而动、因势利导的能力就成为企业面临不确定性风险时一决高下的关键。可以看到，在紧急状况和风险面前，相同行业之中面临同等条件，有的企业能够有条不紊地快速复工复产，甚至几十小时之内跨界生产出所需要的战略物资，逆势跑赢市场，交上高分答卷，而有的企业则被打击得一塌糊涂，至今仍然一蹶不振。而众多的传统制造业企业在日常管理运营过程中，或在面临突发未知风险时，都或多或少因为缺少足够的客观信息辅助判断，无法做出及时准确的决策，无法快速有效地采取行动。疫情对制造业的影响是巨大的，它使未来数字化几乎成了"必选项"，也成为制造业抗风险和创新增长的新引擎。

第六篇

明 道 篇

第十六章　基础：承载传承与赋能的信任底色

第十七章　利器：业务与员工双赢的创新动力

第十八章　探索：精益与转型并重的卓越战略

从创新的视角看，数字化工厂可以理解为企业沿着数字化主线开展持续的创新活动，本质上是在全价值链环节推动资源优化配置，更是一种牵涉多层级多部门的系统化创新工程，企业家和主要管理人员需要有全局观念和大局意识，需要持之以恒地在数字化道路上开展意识革新、管理变革、技术创新和模式升级。

成都工厂作为全球首批灯塔工厂，已经证明了其具备世界级的数字化技术创新实力。对于这样一座"年轻有为"的数字化工厂，本篇将从成都工厂过往发展中的理念坚守和面向未来的发展路线，来阐明成都工厂的数字化发展之"道"。

1) 成都工厂为什么始终强调"信任"？工厂的信任文化如何承载数字化知识的传承与赋能？

2) 成都工厂为什么始终坚持"创新"？是什么让成都工厂成为创造知识的企业？在工厂创新中如何让业务精进，也让员工进步？

3) 成都工厂为什么始终追求"卓越"？过程中是精益先行还是数字化先行？在前期取得卓越成绩的基础上，成都工厂如何进一步实现卓越？

第十六章　基础：承载传承与赋能的信任底色

在经济学里，信任其实是一种非常重要的社会资本，它能够降低经济活动中的交易费用，简化交易程序，是经济良好运行的润滑剂。那么，如何能让更多的交易达成，关键前提之一是需要大家彼此信任。数字化工厂建设的过程，是各种思想相互碰撞、各种技术融会贯通的过程，其实就是一种高水平的知识创新，而信任可以帮助隐性知识在知识型团队中加快扩散，从而激发更多的创新。成都工厂正是在西门子长期形成的信任底色下，实现了数字化知识的传承、创造以及向外传播与赋能。

第一节　把信任文化带到成都工厂

回顾成都工厂的建立发展过程，工厂员工专门探讨过"信任"这一话题。他们一致认为：在安贝格工厂对成都工厂的整个支持过程中，排在第一位的既不是技术，也不是资金，而是无条件的信任。尤其在建设过程中，德方所有的信息对于成都工厂的同事都是开放的，每一个环节都是手把手地传授，不存在"教会徒弟，饿死师傅"的说法。

很多成都工厂的同事都有在安贝格工厂学习的经历，这个经历正是安贝格工厂向成都工厂展现信任文化的开始。当然，大到工厂与工厂之间、小到人与人之间，任何信任关系并非天然存在且一蹴而就的，更多的是在经历磨合后才逐步建立。听闻管理层决策在中国成都建设安贝格工厂姊妹工厂时，安贝格工厂的一批老员工心存疑虑：为什么要在中国新建一个工厂？是以后生产就要转移到中国吗？我们的后代会不会失去工作的机会？安贝格工厂老员工们的担心实属人之常情，在消除相应疑虑并建立信任纽带的过程中，安贝格管理层的大视野以及对于中方同事的充分授权成为关键。

首先，时任安贝格工厂总经理的 Büttner 博士以自身经历告诉这些员工，成都工厂将在安贝格工厂的基础上进行建设，两家工厂互为姊妹工厂、同气连枝，并不会影响安贝格工厂的生产经营。他更是把心中的美好愿景向大家展示，即这个工厂不仅会凝结安贝格工厂关于数字化的知识和经验，而且会承载安贝格工厂一众工程师建成一座世界级数字化工厂的梦想，协助中方同事建成这座工厂将是安贝格工厂一众员工最值得称赞的荣誉。

其次，Büttner 博士更是以身作则，注重言传身教，以看得见的方式来表达他对中国同事的重视，包括中国同事可以在安贝格工厂内部任意走动、拍照记录和学习，更重要的是他非常尊重中国同事的决策和建议，以及重视与每一个人的相处。中国同事逐渐发现，在 Büttner 博士所安排的各种细节中，都体现出公平、平等以及相互信任的理念，德国员工向中国员工提供的技术支持和培训，没有任何隐瞒，中国员工提出的任何建议也都会被认真考虑。

随着学习培训的结束以及成都工厂的建成，这种信任底色也逐渐从安贝格工厂延伸至成都工厂。作为一种无形资本，信任的企业文化给成都工厂带来了众多隐性福利。信任不仅缩小了成都工厂和安贝格工厂同事之间对于新建工厂价值认同的差异，让双方共同致力于这一世界级数字化工厂的建设和运营；信任也在无形之中促进了中德双方同事之间的沟通、协同和创新，让积淀在安贝格工厂中的工业和数字化知识传承并流转至成都工厂。

值得一提的是，随着 2012 年中方同事在德国培训之旅的结束，一批批德国工程师也从安贝格小镇来到了"成都一线"。为了让德国同事更加快速地适应当地生活，中方同事不仅在周末邀请德国同事到其家中做客，而且在闲暇时通过自驾游的方式带德国同事欣赏成都周边的美景和美食。在双方真诚交流和高度信任下，建设成都工厂的工作随之变得轻松起来。

第二节　信任决定了企业创新网络

　　成都工厂员工一直把自己的工作看作一种工程领域的创新行为，整个工厂的建设和升级过程是一个不断发现问题、整合资源、解决问题的创新过程，随之形成的是一个创新网络系统，想要建设出一座世界级的数字化工厂，一个人携带的知识和技术是不够的，必须突破个体限制，凝结成创新网络。整个网络中携带并连接了各种技能，持续地接受并处理各种复杂问题。正是领导者的决心、团队成员之间的信任决定了创新网络的规模、形态和发展水平。

　　负责IT项目的杨健认识到，无限的信任对于建设数字化工厂这种长期且复杂的项目能够带来巨大好处。加入西门子之前，杨健曾就职于一家芯片制造企业，该企业一直强调新建工厂的"完全复制"，因此每一家工厂都像从模具中出来的，几乎一模一样。这种刚性的技术规范更多是强调稳定生产，但是在数字化技术的使用上则缺乏灵活和弹性。而西门子强调的"充分信任和授权"则在规则与方法论之外，充分兼顾对人的主观能动性的激发，为创新和升级保留了很大空间。安贝格工厂管理层和工程师都非常信任成都工厂中方同事，尤其是在杨健负责的成都工厂数字化项目中，德国同事认为相应项目推进在中国能够实现优化升级，并有助于可持续的数字化发展。其中，安贝格工厂的系统具有区域性和年代性的限制，很难完全照搬到中国，杨健需要做剪裁、优化和升级，德国同事也没有经验，需要和杨健一起琢磨探索，相应场景恰如两个人一人拿了一支筷子，要夹起各种千奇百怪的东西，没有信任和理解是绝对做不到的。

　　在成都工厂建成以后，来自总部的信任更是给予其自由的创新空间。对于成都工厂而言，在新的数字化技术应用过程中，需要进行大量的试错。成都工厂也可以选择把这种风险留给姊妹工厂安贝格工厂，自己则坐享其成，但这最终也只能成为一家数字化技术应用工厂，很难真正成为一家数字化技术创新工厂。简单的继承和守成对于成都工厂而言不符合其建厂时的定位，可以选择的只能是向前奔跑，总部的信任则给了成都工厂足够的创新空间，让成都工厂在不确定性中构建捕获价值的创新网络。

成都工厂卓越运营部主要负责工厂数字化创新工作的推进，这需要部门人员最大限度地整合内部和外部的资源，辅助业务部门攻克一个又一个的数字化难关。究其本质，数字化创新需要深入工厂生产运营的核心层面，卓越运营人员和业务人员不仅需要了解产品生产的原理、工艺的逻辑，而且要洞悉数据的流动方向，进而才能对工厂进行360°无死角的扫描。对于时任卓越运营部负责人的任江勇而言，来自总部的信任和充分放权，给予了他最为宽广的创新舞台，并让数字化创新工作的进程大大加快。

信任也让数字化创新推进过程中形成的网络更加透明。总部的信任以及成都工厂内部人员之间的信任，让成都工厂创新网络中的知识更加显性，让暗含在设备、工具乃至人员身上的隐性知识能够充分高效地展现出来。恰如一个医院要聘任足够专业的医生并给予医生足够的信任，医生才能拿着听诊器甚至利用CT设备来检查患者的方方面面，并针对性地给出专业诊断意见。

第三节　转型中一把手的信任之力

现在看来，成都工厂的建设是中德双方同事携手共进的过程，是一种有机的学习，并非机械复制。团队双方高度信任才带来了无间的合作，在2015年德国安贝格工厂团队离开并由中方团队正式负责运营时，信任已然在成都工厂落地生根，并成为成都工厂承载知识传承与向外赋能的企业文化底色。以至于后来，不管是成都工厂向安贝格工厂反向输出自己的创新，还是成都工厂核心人员独立出来，成立数字化团队专门负责向外赋能，这种信任底色都让一个个看似不可能的任务得以攻克。

当戴霁明在2015年离开成都工厂对外开展数字化技术赋能时，他逐步认识到数字化工厂仍然是一个以人为核心的工作。这个工作的重点是人的思想的改造、能力的改造和关系的改造，是一个涉及企业管理思想、组织架构、人力资源甚至财务制度等各个方面的复杂系统工程。在戴霁明看来，企业内部大型的数字化项目必须是"一把手工程"，企业管理层尤其是最高领导对项目的认知至关重要。成都工厂能够成功，最重要的因素就是"一把手的信任"。在这里，信任有两个含义：一是一把手给予项目执行方充分的主动权，并支持开展深层次的创新工作；二是一把手对项目的前景拥有良好的预期，对于项目成功充满信心并且具有明确的战略方向。有些公司的一把手对于数字化转型的重视程度不够，有些则缺乏系统性的管理与组织保障，导致一把手工程流于形式和口号。戴霁明在后续的项目中不时会遇到一把手对项目的认识不够或者信心不足，导致项目进展发生严重的反复和倒退的情况。

2019年，某次对外的咨询项目中，戴霁明发现对方仅安排了公司的信息部主管负责工厂的数字化改造，管理层乃至一把手只大致了解了改造可能带来的收益、可能花费的资金，剩下的事情就放手不管了。果不其然，在后续的项目进展过程中，经常产生目标不明确的问题，甚至时常发生"IT和OT'打架'"的情况。后来戴霁明专门找到企业一把手，结合西门子自身以及诸多客户数字化转型的最佳实践案例，展开了整整一下午的深入讲解，这才让对方董事长明白，数字化转型不仅是购买硬件设备、上线一些软件系统，还需要对整个公司的管理思想和模式做一次"改头换面"，这个过程中将会充满各种不确定因素，需要一把手带着下属一起"逆着河流游泳"。

"一把手工程"需要一把手调动整个公司的资源，对数字化转型提供支持。来自一把手的信心和支持并不意味着信马由缰、毫无指引，而是需要掌握全景视角、把控战略方向，并洞察产业发展的规律。对于涉及数字化转型的公司而言，一把手掌控全景视角和战略方向非常关键，不仅要在宏观层面画出公司数字化转型的平面图，还需要涵盖公司的管理、财务、运营、生产和供应链等各个方面。如果没有全景视角，一把手很难明晰这场数字化转型战役的进攻方向和重点，更难评估数字化改造进程和成果。此外，一些企业一把手虽亲自推进和执行数字化工程，但因为缺少全景视角，难以把控全局，最后要么是草草收尾，要么是因为"事务繁多"而变成了"甩手掌柜"。

从成都工厂的成功经验来看，"一把手工程"其实是一种健康且合理的顶层设计，企业管理层要充分肯定数字化的重要性，清楚自己的运营管理方式和业务逻辑，了解生产运营管理对数字化技术的需要，并且为数字化工作提供充分的人财物保障以及技术创新的自由度。简而言之，在数字化转型时一把手需要有战略视野、有理想，同时需要懂业务、高度重视并真抓实干！

第十七章　利器：业务与员工双赢的创新动力

经济学的创新理论认为，知识是经济进步的发动机。英国经济学家克里斯·弗里曼曾经指出："经济学家最不能忽视的就是创新，它是经济进步的基本条件，也是企业、民族乃至国家在竞争中保持领先的关键因素。"200多年前，亚当·斯密对于创新的观察其实已经非常细致入微了，他指出，机器的一切改进都不是来源于偶尔使用机器者的发明，当机器制造成为某一特殊行业的任务时，许多改进都是靠参与的一线制造者的聪明才智来实现的，尤其是在精细分工以后，制造业的发明和技术进步则更多来自普通工人。

第一节　创造知识的领先工厂

成都工厂之所以是创新的工厂，就在于它能够持续地创造新的知识。从知识创造模式上来看，它同时构建了自上而下和自下而上的知识创造通道。成都工厂建设及运营的过程正好处于数字化技术向产业领域铺天盖地涌入的阶段，在制造业中技术创新伴随着遍地开花的产品创新、组织创新和商业模式创新，传统的价值链在这些冲击下不断地发生裂解，一些新的价值链又不断地从裂层缝隙中生长出来，有的可能是昙花一现，有的则在数年时间后发展至欣欣向荣。

数字化知识的聚集地

在成都工厂中，可以看到各种先进的机器相互组合，构成物理世界中一条条智能化的生产线，各种软件有机融合，形成数字化世界中端到端的智能化数字平台，在这套软硬系统驱动下，PLC、HMI、IPC等高附加值产品源源不断地从生产线上产出。如果再深入观察，可以发现，除了有形产品的输出，还可以看到另外一股隐性知识洪流在成都工厂内部涌动已久。在成都工厂数字化生产体系下，各种先进知识的融会贯通和知识创造新模式呼之欲出，相应在暗处流淌着的知识成为成都工厂数字化水平不断提升的动力之源，更是工厂持续改善的创新之源。

在成都工厂的各个角落，都可以看到数字化创新活动，各种知识在一起产生化学反应，工厂不仅是生产的载体，还是创新的平台，在一些重要领域，甚至可以看到经典的大爆炸式创新模式㊀。在成都工厂，各种新技术快速组合、快速应用并快速扩散，新技术应用的速度、密度和范围要远远高出其他工厂。除此之外，成都工厂通过系统性的数字化平台，快速将各种知识变现输出，与西门子数字化工业集团、西门子中央研究院，以及诸多外部合作伙伴共同形成了频繁的知识互动，工厂内外已经形成了一个开放多元的创新生态系统。

从知识创造的角度来看，一些学者认为，人类知识是隐性知识和显性知识之间的社会化相互作用凝结而成的。知识的转化和融合其实发生在个体之间，需要具有不同知识的人群构成一个"知识网络"。生产现场的隐性知识，在数字化手段的支撑下，转变成一个又一个显性知识，然后再变成工厂的软件、设备、工艺、规章制度等，这个循环的关键是隐性知识的显性化，而成都工厂所有的隐性知识都是储存在工厂内部人的身上，这些人熟悉产品、了解设备、掌握工业现场的知识。如果把知识的创造理解成一个循环通道，工作现场的技术人员和工人则是隐性知识提供的源头。

成都工厂的工人也已经很难再被传统的词汇"蓝领"所定义，不是说他们不再关注制造，而是除了产品制造，越来越多的工人开始从事知识创造的工作，他们花了大量时间去挖掘知识、创造知识。工厂的属性也开始延伸，开始成为数字化创新的重要阵地。在成都工厂，传统知识和新的数字化知识正在加速融合，工厂以生产现场为底盘，不断地导入知识创造的工具，改良知识创造的方

㊀ [美] 拉里·唐斯，[美] 保罗·纽恩斯著，《大爆炸式创新》，浙江人民出版社。

法，将所创造的知识进一步固化到装备、产品、工艺、软件和管理制度中去，并且不断地在工厂内外验证、传播、扩散这些知识。人们或许能够想象，有一天成都工厂将成为创造数字化知识的工厂典范，这些知识型工厂将带动信息技术和工业技术不断产生冲击和融合，激起一朵朵创新的浪花，知识河流将不断拓宽，源源不断地流向各行各业的制造过程。

人是知识创造主体

在传统的工厂里，泰勒的思想仍然在延续，在这一思想中，管理者一般会将人看作"经济人"，工人不需要从事知识创造，而是按照上级的要求去减少不必要的消耗，省略多余的动作。但在成都工厂管理层看来，工厂的数字化水平实际取决于人的数字化水平，这一点值得制造业企业重视。许多企业习惯考虑用机器和技术去替代人，很容易把人放到技术的对立面，把技术视作和人没有关系的事物，似乎把先进设备和软件买回来就能产生立竿见影的效果。但数字化工厂的建设往往是曲折而复杂的，相比技术和设备的升级，人的升级更需要重视。

因此，成都工厂管理层更多考虑的是人作为知识创造主体的重要作用，希望通过数字化知识的学习和创造来培养人员的数字化思维。管理层开始要求工厂员工不要满足于现有任务，而是去学习更多新的知识和尽可能地参与到知识创造的活动中去。

一方面，成都工厂非常注重将有高绩效（High Performance）表现的员工塑造成为一个数字化人才（见图17-1）。这其中的重点在于培养员工的数字化思考能力。比如，成都工厂会从社会上招聘具有一定经验的工程师，这个工程师可能具备在英特尔或德州仪器的工作经验，本身的工作素质较强。但来了成都工厂以后，他首先要适应数字化工厂的思维方式，要善于从数据中挖掘价值，要学习用数字化的手段并结合工厂的业务流程来解决问题。

另一方面，成都工厂非常注重培养员工持续学习的习惯，不仅为持续学习

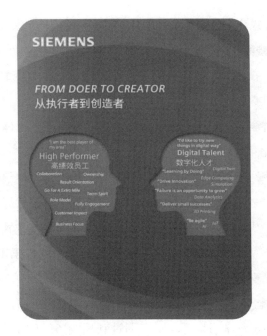

图 17-1　成都工厂文化海报"从高绩效员工到数字化人才"

（资料来源：成都工厂）

的员工提供了物质奖励，而且搭建了众多的数字化学习平台。除了传统的授课式培训和数字化学习（E-learning）外，成都工厂还设置了许多灵活开放、形式新颖的学习活动，如学习日、学习小组等，还和外部的学习平台进行合作，从内容资源上最大可能地满足员工的需求，相应"学习型文化"被员工普遍接受。

（1）学习日（Learning Day）　学习日是最能体现成都工厂对于学习重视程度的。学习日会设置一个大的主题，大主题之下有许多不同的话题和模块，员工可以任意报名，自由参与自己感兴趣的内容，分享自己的观点。通过学习日活动，员工能够感受到成都工厂的激情和蓬勃动力，激发员工学习的热情和进步的渴望。

（2）学习小组（Learning Community）　成都工厂通过创新项目驱动，组建20~30人的学习小组，围绕数字孪生、流程、机器人、大数据与分析、新工作方式五大领域制定相应课程，学习面向未来的新技术，促进新技术推广普及，然后通过技术竞赛的方式认定技术专家（运营专家、通用技术专家、数字化专家）。

（3）**学习委员会（Learning Officer）**　学习委员会主要负责人拥有足够的权力，负责定义总体技术发展方向以及各个结构或者团队员工的技术专长发展方向，并设定机制以保障每个员工有一定的时间进行学习。"一旦员工没有时间去学习或者没有抓住学习的机会，就会面临落后以及跟不上团体的进步节奏。"研发经理黄荻绯对此深有感触。

（4）**创新先锋（ERFA Team）**　成都工厂创造了一种创新模式——ERFA Team，确保同一个领域的人之间技术互通，同时能够掌握业界先进的研究成果。成都工厂在 SMT、机器人、数据分析、工业仿真等关键技术领域成立了 10 多个 ERFA Team 团队，每个团队选出一名"团长"带领团队根据工厂现阶段存在的问题进行研究，探索解决之道。

（5）**技术竞赛**　成都工厂每年都举办技术竞赛，引导员工在生产技能、工艺、新技术等方面进行学习提升。员工通过利用业务时间学习增材制造知识并设计和打印作品，使用工业仿真软件解决生产流程问题，运用机器人完成更多的工作，并通过竞赛的方式进行评比，结果在工厂年会时进行公布，主持人会一一念出获奖者与作品的名称，增强员工的荣誉感。

让员工成为知识管理者

成都工厂的蓝领员工和工程师发现问题、认清差距、制订计划、解决问题是驱动数字化创新的重要动力。数字化工厂要想成为知识创造的载体，最好的办法就是提升工人的知识存储能力，使其存储更多的知识，另外则是提高人在知识上的转化能力和管理能力，让更多的人可以以较低的成本参与跨学科知识工程团队，共同开展知识的融合、转化和管理。在成都工厂中也是这样，每个环节无时无刻不在推动自主改进，以前由单一研发部门发力的推动式创新在这里也转变成了每个环节都可以提供动力的动车组式创新。

以 IT 和 OT 知识融合和管理为例。IT 和 OT 的技术知识的融合和管理非常重要，它不只需要人员具备代码编写能力，更要对制造流程、业务模式具有深入理解，懂得怎么把工业的现实世界和软件的虚拟世界联系起来，促进价值的流动和转换，在此基础上才能实现数字化的价值。

成都工厂技术融合具有两个特征：第一个特征是 IT 人员下车间。如果 IT 人员只想在办公室中而不愿意下车间，那么这座工厂并非真正的数字化工厂，他们需要走进生产一线摸爬滚打，让身上沾满各种各样的 OT 知识。第二个特征是业务人员 IT 化，业务一线的工作人员需要把隐性的知识显性化，最好是做到编码化，只有当工厂多数业务人员能够将自己负责的工作参数化和模型化，这个数字化工厂才有真正的竞争力。

成都工厂如此行事所解决的恰恰是如今制造业 IT 与 OT 融合所面临的最大难题——跨专业认知壁垒的消除，即"人的融合"，让人成为知识的真正管理者，并且基于相应知识，一线员工可以完成工厂日常运营过程中的决策。相应的，管理者可以将自己从日常管理中解脱出来，将更多的时间花在战略决策上。

(1) "π 型人才"培养　IT 与 OT 复合型人才培养是成都工厂的重点。成都工厂希望将 IT 团队成员培养成为领域内专业顾问，鼓励员工参与专业的 ITO (IT Outsourcing) 培训，同时要求 IT 员工下到生产线了解工位设置、业务流程、数据支撑模式、服务器的使用以及数据存储选择等，在很大程度上解决了 IT 和 OT 分离的问题，使得在架构搭建阶段以及后期运营阶段，IT 能够精准解决和支撑业务部门的发展。同时，成都工厂还注意培养 OT 人才学习 IT 的一些知识和想法，用数字化工具和思维去解决问题。

(2) 基层员工培养　一线工人对于成都工厂的持续改善起到了非常大的作用，大量的创新项目来自车间现场。成都工厂拥有丰富的数字化应用场景，最新的技术随时在工厂内得到应用。成都工厂向基层员工开放了完整的、实时的设备运行数据。基层员工可以借助这些数据学习和利用数字化工具进行设备运维和工艺改进。在成都工厂已有一批蓝领开始学习增材制造、人工智能、仿真与数字孪生技术，并将数字化知识融入生产决策和现场管理中。此后当他们遇到问题时，就不会拘泥于原有的知识体系，可以尝试通过数字化手段来决策并解决遇到的难题，即使不能独立解决，也可以把这种需求向上传递，正向"拉动"上层的数字化资源进入生产现场。

第二节　员工与业务的双赢

在创新大浪潮中，企业想做到引领潮流而不是随波逐流，不仅需要极强的洞察力，还需要掌握数字化生态系统中的创新规则。传统的创新更强调把研发作为单独的黑箱部分，需要一批拓荒者和颠覆者不断去冲击极限，突破边界，自上而下去重塑或者优化资源配置曲线。而在数字化时代，创新已经不再是冲击生态系统的偶发性外部变量，而是根植于生态系统内部的持续性改进力量，是自下而上点滴量变累积而成的爆发式质变。可以看到，成都工厂已经在实践中摸索出一些规则和手段，这些规则和手段可能并不是来自理论上的指导，而是成都工厂的管理层和工程技术人员对数字化浪潮的一种感应。在相应规则和手段下，成都工厂所形成的创新文化实现了员工成长与工厂业务发展的双赢。

上下驱动的工厂创新文化

作为数字化工业的开拓者之一，成都工厂正在构建一种新的系统性的创新，这需要成都工厂既站在高位、看得长远，又需要深入底层、循序渐进。上下两个方面都需要兼顾，这里的"上"和"下"并非指组织层级的高低，而是指距离工业现场的远近。越向下，就越靠近工业现场，通过接触具体的生产环节，就越了解生产过程中有关产品、工艺和设备的隐性知识，相应的，其掌握的知识更偏向于事实性的知识（Know How）；越往上，就越靠近资源配置的控制枢纽，能调动更多的数字化资源，同时就越掌握系统性和全局性的数字化知识，相应的，其掌握的知识更偏向于原理性知识（Know Why）。其中，处于中间层的数字化团队，例如任江勇和戴霁明的团队，他们要兼顾上下，同时深入地学习并掌握事实性知识和原理性知识，并且知道用何种手段来满足上下两方面的需求（Know What）。

成都工厂的这种系统性创新，其实源于上下共同驱动的"创新阶梯"上知识的融会贯通。相应知识的阶梯有效推动了各种数字化技术和理念向基础制造层面扩散，戴霁明和任江勇这样的"白领"会利用仿真工具、大数据平台、数字孪生平台去细致地观察工业生产现场，犹如做CT探照一样，快速定位工厂里存在的不足和短板，并积极地推动数字化相关的知识向下传递，直达"病根"，再借由数字化技术同生产现场的工艺、装备结合，形成各种"治疗方案"。

（1）自上而下的创新阶梯　　位于上层的管理人员对整个成都工厂有着清晰的定位，他们通过对安贝格工厂的对标学习，拥有了"全景视野"。最为重要的是，管理者制定了非常清晰和细致的数字化技术路线图，他们知道数字化工厂5年以后的方向、1~2年内的目标以及当下的重点任务。相应数字化目标被分解成若干个具体的子目标，每个目标都有具体的实施路线、实施工程和重点任务。如果再往上看，更高处还有"眺望者"，成都工厂作为西门子大创新系统中的重要组成，其集团层面的LDF平台聚集了更丰富的工具、资源和知识。可以看到，戴霁明和任江勇团队会不时地向西门子全球总部、西门子中央研究院等"上层"机构寻求支持。在数字化创新这一充满各种不确定性的环境中，这种从上至下的指导模式有效保障了成都工厂对于最终目标的紧紧锁定和动态调整，并随时给工厂提供支撑和动力。

（2）自下而上的创新阶梯　　成都工厂的创新活动在整个工厂内是无处不在的，工厂和车间提供了数字化创新的动力，大量的创新要素聚集在生产现场，并且发挥着有效作用。工厂所完成的每一次创新和进步其实都是围绕着生产现场的本质需求，数字化战役的第一声号角基本上也都是来自生产一线。成都工厂一直致力于打通"自下而上"的知识传送通道，让生产现场的知识能够触达并结合各种数字化技术，让生产一线的蓝领技术人员能够拥有使用数字化技术的意愿和基本能力。当然，这就需要工厂内数字化技术的"浓度"达到一定水平，成都工厂的数字化系统、人才和知识已经足够丰富，使得各种先进理念和技术能够第一时间就在生产现场发生作用。同时也应看到，创新资源并非任意"洒落"在成都工厂，而是由生产现场发出需求信号，然后再由工程师进行判断，最终再让创新资源精准投放。这种"自下而上"还表现在随着生产现场的优化，工厂产品有可能经过"深加工"和"封装"，成为通用型的数字化产品，随着通用型数字化产品的生产当现场的数字化系统、装备和知识积累到一定程度，成都工厂就开始进行"自创新"，他们可以不断优化工艺、系统和装备，甚至组合创新要素，这些知识经由组织和平台向上传递，并在合适的时候被系统地转化成为软件、硬件、管理手段乃至思想。

基于上述创新阶梯，员工逐渐从低端重复劳动中解放出来，进而转型成为数字化人才以发挥更大的价值。随着员工对数字化工具掌握度的提升，成都工厂数字化创新与员工能力的成长得以相互成就、实现双赢，员工不仅为企业创造价值，还提升了自我价值。在自下而上由基层员工驱动的数字化转型下，成都工厂逐渐形成了独树一帜的创新企业文化，即

1）创新服务于业务，需要确保数字化创新对业务的价值，不是为了创新而创新。

2）由基层员工驱动的创新，令一线更有成就感，而不是完成领导的任务。

3）智慧工作（Smart Working），而不是刻苦工作（Hard Working），并通过创新突破限制。

4）干中学（Learning by Doing）、小步快跑、循序渐进、仰望星空、脚踏实地。

5）开放的环境，人的成长比数字化项目的成功更重要，要积极认可和激励员工的学习和创新。

以数据贯穿驱动工厂进化

现在，成都工厂的数字化创新仍然在大步迈进，在数字化领域的投入持续增强，数字化人才变得更为普遍，数字化工具使用的强度也不断提高。正所谓"行百里者半九十"，成都工厂将数字化看作一个长期且没有尽头的发展目标，

工厂在质量、效率和成本上的优化，越来越多地由数字化驱动，数字化引擎成为创新发展的主要动力。

这个数字引擎主要的工作原理是成都工厂找到了获取数据、分析数据并指导工厂升级优化的方法论。例如，在质量管理环节，成都工厂在物理世界仍然是通过检测产品来找出缺陷，但在数字世界，他们已经知道，在设计、供应链和生产环节提取数据，再基于数据进行分析，可以进一步提高工厂在质量领域的洞察力。这套方法论发源于安贝格工厂，段炼等人去德国学习以后，他们发现安贝格工厂早就用这种理念来管理质量了，然后确定成都工厂应该走这条道路，但是具体提取哪些数据、如何进行分析以及如何把分析结果"告诉"研发和制造部门需要一步步的学习和摸索。只有搞清楚这条链路，自己形成了"内力"以后，他们才能"青出于蓝而胜于蓝"，让质量水平超越安贝格工厂。

数字化平台使得成都工厂的革新速度更快，也更加均衡。成都工厂是流水线式的生产，这种制造模式已经有数百年的历史。在传统工厂中的改进也是起步于局部环节，但是这种改进往往需要不断观察、比较和调整，有可能需要停止生产，也有可能"按下葫芦浮起瓢"，局部的调整未必达到系统的最优，这种改进具有风险且费时费力。但成都工厂已经在虚拟世界建立了数字化的孪生体，从而可以在虚拟世界中提前做好选择，例如，在电路板测试环节，工厂在物理世界投入之前就已经做好了虚拟世界的仿真验证，精准计算出一台设备可以替代0.5个人工，投入和产出一目了然，物理世界里的改进似乎突然多了一张动态的高清地图；又如，处理复杂异构产品的组装，仅凭人的大脑很难判断出庞大的六轴机器人能否胜任这项工作，但是在虚拟世界中可以轻松完成设计、实现验证，人脑中的创意可以快速地转变成现实中的生产力，甚至人脑中未明确的需求也可以快速地转变成技术原型，这条创新道路在数字化技术的加持下似乎变得越来越畅通。

在成都工厂，新技术进入工厂体系的过程非常高效而精准，数字化创新并不是盲目的，很少出现"拿着锤子找钉子"的盲目的数字化项目，当工厂的"数字化浓度"达到一定水平后，许多隐性的问题开始浮出水面，应用数字化技术的主动权在于生产现场，而不是管理层。技术的需求方和供给方在数字化平台上的交互更加便捷，例如，许多设备在交付之前，成都工厂的工程师就会在虚拟仿真平台上参与原型的建立和改进。新的协作关系开始涌现，数字化技术的"注入"不是自上而下倾倒式的进入，而是根据各个工作单元的需求，精准地被投放到相关环节，生产者和研发人员在技术进步中共同发挥作用，创新资源的整合不再像传统工厂那样按照业务线或者价值链固定部署，而是根据需求的紧迫性和价值的大小灵活组队。

因为有了充足的数据，各个单元对于数字化的理解也越来越深入，以AI算法为代表的更高级的数字化工具可以在工厂内被广泛使用，研发部门可以和生产现场共同创造新的数字化解决方案。同此前的工厂改进不一样，基于数字化平台的改进很容易转变成算法、软件等数字化工具，并且在平台上被其他工厂所使用，从而形成创新的网络效应。例如，在此前的质量检测环节，工厂都是先通过对制成品的检测，再进一步逆流而上，找到零部件环节的问题，很多检测资源都是投入到后端，而成都工厂则是同安贝格工厂的质量管理部门一起，基于数据开发供应商管理平台，通过打通和供应商企业的数据交互，推动质量范围前移，通过数据透明来优化后期的质量检测重点，当这套系统在其他的工厂使用后，数据得以共享，一旦其他兄弟工厂出现问题，成都工厂也会收到警告。也就是说，原先封闭的工厂单元逐渐被数据联通，越来越多的价值链环节可以享受"网络效应"。

第三节　网络型的创新旗舰

成都工厂从成立之初就有明确的定位和追求——要成为世界级的数字化工厂。工厂的决策者将数字化的发展速度和质量作为KPI的重要组成部分，工厂的发展战略也是围绕着数字化主线的发展而展开的，西门子管理层还以成都工厂作为重要的数字化标杆。按照戴霁明的理解，他们仿佛从建厂之初就主动迈入了"数字化的海洋",只能奋力向前,如果不作为就会沉下去。

数字化工厂的强大磁场

正因为工厂管理层和西门子对成都工厂数字化发展的追求,他们对于工厂内的数字化创新具有极高的宽容度,时任卓越运营部负责人的任江勇,其工作受到高度支持,甚至对创新失败也有极高的冗余,IT 部门的杨健也被允许"自我突破",他的工作不会因为一两次的阻碍就受到否定。来自电子芯片、航空航天、汽车等制造大厂的数字化精英们,虽然具有不同的背景和知识体系,但是他们愿意融入成都工厂之中,按照既定的蓝图和目标持续前进。在组织架构上,各个部门都有自己的职能定位,但是都把数字化创新作为自身的业务关键词,IT、供应链、质量、生产制造、人力资源部门虽然工作内容不一样,但是他们都愿意融入数字化场景,按照成都工厂的"语言体系"开展对话。

整个工厂似乎处于一个强大的数字化磁场之下,这种领导层的意愿和愿景经过不断提炼,似乎成了整个工厂发展方向的"指南针",灯塔本身的光照亮了别人,同时也照亮了自己。这种愿景使得整个工厂各个层面拥有了共同的认识,越来越多的常识变成了共识,数字化发展不仅具有了技术力量,还拥有了信念支撑,加快数字化创新应用成了工厂的日常工作。在这种背景下,知识的流动和分享更为顺畅,越来越多的员工开始主动学习,并积极利用数字化工具,数字化知识的分享在各个层面开展,甚至一些数字化"老兵"开始有了新的压力,生产部门有一半以上的人员在学习新的知识,例如 Python⊖、均值平均精度(Mean Average Precision,MAP)⊜、遗传算法(Genetic Algorithm)⊜、机器视觉算

⊖ Python,一种广泛使用的解释型、高级通用编程语言。Python 支持多种编程范型,包括函数式、指令式、反射式、结构化和面向对象编程。

⊜ 均值平均精度(Mean Average Precision,MAP),是目标检测(Object Detection)中衡量识别精度的指标。目标检测是深度学习算法的主要应用场景之一。

⊜ 遗传算法(Genetic Algorithm),最早是由美国的 John Holland 于 20 世纪 70 年代提出的,起源于对生物系统所进行的计算机模拟研究,是计算数学中用于解决最佳化的搜索算法,属于进化算法的一种。

法、仿真模型等，只要有一个人做出改变，这种示范效应就会马上在团队内扩散。组织之间的合作以及知识分享变得更加顺畅，知识的流动可以轻松跨越部门的边界，作为时任卓越运营部的负责人，任江勇可以在各个部门"随意进出""穿针引线"。办公室的白领和车间里的蓝领开始组成各种学习小组，用新的知识来改变组织的效率，而且随着成都工厂成为灯塔工厂，这种磁场的影响范围似乎得到了进一步放大，一些工厂和高校开始认可成都工厂的理念，加入这场知识盛宴，共同在数字化海洋中扬帆远行。

数字化创新的超级网络旗舰

成都工厂入选了世界经济论坛首批灯塔工厂，它在技术应用创新领域持续领先，这背后的重要原因是围绕着成都工厂形成了一个超级创新网络。

1. 成为创新舰队的旗舰

如果把视线投向整个西门子，可以发现成都工厂其实是西门子数字化创新舰队群中的一个重要组成部分，工厂通过组织、资本和各种交流合作，同自己的母公司、姊妹工厂乃至外部的合作伙伴建立了一支庞大的数字化超级舰队。这一点迎合了数字化技术的创新需求，因为数字化技术本身是不断变化且相互交织的。传统的机械技术偏向于稳定和持续发展，它像在跑一场接力赛，而数字化技术则转向了激烈的篮球赛，它需要不同队员的灵活配合。这种复杂性要求一个工厂要想实现在数字化道路上的持续前进，必须通过网络化、生态化的方式开展创新。

西门子正是通过不断的组织创新，顺应了创新模式的这种改变。西门子在中国拥有一个数字化创新的"全明星阵容"，成都工厂是这支队伍中的前锋，但同时还可以看到队伍中的苏州工厂、南京工厂、大连工厂、天津工厂，以及西门子中央研究院、青岛研究院等各类综合型选手。在数字化的创新大赛中，这支队伍依靠多元化的成员可以快速组合、灵活变阵，通过开展协同创新满足了数字化技术高频迭代、小步快跑的需求。例如，这些工厂开展增材制造技术应用的讨论并且经过一致协商后，其中一家工厂会优先选择场景来开展技术试验，另外一家工厂会组织力量进行原型方案的开发（POC），西门子中央研究院则提供三维建模仿真优化与可制造性验证等方面的技术支持，最终形成一套具备通用性的技术系统，所有成员得以共享成果。在这个创新过程中，工厂是重要的领航者，因为只有工厂能够提出真实的需求，知道新技术具体的应用领域，确定数字化技术最终可以变为生产力。成都工厂已经成为西门子全球创新舰队中的一艘旗舰，它不断地乘风破浪，虽然前面可能还有若干艘破冰船在攻克各种工程"坚冰"，上方还有预警机在高空巡视指导，但背后始终有西门子这一艘母舰随时提供支援。

数字化是这种舰队式创新组织模式的重要保障，组织内外的协同成本由此开始明显降低，生产问题的发现由此开始集中在数字化平台上，问题的解决逐渐依靠数字化工具，部门和部门之间的对话也越来越多地使用数字化语言，工厂内的每一个部门都通过数字链条相互连接，越来越多的生产活动都变得有据可循。例如，在工厂质量优化环节，质量部门基于数据分析发现问题、找出症结，卓越部门指出改进方向，软件部门改善工具，这条链路时刻保持畅通，工厂内持续改善成为常态，生产水平可以做到"苟日新，日日新，又日新"。

随着成都工厂的发展，以及数字化用例的增多，越来越多的企业和团队开始认同数字化创新的方向，他们开始主动和成都工厂连接，寻求创新方向、拓展创新思路并寻求创新支持，工业参观和灯塔工厂评比也帮助成都工厂连接了更多的"志同道合"者，对于数字化的认同开始从常识（Common Sense）转变成共识（Agreement），这样极大地壮大了成都工厂数字化创新的生态，丰富的创新生态使得价值共创成为可能。可以看到越来越多的"舰船"开始沿着数字化的主线向成都工厂靠拢，例如昆山的线体供应商和成都的夹具供应商，他们不仅收获了成都工厂的设备订单，还从成都工厂获取了数字化的知识，成为成都工厂数字化创新的重要伙伴。

2. 构建一个超级创新网络

在成都工厂，几乎所有的创新都是通过协同来开展的，这些创新都是发生在网络之上。从成都工厂的创新模式来看，它已经成为一个重要的创新网络，外部新技术的导入是网络式的，有从设备和材料供应商导入的，也有从大学和研究机构导入的，还有一些是借助参观和学习的机构从一些先进制造企业"平移"而来的。内部的创新融合也是网络式的，大多数生产的进步和问题的解决都是来自多部门的协同，成都工厂的卓越运营部是内部创新网络的重要枢纽，不断把需求和供给进行对接、转化和融合，打造内部的创新通路。

西门子众多工厂本身也成为数字化创新网络上的重要枢纽，通过 LDF 平台的构建，成都工厂可以连接到西门子全球各个数字化相关的部门，并和安贝格工厂形成孪生创新的双驱动模式。不仅如此，近年来，成都工厂也逐渐成为西门子数字化业务开展应用创新的重要平台，它可以和西门子全球数字化业务部门深度连接，互相输送信息和知识，也可以和全球 30 多家工厂进行连接，在数字化战役中打"配合战"。

在这个过程中，成都工厂做到了博取众家之长，在数字联通的基础上，基于数字化的平台，西门子可以快速整合内部和外部创新资源。相比一些单打独斗的制造型企业，西门子构建了一个庞大的创新网络，并且通过在线交流、工业互联网平台数据共享等数字化的手段，保证了新技术以最快速度、最低成本在网络上应用，数字化生态的建设能力成为西门子未来的创新基础。与传统的线性创新模式不同，西门子通过一个又一个的数字化工厂的建设，慢慢在全球构建了一个数字化创新生态系统，在这个系统中，可以看到多维度创新在各个方向、各个部位展开。

3. 非路径依赖的创新

经济学者对于创新的研究，很多时候会强调路径依赖的概念，认为创新往往会遵循某一特定路径。例如在一些关于数字化创新的著作中，会提出美国的创新路径是利用工业互联网来集成数据，然后基于数据的优化，来创造出新的价值，并主动开展商业模式创新；欧洲的创新路径则是以工厂和设备为起点，通过同客户和供应商共享信息，来实现制造业的高效化并创造附加值的提升；日本的创新路径则是不断改进产品的制造现场，连通供应商和用户，推动生产现场的透明化，改善人员的工作效率以及设备的运转效率，最终实现制造现场生产力的高效化。

如果去看一些单点的例子，上述路径依赖的判断的确有可能成立，但是如果深度了解一些大型制造业企业，会发现具体到微观层面，创新并不存在路径依赖，反而要求尽可能地做到兼容并蓄，让创新走得更快。在成都工厂，既可以看到已经利用工业互联网平台和数字化系统完整构建的数字主线，也可以看到以工厂为起点的价值链改造和生产模式创新，大量的自动化设备源源不断地进入成都工厂。至于现场层的创新，成都工厂也并非只是通过数字化的手段，而是整合了管理、企业文化和人力资源培训等多种手段，不断地发现问题、解决问题，并以可视化的技术为标尺，制订了一个又一个弥补差距的计划。

第十八章　探索：精益与转型并重的卓越战略

根据埃森哲对卓越公司的定义，公司必须在成长性、盈利性、前瞻性、持续性以及稳定性方面具备层层递进的特性，才能成为卓越企业。从价值共生和保持领先的角度来说，卓越企业不仅要成为"保持持续变革的领先者"，而且要成为"面向未来的领先者"。历经10年发展之后，成都工厂基于"数字化未来蓝图"的创新项目实施，将在精益先行和持续转型下实现卓越发展。

第一节　数字化迈向新阶段

从业务痛点到业务智能的转型发展路径

从2013年建成到现在，成都工厂一直以来的使命就是进化成为全球范围内卓越的数字化工厂。支撑成都工厂成为卓越数字化工厂的关键是基于"业务痛点-业务透明-业务智能"的创新驱动迭代路径（见图18-1）。目前，成都工厂在数字化的道路上已经迈入了"基于业务智能驱动创新"的第三阶段。

第一阶段是2013~2016年，这一阶段更多的是点的创新，核心思路是基于业务痛点驱动创新，数字化技术的导入和应用更多的是基于具体的场景来解决具体的问题。例如，利用商业智能（BI）来完善供应链管理，用机器人来替代人的工作等。

2015年是成都工厂发展的一个小分水岭，在这期间工厂数字化工作的重头戏集中在"强化数据基础"上，数据基础成为此后工厂数字化工作推进的重要基石，也成为来访企业家想要研究学习的重点。成都工厂数据基础的强化，一

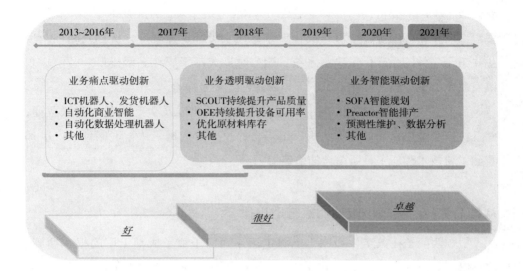

图 18-1　基于先进技术运用的数字化工厂卓越进阶

（资料来源：成都工厂）

方面得益于成都工厂科学的规划，另一方面得益于安贝格工厂的成功经验，安贝格工厂在 2008 年之前就已经实现了全价值链的数据贯通。

第二阶段是 2017~2020 年，这一阶段数字化的主要工作是基于业务透明持续优化工厂绩效，在这期间成都工厂瞄准的是大量看不见摸不着的"隐形问题"，而完整的数据平台则帮助工厂透视到这些问题，并帮助员工触及问题的根源。例如，基于西门子的质量管理平台（QMS-SCOUT）来降低生产缺陷率，基于设备综合利用率（Overall Equipment Effectiveness，OEE）⊖来减少机器停机时间，在综合数据分析的基础上不断优化产品库存能力等。

第三阶段起步于 2020 年，这一阶段的主要特点是"基于数据的智能决策"，成都工厂对数据的应用到了一个更高的层次，他们从数据中看到的不仅仅是透明的问题，而是希望通过数据产生"智慧"，让数据做一些判断，让模型发出声

⊖ 设备综合利用率（Overall Equipment Effectiveness，OEE），是设备实际生产能力相对于理论产能的比率，由时间开动率（Availability）、性能开动率（Performance）和合格品率（Quality）三个关键要素组成。

音。成都工厂需要再经历一次"进化",本质上是在人工智能技术驱动下,围绕多环节、多目标的生产全流程决策要素,建立集知识发现、分析和判断以及自主决策于一体的生产优化决策系统,这一时期成都工厂在高级排产、智能规划以及基于数据分析的预测性维护等领域做出了大量探索。

目前,成都工厂已经实现了较高水平的自动化以及生产设备的互联互通,并且在产品全生命周期过程中积累了丰富的高质量数据。从管理层到生产层都看到了新技术和新工具所蕴含的价值潜力。

从精益先行、突破极限到洞察智造规律

引领西门子在数字化道路上走深走远是西门子赋予成都工厂的根本期望,这不仅需要技术工具创新,还需要在方法论和管理模式上做出革新。在工厂数字化进程进入"基于业务智能驱动创新"阶段后,李永利和他的同事一直在考虑数字化的4件大事。

1. 精益先行

随着越来越多的企业加入到数字化转型的队伍中,企业纷纷寄希望于通过数字化来做强并提升企业竞争力,但往往会忽略精益的重要性。成都工厂在历经近10年发展后,深知数字化并不是万能的,精益基础好的企业在数字化转型中往往更容易成功。因此,对于成都工厂而言,厘清数字化时代"精益理念"与"卓越运营"之间的本质关系尤为重要。其实,精益包含理念和方法论,而数字化更多的是加强手段,数字化虽能赋能精益,解决很多传统精益方法难以解决的问题,但是不能替代精益,精益仍然是数字化时代卓越运营的核心。负责数字化推进的杨健表示:"如果企业的精益文化和实践做得不好,寄希望于通过数字化大幅提升实力是不太可能的。如果不先做精益,就会把浪费固化到系统中。如何通过CIP持续改善、全员参与、小步快走等方式,让数字化和精益理念更好地相辅相成,是成都工厂未来实现卓越的关键。"

2. 突破极限

进入到2020年以后,包括李永利以及任江勇在内的工厂管理者发现,从各

项指标来看，成都工厂已经达到了一个相对高点，面临"低处的果实已经被摘取，但高处的果实又隐隐浮现"的局面。例如，在生产质量方面，成都工厂在2015年就构建了产品生产全价值链质量平台，从产品研发阶段的先期产品质量规划（Advanced Product Quality Planning，APQP）⊖，到设计失效模式与影响分析（Design Failure Mode and Effects Analysis，DFMEA）⊖、质量检验计划，再到生产质量追溯，都是由Teamcenter、SCOUT、MES等数字化平台支撑。目前，成都工厂所生产产品的质量水平在同行业内首屈一指，从整个制造业来看，也是处于全球领先水平。在达到如此高阶水平之后，成都工厂的管理者并不甘于停留在原地，而是希望挖掘更多的需求，导入更新的技术，构建更精妙的场景，以此来保持生产力的进一步突破。

3. 打开黑箱

对于成都工厂而言，未来几年数字化工作的重点将是打开更多的技术和工艺黑箱，此前的工作已经解决了大部分"显而易见"的问题，但是在工厂深处，仍然潜藏大量隐性的问题，这些问题在此前的根因分析中往往被归类为其他问题，因为不易发现，不好解决，问题的根因是复杂且模糊的。工厂分析人员会把它们放在一起，希望日后再处理。例如，在工厂贴片工艺故障分析中，最大的单一因素所带来的问题占比仅为10%，而其他问题则占了20%以上。如果要想打开并解决这些顽固的问题黑箱，需要在更大范围、更长周期内收集数据，并在分析方法上做更大的创新。因此，在工厂管理层的未来计划中，工厂进化的主线在于沿着问题去打开一个又一个的黑箱，以黑箱问题为导向，摸清智能制造系统的全貌，在系统层面对智能制造进行优化，不仅要解决问题，还要找

⊖ 先期产品质量规划（Advanced Product Quality Planning，APQP），原本是汽车企业规范其供应商产品及过程开发的工具，后逐步发展成为一种结构化的产品和过程设计方法。该框架包括标准化的质量要求，通过前期计划来确保产品质量和性能，制定适当的预防和检测控制措施，使供应商能设计出令客户满意的产品。

⊖ 设计失效模式与影响分析（Design Failure Mode and Effects Analysis，DFMEA）主要集中在设计阶段。其中，失效模式与影响分析（FMEA）是在产品设计阶段和过程设计阶段，对构成产品的子系统、零件，以及对构成过程的各个工序逐一进行分析，找出潜在的失效模式，并分析其可能的后果，预先采取必要措施，以提高产品的质量和可靠性的一种系统化的活动。

出问题产生的根本原因，找到系统进化的动力。

4. 洞察规律

数字化的确给成都工厂带来了巨大的好处，但对于李永利而言，工厂的数字化还可以走得更远。自接手成都工厂以来，李永利一直在思考"数字化的根本逻辑"以及"数字化的本质规律"，但到了现在，答案似乎依旧模糊不清。2021年，李永利在各种交流会议上多次向听众发问："智能制造的智能来自哪里？"成都工厂在上一个阶段的历史来自安贝格工厂、西门子总部，或是自己在软件、硬件和知识上的投资，但走到今天，外部复制和购买数字化技术的边际效应逐渐降低，成都工厂在数字化道路上是否还能保持快速前进，从内部挖掘更多的潜力，是李永利和他的同事一直苦苦探索的问题。方向无疑是明确的，他们必须探求到智能制造的本质，此前的数字化工作更多是问题导向，通过发现和解决问题来改善生产，但随着产品和工艺的升级，新的问题也会层出不穷。杨超在2021年开始负责工厂数字化业务，作为成都工厂资深数字化顾问和数字化委员会负责人，他在面临相互交织的新旧问题时，经常感慨："只要工厂在生产，问题就会层出不穷，问题又会带着问题出来，很多时候工作人员会被淹没在问题的海洋中。"

于是，管理者开始讨论新的议题，数字化的根本逻辑和本质规律是什么？工厂管理者认为成都工厂需要改变传统思路，由问题导向转为机会导向，更多地关注数字化技术的本质特征，寻找价值增值的机会，这也要求工厂在实践的基础上做理论研究，在数字化创新的方法论上做出革新。随着思考的深入，工厂进一步发现，展望未来更需要追溯历史，为了探求数字化发展的本源，管理者开始顺着成都工厂和安贝格工厂的历史，看看自己做对了什么，如何能做得更好，以及怎样才能在未来同样快速地奔跑。

第二节　绘制数字化的未来蓝图

进入到 2020 年以后,各种因素让成都工厂也深深感受到"百年未有之大变局",成都工厂希望在数字化方面走出自己的道路。考虑到数字化项目的投入存在周期长且效果不可控的特征,对工厂业务产生的价值也不可控,李永利开始组织卓越运营、IT、供应链等各个部门,希望能够面向未来的技术机遇,尽快拿出一张有展望、能操作的数字化转型路线图。这张数字化转型路线图的制定,不仅形成了工厂全员对成都工厂未来数字化发展的统一认识,而且让员工在数字化项目实施过程中有了更多的授权,从而保证了工厂未来数字化更好质量、更高价值的实现。

绘制数字化转型路线图

卓越运营部虽然长期耕耘数字化工作,但绘制数字化转型路线图的任务并非简单的项目计划,而是需要给出成都工厂智能制造的方法论,不仅要告诉大家向哪前进(Where)、何为目标(What)、谁来执行(Who),还要告诉大家如何行动(How)以及行动的逻辑(Why),这是一项前所未有的新工作,参与路线图设计的同事都直呼困难,尽管前期他们参与了建厂时期的数字化规划,但那时尚未涉足方法论层面,在理论上的研究尚不需要如此深入。

研究团队首先要搞清楚未来的路在何方,他们需要掌握全局观和系统观。研究团队请教了西门子国内外的兄弟部门,阅读了大量报告,于是开始将注意力放在两个方面,一个是全价值链数据的深度开发和应用,另一个是新一代信息技术的高水平应用。他们开始把此前分散在各个部门的创造力凝结在一起,把各种软件和硬件的组合看作"系统的系统",也就是一个智能制造系统,进而在不断进化的数字化技术底座之上迭代优化自己的智能制造系统。

在路线图的制定过程中，研究团队始终遵循两个原则，其一是该路线图既要服务于工厂的中长期战略，也要结合业务痛点，关注新技术、新需求带来的新的机会；其二是该路线图要服务于全厂，解决跨部门协同合作的问题。相应原则下，制定出的路线图特点有二，其一是保持长期可持续的创新，并非运动式的创新，而且要不断地更新与迭代，以保证始终服务于战略；其二是在路线图的框架下，工厂基层要把创新的项目和业务改善目标结合起来，用业务绩效来阶段性地衡量数字化项目的效果，确保创新项目有效且高质量地推进。

路线图由目标、领域、具体任务和基础支撑四大部分构成（如图18-2）。路线图的顶部是工厂定义的三大目标状态：一是实现工厂内数字化平台同强大功能的全面集成；二是建立跨价值链的自学习系统来实现自决策；三是持续导入新的数字化技术以保障成都工厂世界级的竞争力。三大目标之下是工厂聚焦的三大领域，分别是集成的数据基础设施和平台、基于数据的业务价值提升、新的数字化技术部署。在路线图的最下方则是三大基础支撑，分别是赛博网络安全、数据可用性和全生命周期管理、数字化思维和能力。路线图的中间部分是具体的数字化任务，不同领域下安排了2~4项任务，每个任务又包含若干个项目。例如，在集成化的数据基础设施和平台领域，工作任务之一是对现有的数字化平台进行功能导入和提升，相应功能的导入和提升又包含了3个项目，分别是 MES/ERP/PLM 增强（项目06）、数字化生产排程（项目07）和数字化设备管理（项目08）。而在新的数字化技术部署领域中，新基础设施则包含了边缘计算（项目15）、云计算（项目16）和5G（项目17）。

值得注意的是，成都工厂制定的路线图，其实有两条"隐藏"的轨道，一条轨道来自不断延伸的数字化主线，另一条轨道则是坚实而稳固的制造主线。成都工厂始终坚持自己是一家制造企业，路线图既要紧扣数字化特征，又要立足制造本质。路线图里每一项任务的主题都与生产密切相关，目的是系统性地解决从产品研发设计到制造等价值链全过程中所存在的各种问题。可以看到，成都工厂的数字化路线图顺应了《"十四五"智能制造发展规划》。《"十四五"智能制造发展规划》中提出：推进智能制造，关键要立足制造本质，紧扣智能

第十八章 探索：精益与转型并重的卓越战略

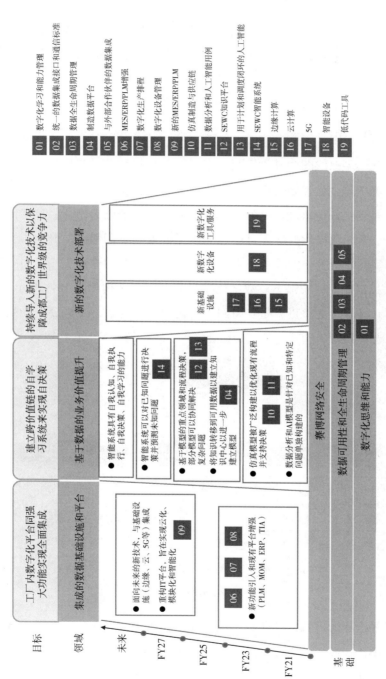

图18-2 成都工厂数字化转型路线图
（资料来源：成都工厂）

特征，以工艺、装备为核心，以数据为基础，依托制造单元、车间、工厂、供应链和产业集群等载体，构建虚实融合、知识驱动、动态优化、安全高效的智能制造系统。

虚拟化的工作小组

以数字化转型路线图为基础，制定出工厂未来几年发展的规划以后，成都工厂更多思考的是如何加强组织升级，营造数字化创新氛围，推动多部门联合创新，以使规划更好地落地。这就需要考虑数字化的推进实施，但数字化的创新是无形的，数字化技术的导入过程也充满了很大的不确定性，很难用一个固定的组织来满足不断变化的需求，从 2021 年起，工厂开始设置了一个面向数字化技术的虚拟组织——成都工厂数字化委员会（组织架构如图 18-3 所示）。成都工厂数字化委员会的负责人是转岗到卓越运营部的杨超，委员会主任是工厂的总经理和商务经理，除此之外，委员会均由工厂内的技术专家构成。

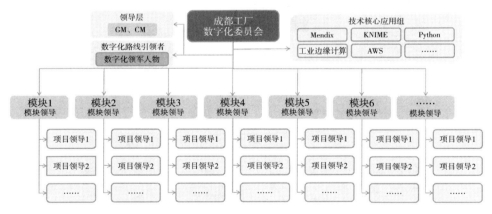

图 18-3　成都工厂数字化委员会组织架构

（资料来源：成都工厂）

这是一种全新的方式，管理逻辑也出现大的变化，因为此前的工厂管理更多的是消除不确定性，而未来的管理则是要激发不确定性，同时管理不确定性。从成都工厂的实践来看，管理不确定性需要一个灵活的组织，数字化工厂或者智能制造项目的管理更需要让技术专家来做决策。

如果将数字化委员会理解成一个跨部门的工作推进小组，则不同于传统的推进小组，委员会中的大部分成员都是各个部门的技术专家，而非负责人。成员的纳入主要基于委员会的职责目标，即管理协调数字化资源并推进数字化创新。从成都工厂近10年的数字化生产和运营可以看到，数字化工厂最需要的是创新和探索，要想推进良性且可持续的创新，必须要基于高绩效文化（High Performance Culture），而不是传统工厂的结果文化。在传统工厂的生产活动中，工厂更看重的是组织执行力，会设计大量的规定来约束组织行动。但在创新性数字化工厂的生产活动中，工厂更需要的是鼓励探索与试错，尝试前人没有做过的事情，从"循规蹈矩"走向"独辟蹊径"，一步一步把好的创新灵感变成可落地且创造效益的数字化项目。

第三节 "四步走"的数字化项目

关乎未来的先进技术项目实施

随着未来颠覆性技术的大量涌现，将给生产力带来全面且广泛的冲击和影响，跨学科跨领域的技术将更紧密地连接和融合，不同范畴和层次的思想将反复激荡，这将给数字化工厂的创新带来"无限可能"。对于成都工厂而言，用自身有限的资源最大限度地捕获未来无限的机会，成为其数字化项目实施前需要重点考量的命题，首先可以明确的路径是——工厂应在创新方法论上做出新的调整。

针对数字化创新项目的实施，成都工厂设计了"四步走"的创新方法论（见图18-4），即发展策略。第一步是新技术学习，鼓励员工进行开放式的新技术学习，相应技术范畴包括数字孪生、数据分析、人工智能、可穿戴设备以及

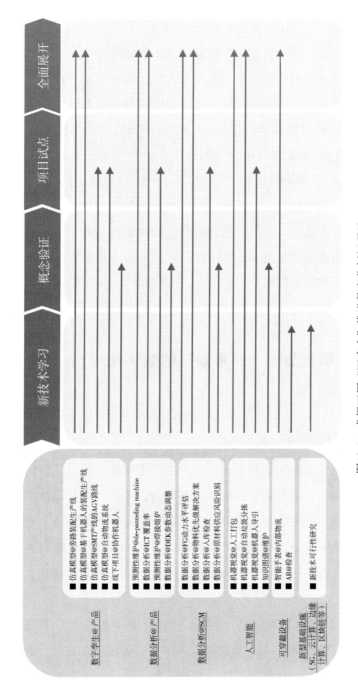

图18-4 成都工厂"四步走"推进数字化创新项目
（资料来源：成都工厂）

5G、云计算、边缘计算、区块链等。第二步是概念验证，对于一些经过新技术学习、可行性研究且条件成熟的项目，工厂会进一步投入资源，推动项目进行概念验证，例如协作机器人的离线编程、基于知识图谱的设备维修等。第三步是项目试点，即从项目库中遴选一批可行性高且经过概念验证的项目开展试点。如果试点成功，则会在工厂内全面展开，也就是第四步。

"四步走"的项目推动方式有助于员工循序渐进地将想法转化成现实，并且在转化路径的每一个环节都有不同的推动方式，也能获得相应的资源支持。其中，贯穿始终的原则是给予核心项目推进人员"无限自由度"，最典型的是在前期时项目推进会呈现出"大开口""广撒网"的特征，对于项目内容，工厂基本不会提出要求和限制，甚至此时不会考虑投资回报率。

例如，2021年工厂员工提出要研究谷歌眼镜在生产线上的应用，甚至有员工突发奇想，考虑用无人机来实现物料配送，这些都获得了工厂的资金支持。虽然上述两个项目都止步于新技术学习阶段，没有进入概念验证等后续阶段，但工厂认为"失败"同样具有价值。其核心价值在于，项目人员基于新技术学习阶段所形成的可行性报告，可以准确地告知工厂相应技术目前所不具备的使用条件，更重要的是可行性报告会系统性分析和展示出相应技术不能在工厂使用的具体原因。

通过可行性研究的新技术则进入第二阶段概念验证阶段。这一阶段的核心内容是结合工厂潜在的应用场景探索新技术在工厂落地应用的具体解决方案，换句话说就是，针对通过概念验证的项目，工厂已经具备了实际导入的技术能力和解决方案。但其能否进入第三阶段项目试点阶段，关键在于项目是否基于业务需求，其投资回报率是否达标。

当技术能力和投资回报率都能满足要求时，项目组会选定第一个应用场景进入第三阶段项目试点阶段。在新技术学习、概念验证和项目试点过程中可以邀请内外部专家合作，但是项目试点的负责人必须是工厂业务部门的同事，因为他们真正了解业务，他们对结果负责，从而实现由自己的员工来驱动业务价值，确保项目结果是基层认可的成功，而不是领导认可的成功。同时，这也可以让员工切实看到，身边的同事行，自己也行。

项目试点完成后，则进入全面展开阶段。这一阶段在追求速度的同时，更重要的是提供了更多与员工共同成长的项目机会。通过创新项目拉动人才成长，这样才能保证学习与成长更有目的性。员工的能力不断提升，数字化的工具越来越强大，更多的运营决策下沉到一线，员工更有担当，也更有成就感。

这种数字化创新项目的推动模式，为工厂带来的好处已经超出了技术本身，更重要的是在数百项技术的摸索过程中，工厂逐渐掌握了技术能力，摸清了数字化创新的方法论，员工开始拥有搜索、鉴别以及拥抱新技术的能力。伴随着数字化技术的探索和应用，员工自身也同步完成了数字化转型，他们开始洞察数字化的本质，并知晓自己在数字化世界中该如何行走。

高容错的数字化项目实施环境

在对工厂未来的设想中，李永利希望营造一种开放自由的创新环境，尽管成都工厂被定义为一家制造型企业，但管理者却希望这个地方有更多互联网企业的味道，因此，工厂的管理方式中引入了大量互联网公司的理念。管理层意识到，虽然工厂不可能每周都导入新的产品，但是对于覆盖设计到制造的价值链，应该尽可能地做到"苟日新，日日新，又日新"。

未来成都工厂的管理文化将会更多地由绩效文化转为创新文化，而创新的大逻辑则是鼓励尝试，打破稳定，激发基层活力。工厂会考虑激发每个人的活力，而不是让每个员工更好地完成领导交办的任务。成都工厂的环境甚至比很多互联网企业还优越，在这里并不鼓励循规蹈矩，而是鼓励有能力的人勇于突破，给予有能力的人"时间留白"和创新愿景。对于管理者而言，将从关注运营转为关注长期战略发展和企业文化建设，其日常任务在于激发员工、服务员工，让员工更好地进行创新，而非"管理"员工。对于员工而言，将继续肩负创新者的责任，不仅负责完成任务，而且负责运营结果。

成都工厂将更进一步提高容错度和自由度，甚至将"失败"合理性地纳入工厂改善项目的管理制度中，以此来支持一定比例高风险的研发项目。在李永利看来，数字化创新项目的推进逻辑非常简单，如果工厂推进了 100 个项目，没有一个失败，最直接的结论是工厂并没有挑战真正的困难，而且真正的人才都是从失败中磨炼而来，一个失败的项目，固然有损失，但最大的收获则是人的成长。

可以看到，历经近 10 年的数字化发展，成都工厂已经是制造业数字化转型舞台上的佼佼者。从自上而下推动数字化运动，到自下而上驱动全面转型，成都工厂的数字化转型已经不仅是领导的愿景，更是全体员工的共同目标。其中，数字化转型的重点不是技术的升级，而是在于包括信任、创新、战略、人员等在内的变革。也就是说，成功的转型是员工从关注完成任务升级为关注运营结果，管理者从关注运营升级为关注创新、战略、企业发展和企业文化建设，管理者更有成长性思维，员工更有成就感。未来，成都工厂将依旧以信任、鼓励创新、重视人才等核心价值观致力于实现卓越发展。

第七篇

用 例 篇

用例1　基于RDA的数据自动化

用例2　基于机器视觉的辅助装配

用例3　基于大数据的质量管理平台

用例4　基于数字孪生的自动化升级

用例5　基于APS的供应链快速响应

用例6　基于AI等的分拣机器人导入

用例7　基于大数据的成品库智能决策

用例8　基于协作机器人的生产线效率提升

用例9　基于增材制造的产品样件快速试制

用例10　基于数据透明化的生产线设备综合效率快速提升

用例11　基于区块链及边缘计算技术的工业产品碳足迹可信精算与追溯

用例 1　基于 RDA 的数据自动化

实施背景

1. 趋势变化

随着成都工厂的生产线扩充和产能攀升，PLM、MES、ERP 等系统覆盖了研发、设计、生产、物流等制造核心部门，工厂内部围绕数据的采集整理、分析处理、传递共享、标准化和存档的工作量大幅增加，必须将高度重复的、基于规则的数据处理流程实现自动化和智能化。

2. 难点痛点

（1）**降低人工依赖，减少差错**　原有 IT 系统部分数据的采录、导入、校核工作需要大量手动操作，不仅效率低，而且高度依赖员工责任心，存在一定的差错率，必须采用自动化手段替代低效、重复的人工劳动，提高数据的准确性。

（2）**提高效率，保持数据一致性**　PLM、ERP、MES 等系统间的数据交互，以及处理业务邮件、BOM 审批表、订单表、账目表等各种中间数据、文件、表单，需要实现基于规则的自动化和智能化的数据处理，以提高效率并保持多系统间的数据一致性。

用例简介

RDA 是一种计算机应用程序，可按预先定义的流程，完成一个或多个不相关软件系统中的操作任务并交付自动化处理的结果。成都工厂在分阶段部署和迭代更新 PLM、MES、ERP 等信息系统的过程中，为了促进系统间数据的高效率贯通，采用 RDA 技术逐步替代人工，以提升数据处理和工作单元流程的自动化程度，减少人为错误，提高业务运营效率。

具体措施

1. 建立学习小组，推动 RDA 技术多部门落地

为了引入 RDA 技术，成都工厂的数字化项目协调小组委派 1 名员工专门学习 RDA 技术，并组成卓越运营部、IT 部门和相关业务部门的 10 多名员工共同参与的 RDA 学习小组。学习小组成员结合各自具体业务探索如何利用 RDA 技术提升数据流程的自动化水平，并推动 RDA 技术以单点项目的形式落地各部门。

2. RDA 业务应用标准化

每个 RDA 项目均按照形成结构化和标准化数据，确立数据输入输出的机制，规范和自动化数据处理流程，固化人机协作规则等过程，推动 RDA 系统成为员工的智能化、自动化助手。

3. 重点项目突破

突破以 "物料主数据自动化维护（Maintain Material Purchase in SAP）" 为重点的 RDA 应用项目。在物料数据结构化的基础上，利用 RDA 技术实现填表、数据导入和校核等流程的自动化，并在数据自动化系统内设置大量防呆细节，以避免重复性的低效劳动，减少人工差错率。重点项目取得突破后，将项目应用经验横向推广到更多项目。

应用成效

（1）**提高效率** RDA 技术的应用实现了填表、数据导入和校核等流程的自动化，降低了对人工的依赖，明显提高了效率。截至 2020 年年底，成都工厂应用 RDA 技术，节省了超过 1500 小时的工作时数。

（2）**减少差错** RDA 技术可以在数据自动化系统内设置大量防呆细节，以减少人工处理数据所导致的差错。在重点应用项目 "物料主数据自动化维护" 中，差错率降低为 0。

（3）业务应用多点展开　截至 2020 年年底，成都工厂的 RDA 技术应用已开展 17 个单点项目，覆盖生产制造、质量管控、供应链管理、流程规划、物料备件、财务和商务等业务部门，RDA 学习小组扩展到 25 名员工。

（4）加强系统集成　RDA 技术的应用，促进了各单元 IT 系统的贯通，提高了工厂数据的准确性和一致性，增强了各业务部门的数字化应用能力和认知水平，强化了成都工厂的数字化基础。

在西门子的精益数字化工厂（Lean Digital Factory）项目规划下，RDA 还要进一步向 RPA 进化，从桌面端的数据自动化，走向服务器端、云端的流程自动化。

用例 2 基于机器视觉的辅助装配

实施背景

1. 趋势变化

一方面,在大规模定制化的制造趋势下,工厂产品的种类越来越多,批量越来越小,对产品组装人员快速适应并完成不同型号产品装配的技能要求在不断提高,同时操作过程中的防呆防错也是巨大挑战。

另一方面,人工智能技术在消费互联网领域已普遍应用,并逐渐引入工业领域,在业界专家的努力下,很多算法模型与应用日臻成熟。近几年来,云计算和边缘计算的逐步推广,给工业 AI 带来了更加广泛的应用机会。

2. 难点痛点

(1) 准确性 产品品种多、批量小,导致组装作业步骤复杂程度加剧、所需物料区别较大,传统的作业指引及防呆措施手段无法有效避免操作失误。

(2) 及时性 产品和工艺设计变更频繁,员工操作标准很难快速调整并及时适应。

(3) 系统性 传统的防错方案,如按灯拣货,无法覆盖全部操作过程,且投入较大,部署难度高,很难和现有的 MES 等系统集成。

用例简介

成都工厂采用机器视觉技术,以边缘计算及基于云的工业物联网操作系统平台为基础,实现了组装操作防错的轻量级解决方案。该方案适用于现场辅助装配、机器视觉质检、生产现场检测、产品质量和安全生产等智能制造、数字化管理的场景,通用性较强,也便于实施和拓展,能够在减少成本投入的同时,为成都工厂组装作业的质量水平保驾护航。

具体措施

成都工厂需要一个灵活、低成本、易集成、易拓展的解决方案来辅助组装作业,避免质量缺陷。

1. 形成解决方案模型

成都工厂首先采购包含工业相机和边缘计算设备在内的成本较低的硬件设施,为后续相关工作奠定物质基础,接着利用基于深度神经网络(Deep Neural Network,DNN)㊀的目标检测算法框架——YOLO(You Only Look Once)㊁,导入样本影像训练、测试并得到模型。

2. 形成并部署软件工程

成都工厂采用容器化技术,将前端展示界面、图片标记界面、人工智能性能追踪界面设计成标准应用。成都工厂赋予软件工程一定的可配置性,并将之部署到边缘管理平台。

3. 建设云、边、端的三层平台架构

成都工厂利用云平台存储大量的历史视频和图片,并将这些视频和图片用于训练和迭代 AI 模型。优化后的 AI 模型可一键下发到边缘计算设备,替代原有模型进行推理。边缘计算设备除了实时推理功能之外,还承担着实时展示、性能追踪和实时控制的任务。

应用成效

工业 AI 的应用面临如何让应用具备通用性、如何便捷地部署和维护、如何

㊀ 深度神经网络(Deep Neural Network,DNN),是深度学习的一种框架,它是一种具备至少一个隐层的神经网络。与浅层神经网络类似,深度神经网络也能为复杂非线性系统提供建模,但多出的层次为模型提供了更高的抽象层次,从而提高了模型的能力。DNN 是人工智能应用的基础之一,在语音识别、图像识别领域有大量应用。

㊁ YOLO(You Only Look Once),是一种基于深度神经网络的对象识别和定位算法,其最大的特点是运行速度快,可用于实时系统。

得到合理的投入产出率等复杂的挑战。成都工厂的基于机器视觉的辅助装配方案在一定程度上解决了这些挑战。

(1) 提高软件工程的通用性 AI模型本身在不同的应用场景很难100%通用,因此成都工厂力求软件工程的通用性和可配置性,让相似的装配辅助场景可以复用相应的应用。

(2) 实现多条生产线的快速部署和维护 区别于传统的单机应用,成都工厂通过数据采集标准化、应用容器化和模块化的方式,将应用和服务部署到边缘计算平台,进而在边缘管理的平台端实现对多条生产线的快速部署和迭代升级。

(3) 合理的投入产出率 成都工厂采用简单适用的工业相机,并最大化利用边缘计算设备,以最小的投入完成功能实现。至2021年年底,成都工厂的12条生产线均实现了计算机视觉辅助装配,错装、漏装率为0,作业效率提升15%,相比传统的防错方案,成本降低了70%。

用例 3　基于大数据的质量管理平台

实施背景

1. 趋势变化

随着成都工厂产品品种的不断增加，生产自动化、数字化和网络化水平的不断提高，以及产品研发生产和市场投放周期的不断缩短，成都工厂需进一步强化质量管理以达到全球领先的质量水平。

2. 难点痛点

（1）**精准性**　传统的质量管理着眼于搭建过程质量管理团队，并运用六西格玛、8D、FMEA 等质量管理工具，对已发生的质量问题进行诊断、分析，这种质量管理模式很难进行精准的质量预测和管理。

（2）**系统性**　传统的质量管理所涉及的统计分析更多的是基于单点问题的离线分析，且质量问题的发现、处理、预防基本依赖于人工经验，缺乏系统性支撑和全价值链的贯穿，产品的质量水平向更高段位提升面临瓶颈。

用例简介

成都工厂持续构建系统性的数字化质量管理解决方案，以替代传统基于人工经验的质量管理方式。在新型数字化质量管理方案下，工厂在内部建立了跨越制造、研发、信息技术、供应链等多个部门的协同创新团队，对产品生产的全过程进行质量数据的自动化采集，并将过程数据与研发数据集成，从而形成基于大数据分析的产品质量预测，帮助工厂实现多品种柔性化生产的同时，产品质量也逐渐达到世界领先水平。

具体措施

1. 以"全价值链的数据集成"和"数字化平台"支撑质量监测

成都工厂以全价值链的数字化质量支撑平台快速定位质量问题并解决。一方面，成都工厂在生产线上布有600多个质量数据采集点，每天产生130万条质量数据；另一方面，成都工厂从研发阶段的先期产品质量规划（APQP），到生产执行阶段的设计失效模式分析（DFMEA）和质量检验计划，再到生产质量追溯，都是由数字化平台支撑（例如PLM、MES、SCOUT等），员工可通过质量分析工具查看研发及生产过程中的质量信息，以便快速定位问题。

2. 以"车间层数字化技术的深度普及"推动"发现问题-解决问题"的工作机制

一方面，成都工厂将基于生产现场数字化的质量工具广泛应用于车间层的日常工作中，例如SCOUT系统、CAR/8D电子工作流；另一方面，员工可根据SCOUT系统快速发现、定位并解决问题。而对于复杂的或重复发生的质量问题，可触发CAR/8D电子工作流，及时引入相关人员对问题进行分析和处理。

3. 基于"AI算法工具"推进智能化的质量管理

成都工厂基于所积累的大量过程质量、设备状态、人工经验等数据，导入AI算法并形成"质量管理大脑"，以取代人工经验进行质量管理。一方面，以OT专家为主导，协同算法专家进行多个工艺段算法的同步开发，集成"质量管理大脑"，例如，将加工型工站和检测型工站的数据打通，利用大量的历史数据训练模型，自动进行工艺参数调优；另一方面，通过建立数据模型，进行质量缺陷的增强判别，避免人工复判，降低检测设备的假错率，并且将质量问题、产品特性、工艺特性、人工经验进行组合分析，建立知识图谱，辅助解决质量问题。

4. 将"数字化技术保障质量提升"理念融入日常

坚持质量取决于全价值链过程，而非"非增值性人工检查"。一方面，在建厂之初，成都工厂就确定了用数字化技术保证和提升质量的策略；另一方面，成都工厂将相应策略转化为理念，融入生产一线员工、技术员以及工程师的日常工作中。

应用成效

成都工厂的数字化质量管理平台，采用分阶段实施的方式，先夯实各阶段的基础，再递进到下一阶段，使平台得到充分的使用和验证，进而实现价值最大化。

1. 节点效果

1）提升现有检验设备的准确度，降低假错率，从而减少人员投入。

2）通过上下游工艺的闭环数据，动态判断哪些产品以及项目需要检测，哪些不需要检测，以降低测试设备的投入。

3）将结合 AI 算法的知识图谱用于质量问题的诊断和处理。

4）对加工型设备（例如 PCBA 通孔焊接）进行动态工艺参数调整，进而预测并避免质量问题的发生。

2. 整体效果

（1）实现产品质量的全球领先　　从平台使用之初到现在，成都工厂的产品缺陷率稳步降低，连续 5 年实现产品百万件缺陷率年均降低 10% 的目标。截至 2021 年年底，成都工厂产品的百万件缺陷率已经降低到 5.7，居于同领域企业前列，达到全球领先水平。

（2）实现生产效率的大幅提升　　通过平台的使用，工厂在进行多品种柔性化生产的过程中，不仅提升了制造效率、缩短了交付周期、降低了生产成本，而且保证了世界级的产品质量水平，实现了"又快、又多、又省、又好"的生产。

（3）实现工厂人力的价值升级　　平台充分融合了数字化技术和人的智慧，并以数字化技术进一步夯实和提升了人的价值，形成了信息化部门和生产制造部门共同持续推进质量提升的新模式。

用例 4 基于数字孪生的自动化升级

实施背景

1. 趋势变化

从 2013 年正式投产开始,成都工厂的产能不断攀升,生产线扩展和优化的步伐从未停止。在多品种、混线、批量的生产模式下,针对新生产线投入使用,原有生产线工艺优化和机器人等新设备的导入,工业界开始采用数字化的仿真模拟技术,对生产节拍、设备动态、上下料顺序、检验检测、线体投资、物流输送、人机工程等进行验证和优化,进而实现设备和工艺流程优化、工作环境改善、生产线效率提升等目标。

2. 难点痛点

(1) 导入新生产线、新设备,扩充产能 2013 年投产时,成都工厂以安贝格工厂为参照,仅建有一条"全德化"的生产线。但随着新产品的导入和产能的攀升,成都工厂需要不断扩充并新建生产线,导入协同机器人、AGV 等新型设备,通过提高生产线的设备自主化率,降低生产成本。成都工厂逐步脱离安贝格工厂的经验区,采用数字化技术支撑新生产线、新设备的导入及生产线数据的采集和验证优化。

(2) 优化设备和工艺,提高效率 自动化水平的提升、生产线的改造升级和工艺优化是循序渐进的过程。针对贴片、元器件通孔焊、电路板在线检测、生产线转台设计、物料小车配置等设备和工艺的优化、升级,成都工厂尝试采用数字孪生以减少经验依赖、缩短验证时间、提高优化效果、降低项目成本,在提高生产效率的同时,逐渐形成基于数据的自动化升级和设备、工艺优化经验。

用例简介

数字孪生是指在三维虚拟环境中对生产线、制造单元、设备和人员等关键生产要素进行数字化建模，基于数字化模型对产品方案、生产线规划、制造策略、工艺流程、人机工程等进行动态仿真、研究和验证，从而寻求最优解，提高工厂生产能力和运营水平。作为数字化工厂，成都工厂在生产线自动化、信息自动化等方面的经验和数据积累越来越多，三维仿真分析可以作为自动化生产线、智能设备和数字化技术融合的交叉性技术，提升工厂的生产效率和产品质量等关键指标，并进一步解决产品设计到制造的快速转化问题。

具体措施

1. 试点项目突破

成都工厂以 S7-200 新生产线的导入和优化为试点项目，通过数字孪生技术对生产线的工艺和设备进行仿真分析和优化，验证该技术的可行性。针对这条混合生产 3 个大类、70 多个细分类型产品的半自动生产线，卓越运营部利用数字孪生建立了制造单元、物料小车和人员的三维动态模型，在产能、生产节拍等参数的约束下，将生产线运行过程进行数据化、透明化处理。利用数值分析和三维模拟，成都工厂明晰了混线生产过程中物流线和物料小车的流转运行过程，实现了人员配置、物料小车的最优化和产能的最大化，提高了物料的公用性和一致性，优化了多订单混合生产的节拍，实现了不同订单同期、同线生产的最优匹配。数字孪生在 S7-200 新生产线项目中的成功应用，使成都工厂认识到了仿真与数字孪生技术的应用价值，并开展更多的后续应用项目。

2. 专职专人负责，建立仿真团队和应用流程

在 S7-200 新生产线项目成功后，成都工厂设立了仿真与数字孪生技术的专人、专岗，支撑各业务部门开展数字孪生的推广应用。仿真经理提供技术培训、数据采集、三维建模、优化分析、算法改进、模型库建设等公共支撑服务。在后续的新生产线上马、旧生产线改造和新品开发等项目中，围绕核心的专职仿真人员，各业务部门中都出现了掌握数字孪生的人员，形成了规模更大的仿真团队和仿真技术应用流程，不断拓展仿真与数字孪生技术的应用空间。

3. 应用横向拓展

2017—2020 年，在"基于机器人的电路板在线测试系统的研发""THT 工艺自动光学检验系统的研发""基于机器人传输的 S7-200 SMART 生产线的设计""Comfort Panel 新生产线的设计""ET200SP BU 全自动组装生产线的设计"等项目中，数字孪生持续发挥作用，已经成为生产线扩展、工艺工装优化不可或缺的支撑性技术，并推动了传统流水线生产模式向基于机器人的柔性生产模式的转变。

4. 应用前沿探索

基于仿真技术在工厂、生产线、制造单元等领域的应用项目，以及从传统流水线模式向以机器人为核心的模块化柔性制造模式的转变方向，成都工厂开始探索利用数字孪生技术，模拟研究机器人和人在生产线与复杂制造单元中的相互作用关系。成都工厂给生产一线人员穿上动作捕捉设备、戴上 VR 眼镜，建立了完整动态人因模型，并将之与生产线的三维模型相结合，实现全过程的虚拟建模和仿真分析，进而优化人机协作流程，改善工作环境。

应用成效

（1）**形成强大仿真能力**　截至 2020 年年底，成都工厂在专职三维仿真分析人员的基础上，培养了 30 多名可以应用数字化仿真技术对业务持续优化的工程师、生产线技工。成都工厂 60% 的生产线和制造单元都建立了数字化模型，通过这些模型库、算法库的建设，成都工厂可以进行生产线设备、工艺单元、关键物料和人的全要素仿真分析。同时，成都工厂建模与仿真模拟工作时间大大缩短，整条生产线的建模工作仅需两周时间，完整生产线的仿真模拟和优化工作也从几个月乃至半年的时间缩短到 2~3 个月。数字孪生已成为成都工厂生产线布局、工艺规划、自动化设备验证等工作的必要工具，仿真能力成为数字化工厂的核心能力之一。

（2）**降低成本、提高效率**　数字孪生在生产线设计、工艺工装优化项目中的大量应用，起到了明显的降低成本和提高效率的作用。例如，在 S7-200 新生产线项目中，数字孪生确定了产能、效率最优下的生产线节拍、人员配置和物流布置。在 MVS 系统线边库的导入过程中，数字孪生验证了 MVS 系统的长期综合成本低于传统人工，工作效率和投入产出比更高。

（3）**提升自动化项目能力**　截至 2020 年年底，成都工厂从最初的 1 条生产线扩展到 4 条生产线，累计导入 60 多台（套）各类机器人。20 多名工程师融合应用自动化和数字孪生，将各类自动化项目执行周期从最初的 6～8 个月缩短为 4～6 个月，自动化、数字化、智能化的综合能力得到了明显提升。

（4）**紧密衔接研发和制造**　数字孪生的应用，使产品模型的建立和优化分析以及生产线设备、工艺流程的验证和仿真，大部分可在虚拟空间完成，从而解决了产品数据从研发到制造的无缝衔接问题。研发人员可以预先发现并解决可能出现的产品设计、设备运维、工艺优化和质量管理等方面的问题，进而开展面向制造的设计（DFMA）工程。

成都工厂正进一步探索建立能将工厂设备层、执行层采集的数据实时导入生产过程的数字化模型，进而融合仿真分析、自动化控制等技术构建工厂的数字孪生体，实现具备自感知、自学习、自决策、自执行、自适应等功能的智能制造模式。

用例 5　基于 APS 的供应链快速响应

实施背景

1. 趋势变化

通过在生产执行端导入 MES 系统、在制造资源管理端导入 ERP 系统、在产品研发端导入 PLM 系统，成都工厂形成了从产品研发到企业资源管理再到生产制造的全价值链数字化系统。但是，从 ERP 系统导入的客户订单和物料表单、从 PLM 系统导出的产品主数据，在进入 MES 系统生产执行层前，都需要进行用于指导、预测物料采购和供应商供货的安排，即制订详细的生产计划、产品工序作业单和物料资源分配计划，以约束库存量。

2. 难点痛点

（1）动态化　原有排产的工作是基于历史经验数据与 ERP 系统客户订单的结合，将 1~2 年的长期生产计划细化到月和天，再确定物料需求和排产计划，实时响应客户订单变化的能力不强，不便于根据生产线变化动态调整生产计划，不能对物料供应和库存进行预测性指导。

（2）系统化　排产工作需要与 PLM、ERP 和 MES 等系统进行数据交互，而目前成都工厂仍采用手动或半自动的数据导入/导出方式，系统集成度低、效率不高，也不利于处理插单、生产异常、闭环滚动等排产问题。

用例简介

APS 系统，以约束理论（Theory of Constraint，TOC）[一]为基础，通过先进的计算机系统，解决生产制造过程中的计划、调度、产能、人员、物料等一系列

[一] 约束理论（Theory of Constraint，TOC），是企业识别并消除在实现目标过程中存在的制约因素（即约束）的管理理念和原则。

问题，进而达成工厂智能化、精益化制造的目标。在多品种、混线生产模式下，成都工厂部署 APS 系统，对接资源管理层的 ERP 系统和生产执行层的 MES 系统，提高排产的自动化、智能化程度，提升供应链响应能力，进而实现稳定交付率、提高生产率、降低成品库存的目标。

具体措施

1. 成立项目小组，细化项目业务诉求

成都工厂成立由卓越运营部牵头、IT 部门提供数字化技术支撑、业务部门人员提出具体需求的 APS 项目小组，最终将 APS 排产项目具体划分为 64 个细分项目、26 个业务诉求，并进行了 7 轮次的迭代。

2. 分步实施、系统集成

制定 APS 项目"三步走"的总体规划，分阶段进行系统部署和集成。

第一步，开始 APS 软件应用，限定交付时间、成品库存等关键指标，对接 ERP 系统的订单数据，初步实现生产订单的自动化排产，尽可能地缩短换线周期。

第二步，优化生产计划中细节指标，研究 PLM 系统中生产主数据对排产的影响，特别是多型号产品主数据对混线排产的影响，进一步优化排产、缩短换线时间。

第三步，APS 系统与 ERP、PLM、MES 全线对接，基于前期系统运行和历史数据，针对混线生产、物料多头的特点，为复杂的排产算法（规则）建立智能化的排产模型。

应用成效

APS 项目的实施取得了明显效果。

（1）**排产效率提升**　以往根据经验的排产，需要考虑的数据、参数过多，工厂的 3 个生产班组，每个组需要安排 1 个人花费 4 小时去完成每天的排产工

作。实施 APS 项目后，APS 系统从 ERP 系统接收数据，直接根据模型采用优化的排产参数，并对接 MES，实现智能化闭环排产，减少了人工依赖，排产人员仅负责监控、判断和评估，每个人仅需半小时即可完成当天的排产。

(2) 响应能力提升　APS 系统的应用，推动了从基于经验的排产到基于系统和生产数据的预测性排产的转变。系统直接指导物料供应和库存计划，能够高效率地响应客户订单和生产线设备的异常变化，在提高设备和物料利用率的同时，实现排产的可控性和灵活性。

(3) 系统应用精细化　APS 系统的实施，使管理人员发现了工厂内部运行过程中账实不符的问题，从而进一步对 MES、ERP 等系统应用进行精细化管理，使订单-工单-计划-排产-生产的执行全链条更为顺畅。

APS 应用是成都工厂的系统性项目，目前，工厂仍在对 APS 项目进行持续跟踪、研究和部署。

用例 6　基于 AI 等的分拣机器人导入

实施背景

1. 趋势变化

随着成都工厂自动化和数字化水平的不断提高，精益、IT 和自动化部门已不满足于在生产制造环节的数字化技术应用，他们尝试通过引入人工智能、边缘计算等新技术，将数字化、智能化应用的触角延伸到质检、仓储等生产支撑部门。同时，在强大计算能力的支撑下，以机器学习算法为代表的人工智能技术，结合机器视觉等智能感知技术，在工业领域出现了很多探索性的应用。

2. 难点痛点

（1）提高分拣效率和准确度　成都工厂的生产过程会产生 3 类垃圾：普通垃圾、可回收垃圾和危险废弃物。工厂的自动化物流系统每天都会将 1000 多箱垃圾汇集在生产线末端等待分类处理，这就要求必须对不同类别的垃圾进行高效率的分拣。此外，危险废弃物如电路板边角废料等，多是具有一定污染性的工业垃圾，需要被精准分拣出来，如果危险废弃物被当作普通废弃物送出，会造成环境污染，工厂也有很大的法律风险。成都工厂需要依靠机器人进行高效率、高准确度的自动化分拣。

（2）解放人工　每天 1000 多箱垃圾，一些工业垃圾的质量接近每箱 20 千克，在机器人无法进行智能判断的情况下，筛检和部分搬运工作需人工完成，劳动强度较高，生产线末端的工作环境也不够友好，因此，需要利用具备"识别、判断、搬运"能力的机器人来解放人工。

用例简介

机器学习是 AI 算法之一，即在大数据分析的基础上，从海量数据中归纳规则、建立数据模型，并模拟人类的学习方式不断优化模型。

边缘计算是指采用集网络、计算、存储、应用等核心能力为一体的开放平台，在靠近设备或数据源的一端就近提供计算、数据分析等服务。边缘计算处于物理设备和工业网络的连接之间，能更快地响应实时业务、应用智能、安全防护等方面的业务需求。

云计算是一种分布式计算[⊖]系统，相应的云计算服务将分布式计算、效用计算、负载均衡、并行计算、网络存储、热备份冗余和虚拟化等计算机技术融合，利用多部服务器组成的"云端"，提供强大的网络数据计算处理能力。

本用例将 AI 算法、边缘计算、云计算和机器视觉、机器人等工程化应用相结合，在生产线端替代高强度、重复性、低效率的人工认知、辨别工作，实现废弃物料、成品的智能化、自动化分拣。

具体措施

1. 利用西门子的创新网络

要实现机器人智能分拣废料，需要融合 AI 算法、边缘计算、云计算、机器视觉、机器人等多项技术，工厂自身的技术能力不足以支撑项目落地。工厂的精益部门、IT 部门和自动化业务部门利用西门子内部的创新网络资源，与西门子中央研究院、MindSphere 团队形成合作。工厂提供"自动化废弃物分拣"应用场景和数据基础，精益部门分析建立自动化分拣过程，自动化部门负责优化控制机器人和布置机器视觉系统，IT 部门和西门子中央研究院合作研究 AI 算法、边缘计算，MindSphere 团队提供云计算支持。

2. 建立和实现智能分拣过程

整个过程最终确定为：物流线上的机器视觉系统拍摄料箱图像，根据废弃物的关键特征对像素点进行辨别、分类；利用边缘计算系统持续采集料箱图像，

⊖ 分布式计算，是计算机科学中研究分布式系统的一个领域。分布式系统组件位于不同的联网计算机上，通过相互传递消息来进行通信和协调行动，组件之间相互作用以实现共同的目标。简单来说，分布式计算是指用网络计算机群合力完成共同的计算任务。

进行初步分析；经过初步分析的大量图像不断汇集到云端，由强大的云计算系统利用机器学习算法持续优化 AI 模型；基于 AI 模型的判断，由边缘计算系统控制机器人执行分拣工作。随着数据积累和模型的优化，准确率和分拣处理的效率会逐步提高，最终替代人眼识别、人手分拣，彻底解放人工。

应用成效

（1）成功实现智能废弃物自动化分拣 经过近一年的努力，通过 AI 算法、边缘计算、云计算、机器视觉、机器人等多项技术的逐步融合，机器人分拣系统的综合识别率从 60% 逐步提高。截至 2020 年年底，AI 分拣机器人的危险废弃物识别率达到了 100%，制成品等其他物料识别率为 94%，综合识别率超过 96%，分拣效率和效果都明显提升，已完全替代了高强度、重复性、低效率的人工劳动。

（2）探索新技术导入的新模式 成都工厂的 AI 机器人废弃物分拣项目首次探索了云计算、边缘计算、AI 算法等新技术的工程化应用模式，并汇集了成都工厂多业务部门和西门子中央研究院、MindSphere 团队的创新资源，为后续基于人工智能技术的应用项目积累了丰富的经验，也推动了云计算、云服务项目在成都工厂的落地应用。该项目因在工业领域对前沿技术的探索性应用获得了成都高新区的金熊猫成就奖。

用例 7　基于大数据的成品库智能决策

实施背景

1. 趋势变化

当前,市场的快速变化、各种突发事件不断增多等都干扰了供应链的稳定,使得全球供应链波动持续增大。未来,如何更高效地利用企业供应链资源、保持生产稳定将成为企业面临的一大挑战。为了快速满足客户需求,适当建立成品库存可以保证缩短交期。

2. 难点痛点

(1) 及时性　目前,产品型号多、市场变化快,传统的固定备货策略难以满足客户需求。传统的数据收集和分析工具难以实现即时计算与更新。

(2) 资金的优化配置　在库存资金有限的情况下,传统方法无法实现将资金最优化地分配给不同产品。

用例简介

成品库智能决策适用于电子产品、汽车零部件、家电等机电产品制造企业建设成品库存(Planning to Stock)的业务模式。成品库智能决策运用数据分析方法,对单个产品的历史销售预测与实际偏差值进行计算,并结合库存资金利用最大化的前提进行分析,从而制定成品库存的临界值。这种方式既保证了客户交期,又有效地优化利用了供应链资源。

具体措施

1. 基于历史数据建立算法模型

使用大数据分析方法,通过收集和分析包括历史订单预测、历史实际来单、历史生产及运输周期、历史库存数据、产品特征等在内的大量历史数据，建立算法模型，计算企业稳定生产的最低及最高库存。

2. 确定企业稳定生产的相关临界值

确定企业稳定生产的相关临界值的方法主要有：以单个产品实际订单与预测差异的历史数据和需要达到的服务水平，确定单个产品最低库存；以各种产品实际订单与预测差异的历史数据和生产计划冻结周期（以月为单位），确定库存资金总额；以单个产品实际订单与预测差异的历史数据和产品价值比例，将资金库存总额分配给每个产品，确定单个产品最高库存。

3. 动态监控算法的性能

以设定库存值对交付目标、平准化生产目标的匹配程度为依据，动态监控算法的性能并进行动态调优，使模型可持续地满足运营要求。

应用成效

（1）**保证订单交付率** 通过智能化定义和即时更新每个产品的最小值和最大值，保证了 99% 的订单准时交付率。

（2）**减少供应商的交货变动** 通过成品库存在区间内的波动来吸收市场端的波动，最大化地减少供应商的交货变动，超过 200 家供应商的交货变动率减少了 50%。在企业内部减少 1.5 个人员工作量的同时带动了配套企业的供应链优化。

用例 8　基于协作机器人的生产线效率提升

实施背景

1. 趋势变化

2017 年,西门子在全球推行 LDF 项目,计划导入一系列新技术,以推动全球各地西门子工厂的技术水平,其中包含协作机器人。协作机器人的主要优势是具备灵活性和易用性。一方面,协作机器人工作负载低、体积小、自带力传感器,可以在感知到阻力后及时停止工作,也可以在不需要安全围挡的情况下和工人协同工作,从而实现灵活、无缝地嵌入现有生产线;另一方面,协作机器人的编程可视化程度高,示教和调试操作简单,便于快速部署。这些特点非常适合多批次、多品类的柔性生产模式,因此,成都工厂准备利用协作机器人优化和升级现有生产线。

2. 难点痛点

替换传统工业机器人　成都工厂初期导入的主要是机械臂形态的工业机器人。传统臂式工业机器人在功能和性能方面可以满足相关要求,但负载大、刚性强,需要设置专门的安全围挡与生产线工人隔开,因此,所需工作空间过大,也不利于生产线的紧凑布置和人机协作。此外,传统工业机器人部署、编程和维护的专业化程度较高,因而部署的周期长,灵活性不高,运维成本也比较高。

用例简介

成都工厂为了优化人机协同,提升自动化设备的综合利用率,将越来越多的协作机器人导入生产线。这些协作机器人与原有的生产线、传统工业机器人和一线工人一起,共同实现电子产品的柔性化、智能化制造。

具体措施

1. 试点应用、快速迭代

2017年，成都工厂开始尝试导入协作机器人用于自动在线测试仪（in Circuit Tester，ICT）检测单元，这个单元要检测电路板的开路、短路、零件焊接等质量情况，机器人夹爪要从电路板料箱里垂直取出电路板，翻转90°后平放在中转台上，再抓取放置在 ICT 上，检测完成后，再抓取电路板插回料箱。这个动作过程原由 KUKA 工业机器人完成，但电路板的尺寸小、质量小，完全可以由轻载、小巧的协作机器人完成。于是，成都工厂精益部门和生产部门开始尝试用一台协作机器人替代 KUKA 工业机器人，并于在机测试过程中发现了一些问题。由于生产节拍很快，单台协作机器人的动作速度较高，机械臂夹持电路板在起停之间会发生颤动，进而影响电路板插回料箱动作的准确度和效率。于是，方案进一步调整为由两台协作机器人分工协作，一台负责从料箱中取电路板并放置在中转台上，另一台负责从中转台上抓取电路板并放置在检测台上，检测完毕后再插回料箱。经过试点应用、调试迭代，两台小型协作机器人替代了一台传统工业机器人，ICT 检测单元的执行效率与紧凑度都大为提高。

2. 组合技术、推动创新

成都工厂精益部门、生产部门联合西门子中央研究院，将协作机器人"嫁接"到 AGV 上。自带料箱的 AGV 负责定位与灵活移动，带有机器视觉功能的协作机器人负责取放料，两者协同工作，共同替代人工推送料车。为了灵活部署这种"无人"送料小车，成都工厂尝试开发更简单的图形化编程系统，让生产线工程师、蓝领技工都能"指挥"这套集成了协同机器人、AGV 和机器视觉的系统。

3. 提高本土化率

2015年前，成都工厂主要采用 KUKA 等自动化设备，成本比较高。从2015年开始，围绕新产品的导入，逐渐引入本土自动化设备，进一步实现降本增效。

成都工厂后续更多采用达明等中国本土品牌的协作机器人，不仅采购价格更低，而且自带机器视觉系统，在实现基本功能动作外，还可以基于机器视觉动态寻找物料位置，从而执行更为智能化的工艺动作。从进口设备到本土化品牌设备，成都工厂提高了制造设备的本土化率，实现了降本增效。

应用成效

（1）**应用规模扩大、自动化水平提升** 从 2017 年开始，成都工厂陆续上马了 22 个自动化项目，持续提升了工厂的自动化水平，综合节省了 83 个人工。截至 2020 年年底，成都工厂已累计上线 60 多台各类机器人，逐步实现了生产线的人机协同，提高了电子产品制造的柔性化和智能化程度。

（2）**制造流程精益化程度和工厂员工能力提高** 工厂的自动化项目执行周期从最初的 6~8 个月缩短为 4~6 个月；从制造工程师到设备运维工程师，再到生产线上的蓝领技术主管，都掌握了更多的机器人编程、调试和运维能力，机器视觉系统调试，以及系统模拟仿真等技能。

用例9　基于增材制造的产品样件快速试制

实施背景

1. 趋势变化

2018年，成都工厂的精益和工艺部门开始谋划对一些先进技术进行投资，并与西门子中央研究院配合，筛选出一批对成都工厂有价值的先进技术，其中就有增材制造。增材制造技术在设计研发、样件试制、工艺验证、模具开发等场景得到了广泛应用。

2. 难点痛点

（1）**非标准工装设备快速开发和验证**　为了进行持续的工艺优化，工厂生产线上经常用到各种非标准工装设备，如各种夹具、检具、冶具。按照传统流程，工装设备的设计、开发和制备需要与供应商沟通、派单，经过现场需求调研、开发试制、现场调试验证、修正设计、再次验证的循环过程才能最终进入使用，周期长、成本高，已经不符合成都工厂快速生产的节奏。

（2）**电子产品样件的快速开发和验证**　成都工厂的主要产品是PLC、IPC等小型电子产品，产品开发阶段需要对产品的结构功能性、制造和装配工艺性进行验证，除了利用仿真分析技术进行数字化验证之外，同样需要试制样件和试装配。传统试制样件的过程周期比较长，成本也很高。如果发现和反馈问题后，再进行设计更改、再试制样件，周期则更长。工厂急需一种快速、低成本试制样件的技术，以缩短样件的验证周期。

用例简介

增材制造是一种以数字模型文件为基础，利用树脂塑料、粉末金属等可结合材料，以逐层打印的方式来构造物体的技术。在工业领域，增材制造被用于小批量制造各种试制模型和零部件。成都工厂计划利用增材制造快速、高效制备各种非标准生产附件，推动产品样件的快速设计、试制和验证，缩短各类样件的设计验证周期，并降低成本。

具体措施

1. 团队协作，谨慎选型

成都工厂成立了由精益部门协同工艺部门与西门子中央研究院相配合的专题技术小组，专门负责增材制造的导入和应用。增材制造的种类很多，虽然均是基于多层堆叠的技术原理，但实际购买价格、使用成本和物料种类差别较大，必须选择场景适配、成本可控、应用门槛低的技术和设备类型才能更好地满足相关需求。为此，增材制造小组进行了从商业大型设备到小中型桌面设备，从金属材料打印到树脂塑料成型，从熔融沉积到立体光固化成型、选择性激光烧结的前期技术调研。结合技术调研结果与小型电子产品的特点，工厂决定选择速度快、无污染、应用门槛低、成本可控的 FDM 技术。FDM 的技术原理并不复杂，即通过加热装置将 ABS、PLA 等材料融化，从打印喷头均匀喷出，再按照数字模型的结构形状和尺寸一层层地堆积成型。

2. 试点应用，横向推广

增材制造小组利用生产线上的单点问题，进行第一台 FDM 增材制造机的试点应用。例如，板块夹具的铝件损坏，原本正常情况要下单给供应商，供应商接单后出图、排产。采用增材制造设备后，技术小组完成三维建模就直接用设备打印，半天时间就完成了替换样件的制造，周期和成本问题都有了明显改善。

解决简单零件的替换问题之后，增材制造小组再进一步开始解决非标工装设备的快速开发和应用。SMT 贴片过程中，有个工艺是通过生产线上的吸嘴从料卷上取料，再把物料放到 PCB 上。在吸嘴吸附物料的时候，很容易因为吸附位置的变动，导致传感器误判物料尺寸不合适，把物料当作废料扔到废料盒中，使物料的抛料率居高不下。为此，技术小组设计了专门的物料盘，以稳定承载和定位特殊物料，帮助吸嘴准确、稳定吸附。这个非标准物料盘就是采用增材制造实现制造与上线验证，并快速投入正式生产的。经过试点应用证明了增材制造的可用性后，技术小组才开始在工厂更多场景进行广泛推广和应用。

3. 建立公共服务平台和制度

随着增材制造的需求越来越多，增材制造小组在添置更多 FDM 增材制造设备之后，制定了成都工厂内部增材制造公共服务的流程和规则。业务部门如果需要利用增材制造解决问题，则要首先填写打印需求表，由技术小组人员针对需求进行细节交流和打印技术支持，并进行最终效果评价。为缩短三维建模时间，成都工厂建立了共享模型库，方便用户随时调用、快速建模。第一个内部用户的产品打印成功后，其他人如果有相同或相似的需求，可以直接从模型库中调用图纸及打印文件，从而大大缩短了建模时间。

应用成效

（1）**应用规模扩大、应用周期缩短**　　截至 2020 年年底，成都工厂已经利用增材制造机完成了超过 500 个打印项目，每个项目的打印数量从几个到上百个不等。从需求提出到获取样件，绝大部分项目的周期在 2～3 天，有些项目仅仅需要半天即可完成。

（2）**改变样件制造模式，缩短周期、降低成本**　　一方面，增材制造改变了非标生产附件制备依赖供应商的模式，大部分实现了自主设计、自主制造；另一方面，在数字孪生体系下，基于产品研发阶段的 3D 模型即可实现样件的快速制造，并验证产品的功能、结构和可制造性，部分样件的周期从 2～3 周缩短到 1～2 天。从非标工艺附件到产品样件，增材制造在大幅缩短设计、验证、制造周期的同时，也明显降低了相关成本。从 2020 年开始，成都工厂更进一步推进增材制造应用计划，更多深入到产品样件的打印和验证，同时尝试导入金属增材制造，快速制造更多类型的非标零件。

用例10 基于数据透明化的生产线设备综合效率快速提升

实施背景

1. 趋势变化

随着成都工厂业务发展带来的产量增加,生产设备以及工具的种类和数量也越来越多,不仅增加了生产设备及工具的维修和维护难度,而且更加凸显了设备综合效率提升所带来的潜在价值。传统基于全员生产维护(Total Productive Maintenance,TPM)⊖的设备管理理念在设备效率提升上已经处于瓶颈阶段,人工经验很难从复杂、繁多的设备状态和趋势中找到问题的关键并得以快速解决。随着近几年工厂自动化和信息化的不断推进,从设备和系统获取数据并进行分析成为可能。随着工厂数字化制造文化的建立,数字化水平的不断提高以及人员逐步具备了数字化思考和践行能力,成都工厂开展了数字化的设备综合利用率(OEE)系统项目。希望通过数字化的引入,能将成都工厂的设备用数字化的方式管理起来,从基于经验的维修,转变成基于数据的故障分析,并在日常运营的使用过程中不断积累故障数据和知识数据,为将来进一步的智能化打下基础。

2. 难点痛点

(1) 数据的互联互通 成都工厂拥有超过 900 台的设备,这些设备来自不同的供应商,且同一种设备的故障代码类型超过 3000 种,不同设备的底层数据结构差异也很大。因此,将不同设备的事件日志、状态信号、产品、产量、质量等数据采集并标准化处理,对于成都工厂而言是一项巨大的挑战,这需要自

⊖ 全员生产维护(Total Productive Maintenance,TPM),是以提高企业的设备综合效率为目标,以生产全系统的预防维护为过程,以全员参与为基础的设备保养和维护的活动。

动化知识、设备机理知识、产品工艺知识、IT知识的交叉融合才能实现。

（2）架构设计及标准化　　从生产线类型来看，成都工厂具有单体设备、流水线、混合生产线、立体仓库、自动化物流轨道系统等不同模式的生产线（或物流系统），在数据处理逻辑、统计和呈现方式等方面有一定差异。所以，对于成都工厂而言，不同类型生产线的架构设计和标准化是一项考验，这直接关系到OEE系统的可拓展性和灵活性。

用例简介

OEE是一个测量工具，用于测量设备真实效能与理论最大效能之间的关系，国际上也把设备利用率作为公认的考核企业设备运行效率的重要指标。OEE的计算分为三个部分：可用性、表现指数和质量指数。其本身计算并不复杂，但结合工厂实际生产班次、员工、设备状态、产出信息等就会变得十分复杂。利用边缘计算设备，成都工厂的OEE系统可以实时从设备底层采集和处理数据，并用于设备利用率的全面分析。在OEE系统的助力下，不仅让成都工厂设备运行的状态信息透明，还能让设备运行的问题透明，从而快速有效地推进设备管理的持续改善工作，稳步提升设备OEE表现。该系统的功能分为三个部分：一是当前设备状态的实时监控，并提供当前班次指定设备部件级的故障分布情况、产品级的效率和质量表现情况；二是多维度的历史趋势分析和设备间横向对比，对于关键设备能深入到5个层级故障分析；三是故障处理的订单管理工具，完整记录每一个故障发生时的故障代码、根本原因、解决方案、处理人等信息，为设备管理提供宝贵的知识库。

具体措施

1. 知识融合，敏捷推进

在OEE项目的执行过程中，成都工厂通过将IT人员的知识与OT人员的生产工艺设备知识进行高度融合，代替了"需求-实施"的传统系统开发模式。一方面，成都工厂形成了一种"以 OT 人员深入并'主导'，IT 人员配合实施"的开发模式；另一方面，由生产制造团队触发业务需求，IT 人员全程合作，成都工厂的项目以敏捷的方式开展，实现了开发、测试、优化工作的循环进行。

2. 标准架构，数据打通

成都工厂精益部门协同生产制造部门以及 IT 部门成立了开发小组，从业务流程、数据架构、技术方案等多个方面进行沟通实践验证，最终落地了一套适合成都工厂业务模式的 OEE 系统。该系统在生产线设备端的线控机和数据库中间部署边缘设备，将生产线运行过程中的设备状态进行数据化、透明化处理。

在数据采集和处理方面，开发小组针对不同类型的设备开发了容器化的数据采集和处理应用程序，并将其发布到边缘平台，可一键部署到指定的边缘设备，并且对生产线的设备状态进行实时记录和清洗，保证数据的准确性和可用性，极大地方便了后期的更新和维护。

在数据传输方面，开发小组利用服务器 Server 订阅的模式，将机台数据传递至服务器，搭建了生产线设备数据与数据库之间的桥梁，保证数据同步刷新频率，确保了 OEE 数据的实时性。

3. 试点应用，横向推广

2019 年，开发小组开始以一条 SMT 生产线进行 OEE 项目试点，设计并验证了通用的底层架构，完成了流水线工艺的 OEE 系统开发，并在 2021 年推广到所有的 SMT 生产线；2021 年，小组在通用底层架构的基础上，进一步完成了混线生产工艺以及物流系统的 OEE 系统开发。自此，OEE 系统能够覆盖成都工厂所有生产模式的生产线。在 OEE 系统上线的过程中，小组通过不停地探索和优化，总结出了基于通用底层和可配置应用的架构方式，使得系统上线周期极大缩短，一条新的生产线能在 1 周内完成 OEE 的部署。

应用成效

（1）应用规模大、涵盖类别多 截至 2021 年年底，成都工厂已经实现了 15

条 SMT 生产线、10 条 THT 焊接生产线、3 条组装生产线以及 7 条物流仓库轨道的 OEE 系统覆盖。生产线工人、技术人员以及设备工程师已经将 OEE 系统应用于日常运营活动中，并形成了及时分析、优化设备效率的习惯。

（2）设备利用率大幅提升 8% 自 OEE 系统上线使用以来，成都工厂的设备利用率实现了连年稳步提升。截至 2021 年年底，全厂设备利用率综合 OEE 指标提升了 8 个百分点，为工厂乃至西门子创造了巨大价值。

（3）夯实设备智能化管理基础 OEE 系统的应用，为成都工厂设备管理提供了完善的故障记录以及维修方案记录平台，为设备运行、故障发生、维修操作、设备维护等记录了完整的履历，这些有价值的数据将为设备的智能化管理提供基础。

成都工厂也在进一步探索建立"故障知识图谱维修模型"，致力于将设备端层采集的数据实时同步到云端图谱模型，进而融合数据，分析推断，快速决策，为维修人员提供潜在维修方案，实现具备设备数据自采集、自分析、自决策的"智能故障分析维修模式"。

用例11　基于区块链及边缘计算技术的工业产品碳足迹可信精算与追溯

实施背景

1. 趋势变化

以精准盘查碳排放基线为起点，各行各业都将"透明化各环节的碳排放"作为首要任务，来实现"双碳"目标。各环节碳排放的透明化是针对性地优化减碳方案的基础，也是通过向客户提供"产品碳足迹"来证明企业自身碳中和竞争力的关键。

2. 难点痛点

（1）企业在"获取超过90%的产品碳足迹碳数据"中面临困难　在工业产品碳足迹中，来自企业供应链的碳排放占比超过90%，来自企业自身的碳排放占比约10%，且绝大多数企业不清楚自身所占10%部分的产品碳排放量，这就导致企业自身无法提供准确的碳排放数据。即使企业能够提供，在面对电子产品成百上千个组成单元时，企业通过现有的人工调查表收集的方式显得极其低效，相应数据的可靠可信度也难以保证。但如果不清楚产品的碳排放量，企业的碳交易和减碳就没有实现的基础。

（2）企业在"精准且自动计算单个产品碳足迹"中面临挑战　要实现产品碳足迹的准确计算，企业不仅需要计算整个工厂的碳排放，还需要计算单个产品的碳排放。在当前大规模柔性制造的趋势下，企业生产电子产品呈现出个性化、多样化的特征，当企业面对多样化产品的生产时，意味着要精准监测不同产品复杂生产工艺过程中的碳排放水平。而要精准且自动计算出单一产品的碳排放，企业常常处于无计可施或工作量极大的境况，这无疑为企业高可信地精算和追溯产品碳足迹带来挑战。

用例简介

对于企业而言，实现并保持碳中和目标是一个长期且持续的过程。随着实施情况和政策环境的变化，企业迫切需要引入"可以实时跟踪与分析碳排放量"的数字化解决方案。在监测碳排放量的基础上，企业需要将碳排放作为输入值，以推进、迭代并调整整体脱碳路线图，最终实现可落地、可持续且对于业务、经济发展影响最小化的脱碳落地方案。基于此，成都工厂落地了基于区块链技术和边缘计算技术的创新数字化解决方案，即"工业产品碳足迹可信精算与追溯系统"。

工业产品碳足迹可信精算与追溯系统，是成都工厂结合生产制造的数字化专业知识，以 ISO 14067 等产品碳足迹国际标准为基准，设计出的产品碳足迹计算模型与解决方案。依托于该系统，企业可以构建可度量、可追溯、自动化的产品碳盘查评价与精准计算体系，让产品碳足迹的可信披露、核查认证简单易行。该系统可帮助不同类型的企业精确且快速地计算出产品碳足迹，帮助工业企业迈出碳中和的第一步。

具体措施

1. 通过区块链技术构建加密信任平台，实现供应链上下游碳信息可靠可信且不被篡改

在基于区块链的加密信任平台上，各级供应商都能将其碳排放数据，连同相关证明共享给成都工厂，并且可以避免相应数据被篡改。加密信任平台的构建，确保了成都工厂能够安全地从供应商处获得必要的产品碳足迹数据，同时也能够安全地将数据发送给客户，使客户可以便捷地获取可信碳排放数据。

2. 通过数字化能效管理平台和边缘计算技术，实现复杂产品碳数据实时且精准的分配

一方面，成都工厂通过在生产制造现场部署能源计量传感器，并依托边缘计算技术，可以实时采集生产线上的核心过程数据以及能耗数据；另一方面，成都工厂通过建立计算模型对相应采集数据进行分析，可以将产品对应的碳排放数据自动地、精准地分解到单个 PLC 产品上。

3. 通过透明供应链端和生产制造端碳足迹并标签化碳足迹信息，实现减碳机会的洞察

成都工厂通过边缘技术获得的实时碳数据和区块链应用分配的供应链端碳排放，深度透明化了生产制造端和供应链端的碳足迹，最终形成了单个产品的碳足迹总值。在此基础上，成都工厂将相应碳足迹信息标签化，使得该实时信息可以通过标签扫码的方式实现简单自动的披露，帮助成都工厂能够及时发现减碳机会。

应用成效

（1）**工业产品碳足迹可信精算与追溯系统让碳中和进程实现突破性发展** 该用例是首次在碳中和、碳足迹话题上实践通用的数字化解决方案，并在成都工厂成功落地，后续将在其他工厂推广。相较于传统的人工手动收集数据、人工计算数据及人工披露碳排放数据，该用例将解决传统方式下产品碳足迹统计所存在的低效、烦琐、准确性差的问题。

（2）**边缘计算技术的应用实现了单个 PLC 产品碳排放数据的精算与分配** 在进行产品碳足迹精算的过程中，需要对整个厂区二氧化碳的直接碳排放（如柴油、天然气等）以及外购的相关能源消耗（如电力）在对应生产环节产生的间接碳排放进行精准分配。边缘计算技术的应用，已经帮助成都工厂实现了以 S7-1500 产品为代表的单个产品碳排放值（以小时为单位）的精确披露。

（3）**区块链技术的赋能实现了工厂供应链上下游碳信息的安全可靠共享** 利用区块链的可信机制，成都工厂供应商能够将产品的可验证证书和相关证明，连同其碳排放量数据一同发送给上下游企业。这就确保了成都工厂能够便捷安全地从供应链端获得必要的产品碳信息，同时也能够安全地将碳数据发送给客户。

在未来，碳足迹标签将成为引导低碳消费，促进工业企业优化生产结构，加快低碳技术转型，引领低碳新时代的重要手段。构建低碳生态，各行各业都面临着巨大挑战，但同时也伴随巨大机遇，运用好数字化手段，才可实现节能、降耗、低碳等可持续发展与经济效益的共赢共创，而成都工厂在这一过程中一直在加速引领。